ROD

ROD

A Autobiografia

Tradução
Helena Londres

GLOBO LIVROS

Texto fixado conforme as regras do Novo Acordo Ortográfico da Língua Portuguesa
(Decreto Legislativo nº 54, de 1995)

Editor responsável: Carla Fortino
Editor assistente: Sarah Czapski Simoni
Tradução: Helena Londres
Preparação de texto: Márcia Duarte
Revisão de texto: Fabiana Medina e Laila Guilherme
Paginação: Linea Editora Ltda.

CIP-Brasil. Catalogação na Publicação
Sindicato Nacional dos Editores de Livros, RJ

S821r
Stewart, Rod, 1945-
Rod : autobiografia / Rod Stewart ; tradução Helena Londres. – 1. ed. – São Paulo : Globo Livros, 2013.
384 p. : il. ; 23 cm

Tradução de: Rod : the autobiography
Inclui índice
ISBN 978-85-250-5357-2

1. Stewart, Rod, 1945-. 2. Músicos de rock – Estados Unidos – Biografia. I. Título.

13-03387 CDD: 927.824166
CDD-929:78.067.26

30/07/2013 30/07/2013

Direitos de edição em língua portuguesa para o Brasil
adquiridos por Editora Globo S.A.
Av. Jaguaré, 1485 – 05346-002 – São Paulo / SP
www.globolivros.com.br

Introdução

O ambicioso herói de nossa história treme nas bases.

Chamamos a isso de "dar no pé", e é o melhor jeito de fugir do tumulto depois de um show. No fim do último bis, encharcado de suor, faço uma reverência para a multidão, que berra e aplaude, corro para fora do palco – e continuo correndo para os bastidores, onde alguém me envolve com uma toalha enquanto eu passo. Na plateia, as luzes ainda estão baixas, e o público pede um terceiro bis. Mas já estou nos corredores iluminados por lâmpadas fluorescentes dos bastidores, onde o ar subitamente se torna frio depois do calor do palco, atravesso as portas de serviço no fundo da arena, entro no carro à espera, o barulho das palmas e da batida dos pés diminui atrás de mim, até que a porta da limusine é fechada e isola totalmente o som, e o carro me leva embora.

Nessa noite em especial, em julho de 1995, sou conduzido para uma pista perto de Gothenburg, onde um avião particular me aguarda. Uma muda de roupas está à minha disposição na limusine, e eu a visto durante o trajeto. Atrás de mim, 30 mil fãs suecos aos gritos. Pela frente tenho um curto voo até Londres, na companhia de alguns membros da minha equipe que foram instruídos a "dar no pé" no fim do show. A turnê Spanner in the Works começou há um mês, em junho, e está programada para ir até maio de 1996, mas há um intervalo na programação, e estou indo para casa.

E esse é sempre o momento em que, com os pés esticados enquanto o avião ganha velocidade e decola, finalmente relaxo, permito que a adrenalina das duas horas anteriores baixe, curto a perspectiva de uma noite na minha própria cama e imagino a refeição que a tripulação da cabine está prestes a preparar, a taça de vinho branco que vai acompanhá-la e a satisfação ao fim de um dia de trabalho.

Só que dessa vez...

Tum!

"Que diabo foi isso?"

Mal decolamos e sentimos uma pancada violenta no lado esquerdo da aeronave.

"Foi a asa?"

O avião se inclina bruscamente para o lado e aos poucos se nivela.

"O que está acontecendo?"

Assustado, agarrado ao assento, olho ao redor e observo a fisionomia das pessoas que estão comigo, buscando conforto. Ao meu lado, meu grande companheiro Alan Sewell – o firme e seguro Big Al, vendedor de carros usados por ofício e cavalheiro de amplas proporções, muitas vezes confundido com um guarda-costas – está branco e a ponto de começar a tremer como gelatina.

Na minha frente, Annie Challis, da equipe de produção, me lança um olhar tranquilizador e diz: "Tenho certeza de que não é nada, querido". Mas aquele olhar parece forçado, o que de certa maneira desmente toda a sua tranquilidade.

Enquanto isso, ao lado de Annie está meu querido e onisciente empresário Arnold Stiefel, mergulhado na última edição da *Architectural Digest*. Somente Arnold, que continua virando as páginas, parece imperturbável, embora eu note que ele está farejando algo, um tanto intrigado. Segundos mais tarde, ele declara despreocupado: "Esse aroma lembra o Dia de Ação de Graças".

É verdade. Um aroma estranhamente apetitoso de ave assada invadiu a cabine. Uma hora estranha para aquecerem meu jantar.

Não há tempo para se preocupar com isso. O piloto nos fala da cabine que vamos voltar para o aeroporto. Ele parece calmo. Mas eles são sempre assim, não é mesmo? É para isso que são pagos.

Os minutos seguintes, em que o avião faz a volta e se prepara para descer, são tensos. Big Al continua a tremer. Annie ainda parece intranquilamente tranquilizadora. Arnold deixou de lado a revista e o comportamento confiante e estuda atentamente o cartão plastificado com instruções para emergências, como se estivesse se preparando.

Agora, numa onda de puro medo, começo a imaginar: é isso? É aqui que o meu número finalmente termina? Verdade, minha vida tem sido plena – mais espetacular, privilegiada e divertida do que eu teria ousado sonhar, com aventuras, riqueza e amor além da conta. Mas, mesmo assim, é desse jeito que tudo vai acabar, nos braços de Big Al, em um campo na Suécia?

Através da janela do avião em descida, noto que a pista foi coberta com espuma e o campo está repleto de luzes intermitentes dos veículos de emergência.

Mas de algum modo fico tranquilo. Consigo me controlar e permanecer sereno. Se tiver de ser, então que seja. "Está tudo bem", sussurro. Então, repito um pouco mais alto: "Está tudo bem". Depois, numa espécie de meio grito: "Está tudo bem!". E finalmente, num grito agudo e crescente: "Está tudo bem!".

Estava tudo bem. Uma colisão com uma ave, aparentemente. Um membro infeliz de um bando de gansos que passava foi sugado pela turbina. A ave ficou destruída, e a turbina, também. Ainda bem que o avião tinha outra e conseguiu aterrissar. Mas essa não seria a primeira vez em minha longa e notável carreira que eu entregaria, de bandeja, uma manchete pronta para os tabloides: *Rod treme nas bases*.

E foi sorte atrás de sorte. Depois de voltarmos ao hotel onde a banda estava hospedada e de nos juntarmos a ela no bar para vários drinques e alguns relatos dramáticos do incidente, soube que justamente no dia anterior o piloto tinha feito um curso de reciclagem sobre como controlar um avião em caso de perda de uma turbina.

Isso meio que resume a minha vida, realmente. Durante muito tempo tem sido uma longa e luxuosa viagem de avião. Mas às vezes "o avião treme nas bases".

E, de alguma maneira, todas as vezes que isso acontece tenho sorte e vivo para contar a história.

Capítulo I

Nosso herói nasce em meio a um conflito global que já durava mais de seis anos, mas que acabaria logo depois; vai à escola e desenvolve, estranhamente, uma aversão intensa de cantar em público.

Sem dúvida fui um acidente. Algum tipo de descuido no planejamento familiar. Um "erro não forçado", como dizem no tênis. Caso contrário, por que Bob e Elsie Stewart, respectivamente aos 42 e 39 anos, com quatro crianças para alimentar, a mais nova com dez anos, iriam de repente colocar na cabeça a ideia de ter outro bebê? Além do mais, por que eles fariam isso *no meio da Segunda Guerra Mundial*?

E assim surgiu a piada da família: "Roddy foi um deslize do papai. Mas, considerando os deslizes dele, esse foi bastante lucrativo".

Não posso dizer, no entanto, que fizeram com que eu me sentisse um acidente. Ao contrário, apesar da minha chegada tardia (ou talvez por causa dela), parece que fui acolhido de maneira muito calorosa – pelos seis membros da minha família, pelo menos. Por Hitler, nem tanto. Cheguei ao mundo na noite de 10 de janeiro de 1945, em um pequeno quarto numa casa geminada na Archway Road, no norte de Londres, cujas janelas tinham sido arrebentadas tantas vezes pelos abalos de explosões de bombas alemãs que meu pai resolveu cortar os custos e pregá-las com tábuas.

A essa altura, o pior da *Blitz* já havia quase acabado, e a guerra na Europa terminaria cerca de quatro meses mais tarde. Mas, sem nenhuma consideração pelo meu bem-estar, os alemães bombardearam Londres durante toda a gravidez da minha mãe: primeiro com as bombas voadoras V1, depois, nos últimos estágios da gravidez e nos meus primeiros dias de vida embrulhado em cueiros, com foguetes V2 ainda mais implacáveis, lançados da França pelo canal da Mancha.

Aqueles filhos da puta deixavam crateras com quase oito metros de profundidade no lugar em que antes havia uma casa. Não era aconselhável estar debaixo de um V2 quando ele descia – grávida, bebê em cueiros ou qualquer outra pessoa.

Contam que, durante a primeira hora da minha chegada, um foguete abateu sem cerimônia uma delegacia em Highgate, a apenas 1.200 metros de distância, cagando ligeiramente na atmosfera festiva do meu nascimento, enquanto ao mesmo tempo imprimia em todos nós, de modo significativo, lições importantes e duradouras a respeito da sorte e da incerteza da nossa permanência neste mundo etc. É uma ótima parábola, mas completamente falsa – é apenas uma daquelas lendas, fábulas e mentiras contadas em nome da publicidade que podemos desfazer enquanto essa história se desenrola. Algumas semanas separaram o meu nascimento do bombardeio da delegacia.

Naquela época, a vida em Londres estava sempre por um triz, e muitos londrinos compartilhavam a sensação de ter "sorte por ter chegado até aqui", principalmente quem morasse diante dos pátios de manobra de trens, como minha família, tornando-se inadvertidamente um ímã para bombardeiros com má pontaria. Enquanto minha mãe estava grávida de mim, a sirene que avisava sobre os ataques aéreos em geral tocava por volta da uma e meia da manhã, e Mary, a filha mais velha, com dezessete anos, tirava da cama meu irmão Bob, com dez, e minha irmã Peggy, com nove, os ajudava a vestir os casacos, levava-os, cada um carregando seu travesseiro, para o jardim completamente escuro, e desciam todos para o abrigo da família Anderson – seis placas de ferro corrugado fornecidas pelo governo, montadas no formato de um galpão e meio enfiadas no solo, cobertas com terra e sacos de areia para aumentar a resistência contra explosões. Depois, eles engatinhavam para os estreitos beliches de metal e tentavam dormir com o barulho e o medo até amanhecer. Meu irmão Don, que nessa época tinha quinze anos, preferia ficar no conforto da sua cama, em casa – a não ser que algo caísse perto e ele sentisse as paredes tremer, circunstância em que ter um abrigo de metal no jardim de repente se tornava irresistível.

Claro que milhares de outras famílias londrinas estavam fora de perigo – as crianças eram levadas para o interior, temporariamente adotadas pelo gentil povo do campo em casas que tinham menor probabilidade de receber um foguete no telhado. Mas minha família tinha conversado a esse respeito e resolvido que não suportaria se separar – nem os filhos dos pais, nem os pais dos filhos. A posição dos Stewart era: "Se formos, vamos juntos". Nesse aspecto, éramos muito semelhantes a um clã. E ainda somos.

Mesmo assim, isso não significava que as informações corriam livremente entre os membros da família. Don não tinha ideia de que a mãe estivesse grávida, o que revela como o sexo e suas consequências eram pouco mencionados naqueles dias. Ele estava um tanto perplexo com a quantidade de tricô que a irmã mais velha estava fazendo (especialmente no abrigo antiaéreo, para passar o tempo). E se alguém o pressionasse, ele podia dizer que também estava intrigado com o fato de a mãe estar engordando. Don só soube da gravidez na noite daquela quarta-feira, quando perguntaram se ele queria subir para ver o bebê.

Minha irmã Mary, no entanto, estava envolvida – animada com o bebê como se fosse dela: à medida que a data se aproximava, ela voltava do trabalho para casa com mais pressa. Costumava sair para patinar nas noites de quarta-feira. "Não vai nascer hoje", minha mãe lhe disse. Então lá se foi Mary. Mas minha mãe já deveria estar em trabalho de parto, porque, no período entre Mary voltar, guardar os patins e subir correndo, já ganhara um novo irmão, Roderick David Stewart. Minha irmã ficou impressionada, não tanto por me ver em toda a minha glória de recém-nascido, mas pela visão de minha mãe, que parecia esgotada e branca como os lençóis. Foi nesse momento que Mary se deu conta do que minha mãe havia suportado e também do motivo de tê-la mandado sair: para poupá-la dos detalhes.

Meu pai pareceu aceitar esses últimos acontecimentos de maneira imparcial, embora devesse ter imaginado como lidaria com eles. Ele era escocês de Leith, norte de Edimburgo, havia servido algum tempo na marinha mercante e seguido seus irmãos até Londres, à procura de trabalho. Conheceu minha mãe, uma londrina, num baile em Tufnell Park. Quando nasci, meu pai trabalhava em turnos de doze horas como encanador, voltava para casa às sete da noite, tirava as botas e colocava os pés úmidos perto do fogo, o que fazia suas meias, ao aquecerem lentamente, liberar um fedor terrível. Meu pai nunca bebia. Alguém uma vez o embebedou em uma construção qualquer, e na mesma hora ele jurou nunca mais beber. Mas fumava e jogava (apostava em cavalos), e um quinto filho não aliviaria seus problemas financeiros ocasionais. Nossa casa, na Archway Road, 507, era alugada de Grattage, o senhorio. Para mim, até hoje o nome "Grattage" traz um sopro frio de medo e asco. "Lá vem o Grattage! Esconda-se!"

A Archway Road era uma via barulhenta, com tráfego intenso, salpicada de pequenas lojas, numa região principalmente de classe operária, distante das residências muito mais elegantes de Highgate, que ficava ao norte. Havia uma parada de bonde bem na frente da nossa porta, e o vento sempre soprava bilhetes usados para a vala do nosso porão, para irritação de meu pai, que constantemente precisava apanhá-los. Muito mais tarde, depois de termos nos mudado, a casa foi demolida para que a rua pudesse ser alargada. O conselho municipal finalmente derrubou o que Hitler não tinha conseguido. Mas, enquanto esteve de pé, ela foi bem bonita – na verdade, uma bela casa, grande demais para a família de um encanador. Três quartos no andar superior, mais dois no andar de baixo e no térreo, junto à cozinha e ao banheiro, uma sala de jantar com pé-direito alto, onde havia um piano de um quarto de cauda que minha mãe e às vezes meu irmão Don tocavam e que anos mais tarde me serviria de abrigo para uns amassos com uma garota.

Outro artigo de luxo da casa era um telefone – uma maravilha tecnológica quase sem paralelo naqueles dias. Vinha conectado a uma caixa coletora, e era preciso pôr uma moeda de três centavos para fazer uma ligação. É difícil descrever a curiosidade e o deslumbramento que nos atingiam sempre que ele tocava, o que não era frequente. Quem seria? Quem *poderia* ser? E quem atenderia? Isso podia demorar algum tempo para se resolver. A pessoa escolhida tinha de usar seu melhor tom de voz: "Mount View, seis-um-cinco-sete". Era preciso falar com elegância ao telefone nos anos 1940 e 1950. O aparelho exigia.

Meu pai precisava do telefone para organizar o clube de futebol que administrava como hobby: Highgate Redwing, agremiação de fim de semana com um time titular, um reserva e, durante algum tempo, até um juvenil. Meus irmãos Bob e Don jogavam com eles, e mais tarde eu também jogaria, porém, quando pequeno, só conseguia admirar aqueles homens que enchiam nossa casa. Foram meus primeiros heróis esportivos. O ponto de encontro antes do jogo nas manhãs de sábado era a nossa casa, de modo que havia dezenas de jogadores de futebol circulando entre a cozinha, a entrada e a calçada. Para mim era, antes de tudo, uma grande expectativa: os caras estavam chegando. Recebendo um centavo por camisa, tirado dos fundos do clube, minha mãe lavava os uniformes toda semana, mergulhando as roupas enlameadas em um gigantesco caldeirão de água fervente e mexendo-as. Depois, uma fila de camisas reluzentes em preto e branco ficaria pendurada em toda a extensão do nosso jardim. Para mim era uma visão celestial.

Lembro-me das férias da família em Ramsgate, no litoral de Kent – toda a família Stewart plantada na praia num frio congelante à maneira tradicional britânica –, mas não com a nitidez com que me lembro das viagens anuais com o clube de futebol: dois ônibus lotados de jogadores, com as mulheres e os filhos, partindo da Archway Road às oito da manhã; minha mãe e minhas irmãs fazendo dúzias e dúzias de sanduíches para o dia que passaríamos em Clacton-on-Sea. Simplesmente maravilhoso.

Isso também acontecia com as festas do clube de futebol. Meu pai descia ao porão e escorava o chão da sala de jantar com toras e tábuas, e todos vinham dançar e cantar. Colocavam-me na cama, mas eu me esgueirava e ficava embaixo do piano, observando os pés e as pernas. Meu amor pela música começou ali. Algumas vezes uma fila de conga saía da sala, descia os degraus, percorria parte da rua e voltava. Não era difícil entender o entusiasmo daqueles adultos quando se pensava em tudo o que haviam passado. Eles dançavam para esquecer a guerra.

Mary e Peggy, minhas irmãs, me levavam para ver as corridas de motocicleta em Harringay, muito populares na época. E meus pais algumas vezes me mimavam com uma ida ao cinema – o Rex, em East Finchley, em que as poltronas mergulhavam no centro: as fileiras da frente eram mais altas que as do meio, e as de trás ainda mais altas. Talvez em consequência da guerra. Um dia, quando eu tinha oito anos, minha mãe disse: "Vamos ver *As férias do sr. Hulot*. É a coisa mais engraçada que você já viu" – um grande elogio para se fazer a um filme. Mas ela tinha toda a razão. Era um pastelão, mas retratava as situações de um jeito muito sutil. Nós nos sentamos nos assentos surrados do Rex, e eu nunca tinha rido tanto quanto ri de Jacques Tati infortunadamente causando destruição. Até hoje Ronnie Wood e eu somos grandes fãs desse cineasta.

É claro que a diferença de idade entre mim e meus irmãos significou um rápido encolhimento da família ao meu redor. Primeiro, Mary casou-se com Fred, um motorista de caminhão da Wall, e assim se foi o meu anjo da guarda. E depois

Peggy se casou com Jim, um maravilhoso verdureiro *cockney* que lutara na guerra, em Monte Cassino – uma experiência inesquecível para ele. Muitos anos mais tarde, depois de eu ter ganhado algum dinheiro, Jim participou de uma de nossas grandes viagens em família, em um avião particular, para assistir a uma partida de futebol da seleção escocesa. Nossa viagem nos levou a sobrevoar a Itália. Jim estava sentado, enrolando um cigarro, como gostava de fazer, e, ao olhar, pensativo, pela janela e ver o solo abaixo, disse: "Eu recebia catorze pratas por semana para assassinar aquela gente".

A vida seria extremamente cruel com Peggy. Ela era uma jogadora de tênis maravilhosa, gostava de viver ao ar livre, mas foi diagnosticada com esclerose múltipla e aos trinta e poucos anos estava em uma cadeira de rodas. Minha mãe também acabaria sofrendo da mesma condição. Nada justo.

O próximo a sair de Archway Road foi Bob, que casou com Kim quando eu tinha apenas sete anos, e, por fim, Don se casou e também saiu de casa, aos 26 anos. A notícia do casamento dele com Pat fez com que eu me desmanchasse em lágrimas aos seus pés. Eu tinha chorado da mesma maneira quando ele fora convocado para o serviço militar – principalmente porque eu não conseguia imaginar o lugar para onde ele iria, Aldershot, como chegaria lá e muito menos como voltaria. Essa última traição, no entanto, me pareceu definitiva. Como ele podia me abandonar daquele jeito? Don me levou para o West End e me convenceu do contrário o melhor que pôde, com limonada.

Na verdade, quando meus irmãos e irmãs saíram de casa, não foram muito longe. Mudaram-se para apartamentos e casas na mesma calçada, algumas portas abaixo ou, no pior dos casos, dobrando a esquina: essa atmosfera de clã Stewart outra vez. Eu viria a dar valor a essa proximidade alguns anos mais tarde, quando comecei a me preocupar com minha aparência e precisava pegar emprestado o secador da Mary ou o spray de cabelo da minha cunhada Pat. Muito prático.

"Completamente mimada" é como minha família costuma definir minha infância. Discordo, baseado no fato de que, do ponto de vista material, não havia muito com o que mimar alguém. Uma expressão melhor seria "um tanto favorecida". Mas reconheço que Mary nunca voltou do trabalho numa sexta-feira sem me trazer um brinquedo – um carrinho ou um soldado – da Woolworths. Isso significava ser "completamente mimado"? É possível. Também admito que minha mãe costumava fazer ensopado de coelho, e, antes da minha chegada, o coração do coelho – pequeno, mas considerado um petisco – era cortado em quatro e dividido entre as crianças. Depois que cheguei, o coração inteiro era meu.

Aluno obediente, mas mediano, fui reprovado no exame de admissão sem causar nenhum espanto e, vestindo uma roupa nova de flanela cinza e uma gravata preta e branca, fui mandado para a William Grimshaw Secondary Modern, para onde, por coincidência, Ray e Dave Davies, do Kinks, também foram por volta dessa época, embora só tenhamos descoberto isso anos mais tarde. Eu tomava o ônibus para North Finchley na porta de casa, o que era muito conveniente. Na outra extremidade, no entanto, fazia uma caminhada de mais de um quilômetro e meio pela Creighton Avenue, o que era menos agradável, apesar de eu carregar pouco peso. Naquela época, os estudantes pareciam não levar muita coisa. Hoje, quando o meu pequeno Alastair vai para a escola, leva mochila, livros, laptop e *tranqueiras*. Parece que atravessei toda a escola secundária munido com um único lápis. Na verdade, com menos: com um único toco de lápis, enfiado no bolso do blazer. Aparentemente eu não precisava de mais nada.

De modo geral, eu era bastante aplicado e também muito feliz. Claro que me preocupava em não faltar à escola, tinha medo de ficar para trás, portanto não costumava matar aulas e, certamente, não era um grande desordeiro. Durante as brigas, sempre me encontravam ao redor, assistindo, jamais envolvido. Eu fazia amigos com facilidade, mas não era desses meninos que estavam no centro das coisas, atraindo todas as atenções sem esforço. E eu definitivamente não me considerava um showman. Só viria a desenvolver esse tipo de autoconfiança mais tarde, com a minha participação nas bandas. Mostrei algum talento em pintura, embora tenha descoberto em um teste de rotina que sou daltônico (tenho problemas para distinguir tons de marrom, azul e roxo). Passei na maioria das disciplinas e me saí bem nos esportes, tornando-me capitão do time de críquete e também do de futebol. Havia apenas uma área em que eu realmente não conseguia me dar bem, por mais estranho que pareça ao considerar minha trajetória posterior: música, com o sr. Wainwright.

Eu tinha pavor de ficar em pé na frente da classe. E, na sala de música do sr. Wainwright, descobri o que me deixava ainda mais apavorado: ficar em pé na frente da classe e cantar. Não era tanto a timidez, mas o medo de ser escolhido e parecer ridículo. Talvez fosse minha imaginação, mas juro que ele me escolhia deliberadamente por causa disso. Ele me arrastava para cantar alguns versos de uma canção, com ele ao piano, na frente, e eu tremia, me agitava e procurava as notas, sentindo-me mais constrangido do que nunca em qualquer outro lugar, em qualquer outra circunstância.

Foi por isso que desenvolvi o truque do Vômito Falso.

Para o Vômito Falso você precisa de: um pote vazio; uma pequena quantidade de purê de batata raspado das beiradas do seu prato do almoço na escola; uma pequena quantidade de cenouras também amassada e um pouco de água. Preparo: ainda à mesa, na cantina da escola, coloque tudo dentro do pote. Misture bem, usando uma faca ou outro utensílio disponível. Dirija-se com o pote para o pátio e, num momento tranquilo, de preferência sem ser observado, jogue a substância pegajosa no chão. Depois disso, chame o professor de plantão com um grito de "senhor, eu vomitei" (ou algo parecido), apontando o tempo todo para o piso sujo. Pronto: está livre da aula de música naquela tarde e pode ir para casa. Ou, no meu caso, para o cinema.

Portanto, é justo dizer que o vírus da música ainda não havia me contaminado significativamente naquela fase da vida. Don me levara para assistir a Bill Haley e seus Cometas no Gaumont State Cinema, na Kilburn High Road, em 1954. Don gostava desse cantor e sabia cantar "Everybody razzle dazzle" provavelmente melhor que Haley. (Don realmente era o cantor da família, como gostavam de me lembrar.) Lembro de estar com ele no balcão, olhando para baixo, para a massa pulsante de jovens rebeldes se sacudindo e se agitando nas cadeiras, enquanto Haley e a banda, vestindo paletós listrados, incentivavam aquela confusão. O ritmo, as roupas coloridas e as reações da multidão me afetaram, e talvez tenha sido lançada uma semente. Mas isso não me tornara um grande fã.

No entanto, houve uma pequena manifestação do vírus da performance depois que meu pai me deu um violão com uma correia vermelha e franjada, quando fiz quinze anos – acabando com minhas esperanças de ganhar uma estação de trem Tri-ang, feita de madeira. (A vista da nossa janela para os pátios de manobra de Highgate e para os trilhos, os trens a vapor correndo de Euston para Alexandra Palace, durante muito tempo alimentaram meu interesse por trens de ferro, para surpresa de algumas pessoas que ainda convivem comigo.)

Vai saber por que meu pai achou que aquele violão seria um bom presente para mim. Pode ser que ele tenha caído da traseira de um caminhão ou que tenha sido oferecido a ele por uma ninharia. Mas engoli minha decepção e brinquei com ele durante algum tempo, depois o levei para a escola, onde outros garotos também tinham violões baratos. Alguns de nós formamos um grupo e íamos para o pátio durante o intervalo tentar tocar o que chamavam de skiffle, o som que estava revivendo o velho estilo improvisado norte-americano das *jug bands* do início do século XX, com seus banjos e tábuas de lavar, potes e panelas. Isso foi na época em que Lonnie Donnegan estava começando a aparecer, e Don tinha "Cumberland gap", de Lonnie, em uma gravação da Pye, de 78 rpm. Adotamos o nome Kool Kats, que achamos ser bastante inteligente, e no auge tivemos sete violões e um cara com um baixo feito de caixote de chá. Não era exatamente um conjunto típico, havia violões demais, mas continuávamos martelando "Rock Island line", a melhor canção de Lonnie Donnegan, um verdadeiro sucesso, provavelmente o primeiro número que consegui cantar por inteiro e quase à prova das bombas atacadas por novatos. Dito isso, a versão dos Kool Kats poderia ter sido melhor se ao menos um de nós tivesse ideia de como afinar um violão. Infelizmente esse profundo mistério musical escapava a todos nós, de maneira que apenas batíamos nas cordas e esperávamos a reação.

Por sorte, meu pai conhecia um camarada que tinha essa habilidade, e eu passei a ir com frequência à casa dele, agarrado a meu violão, para uma afinação. Era uma pena que ele morasse a uns dois quilômetros, então, depois de caminhar de volta para casa, o violão estava outra vez desafinado. Se havia indícios de uma futura carreira nessas incursões iniciais, era difícil percebê-los.

Outros presentes importantes que recebi na época foram duas imensas, altamente educativas e nada correspondidas paixonites: a primeira pela sra. Plumber, que ensinava história e – para mim o mais importante – usava saia justa logo abaixo do joelho; e a segunda, aos treze anos, por Juliet Truss, que estava dois anos à minha frente, tinha longos cabelos ruivos, enormes peitos e era absolutamente inalcançável, embora isso não me impedisse de ficar de pé à porta da casa dela, em vão, perto do terminal de ônibus em Muswell Hill. Se ela me notou, nunca deu nenhuma indicação. E se ela me perguntasse o que eu estava esperando, eu não teria como responder, porque também não sabia.

Perto do final do meu último ano na escola, fui apanhado num incidente infeliz e lamentável envolvendo uma camisinha inflada como uma bexiga solta no corredor. (Tolo e infantil, sem dúvida. Mas elas realmente voam se você soprar com força.) Por causa disso recebi as palmadas devidas (que, não me importo de contar, doeram pra burro) e fui temporariamente despojado de meus distintivos de futebol e de críquete conquistados com tanto suor. E logo depois disso, sem nenhum preparo e com o traseiro ainda dolorido, abandonei a escola.

Tinha quinze anos e o mundo todo à minha frente, repleto de possibilidades, e o que eu iria fazer em seguida era...

Não tinha a menor ideia.

Capítulo 2

A porta de uma carreira no futebol profissional se abre... para ser fechada uma hora mais tarde, e diversos trabalhos braçais são realizados, culminando num período de rebeldia malcheirosa.

É claro que havia o futebol profissional: a típica saída para o garoto da classe trabalhadora pouco qualificado e sem contatos. Mas aqui, outra vez, nossa história deve divergir de algumas das versões previamente divulgadas. De acordo com elas, sou descoberto aos quinze anos pelo Brentford Football Club da liga profissional inglesa e assino um contrato como aprendiz. Tudo então está armado para eu aparecer da noite para o dia no primeiro time, elevar o Brentford a uma posição jamais sonhada, relutantemente aceitar que levei o clube mais longe do que qualquer jogador conseguiria sozinho, concordar em me transferir para outro maior, como o Manchester United ou o Real Madrid e, por fim, mudar o perfil do futebol mundial para sempre.

Mas, infelizmente (continua uma versão da história), logo concluo que os deveres de um aprendiz em um clube de futebol profissional incluem tarefas pé no saco, como limpar as chuteiras do primeiro time e varrer os vestiários, trabalho que considero indigno e que me faz arrumar as malas e abandonar o Brentford e o futebol inglês com a cabeça erguida, depois de duas semanas.

Gosto dessa história. Posso até, digamos, ter aumentado um pouquinho essa versão vez ou outra, em momentos de fraqueza e em entrevistas na televisão com Michael Parkinson, entre outros. A verdade é que nunca fui aprendiz de jogador de futebol – nem em Brentford, nem em nenhum outro lugar. E nunca torci o nariz ao varrer os vestiários de Brentford, porque de fato nunca me pediram que varresse. Acho que posso ter comentado em alguma entrevista, no início, que não teria gostado de limpar chuteiras se tivesse de fazer isso (e tenho certeza de que realmente não teria gostado), e a história surgiu daí. Mas vamos esclarecer o fato: eu assinei com o Brentford tanto quanto Gordon Ramsay jogou no Rangers. (Ele certa vez disse que jogou, mas você vai ver que os livros de registro são absolutamente omissos a esse respeito.)

Não que eu não tivesse demonstrado talento para o futebol – o suficiente para que Brentford se interessasse por mim durante pelo menos um ou dois minutos luminosos. Como muitos meninos da minha idade na época, eu tinha sido geneticamente programado para dedicar um enorme tempo – quase todo, de fato – à atividade de chutar uma bola de tênis contra uma parede. Quanto a isso, meu pai não me desencorajou. Na verdade, ele recobriu minha bola de tênis com uma emulsão branca para que eu pudesse continuar a chutá-la mesmo depois de anoitecer, batendo-a contra a parede do Wellington Inn, para onde, nas noites de sábado, ele levava minha mãe. Às vezes eu fazia uma pausa nos chutes contra a parede só para beber a limonada e comer as batatas fritas que tinham me trazido e para ver a imagem, distorcida pelas garrafas da janela do pub, de minha mãe diante do seu gim com tônica sobre a mesa, com a bolsa no colo, e de meu pai a seu lado, sem beber.

Eu era fisicamente frágil, mas conseguia dominar a bola e avançar com ela, de modo que na escola começaram a me colocar na posição de zagueiro central, depois me passaram para meio-campo, na posição conhecida naquela época como lateral direita. (Só depois de ir morar na Califórnia e começar a jogar semanalmente com o lendário Exiles fiz a transição para o meu lugar natural, zagueiro direito. Tenho fama de ficar plantado na defensiva, de maneira antiquada, mas isso é muito injusto. As estatísticas mostram que, em cerca de 35 anos de ação competitiva desde então, cruzei a linha de meio-campo pelo menos uma vez.)

Além disso, conheci muito cedo, com apenas onze anos, a glória no jogo de homens, em um incidente que, não se sabe a razão, é ignorado nos livros sobre a história do jogo, mas ao qual, por sua importância, aqui tentaremos fazer justiça. Eu estava perambulando num sábado de manhã, como sempre, perto do campo onde os times do Highgate Redwing se reuniam quando o time reserva se deu conta de que faltava um jogador. Seguiu-se uma cena que será imediatamente reconhecida por qualquer pessoa que já tenha lido um gibi sobre futebol: uma conversa entre os adultos, ao fim da qual todos os olhos se voltam para o solitário menino pálido parado ao lado do campo com um olhar esperançoso. E se alguém de fato não me disse nesse momento "É melhor você se trocar, filho, parece que você entrou para o time", então deveria ter dito.

Claro que o uniforme era grande demais. A famosa camisa listrada em preto e branco ia até meu joelho, criando a perfeita ilusão de que eu usava um vestido. Para aumentar ainda mais a minha insegurança, soube que meu irmão Don, que ia jogar no time titular dos Redwing no campo ao lado, tinha pedido em voz baixa aos jogadores adversários para terem "cuidado com o moleque, pelo amor de Deus".

E o que aconteceu? Catorze minutos de jogo e marquei com um arremesso de 22 metros, que passou pelas mãos esticadas do goleiro e entrou no canto superior da trave. Ah, está bem, então – com um lance de cerca de sessenta centímetros de distância, que provavelmente precisaria de muito mais habilidade do que eu tinha para errar. De qualquer maneira, ouviu-se um coro muito maduro de comemoração por parte de meus companheiros adultos de time, que ainda consigo evocar até hoje, e a notícia se espalhou até o campo ao lado, onde meus irmãos jogavam, gerando uma gritaria lá também. "Aí, Don, o moleque mal entrou e já fez um gol!" E naquele momento fiquei mais orgulhoso do que nunca, o bastante para repetir o lance na minha imaginação durante – sério – semanas.

Mais tarde joguei num time de fim de semana com jogadores da minha idade – Finchley Sub-15 –, usando uma camisa que servia em mim, e enquanto estava lá fui chamado pelo Brentford para um teste. O Brentford FC havia sido uma grande força da primeira divisão inglesa nos anos 1930, mas em 1960 atravessava uma longa e duvidosa fase, oscilando entre o terceiro e o quarto níveis profissionais. Mesmo assim, a notícia dessa honra chegou às páginas esportivas do jornal local, o *Finchley Express*, e depositava as esperanças de toda Finchley sobre os meus ombros estreitos, e lá fui eu para o distante oeste de Londres.

O meu teste foi feito no campo do Brentford em uma noite quente de verão, durante um jogo em meio-campo com cinco jogadores de cada lado, enquanto dois camaradas vestindo agasalhos esportivos observavam das laterais. Se eu me saí bem? Não me lembro. Mas não devo ter detonado, porque eles nunca me telefonaram. Mais uma vez, o telefone na Archway Road, 507 não tocou. E esse foi o fim da minha carreira no futebol profissional.

Quem perdeu foi o Brentford. E o que eles ganharam desde então?

No entanto, se tivesse sido diferente, teria agradado ao meu pai. Ele era mesmo um bom jogador de futebol. Tinha jogado num time em Londres chamado The Vagabonds e, ao servir durante a guerra, no time da Air Raid Patrol. Em casa, ele era gentil – era ele quem punha o braço em torno dos meus ombros e me abraçava, muito mais do que minha mãe –, mas num campo de futebol ele era um escocês vigoroso, um atacante duro, corajoso. Uma vez o vi jogar uma partida inteira usando sapatos: não tinha levado as chuteiras, mas não deixaria o time na mão.

E então houve a famosa Batalha de Highgate Woods: deveria ter sido apenas um jogo normal de sábado de manhã para o Highgate Redwing, mas algo aconteceu e desencadeou uma violenta briga. Eu devia ter uns oito anos, estava na lateral do campo, descascando laranjas para o intervalo, sentado na grande caixa preta de madeira que continha o kit de primeiros socorros. Quando olhei para a frente, parecia ter começado uma guerra medieval: os caras, incluindo meus irmãos, estavam se estraçalhando. Corri até meu pai e me agarrei às pernas dele, aterrorizado, enquanto ele enfrentava um sujeito e os dois começavam a gritar na cara um do outro. Foi então que me dei conta de como minha família levava o futebol a sério.

Em uma de minhas fotos preferidas com meu pai, estamos num gramado em Glasgow jogando bola, pouco antes de ver a Escócia jogar contra a Inglaterra em Hampden Park, em uma disputa internacional, em 1974. (Placar final, caso alguém tenha chegado tarde: Escócia 2, Inglaterra 0.) Na foto, o fato de ter 69 anos e estar de terno não parece impedir que ele ataque a bola como alguém de 22 anos.

Meu pai colocava descaradamente o futebol em primeiro lugar, ou o mais próximo disso que podia, de acordo com os termos de um casamento duradouro. Minha mãe uma vez jogou as chuteiras dele no fogo, porque ele passou o Natal no hospital depois de quebrar a perna numa partida que ela tinha lhe pedido para não jogar. Na manhã do casamento de Peggy, meu pai e meus irmãos não viam problema em assistir à programação habitual do Highgate Redwing. Infelizmente, era um jogo de campeonato que teve prorrogação, e eles chegaram atrasados ao casamento. Minha mãe explodiu, e por algum tempo parecia que as chuteiras iriam para o fogo outra vez – dessa vez com meu pai ainda dentro delas. Minha mãe costumava dizer: "Esse maldito futebol trouxe mais problemas para esta casa que duas guerras mundiais". Era apenas um pequeno exagero.

Acho que meu pai depositou grandes esperanças no meu teste no Brentford – mais do que eu, na verdade. Suspeito que ele tenha se permitido acreditar que a grande sorte acenaria para mim. E, como o telefone permaneceu em silêncio, suspeito também que isso tenha sido pior para ele que para mim. Don e Bob eram bons jogadores, mas nenhum dos dois chegou ao futebol profissional. Eu era a última esperança de meu pai na grandeza do futebol.

Mesmo assim, ele superou isso. Mais tarde, contou à imprensa a história de que eu tinha fracassado no futebol profissional por causa de uma unha encravada, provocada por um par de botas de bico fino. E eles engoliram.

Eu adorava futebol; meu pai e meus irmãos garantiram esse gosto. Levaram-me para assistir ao meu primeiro jogo internacional, Inglaterra contra Escócia, em Wembley, em 1959, no qual o lendário inglês Billy Wright atingia sua centésima convocação para a seleção, e eu tentava entender por que minha família estava torcendo pela Escócia, até que caiu a ficha. Fomos para casa arrasados: a Inglaterra havia ganhado por 1 x 0. Os eventos daquele dia, a paixão do meu pai e as fotos dos jogadores escoceses na parede do quarto de Bob me alertaram para a minha descendência escocesa e me colocaram no longo e tortuoso (e caro) caminho que ainda trilho como fã da Escócia e do Celtic. Mas jogar futebol para ganhar a vida? Isso não foi algo em que pensei com seriedade. Não me incendiava o peito como a música muito em breve, e de súbito, faria.

Então, em vez de futebol, papel de parede. Meu pai me arrumou um emprego em tempo integral como estampador na fábrica Shand Kydd, em Kentish Town. Pagavam bem – o suficiente para que eu desse metade do meu salário aos meus pais, para meu sustento (por que os meus filhos não fazem isso?) e também para me tornar o orgulhoso proprietário de uma conta-poupança. (Nota: eu sempre fui esperto com dinheiro.) Lembrem-se, no entanto, de que sou daltônico. Isso sempre limita as possibilidades na indústria de papel de parede. Se você é daltônico, uma das coisas que não pode ser é piloto de avião. Outra é estampador de papel de parede.

Então, a Shand Kydd me despediu, e consegui um emprego montando molduras de quadros, em um pequeno negócio paralelo de um camarada que gerenciava uma agência funerária em North Finchley. Mais uma vez, durou pouco. Houve um ou dois dias em que ajudei um eletricista em uma casa em Richmond, trabalhando dobrado, enfiando fios em conduítes. Em alguns sábados ganhei alguma grana no cemitério de Highgate para medir sepulturas e demarcá-las com barbante. Você aprende muito sobre si mesmo executando trabalhos braçais. E o que aprendi foi que não gostava de executar trabalhos braçais.

A propósito, foi dessas poucas horas de trabalho casual no cemitério que surgiu o mito (o qual nunca desmenti porque me divertia) de que fui coveiro. É uma parte deliciosa e misteriosa do meu passado, porém mais uma vez precisamos tirar essa informação dos registros. Fui coveiro tanto quanto Gordon Ramsay foi um coveiro que jogou no Rangers.

E assim passei a adolescência pulando de um breve emprego para outro e ainda morando na casa dos meus pais – que logo deixaria o número 507 da Archway Road e se tornaria um apartamento de dois dormitórios em cima de uma loja de doces e de uma banca de jornais, na mesma rua, onde uma placa dizia "JR Stewart, Doceiros". Esse lugar tinha sido administrado, aparentemente desde sempre, por uma solteirona excêntrica que fazia sozinha todas as entregas dos jornais e transitava pelas ruas com os pés enrolados em trapos. Ficou famoso entre os moradores por sua insignificância, pelo cheiro de bolor e pela solitária barra de chocolate embrulhada em papel desbotado que estava na vitrine. Quando a solteirona morreu, meu pai, que se aproximava da aposentadoria e queria algo menos cansativo que o ofício de encanador, assumiu a loja. O negócio jamais lhe traria fortuna, embora as coisas pelo menos tenham começado bem. Ao limpar as pilhas de jornais velhos que a locatária anterior parecia ter usado em lugar de mobília, meu pai se surpreendeu ao descobrir cédulas guardadas entre as páginas – as economias da solteirona, escondidas.

Os prós e os contras de morar em cima da banca de jornais de seus pais? Lado positivo: acesso imediato, a qualquer hora do dia, a barras de chocolate. Lado negativo: probabilidade mais alta que a média de ser obrigado a entregar jornais. Nos períodos em que eu estava desempregado, meu pai não via por que eu não poderia ajudá-lo. Sacudiam-me às seis da manhã para me acordar – algo que nenhum adolescente suporta –, e, tonto de sono, eu tropeçava para dentro da loja, onde separava os jornais das rotas com os outros entregadores, que, sem exceção, eram garotos de nove ou dez anos e (também sem exceção) manés insolentes. Aquela era uma humilhação maior do que qualquer reality show já tenha imaginado.

Mesmo assim, enfim liberado do uniforme escolar e com um pouco de dinheiro entrando, eu tinha começado a me interessar por roupas. Quanto a isso, peguei bem a moda da época. Quando eu era criança, as lojas pareciam oferecer só "roupas para homens" e "roupas para meninos"; e "roupas para meninos" eram iguais a "roupas para homens", só que menores. Ora, depois dos anos 1950 e do surgimento de adolescentes como eu, com um pouco de dinheiro sobrando no bolso, as roupas para jovens ocupavam um espaço próprio em expansão, e Londres, em particular, subia rapidamente ao topo da moda.

Era uma época ótima para ser jovem e estiloso. Na Seven Sisters Road havia coisas boas e baratas: uma jaqueta curta com um pequeno cinto nas costas; calças justas com um corte abotoado na lateral – eu adorava botões – e sapatos de bico fino feitos de papelão comprimido – o couro estava escasso depois da guerra e absurdamente caro. Não eram bons os sapatos de papelão. O tempo úmido acrescentava uma indesejável marca branca na parte de cima, e imersões acidentais em poças convertiam os sapatos em polainas. Em seis meses, era preciso enfiar mais pedaços de papelão para fechar os buracos nas solas e evitar que as meias se encharcassem com a chuva.

Só em 1963, aos dezoito anos, tive dinheiro suficiente para esbanjar no meu tão desejado par de botas Chelsea de couro, da marca Anello & Davide, em Covent Garden. Eu estava muito convencido usando as botas, sentindo-me especial, quando entrei num café em Muswell Hill e deparei com outro camarada usando um par idêntico. O nome dele era Ewan Dawson, e criamos um vínculo por causa das botas. Depois disso, fomos amigos e companheiros de aventuras por muitos anos.

Assim, as roupas começaram a me entusiasmar – e o sexo também, embora a essa altura, como no Brentford, eu só estivesse nas preliminares. Uma menina tinha permitido que eu lhe tocasse os seios, na porta do cinema Odeon, em Finchley – um progresso fantástico. Bem, só um seio. Se eu tivesse tocado os dois, teríamos de nos casar. Mais tarde, outra menina me deixou tocar a terra prometida, uma recompensa que me provocou imenso orgulho e a recusa em lavar a mão privilegiada por vários dias. Depois disso, com uma terceira menina, cometi o terrível erro estratégico de ir direto para a segunda base, sem passar pela primeira, e fui severamente repreendido: "Primeiro os peitos, por favor!".

Era difícil, no entanto, ser um libertino em desenvolvimento quando ainda morava com os pais num apartamento de dois quartos em cima de uma loja de doces. Nem esse, nem a bem-arrumada e respeitável casa fornecida pela administração pública, virando a esquina na Kenwood Road, para onde meus pais foram transferidos quando a loja foi demolida para alargar a Archway Road, pareciam ter chance de impressionar as mulheres do modo como eu esperara. Então, eu convidava uma garota "para ir à minha casa", mas depois ficava no trem mais umas duas paradas até East Finchley e caminhava com ela ao longo da Bishops Avenue, que é larga e cercada de casas grandes no centro dos terrenos, com entradas de carro pavimentadas. Escolhia uma mansão com alguns carros na entrada e parava subitamente na calçada, fingindo consternação porque meu pai estaria recebendo "visitas de negócios" e "não deveríamos entrar". Então fazíamos o caminho de volta, e, se eu tivesse sorte, a menina teria ficado impressionada o suficiente com a minha casa para botar a mão dentro da minha calça, na estação do metrô. Juro, essa tática funcionou mais vezes do que você pode imaginar.

Aos dezesseis anos, ficava em casa a maior parte das noites, a não ser pelos treinos de futebol, às quartas-feiras. Sem sair, economizava dinheiro e energia para o fim de semana, quando ia aos pubs no West End – o Duke of York, em Rathbone Street, e o Porcupine, em Leicester Square. Ou talvez um dos meus antigos colegas de escola – Kenneth Pearson, Clive Amore, Kevin Cronnin, Brian Boreham, todos, assim como eu, com interesse crescente em música, roupas e garotas – soubesse de alguma festa em Earls Court. Nesse caso, a gente pulava num metrô, ia até lá com uma lata grande de sidra embaixo do braço e escutava o barulho da rua.

Outra oportunidade era o Beaulieu Jazz Festival – um fim de semana de música e bebida ao ar livre, no terreno de uma casa imponente no meio da

New Forest, em Hampshire. Em 1961, Beaulieu chegava ao seu sexto ano e abria o caminho para a cultura dos festivais de música que explodiriam mais tarde naquela década. E não tinha havido confusão no fim do festival, no ano anterior? Os fãs de jazz tradicional e os do moderno, alcoolizados, não tinham brigado? E quem não iria querer presenciar uma cena dessas? Ninguém do meu grupo de amigos era especialmente apreciador de jazz moderno ou tradicional, mas não era essa a questão. Tratava-se de um evento especial. Um pouco caro, sem dúvida, mas isso não precisava ser um problema, porque existia um maravilhoso pub, o Montagu Arms, ao lado de um rio sujeito a marés, em frente ao local do festival. Diziam que era possível beber no pub até o nível da água baixar, e então dava para atravessá-lo, escalar a tubulação de esgoto e entrar no festival sem pagar. O odor exalado depois disso não era dos melhores, mas pelo menos garantia a entrada gratuita.

Assim, decidi ir, e tudo funcionou perfeitamente. Ficamos no pub até a água atingir o nível ideal e depois passamos a investigar nosso ponto de acesso proposto. No final das contas, o cano era um ladrão, em vez de um duto de esgoto, o que foi uma notícia boa. Nós nos molhamos até os tornozelos e ficamos um tanto enlameados, mas nada mais do que isso. O cano tinha um pouco mais de um metro de diâmetro, e por isso era um percurso até que fácil. Embora houvesse uma grade de metal na extremidade bloqueando a metade superior do duto, por baixo da qual tivemos de passar, era o único ponto difícil, e então já estávamos lá dentro.

E aí, em 1961, em campo isolado, algumas horas depois de emergir em segurança de uma tubulação de escoamento e ao som abafado de jazz tradicional, talvez executado pela Chris Barber Jazz Band, ou pelos Clyde Valley Stompers, ou até mesmo pelo bom e velho Acker Bilk, clarinetista lendário, perdi a minha, a essa altura nem um pouco valiosa, virgindade para uma mulher mais velha (e maior), que dera em cima de mim com vigorosa insistência na barraca de cerveja. Quanto mais velha, eu não consigo precisar, mas o suficiente para ficar decepcionada com a velocidade "piscou, perdeu" da experiência. (Elementos desse encontro, muito distorcidos e exagerados, mais tarde tomaram parte na canção "Maggie May".)

Foi bom ter provado tal rito de passagem, claro, embora, como experiência que muda a vida e altera sua direção, não posso dizer que aquele breve momento na grama tenha se igualado ao que aconteceu comigo em 1962, quando ouvi o primeiro álbum de Bob Dylan. Aquilo, sim, *de fato* fez a terra tremer.

Outros discos tiveram grande impacto sobre mim: a exuberância e a diversão dos 78 rpm de Al Jolson, que minha mãe ouvia e que eu adorava; o "C'mon, everybody" de Eddie Cochran, de 1958 (alguns dos meus primeiros esforços para cantar em público eram tentativas descaradas de imitar Cochran nessa canção); ou no rádio, na Shand Kydd papéis de parede, o som meloso de Sam Cooke cantando "You send me", que mais tarde representaria grande parte do que eu aspirava ser como cantor.

Mas nada me transformou como aquele disco do Bob Dylan. Eu o ouvia sem parar na radiovitrola da família, cujo botão prometia mas nunca sintonizava estações localizadas em lugares exóticos, como Moscou ou Cabul. Mas nesse caso, e para os meus jovens ouvidos, quando aquele disco tocava dentro da sua caixa de madeira, alguma coisa no timbre da voz e no mistério da letra parecia estar genuinamente vindo de muito longe. Para mim, tinha o som dos Estados Unidos. Resumia tudo o que eu imaginava que esse país fosse. Dylan cantava "Talking' New York" e me fazia querer fugir para lá. Não para aborrecer meus pais – eu os adorava –, mas apenas para experimentar esse mundo de possibilidades que parecia estar na música, na vastidão e na generosidade dos Estados Unidos. Esse disco não apenas alargou o meu horizonte: ele o traçou. Nenhum outro álbum teve esse efeito sobre mim desde então.

Eu queria poder cantar tocar aquelas canções – me apropriar delas inteiramente. Eu tinha dez libras de economias e pedi mais trinta emprestadas ao Bob para comprar um violão mais adequado, com cordas de aço, um Zenith, em uma loja de instrumentos musicais chamada Ivor Marants, no West End. Ao contrário do meu primeiro violão, esse tinha a capacidade prática de permanecer afinado – e, aleluia!, eu já conseguia afiná-lo. Além disso, eu tinha um cravelhame para instalar por cima das cordas, o que me parecia o máximo da sofisticação musical. Também, em algum lugar, arranjei uma gaita e um suporte para pôr em volta do pescoço, e assim eu podia fazer tudo o que Dylan fazia. (Demorou pelo menos um ano até que alguém me dissesse que, numa gaita, tanto se pode aspirar como soprar – e que, além disso, é a combinação entre aspirar e soprar que libera o potencial expressivo único do instrumento. Até então, eu só soprava, produzindo na maioria das vezes o barulho de uma galinha sendo estrangulada. Mas, poxa, é um processo de aprendizagem.)

Havia dias em que meu pai precisava ir até Islington para renovar o estoque e me deixava cuidando da banca. Assim que ele partia, eu colocava a placa de "fechado" na porta e, sentado no minúsculo quintal, ao lado da "casinha" externa, tentava dominar as canções de Dylan no violão – difícil para mim, já que eu não tocava muito bem, mas estava descobrindo que conseguia acompanhá-las bastante bem com a voz. Esse processo de aprendizagem me absorvia durante horas, até que de repente me dava conta de que meu pai já deveria estar voltando, guardava o violão e rapidamente reabria a loja. Papai dizia: "Caramba, você não ganhou muito hoje". E eu respondia: "Movimento muito fraco. Quase ninguém apareceu".

Desse modo, com a cabeça tomada por Dylan e o coração imbuído de uma vaga subversão adolescente, entrei numa fase beatnik altamente caricata. Seu primeiro sinal? Cabelos longos. Passados todos esses anos, é difícil transmitir às pessoas como cabelos compridos eram chocantes na Grã-Bretanha em 1962. Num país ainda solidamente unificado e uniforme, parecia o abandono de todos os valores sociais, um ato quase grotesco de rebeldia, uma afronta a tudo o que era direito e adequado. Quando eu trabalhava na loja de molduras, em North Finchley, três ou quatro dos caras tinham cachos até a altura dos ombros, e quando eu andava pela rua com eles a reação que provocavam me deixava impressionado. As pessoas literalmente atravessavam a rua. Não havia nada de ameaçador ou agressivo naqueles caras; eles só tinham cabelo comprido, mas isso era suficiente.

Então deixei o cabelo crescer. Parecia ser o caminho a seguir. Achei que cabelo comprido ficava ótimo e que a reação que ele provocava era ainda melhor. Depois, para sair ainda mais da linha, parei de lavar o cabelo. Na verdade, também parei de lavar tudo o mais. O fedor era parte importante de ser beatnik, segundo o meu entendimento da versão dessa cultura que chegara até nós por meio de relances tentadores dos Estados Unidos. Você não era um beatnik adequado se não fedesse. Então abri mão de banhos e de roupas limpas – meu traje beatnik era composto de jeans, suéter de gola rulê e colete de couro. Meus pais odiaram essa mudança, e minhas irmãs e o meu irmão Don ficaram consternados, preocupados principalmente com a tensão que eu estava provocando em nossos pais. Mary uma vez ralhou comigo, porque achou que eu estava tirando anos de vida de nossos pais. Só Bob ficou calmo, mas ele também tinha um traço de rebeldia e tinha atravessado uma longa fase "teddy-boy", o que havia gerado diversos confrontos com meu pai. Bob sabia que essas coisas são passageiras.

Além disso, apesar de superficialmente, tornei-me politizado. Era só falar, eu era contra. "Contra o que você está se rebelando?" "O que você tem?" Esse tipo de atitude. Comecei a comprar o *Daily Worker*, jornal socialista, só para aborrecer pessoas que não fossem socialistas radicais. Na hora do almoço, nos lugares onde trabalhava, eu abria o jornal, fazendo com que as páginas farfalhassem para chamar a atenção. Não tinha a menor ideia sobre o que estava lendo, mas acho que produzia o efeito adequado.

Claro, estávamos em um dos períodos áureos de protestos. Em outubro de 1962 nos preocupávamos muito com a crise dos mísseis em Cuba – Kruschev e Kennedy se enfrentando durante duas semanas, a Grã-Bretanha perdida no meio, e a guerra que acabaria com todas as outras prestes a romper sobre nossa cabeça. Dito isso, meus companheiros e eu já tínhamos pensado em tudo. À medida que a situação se aprofundava, enchemos mochilas com roupas e latas de feijão e partimos, pedindo carona, em direção à Escócia. Calculamos que, se fôssemos para o norte o máximo que pudéssemos e com o máximo de feijão em lata que conseguíssemos levar, talvez saíssemos bem daquela situação. Isso pode ter sido um tanto ingênuo. De qualquer modo, só chegamos até Luton e voltamos.

Com a mesma seriedade, participei de algumas passeatas em Aldermaston, nas quais membros da Campanha pelo Desarmamento Nuclear e outros milhares de manifestantes pacifistas percorreram o trajeto entre o controverso centro de pesquisas nucleares do governo, em Aldermaston, e Trafalgar Square, no centro de Londres, a oitenta quilômetros de distância. Bem, eu disse "seriedade". Essas marchas eram quase festivais de música ambulantes, com bandas e artistas de rua pelo caminho, e envolviam algumas paradas durante a noite. Ao longo do trajeto, escolas simpáticas à causa abriam seus ginásios, ou era possível desenrolar o saco de dormir na prefeitura de algum vilarejo. Eu definitivamente tinha uma consciência social. Não aprovava bombas nucleares tanto quanto o manifestante ao meu lado. Quando eu gritava "Fora Polaris!" com todos os outros, falava sério. Mas, ao mesmo tempo, jovens? Dormindo fora? Em sacos de dormir? Eu estaria mentindo se não admitisse que, quando se aproximava um fim de semana em Aldermaston, um dos primeiros pensamentos que me vinham à cabeça era: "Talvez eu me dê bem lá".

Claro, na prática, o sexo em sacos de dormir nunca é fácil, e as luzes naquelas salas de escola só eram um pouco diminuídas em vez de apagadas, e, assim, o número de pessoas ao redor tornava excessos de intimidade muito difíceis. Mas dava para se divertir.

Eu levava meu violão nessas passeatas, amarrado às costas com meu saco de dormir preto, com um grande símbolo de paz e amor feito por mim. Era exatamente o que se fazia quando se tinha um violão: você o levava e, então, em qualquer lugar onde estivesse parado, entretinha os demais escolhendo trechos de música popular americana que soubesse – Dylan, um pouco de Ramblin' Jack Elliot, algo de Woody Guthrie – ou que tivesse ouvido outras pessoas tocar e acrescentado ao seu próprio repertório. Para mim, essas marchas foram o início das minhas apresentações, de tornar público o que eu aprendera no quintal, quando deveria estar cuidando da loja. Do mesmo modo, nos fins de semana, comecei a ir a Brighton, no litoral sul da Inglaterra – o destino legal para "beats" e entusiastas a "beats" –, pegando o trem na estação Victoria com meus amigos. Sentava na praia com meu casaco acolchoado e meu violão, sendo muito beatnik. E as pessoas diziam: "Rod, toque 'San Francisco Bay blues'", ou, "Rod, toque aquela do Dylan", ou "Rod, solta o 'Cocaine blues'", e, quando isso acontecia, encarapitado nas pedras com uma pequena plateia reunida ao meu redor, eu começava a perceber que as pessoas gostavam de ouvir minha voz.

No verão de 1962, fizemos um esforço sem muito entusiasmo para conhecer o mundo de um modo que achávamos não convencional. Era a minha primeira vez no exterior. De fato, eu nunca tinha ido muito mais longe de Londres que Brighton. Pedi algum dinheiro emprestado, peguei o barco para a França e fui até Paris pedindo carona na Route Nationale. Em Paris, fiz apresentações de rua perto do Café Les Deux Magots, toquei "You're no good", "It takes a worried man to sing a worried song" e "Rock Island line" sem parar, ganhei alguns francos, comprei um pouco de pão francês, dormi debaixo de uma ponte do Sena, perto da Torre Eiffel, e voltei para casa. Uma segunda viagem de carona, algum tempo depois, me levou à Espanha, onde dormi ao relento com um grupo de viajantes britânicos sob marquises em volta do Camp

Nou, estádio de futebol do Barcelona. Por esse motivo, fomos apanhados pela polícia e jogados no consulado britânico, que nos colocou envergonhados num avião de volta para casa – minha primeira viagem de avião.

Percebi tarde que esse período provocou certa aflição em meus pais. Muitas vezes eles não sabiam onde eu estava, o que os preocupava. O cabelo e o cheiro também os aborreciam, assim como a minha absoluta falta de objetivo.

Mas eu estava apenas me expressando – não de maneira muito convincente. Em Shoreham, perto de Brighton, havia um grupo beatnik legítimo que ocupava uma casa-barco e chamou a atenção da imprensa por causa de uma briga com a polícia, que fora expulsá-los usando mangueiras de água. A lei prevaleceu e, basicamente, os lavou dali. Até então, no entanto, a aspiração de jovens como eu, Kenneth, Clive, Kevin, Brian e nosso pequeno grupo de transgressores de Londres era ser aceito por parte dessa elite beatnik. Acho que só entrei naquele barco uma vez – e ainda me lembro do cheiro. Eu era considerado um beatnik de fim de semana, um festeiro, não genuíno, pelo grupo radical. Lembro de ter ido a Brighton durante três dias sucessivos, pensando: "É isso. Entendi – ainda estou aqui, numa manhã de segunda-feira, perambulando pela praia". Ainda assim, sem aceitação dos radicais. O que era justo. Afinal, eu era um rebelde que possuía uma conta-poupança – o beatnik que voltava para a mamãe.

De volta a Londres, sem o conhecimento de meus pais, eu me reunia com alguns invasores beatnik em uma grande pensão abandonada em Highgate, perto do Jack Straw's Castle, um pub hoje fechado. Uma noite, cismamos em aquecer algumas latas de feijão numa fogueira e acabamos ateando fogo no telhado. Na mesma hora chegaram a brigada de incêndio e também um policial que – por sorte ou por azar, tanto faz – conhecia meu pai e me arrastou para casa.

"Peguei o seu Roddy", disse ele. "Ele acaba de botar fogo num telhado." Minha recompensa foi um tapa na cabeça – o único que meu pai me deu. Ali mesmo minha mãe pegou meu jeans, meu suéter de gola rulê, meu colete de couro e, como fizera com as chuteiras de meu pai, jogou tudo no fogo.

Foi como se tivessem acendido a luz. Da noite para o dia, eu me reinventei e me tornei mod – ou pelo menos no que diz respeito ao interesse dessa tribo londrina em roupas modernas e chiques. Outros aspectos daquele nascente ramo de subcultura juvenil – o interesse por ska e motos – me deixaram incólume. Mas eu concordava com eles sobre o valor de uma camisa bem passada e um par de sapatos decentes e passei do ser humano mais fedorento do mundo civilizado ao cara que ninguém conseguia tirar do banheiro.

E foi aí que começou a história do cabelo. Mas ele merece o seu próprio capítulo.

Digressão

Nosso herói, sem poupar detalhes, fala sobre seu cabelo.

É o que eu tenho em comum com a Rainha: ambos mantivemos mais ou menos o mesmo penteado durante os últimos 45 anos. Bem, quando se sabe o que lhe fica bem...

Para Sua Majestade: o penteado cuidadosamente limpo e preparado. Para mim: o tufo revolto espetado – também cuidadosamente arrumado, devo acrescentar. Você acha que esse meu cabelo é assim? Errado. Exige trabalho.

Mas antes do visual louro e espetado, havia o bufante. Ou, como dizíamos, "o topete" – como em "Cuidado com o topete, companheiro". (A gente protegia muito o próprio topete.)

Esse foi meu primeiro penteado marcante depois de abandonar o estilo beatnik e tomar banho. Quando fui a Paris e fiz apresentações na rua, vi aqueles franceses com penteados enormes, altos e cortinas de cabelo na testa. Achei lindo. Então resolvi criar minha própria versão. Tratava-se de escovar tudo de trás para a frente e secar com o secador. Pentear dessa forma não teria problema, mas usar o secador era complicado, porque não tínhamos um em casa. Uma televisão, sim – quanto a isso, éramos uma família correta. Mas não tínhamos secador de cabelo. Esse artigo era uma raridade no início dos anos 1960. Se você quisesse secar o cabelo, se colocava na frente da lareira ou até (e isso não é recomendado nos manuais) posicionava a cabeça perto do forno, e algumas vezes dentro dele, e praticamente o assava até secar.

Mas não dá para assar um topete. De qualquer maneira, não um dos bons. Por sorte, minha irmã *tinha* um secador. E por mais sorte ainda ela morava na mesma rua. Então eu saía do banho, me enxugava, me vestia e ia até a casa de Mary com o cabelo ainda molhado. Como eu tinha muito cabelo, o topete que eu conseguia criar, penteando de trás para a frente e secando com o secador, era simplesmente enorme. Tinha a consistência de uma colmeia: nele se podia jogar uma moeda, que ela quicava. Colocava Dusty Springfield no chinelo.

Claro que o problema não era deixar o cabelo em pé, mas conseguir que ele se mantivesse erguido. Produtos masculinos para cabelo? Nem pensar. A solução "faça você mesmo" para o problema era misturar uma colher de açúcar em uma pequena quantidade de água e aplicar ao cabelo imediatamente antes de usar o secador. O calor do jato fazia com que o açúcar endurecesse, e (com sorte) o topete solidificava com ele.

Essa era a solução perfeita para a manutenção. Mas tinha suas desvantagens no longo prazo. Ao acordar de manhã, era como se tivesse sido atacado durante a noite com um algodão-doce. E, mesmo fortificado com o açúcar, o sujeito ainda era vítima dos elementos – especialmente se, como eu, estivesse usando os trens do metrô de Londres para chegar ao seu destino à noite. No metrô, a rede de túneis e as idas e vindas dos trens criam sua própria série de correntes de ar. A chegada iminente do trem é muitas vezes assinalada por uma rajada forte e prolongada dc ar ao longo da plataforma. Portanto, se puder, me imagine cuidadosamente vestido e penteado para a noite, acompanhado de meus amigos e de pé na estação de Archway, enquanto o trem surge como um trovão – e todos nós acuados contra a parede, com os braços levantados acima da cabeça, tentando proteger nossos topetes para que não fossem derrubados pelo vento.

O topete continuou comigo e depois evoluiu para o topo espetado no tempo do Jeff Beck Group. Desenvolvi essa aparência ao mesmo tempo que Ronnie Wood, que também estava naquela banda e tinha o mesmo tipo de cabelo, embora o dele fosse um pouco mais grosso que o meu. Ronnie e eu costumávamos pentear um ao outro naquele período. E não nos satisfazíamos com qualquer formato amador, do tipo tigela. Tínhamos o método de puxar o cabelo para baixo entre o polegar e o indicador e repicá-lo com tesoura – muito profissional. E a toda hora parávamos para olhar no espelho. Demorávamos séculos fazendo isso, só para acertar o cabelo dos dois. Que união maravilhosa é essa entre dois homens. A maioria dos caras sabotava o cabelo uns dos outros. "É, assim está legal, deixa assim." Nós, não.

A ideia do topo mais alto era dar a impressão de ter acabado de rolar para fora da cama depois de uma noite de invejável devassidão – embora, mais uma vez, esse visual não fosse obtido com facilidade. Dava um trabalhão parecer tão despenteado. Principalmente porque o estágio de secagem exigia ficar de cabeça para baixo por um longo tempo – ou, pelo menos, inclinar-se na altura da cintura e deixar que a gravidade fizesse sua parte. Essa foi a técnica ensinada por uma cabeleireira em Chicago, em 1968, enquanto eu fazia uma turnê com Jeff Beck. Ela me disse que jogar o cabelo para a frente e dirigir o jato do secador a partir da nuca para baixo dá mais volume ao cabelo e espalha seus óleos naturais de modo mais eficiente, dando resultado melhor do que pentear de trás para a frente. Eu disse: "Fantástico, vou tentar". E então tive um penteado armado durante as quatro décadas seguintes.

Não posso dizer que meu cabelo não tenha mudado nada durante esses anos todos. Houve algumas escapulidas, algumas fases experimentais, algumas variações do tema básico. Por exemplo, fiquei ruivo algumas vezes. Uma vez foi em meados dos anos 1970, quando namorava a atriz Britt Ekland. Ambos ficamos ruivos – só para chocar, na verdade, porque não era isso que as pessoas esperavam de duas celebridades louras. Será que chocou alguém? Não consigo me lembrar. Acho que provocou alguns olhares, o que era o nosso objetivo. E depois voltamos ao tom natural.

Em Londres, nos anos 1980, eu costumava ir ao Denny, um cabeleireiro maluco na Sweeney Todd, em Beauchamp Place. Adorava aquele salão. Fazia questão de chegar lá mais ou menos às seis da tarde, quando começava a ficar calmo. Depois, mandávamos buscar cervejas e bebidas no pub em frente e enchíamos a cara. Um corte de cabelo, nessas circunstâncias, demorava umas cinco horas. Mas era o mais animado.

Denny também me convenceu a pintar o cabelo de vermelho durante algum tempo, mais para o fim da década, e a cortar o cabelo mais curto dessa vez, combinando-o com uma barba: mais ou menos como um soldadinho de brinquedo Action Man com henna. Achei que ficou legal. O meu problema com os pelos da face, no entanto, é que eles só crescem em torno da boca e no queixo, não na face. (Antes que alguém levante qualquer questão a respeito de masculinidade, permitam-me mencionar o nome de outra pessoa que tem o mesmo problema: Muhammed Ali.) Mais uma vez, o ruivo durou apenas uma fase curta, e depois voltei ao louro. Se você é inteligente, sempre volta para o que funciona melhor.

O visual louro começou a se firmar quando me mudei para a Califórnia, em 1975, e meu cabelo se tornou naturalmente claro por causa do sol. Então comecei a acentuar o efeito com recursos artificiais – das nuances mais suaves até o oxigenado completo, quase branco, com raízes mais escuras, nos anos 1980. Hoje é uma combinação de três tons, misturados por uma garota que vem em casa para fazê-la.

E o comprimento do cabelo também variou um pouco. Provavelmente cresceu até seu comprimento recorde no início dos anos 1970, quando eu estava com o Faces. A franja ainda estava repicada e espetada, mas atrás ia até a altura das escápulas – que era, claro, uma moda masculina bastante popular na época. Fazendo tudo do modo adequado e garantindo que o cabelo estivesse bastante limpo e fosse bem ajeitado com o secador, ele balançava ligeiramente em torno das orelhas ao caminhar. De qualquer maneira, esse era o efeito desejado.

A franja repicada também servia para puxar – muito útil durante entrevistas para a televisão. No YouTube existem algumas imagens de uma entrevista que fiz com Russel Harty na televisão britânica, em 1973, na qual dedico no mínimo tanta energia para arrumar os cabelos quanto para responder as perguntas. Também pareço estar segurando um copo de rum com Coca-Cola e, a julgar pelo estado dos meus olhos, já deveria ter tomado outras tantas doses nos bastidores. Excelente comportamento rock 'n' roll – embora, claro, fosse mais por causa do puro terror de estar na televisão ao vivo do que qualquer outra coisa.

Depois disso, o cabelo encurtou bastante na parte de trás, mas não o uso acima do colarinho desde a infância. Comprimento acima do colarinho sempre me pareceu inconveniente. A ideia de expor a nuca... não, isso seria contra minha natureza. E os espetados foram mantidos. O comprimento deles subiu e desceu um pouco, de acordo com o meu humor, os tempos, o estado da economia etc. Mas o princípio básico permaneceu o mesmo. No salão de Steven Carey, meu cabeleireiro, em Mayfair, escrevi na parede, abaixo do espelho, o comprimento acima do qual meu cabelo não deveria chegar: "6 cm". Em Los Angeles, o cabeleireiro usa uma régua nesse tamanho.

Hoje não uso açúcar parra fixar meu penteado. Posso usar um pouco de produto (mandam-me de vários tipos; tenho a sensação de que todos são praticamente a mesma coisa). E tampouco escovo de trás para a frente. Ainda uso o método de secagem de cabeça para baixo – embora depois de ser espetado por anos, ele agora pareça nascer nessa direção. Mesmo que eu quisesse experimentar outro estilo, o cabelo não me deixaria.

Meu cabelo é, além disso, um sistema de aviso muito eficiente. Ronnie Wood e eu temos isso em comum: se o cabelo não quer ficar em pé depois de todos os truques, de todos os produtos e de secar de cabeça para baixo, então sabemos que estamos doentes e temos de repousar. Nosso cabelo é nosso termômetro.

Ainda passo muito tempo pensando a respeito e me dedicando ao meu cabelo? Sim. Tenho consciência de ter dias em que o cabelo está bom e dias em que está ruim? Sem dúvida. Sinto-me aliviado mais que o normal por não ser afetado pela calvície masculina? Pode apostar. (Se fosse, teria feito implante, como Elton.) Considero-me abençoado por meu cabelo não ter ficado grisalho além de umas poucas mechas nas laterais, fáceis de tingir. Realmente me acho. (Ao ver como o presidente Obama ficou grisalho da noite para o dia, assim como Kenny Dalglish, acho que estou na profissão certa.) Será que esse interesse por meu cabelo beira o narcisismo? Bem, diga você.

Mas é compreensível. O cabelo faz parte do trabalho. É a minha assinatura: um símbolo conveniente para mim e para o que faço e, por que não, uma logomarca para o negócio. Ainda agora é possível entrar em qualquer barbearia na Grã-Bretanha, jogar-se na cadeira e pedir "um Rod", para, sem mais explicações, o barbeiro saber do que se trata.

Ele anuncia minha presença e minha disponibilidade para o trabalho com tanta eficácia quanto o luminoso no teto de um táxi. Se eu quiser passar despercebido, um boné de beisebol ou um chapéu qualquer funciona quase sempre.

A capa do meu álbum *Out of order*, de 1988, é uma foto do topo da minha cabeça. Não há rosto visível: só cabelo. A capa da caixa *Storyteller,* lançada em 1989 – assim como os pôsteres anunciando a temporada em que me apresentei no Caesars Palace, em Las Vegas, em 2011 –, mostra um desenho da parte de trás da minha cabeça. Perdoem-me, mas isso me causa um pouco de orgulho. Ser reconhecido só pelo cabelo, visto de trás, ou até mesmo de cima, significa que o seu penteado é o ideal para você, não é? Significa que as horas com o secador compensaram. Isso sim é fazer o cabelo corretamente.

Capítulo 3

Acontecimentos mais sérios.

Em 1962, aos dezessete anos, conheci uma garota chamada Susannah Boffey em uma festa, em Londres. Ela era muito bonita, de altura média, cabelo castanho, bem falante, bem-educada, bem classe média – ou seja, fora do meu círculo. Mesmo assim, eu a encantei e a fiz rir, e ela foi minha primeira namorada séria. E dentro de um ano, para nosso profundo choque, ela estava grávida.

Deve ter acontecido em Brighton. Embora eu tivesse posto de lado a minha fase beatnik e melhorado a minha aparência, aquelas viagens de fim de semana para a praia com amigos e um violão continuaram, e Sue fazia parte delas – comigo, aninhada em vagões de trem da British Rail, de braços dados ao longo do calçadão. No final de março, início de abril, costumávamos dormir nas noites de sábado sob os arcos da estrada ao longo do litoral. Ou ficávamos na praia em frente da área chamada Black Rock, ao lado do balneário estilo *art déco*. Se a polícia nos expulsava, o que acontecia com frequência, pegávamos nossas coisas e nos abrigávamos sob o Brighton Pier. E em um desses lugares – e não numa cama – o bebê foi concebido.

Foi desconcertante. Tínhamos dezoito anos, nos divertíamos despreocupadamente, agíamos como adolescentes, saindo de trem de Londres por emoção, pouco acostumados a pesar as consequências. Nada na nossa vida estava estruturado ou estabelecido. Nenhum de nós tinha emprego fixo nem dinheiro, embora as circunstâncias familiares de Sue fossem mais confortáveis que as minhas. Lembro da minha descrença na noite em que ela me contou – supondo que estivesse brincando, para depois perceber, pela expressão em seu rosto, que ela não estava. E me lembro de a descrença se transformar em medo – temores imensos e vagos demais para entender de imediato o que isso significaria em nossa vida, mas também um medo muito grande de meus pais e da reação deles. Eles ficariam escandalizados. Eu tinha engravidado uma moça fora do casamento. Aos olhos deles, eu lançaria vergonha sobre a família inteira. Nenhuma dor que eu já lhes tivesse causado seria comparável a essa.

Então, escondi tudo deles. Disse a mim mesmo que os estava protegendo de algo que eles não precisavam saber – embora, claro, ao mesmo tempo estivesse me protegendo deles. O único membro da família a quem contei sobre a gravidez de Sue na época foi Bob. Eu estava aos prantos quando lhe falei a respeito. Ele ficou zangado com o meu descuido, mas também foi solidário. Em outras palavras: era meu irmão. Foi ver Sue e disse a ela que, se pudesse ajudar, ajudaria. Sue disse a ele: "Eu me viro".

Nossos amigos não se chocaram. Eles nos apoiaram, cada um do seu jeito. Os rapazes – sendo rapazes – propuseram fazer uma vaquinha para um aborto, mas abandonaram a ideia quando se deram conta de que não conseguiriam levantar o valor exigido. Aborto era ilegal na Grã-Bretanha até a Lei do Aborto de 1967 – quatro anos mais tarde –, e Sue nunca teve nenhuma intenção de interromper a gravidez, e eu nunca lhe sugeri que o fizesse. Ela havia decidido ter a criança e entregá-la para adoção. No início da gravidez continuamos a nos ver e tentamos nos comportar como antes: dois jovens amantes, namorados, curtindo a liberdade de Londres no início dos anos 1960. Mas o clima entre nós tinha mudado para sempre. Depois de quatro meses, nos separamos. Um incidente na praia de Brighton um pouco antes disso já indicava como nossa relação tinha se tornado incontrolável.

A barriga de Sue estava apenas começando a aparecer. Eu estava sentado, como sempre com o violão, e as pessoas à minha volta diziam: "Cante aquela do Dylan, Roddy". Talvez eu não tivesse dado atenção a Sue, pelo menos não a que ela merecia em um estado tão delicado, porque de repente houve uma pancada e uma rachadura, e o instrumento pulou nas minhas mãos. Ela havia atirado uma pedra grande no meu violão. Só posso supor que ela estivesse tentando atrair a minha atenção, o que certamente conseguiu.

A situação quase ficou feia. Um dos caras segurou Sue, esquecendo-se de que ela estava grávida, mas todos gritaram para que ele se acalmasse. Enquanto isso, em silêncio e horrorizado, examinei os danos ao violão – meu querido Zenith com cordas de aço estava com uma rachadura terrível atravessando-lhe o corpo. (A propósito, ainda tenho aquele violão quebrado em casa.) Pouco depois, quando o verão terminou, nós nos separamos.

O próximo fato de que me lembro foi em novembro, quando fui acordado à meia-noite, no quarto acima da loja do meu pai, por uma mulher gritando meu nome sob a janela. Afastei as cortinas e vi duas amigas de Sue na calçada. Abri a janela e olhei para fora, atordoado, e elas disseram: "É melhor você ir ao hospital. Sue está tendo o bebê".

Eu me vesti e saí o mais silenciosamente que pude, para não perturbar meus pais, que dormiam e que ainda não sabiam de nada. Fui até o Whittington Hospital, em Highgate, e esperei, caminhando de um lado para outro nos corredores, até que me disseram que o bebê havia nascido, que era uma menina e que a mãe estava bem. Mas não vi o bebê. Queria vê-lo, mas ao mesmo tempo não, porque tinha medo do que poderia sentir.

Assinei os papéis da adoção. Depois saí para a rua fria e voltei para casa, supondo que essa passagem da minha vida estivesse encerrada e esperando jamais ouvir falar disso.

Capítulo 4

Em uma estação de trem, nosso herói tem um encontro fortuito que vai mudar sua vida, é quase asfixiado na traseira de uma van e passa por sua primeira experiência com calças em xadrez escocês.

Devo muito a Long John Baldry. Ele me descobriu – num banco em uma estação de trem, como a história perfeitamente acurada conta – e me transformou em cantor, artista, mas isso é apenas o começo. Eu o adorei enquanto ele viveu e fiquei desolado quando morreu. Carrego a foto dele na carteira, e, tenho de dizer, não se passa um dia em que eu não pense no cara.

A estação, no caso, foi Twickenham, a oeste de Londres, que era aonde eu sempre ia no período entre 1962 e 1963, quando frequentava clubes, assistia às bandas, imaginando se eu me encaixaria nelas – embora me sentisse bastante confiante de que sim –, mas também *no que* me encaixaria, o que eu ainda tinha de descobrir.

Em Richmond, no caminho de Twickenham e instalado em frente à estação, ficava o Crawdaddy Club – que não passava de uma sala nos fundos de um pub, mas que era um lugar sensacional quando estava cheio de gente pulando e enlouquecendo. Foi ali que vi e amei os Yardbirds. Eles tinham um guitarrista chamado Eric Clapton, que não me parecia nada comum. O Crawdaddy acabou sendo fechado porque se tornou barulhento demais, mas todo mundo simplesmente se mudou para o Richmond Athletic Club, onde não havia palco e a plateia podia ficar cara a cara com a banda. Uma atmosfera incrível.

Mas o lendário Eel Pie Island Hotel era o grande ponto de encontro para mim – um salão de baile antigo, úmido, instalado em um pedaço de terra no meio do Tâmisa, ao qual se chegava por uma passarela de pedestres bamba, de madeira. O lugar era usado para bailes nos anos 1920 e 1930 e depois foi uma casa de jazz até o começo dos anos 1960, quando começou a receber as bandas de rhythm and blues que surgiam. No final da passarela, dois velhos simpáticos, usando casacos de pele, esperavam para receber o valor da entrada.

Dentro do clube havia um bar ao longo de uma parede – e era estranho que nunca lhe faltassem copos, já que o esporte no final da noite era arremessar a caneca de cerveja no rio. Ainda debatem se a pista de dança empenou ou apodreceu em um lado. De qualquer modo, quando as pessoas dançavam no lado esquerdo, as que estivessem no lado direito balançavam, querendo ou não.

O camarim da banda era um tipo estranho de cabana ou casa de bonecas, suspenso acima do palco, com pequenas janelas cobertas com cortinas, através das quais os artistas podiam ver a plateia embaixo. O acesso ao palco era uma escada estreita no canto. Muitos cantores que tentaram fazer uma entrada dramática por aqueles degraus acabaram caindo de bunda na plateia.

O dono desse reino peculiar era um camarada esperto chamado Arthur Chisnall. Como descobri, ao começar a tocar ali, Arthur pagava as bandas com notas de uma e cinco libras – nunca com as de valor maior. No fim da noite, ele contava o dinheiro, e os caras saíam com um maço de notas grande demais para o seu bolso.

No início, eu apenas frequentava como cliente – pegava o metrô até Waterloo e baldeava para o trem com destino a Twickenham. Era uma viagem bastante longa a partir de Archway, onde eu morava. E a volta poderia ser ainda pior quando, cansado e um pouco bêbado, como era frequente, eu adormecia, passava por Archway e acordava sobressaltado no final da linha, em High Barnet. Mesmo assim valia o esforço. Usar as melhores roupas, arrumar cuidadosamente o cabelo e rumar para o Eel Pie Island despertava aquela euforia por estar se dirigindo a um lugar verdadeiramente exótico. As carteiras de sócio do clube eram feitas para se parecer com passaportes – marcados "Eelpiland" – apenas para tornar a mensagem clara: o lugar era seu próprio país, densamente povoado com loucos por música, estudantes de arte e garotas bonitas de saias curtas. Como George Melly disse uma vez: "Dava para ver sexo exalando da Eel Pie Island como o vapor de uma chaleira". Era um destino incrivelmente excitante e foi o lugar em que comecei a entender o poder do rhythm and blues quando bem executado.

Eu tinha dezoito anos e estava saindo com Sue Boffey. Ela tinha uma amiga chamada Chrissie, que uma vez quis que fôssemos assistir à banda do namorado dela, que era vocalista, em Richmond. Sue e eu concordamos em ir.

O sobrenome de Chrissie era Shrimpton, o namorado dela se chamava Mick Jagger, e o seu grupo, Rolling Stones. Eu me pergunto o que terá acontecido com eles. Na noite em que os vimos, estavam sentados em tamboretes, usavam cardigã e tocavam versões de blues e um ou dois números de sua autoria. O vocalista certamente conseguia prender a atenção da plateia. Long John mais tarde descreveu Jagger como "uma versão medieval de um duende", o que resumia tudo. Não fui apresentado a Mick naquela ocasião, mas me lembro de ter achado a banda ótima, enquanto uma sensação insistente me dizia: "Eu posso fazer isso". Na verdade, acho até que ousei bastante em pensar: "Minha voz é melhor que essa". Se eu conseguia juntar algumas pessoas ao meu redor com um violão na praia, por que não podia subir um degrau e cativar uma plateia em cima de um palco?

Mas com quem? Por um tempo, eu tinha estado com os membros de um grupo da vizinhança, os Raiders, que sabiam que eu cantava. Mas o resultado não foi muito bom. A banda havia conseguido uma audição com Joe Meek, produtor de discos, e fui convidado para fazer o vocal na sessão. Meek era intimidante, vestia terno e gravata, exibia uma magnífica cabeleira de roqueiro e tinha um estúdio de gravação em seu apartamento de três andares, sobre uma loja de artigos de couro, em Holloway Road. Subimos penosamente a escada, arrumamos o equipamento na sala de som e tocamos durante alguns minutos – não me lembro do quê. Mas me lembro de que ao fim do número Meek veio da sala de controle, encarou-me e expressou uma longa e ruidosa reprovação. Peguei meu casaco. Acho que foi minha primeira crítica oficial. A banda depois disso passou a ser um apenas grupo instrumental. Não havia sido um início auspicioso.

Tive uma oportunidade mais favorável com uma banda chamada Jimmy Powell e os Five Dimensions. Powell era um cantor de blues de Birmingham, forte como um lutador de boxe, um babaca durão que se tornara famoso no circuito musical por conseguir fazer uma imitação quase perfeita de Ray Charles. Como foi que acabei tocando com Powell? Tudo dependia de relacionamento. Os Raiders acabaram nos Moontrekkers, e o guitarrista dos Moontrekkers foi tocar com os Five Dimensions, e ele, por sua vez, me recomendou a Jimmy Powell. Evidentemente, era assim que se arranjava uma apresentação.

Bom, uma espécie de apresentação. Se eu ficasse por ali por tempo suficiente e me mostrasse esperançoso, podia ser convidado para subir ao palco e tocar gaita em alguns números no Ken Colyer Club, no porão de um prédio em Great Newport Street, ao lado da Charing Cross Road, no centro de Londres. Colyer era trompetista de jazz, tinha 34 anos e passara uma temporada na marinha mercante que lhe proporcionara ampla experiência no jazz dos Estados Unidos, em especial desse gênero no estilo de Nova Orleans, do qual se tornara um artista e divulgador pioneiro em Londres. Lonnie Donegan, que fizera os discos de skiffle que me fascinaram na escola, foi guitarrista dos Ken Colyer Jazzmen durante algum tempo. Originalmente um lugar destinado ao jazz tradicional, o Ken Colyer Club também abrigava a nova onda de rhythm and blues que surgia. E fora assim que Jimmy Powell e os Five Dimensions haviam chegado até ali, e eu ficava de um lado do palco e soprando em Sol, enquanto a plateia observava, assustada, balançando a cabeça, ou provavelmente se perguntando: "Por que diabos alguém não ensina esse cara a aspirar tão bem quanto soprar?".

Minha outra principal tarefa era divertir a banda nos engarrafamentos, abrindo a porta traseira do nosso Dormobile e me jogando na rua. Nunca deixava de provocar risos.

No entanto, em pouco tempo o meu papel se tornou maior, quando Jimmy me perguntou se eu podia fazer o backing vocal de "What'd I say", de Ray Charles. É óbvio que isso me pareceu uma grande promoção, de modo que fiquei muito feliz em aceitar... só para me chutarem para fora quase de imediato.

Agora, por que você supõe que isso aconteceu? Foi porque meus backing vocals eram terríveis – tão ruins que não havia possibilidade de serem novamente ouvidos pelo público? Hummm. Ou foi porque Powell de repente percebeu que eu sabia cantar e não gostou da ideia de ter concorrência na banda, vinda de um cara jovem com roupas legais e um belo corte de cabelo, que ficava na lateral do palco?

Eu não posso julgar. Seja você o juiz. Só sei que eu estava fora...

... antes de ser apanhado outra vez, não muito depois, por Long John Baldry. Dizer que Long John se destacava na cena musical daquela época é pouco. Para começar, ele era altíssimo, 1,98 metro, possuía uma voz marcante e potente, tinha cabelo claro e era muito atraente. Tinha carisma de sobra e era uma figura impressionante no palco. Quando o conheci, ele tinha 23 anos – apenas cinco anos a mais que eu, mas décadas a mais de sofisticação. Falava bem e estava sempre muito bem-vestido, era um grande defensor do terno de três botões de raiom prateado, usado com botas de salto alto – moda de Carnaby Street, mas feito por um alfaiate grego de um beco, que cobrava mais barato. Lembro que ele tinha um casaco acolchoado quando isso era um item exótico, mas preferia ternos, no estilo chamativo herdado dos músicos de blues americanos que Long John adorava, com suas admiráveis três peças, usados com sapatos reluzentes e meias cuidadosamente escolhidas. Você cantava a respeito da pobreza e até podia ter sido pobre, mas nunca se vestia como se tivesse menos de um milhão de dólares: essa era o trato.

Quando garoto, John frequentara uma escola primária em Middlesex, nos arredores de Londres, e era muito inteligente. Na verdade, seus pais costumavam dizer que a sua decisão de dedicar a vida à música era "um terrível desperdício de um cérebro maravilhoso". Ele abordava a música de um modo quase erudito – e adquirira os discos legais, as gravações americanas, antes de qualquer outra pessoa. Foi John quem despertou o meu interesse por blues, fazendo com que eu abandonasse o antigo interesse pelo folk. Lembro-me de uma vez estar em seu apartamento na Goodge Street, antes de sair para um show em algum lugar, e de perguntar se ele podia me emprestar seu disco do Muddy Waters *At Newport 1960* – aquele com a foto de Muddy de pé na escada, na capa, com uma gravata branca bem legal. John disse: "Acho que não. Keith Relf, dos Yardbirds, acabou de me devolvê-lo, e Mick e Keith estão na fila". Os Stones queriam fazer cópias dele no gravador de fitas. Todo mundo queria ouvir aquilo. Long John era nossa biblioteca.

Além disso, bebia vodca com afinco e era um grande fã do que chamava de "loucura", basicamente o seu código para o comportamento idiota em nome da diversão. Também era gay, o que (e isso é uma indicação de quão desligado eu era) levei algum tempo para perceber. Recordando agora os primeiros dias em que estivemos juntos numa banda, eram mais que coincidência as vezes em que eu aparecia no apartamento dele para esperar a van que nos levaria para um show e o encontrava saindo do chuveiro usando apenas uma toalha ou nu. E, na minha ingenuidade, não tinha notado aquilo como um sinal. Nos vestiários dos times de futebol, os homens circulam nus o tempo todo. Para mim, era natural, não me causava o menor desconforto nem, muito menos, me levava a interpretar seus motivos.

Acabei até compartilhando a cama com ele uma noite – durante uma turnê com a banda, em algum hotel sórdido em Bolton, onde não havia quartos suficientes para todo mundo – sem nada demais. Quando desci para o café na manhã seguinte, alguns membros da banda caçoaram e fizeram comentários, como "Tem certeza de que botou a calça do lado certo?", e então a ficha começou a cair – Long John era, como as pessoas diziam naquela época, "um daqueles frescos".

Assim como no caso do aborto (isso agora parece tão absurdo e cruel), também era ilegal ser gay na Grã-Bretanha em 1964 e continuaria assim até 1967, por isso era compreensível alguém não querer divulgar ou mesmo revelar isso a ninguém. Tenho certeza de que devem ter acontecido coisas, mas não me lembro de Long John paquerando alguém na multidão quando fazíamos shows. Mais tarde ele viria a ter namorados abertamente. Naqueles dias, no entanto, ele os mantinha escondidos – e portanto tinha de suportar aquela chateação costumeira de tias perguntando a ele quando iria encontrar uma boa moça e sossegar, e também de sua mãe, que uma vez expressou a John sua preocupação a respeito de ele andar comigo, alegando que me achava "um pouco fresco".

Long John dedicava-se por inteiro à música. Ele frequentara o Ealing Jazz Club – um porão úmido onde era preciso pendurar um lençol no teto acima do palco para impedir que a condensação pingasse sobre os músicos – e passou a fazer parte do grupo Blues Incorporated, com Alexis Korner e Cyril Davies, que tinham Muddy Waters como modelo e se declaravam "o primeiro grupo branco de electric blues no mundo". Então, quando Korner resolveu transformar o Blues Incorporated em uma banda de jazz progressivo, Long John saiu para cantar com Davies no Cyril Davies R&B All Stars, que preferiam a vertente de Chicago, mais apreciada por John.

Davies era um cara corpulento, em vias de ficar careca, com uma mala repleta de gaitas que podiam causar um verdadeiro furacão e que tinha menos dificuldade que eu em entender a dinâmica de soprar/aspirar. Infelizmente, a saúde dele de repente ficou ruim e se deteriorou rapidamente. Em janeiro de 1964, após um período convalescente, ele morreu – de infecção cardíaca, disseram na época, embora, ao que parece, ele tenha sido acometido por uma leucemia. Tinha apenas 31 anos.

Long John resolveu marcar a morte de Davies com uma apresentação dos All Stars em sua homenagem, em Eel Pie Island: um velório sob a forma de show. Compareci, embora me lembre muito pouco dele. Diz a história, no entanto, que naquela noite quem também estava na plateia era Ian McLagan, mais tarde tecladista do Faces, e que a apresentação de abertura foi feita por uma banda chamada Jeff Beck and the Tridents. Mas isso mostra como tudo naquela época parecia estar ligado: a qualquer momento, quase todos os que mais tarde teriam importância circulavam nos mesmos lugares. Uma infeliz explosão de gás no clube errado, na noite errada, e três quartos da história do rock britânico seriam apagados de uma só vez.

De qualquer modo, lembro-me do que aconteceu depois do show, quando saí e me sentei na plataforma da Twickenham Station, esperando o trem para Waterloo. Para passar o tempo, peguei a gaita no bolso do sobretudo e comecei a tocar. E o que toquei foi o refrão de "Smokestack lightnin", do Howlin' Wolf, um blues que eu sabia mais ou menos soprar até o fim.

Na versão da história que Long John contaria mais tarde, seus ouvidos aguçaram ao som de um lindo blues lamentoso levado pelo ar da noite de inverno através da estação desolada. Adorável. Mas isso não pode ser verdade, considerando-se a maneira como eu tocava gaita. Talvez ele estivesse bêbado. Ou talvez eu estivesse bêbado e tocando melhor do que nunca. De qualquer modo, ele me abordou, me viu todo encolhido por causa do frio – um monte de trapos, como ele me descreveu, com um narigão saindo da trouxa – e se apresentou.

O trem chegou, viajamos até o centro de Londres, conversamos sobre como ele estava lidando com a ausência de Davies na Cyril Davies R&B All Stars, e, quando chegamos a Waterloo, ele me perguntou se eu queria entrar para a banda como backing vocal. Ele pensava em mudar o nome da banda para Long John Baldry and The Hoochie Coochie Men. Além disso, me propunha pagar 35 libras por semana.

Bem, naquele momento, se eu ainda estivesse tocando a gaita, provavelmente a teria engolido. Trinta e cinco paus por semana! Vinte libras por semana eram mil por ano, e as pessoas com empregos sérios ganhavam mil por ano naquela época. E ele estava me oferecendo 35 libras... para cantar?

E como ele sabia que eu cantava? Talvez tivesse me visto com Jimmy Powell. Talvez alguém tivesse lhe contado alguma coisa. Ou talvez apenas tivesse gostado de mim (embora não tivesse dito isso). Tudo parecia estranhamente mágico e fácil, como em um filme. Num momento você é um desocupado, esperando pelo trem; no seguinte lhe oferecem condições sensacionais como músico profissional.

Então eu me agarrei à oferta? Não. Fiz o que qualquer bom menino de dezenove anos faria: disse a ele que primeiro teria de perguntar à minha mãe.

Acho que em algum lugar da minha mente eu já previa como esse encontro poderia se traduzir em conversa lá em casa no dia seguinte. "Na noite passada conheci um homem de boa aparência em um trem, e ele disse que vai me pagar para perambular pelo país com ele." Conhecendo minha mãe, ela teria muito a dizer a esse respeito, e "Então vai, filho, e divirta-se muito" não estaria necessariamente incluído.

Mas foi aí que Long John se mostrou extraordinário. Ele disse que compreendia perfeitamente – ele também morava com a mãe naquela época – e que iria conversar com minha mãe.

Em geral, ele cumpria o que prometia. Long John pode ter sido um grande nome no circuito do blues na Grã-Bretanha, mas meus pais, claro, não tinham ideia de quem ele era. Mesmo assim, pela porta da loja de doces do meu pai entrou aquele homem impecável, muito bem-vestido, articulado, a personificação do tranquilizador de pais, trazendo (o toque final) um buquê de flores. Minha mãe tinha muitas perguntas a fazer: eu sairia de Londres? A que horas voltaria?

"Não se preocupe, sra. Stewart. Eu tomo conta do seu Roddy."

Todos os temores da minha mãe quanto à licenciosidade do show business e da vida degradante na estrada se derreteram como manteiga na frigideira.

"Bom, está bem, John. Você é um cavalheiro."

De uma hora para outra, eu tinha um emprego numa banda.

Não havia tempo para ensaiar. Meu irmão Don me levou ao West End e me deu uma camisa branca de colarinho alto e uma gravata, e lá fui eu. Tínhamos um show quase que imediatamente no Twisted Wheel, em Manchester.

No caminho, na van com o restante do grupo, Long John disse que eu precisava de uma canção. A ideia era que eu entrasse com a banda, cantasse um número e então o apresentasse. Eu disse que podia cantar "The night time is the right time", de Ray Charles. "Vocês sabem tocar?", perguntei para os músicos em geral. Eles arquearam as sobrancelhas, como se eu tivesse perguntado: "A água é molhada?" ou "o papa é católico?".

O show era do tipo que durava a noite inteira, o que significava que eu teria de cantar duas vezes. O público da sessão vespertina entraria, e faríamos uma apresentação. Depois esse grupo sairia e entraria o público da noite inteira, e tocaríamos outra vez.

A sessão vespertina se aproximava, havia uma grande plateia, e eu estava meio baratinado. Pouco confiante. E também tremendo muito, sentindo-me bastante enjoado. Aquele bolo na boca do estômago. Ao notar meu estado, Cliff Barton, baixista da banda – um cara brilhante –, discretamente enfiou alguma coisa na minha mão e sussurrou algo semelhante à clássica recomendação dos médicos: "Tome isso, você vai se sentir melhor".

Era uma pequena pílula preta.

"O que é isso?", perguntei.

Aparentemente era anfetamina. Já tinha ouvido falar, mas nunca tinha tomado aquilo ou qualquer outra coisa do gênero.

"Só vai ajudar você a se soltar um pouco", me garantiu Cliff. "É como beber uma xícara de café."

Nitidamente alarmado, disse a Cliff: "Mas eu não bebo café".

Mas Cliff era inflexível e, falando como um médico de novo, disse: "Confie em mim".

Confiei nele. Engoli a pílula com um gole de cerveja escura. Durante algum tempo nada aconteceu. Então, de repente, *tudo* aconteceu. Parecia que alguém havia enfiado meu dedo na tomada. A anfetamina correu pelo meu corpo. Meus olhos se dilataram até ficar do tamanho de um prato. E sem dúvida meu cabelo teria ficado tão alto quanto o de Dusty Springfield se eu já não o tivesse penteado para deixar naquela posição.

Quando subi ao palco, estava mais acordado do que jamais estivera em toda a minha vida. A banda deu o acorde de "The night time is the right time", e ataquei a música como um cachorro atacaria um ladrão. Não tínhamos ensaiado, de modo que o número foi mantido por sinais entre nós o tempo todo. Má ideia.

Queria outro verso, outro refrão. Estava vociferando para a banda: "Outra vez! Não parem a música!". Os músicos se entreolharam em um estado de perplexidade. Eu não tinha ideia do que estava parecendo. Só sabia que a mim parecia brilhante. A multidão com certeza está entusiasmada – pelo menos durante os primeiros seis minutos. Depois disso, é possível que a atenção deles tenha diminuído um pouco. Mas eu não tinha como saber. Por fim, depois do que pode ter sido a versão mais longa de "The night time" na história das apresentações, a banda deu um jeito de encerrar a canção, e eu fiz Long John entrar para que o show principal começasse. "Estimulante?" Estava mais para "descontrolado".

Fiquei ligado o restante da noite. Tiveram de me arrancar do palco.

Acho que não dormi durante quatro dias.

Meu primeiro show.

Outros se seguiram rapidamente. A banda era ocupada. Dava para entender por que eles pagavam bem: a fama de Long John como cantor nos precedia, e estávamos ganhando muito dinheiro – várias vezes por semana, em todos os lugares do país, tocando em clubes, percorrendo universidades. No auge, fazíamos shows sete noites por semana e algumas vezes até três shows por noite nos fins de semana.

Nosso transporte era uma velha van amarela, pela qual Long John pagara quarenta libras. Quem dirigia era um camarada chamado Mad Harry, que pilotara bombardeiros Lancaster na RAF, na Segunda Guerra Mundial, e que, na verdade, nunca mais aterrissara. Ele mandara fazer o painel da van como se fosse o de um avião, com altímetros, relógios mostradores e pedaços inúteis de *memorabilia* de aeronaves. Usava um uniforme composto por óculos de aviação, uma jaqueta de couro e uma echarpe de seda. As demais tarefas de Mad Harry eram anunciar a banda no palco todas as noites e recolher a opinião da plateia no fim. Para tanto, ele vestia uma casaca e pendurava suas medalhas de serviço na lapela.

Os membros da banda se sentava na parte de trás da van, em estofados surrados, agrupados em volta de um fogareiro de querosene que nos mantinha aquecidos, amarrado ao chão com cordas para evitar que ele virasse nas curvas. Além disso, enchia nossos olhos e garganta de fumaça. Não acho que o setor de "segurança e saúde" fosse ficar muito satisfeito. E Deus sabe o que seria de nós no caso de uma batida. Qualquer colisão em velocidade teria convertido a van num foguete.

A sensação de perigo era ampliada pelo estilo de dirigir de Mad Harry, que usava muito o acelerador e pouco o freio. Para Harry, a velocidade era tudo. Ele dirigia o tempo inteiro como se estivesse forçando um avião na pista de decolagem. Long John – na maior parte das vezes, um passageiro nervoso – toda hora batia no painel e gritava: "Pelo amor de Deus, cara, vá mais devagar!".

Mad Harry tinha um truque especial para o trecho final do trajeto até Eel Pie Island, que era dobrar a última esquina em alta velocidade para quase atingir a calçada e cair no Tâmisa. Era a sua assinatura – uma manobra em parafuso, se preferir. Long John se cansou de tanto susto e começou a ir de trem para os shows sempre que podia. Ian Armitt, o pianista – escocês, instrumentista fabuloso –, até comprou um carro porque achou que assim aumentaria suas chances de permanecer vivo. Se pudesse, eu teria feito o mesmo, mas ainda estava economizando dinheiro.

Claro que para o automóvel também era desgastante. A caminho de um show na Newcastle University, a van deu um basta, parou e se negou a prosseguir. Chegamos para o show na traseira de um reboque.

Ainda assim, a essa altura o pseudobombardeiro Lancaster já tinha nos levado ao longo e ao largo de toda a Grã-Bretanha. Levara-nos a Stoke-on-Trent, até um clube chamado The Place, onde a plateia enlouquecida dava socos de entusiasmo no ar – para confusão de Long John, que, interpretando o gesto de modo equivocado, achou que estivesse testemunhando algum tipo de reunião nazista e fez parar a banda para anunciar: "Não queremos nada dessa merda nazista aqui!". O show foi instantaneamente encerrado.

E nos levou a Dundee, onde uma apresentação na universidade foi o cenário da minha primeira experiência no palco usando roupas com estampa de xadrez escocês. Long John sugeriu que fôssemos à cidade para comprar calças e coletes com padrões escoceses. Ele achou que isso cativaria o público, o qual sabíamos que podia ser difícil de agradar. Na hora do show, a plateia deu uma olhada naquele inglês alto e no seu companheiro de nariz grande e penteado à Dusty Springfield, ambos usando xadrez escocês para tentar cair nas boas graças do público, e concluiu que nenhum dos dois estava a contento. Latas de cerveja choveram no palco. Demoraria alguns anos até que eu tentasse usar essa estampa de novo.

Claro que em alguns lugares eu não precisava estar vestido assim para atrair importunos. Às vezes bastava o cabelo. De vez em quando, algum engraçadinho gritava alto no meio do show: "Você é menino ou menina?". Eu sempre tinha uma resposta pronta: "Suba aqui, que eu mostro". Pouco espirituosa, talvez, mas eficiente.

Veja só, foi o próprio Long John quem me apelidou de "Phyllis". Daí a pichação anônima que apareceu na parede do Eel Pie Island no qual "Long John and the Hoochie Coochie Men" foi modificado para "Ada Baldry and the Hoochie Coochie Ladies, apresentando Phyllis Stewart". Era esse o preço que se pagava por cuidar do cabelo em 1964.

Na Manor House, em Londres, onde fizemos uma temporada, o palco era feito de tábuas e caixotes, nenhum deles preso com pregos. Ao longo do show, abriam-se brechas dentro das quais podiam desaparecer todos os membros do grupo com seus instrumentos. Ou isso, ou o baterista afundava no fundo do palco e precisávamos fazer uma curta pausa para que ele sacudisse a poeira e arrumasse os tambores. Uma vez vi Zoot Money naquele local. Jaquetas curtas de raiom e gravatas finas – era uma banda e tanto. E sabiam beber.

Meu problema era segurar a bebida. Uma noite no palco, no Eel Pie Island, precisava esvaziar a bexiga urgente, mas os banheiros ficavam a uma boa distância, nos fundos do clube, e resolvi correr escada acima, entrar no camarim "casa de boneca" e me aliviar em um copo vazio. Teria sido um procedimento mais higiênico se eu não tivesse colocado o copo no chão e o chutado sem querer na pressa de voltar. O líquido atravessou as tábuas do piso e mais tarde reapareceu em uma série de gotas quentes que pingaram diretamente sobre a cabeça e os ombros de Long John.

Moral da história: nunca construa um camarim acima do palco. Tive de dar dinheiro a Long John para ele mandar lavar o terno.

Meu repertório solo começou a se expandir. Além de "The night time is the right time", ganhei "Tiger in your tank", de Muddy Waters, e "Dimple", de John Lee Hooker. Por acaso eu imaginava ser cantor de blues? Não exatamente. No fundo, eu gostava de folk. Mas sempre achei que pudesse cantar qualquer coisa e dava tudo de mim nesses números. Aliás, anfetaminas não eram mais necessárias. Eu tomava uma garrafa de Newcastle Brown com scotch e suco de laranja – uma combinação notável, provavelmente tão ruim para os dentes quanto para o fígado –, e isso garantia a noite inteira. Se o show fosse em Londres, no Marquee, digamos, eu saía de casa à tardinha, protegendo meu cabelo, caminhava até a estação de Archway, parava no bar Woodman e ali tomava a fórmula mágica. No final da noite, voltava de metrô ainda meio alto, mas satisfeito comigo.

Minha presença na banda parecia trazer um novo contingente para a plateia dos Hoochie Coochie Men – em especial personagens da cena mod, que gostavam de um pouco de R&B cantado por alguém vestido com um terno sob medida e de cabelo bem penteado. Refletindo isso, o programa em alguns lugares era alterado para passar a ser "Long John Baldry e os Hoochie Coochie Men, apresentando Rod 'The Mod' Stewart". Long John começou a me apresentar desse jeito no palco: "Senhoras, e seja lá com quem vocês estiverem, aqui está... Rod 'The Mod' Stewart!".

Ao mesmo tempo que isso acontecia, eu começava a aprender uma das grandes verdades da química humana: garotas gostam mesmo de um cantor. Muitas meninas abordavam cantores para um papo e procuravam passar um tempo em sua companhia. Era a magia de ser cantor: atrair poder. Uma novidade de fato muito boa. Meu grande truque naquela época era me dirigir para o bar da casa de show um pouco antes da hora de subir ao palco e entabular uma conversa com alguma garota atraente, sem dizer a ela que eu cantaria naquela noite. Depois, quando Mad Harry se levantava e apresentava a banda, eu dizia a ela "Desculpe, tenho de fazer um show" e atravessava a plateia até o palco. Isso quase sempre provocava uma grande surpresa, e depois, quando reencontrava a garota após a performance, em geral a noite já estava ganha.

Em março de 1964, fomos colaborar com Sonny Boy Williamson, cantor de blues e gaiteiro americano e um dos grandes pioneiros, em um show de inauguração das novas instalações do Marquee Club em Wardour Street, no Soho – uma grande ocasião para mim, porque eu era seu grande fã. Williamson, que morreria de ataque cardíaco apenas um ano mais tarde, aos 53 anos, vestia um imaculado terno de dois tons e parecia muito carismático – o artista genuíno.

Aliás, naquela época, o Marquee não tinha licença para vender bebidas alcoólicas: só Coca-Cola e café. Lá, certa noite, um sujeito da plateia cometeu a temeridade de se colocar bem na frente do palco e ficar lendo jornal, com a intenção de transmitir, suponho, o seu desdém pelas estilizações pseudoamericanas de R&B do nosso show. Long John lidou com ele com muita eficiência. Desceu do palco e, com um isqueiro, botou fogo no jornal.

Também tocamos em um show com Little Walter, outro formador dos bluesmen americanos e o único a ser incluído no Hall da Fama do Rock and Roll por seu talento com a gaita. Para ser sincero, ele dava um pouco de medo e parece ter tido um ou dois problemas relacionados à falta de controle da agressividade. De qualquer modo, ele me pediu nos bastidores que lhe arranjasse algumas garotas, mas, quando me mostrei hesitante, ameaçou me atingir com uma faca. Passei o restante da noite evitando-o. Mas ele era sem dúvida um grande instrumentista.

Durante todo esse tempo, só me recordo de um incidente tempestuoso que ocorreu em Portsmouth, no litoral sul da Inglaterra. Os Beatles tinham convidado Long John para participar de um de seus especiais para a televisão – o tipo de convite que você não declinaria alegando que precisa lavar o cabelo –, e ele ficou em Londres para a gravação, prometendo nos encontrar em Portsmouth mais tarde, a tempo para um show no Rendezvous Club.

Chegou a hora de subir ao palco, no entanto, e nem sinal dele. Fomos obrigados pelo zangado dono do clube a começar, e eu substituiria Long John. Na verdade, eu só tinha três números a oferecer e os fiz render o mais que pude, mas o público começou a ficar irrequieto. Às vezes se ouvia um grito: "Queremos Long John" ou "Vai se foder, seu viadão". Depois de alguns números, Long John finalmente entrou e atravessou a plateia, mas, na minha raiva por ter sido colocado na forca, cometi o erro de saudá-lo do palco com algo menos tradicional, do tipo: "Porra, já era hora". Long John subiu ao palco, completou o show e depois, nos bastidores, muito calmamente me demitiu – fazendo-me, não me importo de admitir, desatar a chorar. Eu não achava que isso podia acontecer com integrantes de uma banda. Achei que só acontecia no mundo real do trabalho.

Meu afastamento durou uma semana e fui readmitido, por sorte sem ressentimentos. Em junho, Long John, que tinha um contrato de gravação solo com a United Artists, me pediu para ser backing vocal numa versão de "Up above my head", canção gospel de Sister Rosetta Tharpe para o lado B do seu single "You'll be mine". A gravação resultante não pode ser considerada uma das minhas apresentações mais descontraídas. Na verdade, tem todos os sinais clássicos de um amador no estúdio, esforçando-se para impressionar e cantando com exagero, como um maníaco. A canção é do tipo "canto e contracanto", mas nesse caso a resposta é mais alta que a chamada. Parece que estou tentando vencer um concurso de gritos – e obtendo sucesso.

Minha primeira gravação lançada.

Mas, no geral, esse período foi esclarecedor – e que aprendizado! Na primeira vez que subi naquela van com os Hoochie Coochie Men e inalei minha primeira lufada de fumaça de querosene, eu era um músico novato. Naquele tempo, mal conseguia executar um simples blues de doze compassos. Ainda assim, eu estava no palco com músicos de verdade, muito bem-sucedidos, bem mais velhos, como Cliff Barton, Ian Armitt e o guitarrista Geoff Bradford, um brilhante intérprete de jazz que também sabia tocar blues sem esforço. Alguns desses caras estavam na casa dos trinta ou quarenta anos. Haviam se destacado no cenário do jazz tradicional e eram bastante escolados, experientes, testados pela estrada, firmes como uma noz. Quando Geoff Bradford tocava John Lee Hooker, era perfeito. Quando tocava "Hoochie coochie man", que John cantava, ou "Got my mojo working", que era o final, soava como o disco – parecia a banda de Muddy. Era meio injusto que a primeira banda de um cantor fosse boa como aquela. E não menos assustador, porque eu sabia como eles eram bons.

Além disso, acima de tudo, havia a influência de Long John, que era, pelo que me dizia respeito, incomensurável. Ele era o meu guia, em parte pelo exemplo, em parte por orientações diretas, que incluíam desde técnicas básicas de palco à apresentação de um vocal. Ele me disse para ficar sempre à frente do microfone com os pés separados, nunca com os pés juntos, porque isso não dava presença nem autoridade. Ele me mostrou como dominar uma canção – controlá-la, me apropriar dela. Ensinou-me como falar com o público, como mobilizar as pessoas estando no palco, como forjar uma conexão com um salão tão lotado que você mal consegue enxergar. Essas lições moldaram tudo o que fiz durante o resto da minha carreira e continuarão a moldá-la enquanto eu me apresentar diante do público com um microfone na mão.

Veja bem, nem todo conselho de Long John era digno de confiança. Uma vez ele me advertiu que fazer sexo oral com mulheres arruinaria minha voz e que, se eu desse valor à minha carreira, deveria desistir dessa prática o quanto antes. Foi uma das raras ocasiões em que decidi ignorá-lo.

Foram dias especiais, no entanto. Eu pensava: "É isso aí. Não dá para ficar melhor. Maravilhoso. Fazendo o que quero: cantar três ou quatro canções por noite, tomar um drinque, olhar as garotas, talvez pegar uma delas e depois ir para casa".

Uma das perguntas feitas por minha mãe quando cheguei em casa e contei da proposta de emprego de Long John foi: "Isso tem futuro?". Tenho certeza de que blefei, embromei e me saí com alguma resposta positiva. A verdade, no entanto, é que eu não sabia. Certamente esperava que sim. Mas não importava o que acontecesse, pensei, teria emprego por nove meses e, se tudo desse certo, teria dinheiro suficiente para comprar um carro esporte MG Midget, que na época custava cerca de 430 libras. E se eu conseguisse possuir um MG Midget, bem, seriam dias felizes.

Mas não era só eu. Todo mundo achava que o que estava acontecendo no cenário musical do início dos anos 1960 era um repentino clarão no céu destinado a escurecer e sumir com a mesma velocidade com que havia aparecido. Achávamos que os Beatles teriam "Love me do" e pronto. Achávamos o mesmo de "It's all over now", dos Stones. Não acreditávamos que a música que estava se infiltrando na Grã-Bretanha, e nos levando com ela, fosse durar. Parecia ser apenas uma onda – uma grande paixonite que todos acabariam por superar. Não se pensava no futuro quando se entrava para uma banda, nem na sua trilha para uma carreira. Era tudo novo, não havia um contexto nem um padrão preestabelecido que nos permitisse pensar de outra ma. Estávamos nisso porque gostávamos naquele momento, naquele minuto, e qualquer outra coisa que surgisse ao longo do caminho era um bônus.

Capítulo 5

Um empresário é contratado, um single é gravado, mas não consegue ganhar as paradas de sucesso, e ouvimos falar de um encontro inicial com Gary Glitter.

John Rowlands e Geoff Wright me viram cantar pela primeira vez com os Hoochie Coochie Men no Marquee Club, em Londres, em abril de 1964. Devem ter achado que eu era legal, porque depois vieram me perguntar se podiam me agenciar.

Na minha idade (a essa altura eu estava com dezenove anos) e tão no início da carreira de intérprete, o simples fato de ser abordado por alguém me oferecendo algo tão sofisticado como "agenciamento" era bastante divertido. Ao mesmo tempo, eu era inteligente o suficiente para saber que essas eram águas infestadas de tubarões – e que esse era o clássico momento em que o cantor emergente, por ingenuidade e muitas vezes até por estar bêbado, abre mão de tudo sem perceber e acaba comprando uma mansão em Barbados para algum camarada de terno, condenando-se a uma vida de pobreza e de processos jurídicos dispendiosos.

Mas Rowlands e Wright não eram tubarões. Ou, se eram, mantinham os dentes bem escondidos. Até que gostei do estilo deles. Nenhum deles era modernoso. Rowlands se parecia com John Major, futuro primeiro-ministro britânico. Wright lembrava David Attenborough. Mais tarde, ele diria que ficava um pouco constrangido ao andar comigo em público por causa do cabelo e das roupas. Será que essa é uma vantagem num empresário? Provavelmente não.

Mas Rowlands tinha sido o "Homem do Ovomaltine" nos comerciais de televisão, e não é qualquer um que pode se gabar disso. Mais tarde, ele criaria uma empresa de relações públicas em torno da carreira de Tom Jones e de Engelbert Humperdinck. Wright tinha trabalhado com Tommy Steele, Val Doonican e Des O'Connor (grandes nomes, não importa o que digam a respeito deles) e também, além disso, cuidado dos interesses da Associated London Scripts, que era a companhia formada por Spike Milligan, Eric Sykes, Frankie Howerd, Ray Galton e Alan Simpson – alguns dos autores mais engraçados da comédia inglesa. Essas eram referências suficientemente boas para recomendá-los.

Portanto, eu lhes disse que ficaria feliz se pudesse dar uma olhada em um contrato, o qual, no devido tempo, eles elaboraram e me entregaram. Mais uma vez esse é um momento vulnerável para um artista inexperiente. Na verdade, é um clássico *Ardil 22*. Seria preciso mesmo ter um empresário que aconselhasse a assinar ou não um contrato com algum empresário. Mas é impossível.

De qualquer modo, não assinei na hora. Levei o contrato para casa e mostrei-o ao meu irmão Don, que entende de números. Examinamos juntos com muito cuidado e o deixei de lado durante umas duas semanas, o que foi útil para aumentar o entusiasmo de Rowlands e Wright. Já tinha ouvido falar a respeito da mente esperta e empreendedora que coloquei para funcionar durante a minha carreira, e, até certo ponto, isso é verdade. Mas não vamos exagerar. Trata-se principalmente, me parece, de não ser tomado por otário. Desse modo, voltei a Rowlands e Wright com o contrato e disse a eles que eu ficaria feliz em fechar negócio, desde que incluíssemos uma cláusula estabelecendo que eles não teriam direito a porcentagem nenhuma sobre o que eu ganhasse cantando com Long John e a banda. (O arranjo, afinal, fora feito antes, por que eles deveriam levar uma fatia?)

Para satisfação de todos, o documento foi devidamente ajustado, e, para celebrar, seguiu-se um jantar com champanhe no Barrie Room, no Kensington Palace Hotel, ao fim do qual eu dormia sobre a mesa, com a cara no prato. Exaustão, mais que o champanhe, eu alegaria, embora seja possível que o espumante tenha tido alguma influência.

Meus novos empresários foram à luta na tentativa de conseguir um contrato de gravação para mim. Para isso, precisavam de uma fita demo e assim agendaram uma sessão em um estúdio bem simples na Poland Street, no Soho. Chamaram Ian Armitt e Cliff Barton, dos Hoochie Coochie Men, e gravamos sete canções em cerca de quatro horas: "Work song", de Oscar Brown Jr. e Nat Adderley; "Ain't that lovin' you baby" e "Bright lights big city", de Jimmy Reed; "Moppers blues" e "Keep your hands off her", de Big Bill Broonzy; "Don't you tell nobody", de Willie Dixon; e "Just like I treat you", de Howlin' Wolf. Foi improvisado, mas uma demo não precisava ser melhor que isso.

Algumas opiniões das gravadoras diziam que a minha voz era rústica demais para os grandes sucessos comerciais. De fato ela tem alguma aspereza, e, na época, procuravam algo mais suave. Acho que a EMI, por exemplo, me recusou sob essa alegação. Aparentemente, em alguns setores também havia dúvidas de que eu fosse bonito o suficiente para fazer sucesso como cantor solo. Negócio impiedoso, não é mesmo? Alguns executivos na época achavam que eu oferecia aspereza e um nariz grande para um mercado que desejava suavidade e beleza.

Mesmo assim, com essas gravações (e sem tentar esconder meu nariz), Rowlands e Wright conseguiram convencer Mike Vernon, da Decca Records, a lançar um single meu. Nessa época, a Decca era a gravadora dos Rolling Stones, que na última vez que eu tinha visto estavam sentados em tamboretes, usando cardigãs, em Richmond, mas já naquela altura eram ovacionados em toda parte. Parecia um lugar bastante decente para começar.

Entretanto, haveria sessões de gravação mais profissionais do que a do meu primeiro single? Digamos que não foi bem assim. A Decca Studios ficava na Broadhurst Gardens, em West Hampstead, e na manhã de 3 de setembro de 1964 cheguei à recepção agarrado (não estou brincando) a um pequeno embrulho de sanduíches de queijo que mamãe fizera mais cedo.

"Rod Stewart", disse com jeito displicente. "Tenho uma gravação."

E eu tinha, mas, como a recepcionista descobriu depois de alguns momentos confusos folheando a agenda, a gravação era para 10 de setembro, uma semana mais tarde. Engano meu. Voltei para casa levando o meu lanche embrulhado.

Na manhã da quinta-feira seguinte, fui acordado em casa pouco depois das onze horas pela minha mãe. Geoff Wright estava ao telefone, querendo saber onde eu estava. Bem, na verdade, na cama, e, de ressaca depois de um show dos Hoochie Coochie Men na noite anterior, atendi a ligação e Geoff me lembrou onde eu deveria estar, isto é, em Broadhurst Gardens. A banda estava no estúdio e todo mundo estava esperando, e nada de cantor.

"Tome um táxi", disse Geoff.

"Não posso", respondi. "Vai custar uma fortuna."

"Eu pago aqui", retrucou Geoff. (Percebeu minha jogada?)

Então, segui num táxi durante mais de meia hora, enquanto minha mente começava a clarear, e enfim entrei no estúdio por volta do meio-dia, duas horas depois da hora marcada para a sessão, encontrando um ambiente de indisfarçável impaciência.

A tensão não melhorou quando sugeri abandonar as canções propostas – que, para ser franco, eu não tinha me dado ao trabalho de aprender. (Ao contrário da banda, para a qual essas canções tinham sido cuidadosamente arranjadas com antecedência.) O problema é que o material consistia de novas canções que a Decca selecionara do seu catálogo de prováveis sucessos futuros, e elas pareciam um tanto populares, um tanto leves e (para dizer claramente) meio ruins para mim, pois nem chegavam perto de algo mais terreno, mais blues, que eu havia imaginado.

"Então, o que você sugere que a gente grave?", perguntou Geoff, com um sorriso tão forçado que mais parecia uma careta. Note que o tempo de estúdio estava rodando a fosse lá quantas libras por minuto, e os músicos do conjunto receberiam de acordo com o piso do sindicato.

A minha ideia, de fato, era gravarmos uma faixa do Sonny Boy Williamson, que eu achava que poderia contornar com a voz.

"O.k.", assentiu Geoff, hesitante. "Então, onde está a música?"

Boa pergunta. Realmente eu não tinha pensado nisso.

Mas tive uma ideia brilhante: por que não dar um pulo numa loja de discos local e comprar o disco? Podíamos tocá-lo no estúdio, e cada um captaria sua parte.

Geoff apresentou a proposta para a banda, que se mostrou mais ou menos receptiva, porque a essa altura já estava pronta para fazer qualquer coisa que acabasse com aquela situação amadora.

"O.k., então", concordou Geoff. "Compre o disco."

Um pequeno problema: "Alguém pode me emprestar umas duas pratas?". (Viu o que fiz lá outra vez?)

Então comprei o disco com o dinheiro de Geoff e fiz com que o som fosse transmitido dos alto-falantes da sala de controle para o estúdio, e a banda improvisou com ele até acertarmos. O baixista, em particular, sou levado a observar, parecia saber o que estava fazendo. Era John Paul Jones e mais tarde teria algum sucesso em um pequeno grupo chamado Led Zeppelin. Rapidamente obtivemos uma versão razoável da canção "Good morning little schoolgirl". Para o lado B, dominamos "I'm gonna move to the outskirts of town", de Big Bill Broonzy, um número que em todo caso todos nós já sabíamos. E assim foi.

Meu primeiro single.

Não sei bem como o pessoal da Decca se sentiu quando ouviu esse disco pela primeira vez. Eles estavam apostando em obter material pop, pronto para entrar nas paradas, para tocar no rádio e na televisão, e em vez disso receberam uma versão razoavelmente boa de um blues antigo, com uma letra picante (de fato, lasciva). Mesmo assim, não importa quanto tenham ficado aborrecidos, isso não os impediu de lançá-lo pouco depois de um mês, em 16 de outubro de 1964.

Foi muito emocionante para mim, claro, ver o meu nome impresso na etiqueta azul-marinho da Decca. Igualmente emocionante para a imprensa, tenho certeza, foi receber seus exemplares do disco com um comunicado da assessoria de imprensa sob a forma de perguntas e respostas que revelava meu "Nome verdadeiro" (Roderick David Stewart) e algo a respeito do que eu não gostava: "Não gosta muito" (por incrível que pareça, respondi "Escócia" – deve ter sido resultado daquela experiência com a roupa xadrez, em Dundee, com Long John) e "Não gosta" ("Idiotas" – mantenho isso).

Note, no entanto, minha "Ambição": "Cantar com a Count Basie Orchestra". Mesmo então eu parecia ter uma visão mais ampla.

Esse pacote pode não ter sido suficiente para promover cobertura na imprensa nacional, mas levou o jornal local, o sempre leal *Hampestead & Highgate Express*, a publicar uma entrevista comigo. Na fotografia que a ilustrava, estou no Wellington Inn, na Archway Road, com um copo de cerveja na mão, usando um cachecol em xadrez escocês, calça azul com listras brancas e um par de botas de salto alto. Eu disse aos leitores do jornal: "Vou curtir a popularidade enquanto der" e acrescentei: "Claro, estou aqui para ganhar dinheiro".

Essa bravata foi a deixa para o single sofrer uma morte rápida e brutal. O que certamente aconteceu, embora não antes de o departamento de promoções da Decca ou Rowlands e Wright terem dado um jeito de me arranjar uma participação no *Ready Steady Go!*, programa televisivo de música pop, exibido nas noites de sexta-feira.

Essa parecia uma grande oportunidade. Num país que acabava de adquirir um terceiro canal de televisão, *Ready Steady Go!* tinha um imenso poder de comunicação. Era certeza de que praticamente todo o público comprador de discos estaria assistindo. "O fim de semana começa aqui", era o mote de abertura do programa. Se fizesse tudo certo, a venda de discos começaria ali também.

Então, lá vou eu para o Rediffusion Studios, em Kingsway. Nervoso? Claro, embora eu tivesse feito o que podia para me acalmar, parando num pub do caminho para me fortalecer com scotch e suco de laranja. Os produtores resolveram que eu devia aparecer sozinho, num cenário simples, com uma guitarra elétrica pendurada no pescoço – apesar de aquela que se ouve no disco ser acústica e de ela não ter sido tocada por mim. Mas isso é o show business.

Tinha levado comigo uma sacola contendo um suéter preto de gola rulê, levemente beatnik, uma calça cinza moderninha e um cinto trançado – bela aparência, disse para mim mesmo, enquanto examinava o efeito do traje no espelho do camarim. Na hora marcada, fui levado dos camarins até a entrada do palco, onde passei por uma espera curta mas agoniante, até que o apresentador recebeu o aviso através do fone de ouvido e me acenou para entrar. Nesse momento, ao dar um passo à frente, um pé se enroscou no outro e tropecei diante dos olhos de toda a nação.

Terrível. Os três minutos seguintes passaram num borrão mortificado, durante o qual só pude me consolar com o fato de não ter caído de cara no chão, o que teria sido muito pior.

No fim, fiz a costumeira reverência diante dos aplausos generosos da plateia presente no estúdio e então, enquanto reerguia o corpo, levantei a mão para estabilizar o cabelo pesado de tanto laquê, que sempre corria o risco de desabar durante o movimento de volta da posição de mesura.

A propósito, aquecendo a plateia no estúdio naquela noite: Paul Raven, a quem vocês – além das autoridades pertinentes – vão conhecer melhor como Paul Gadd, também conhecido como Gary Glitter. Paul/Gary e eu nos esbarramos algumas vezes no início dos anos 1970, quando ele perambulava em ternos brilhantes e tinha sucessos estrondosos, e nem eu nem ninguém que eu conhecia poderia ter previsto o seu futuro em uma prisão vietnamita. De fato, ele parecia um camarada dentro da lei. Lembro-me particularmente de uma festa em Windsor, onde ele caiu na piscina e perdeu a peruca, que saiu boiando como se fosse um pato de cabeça para baixo. Mas estou me adiantando.

Depois da gravação no Rediffusion, fui para um pub no Soho tomar alguns drinques e me deleitar com a sensação de ser "aquela pessoa que acaba de aparecer na televisão" – um estado delicioso, mas um tanto ilusório, no qual é impossível pensar que na sala haja alguém que *não saiba* disso. Ou, aliás, qualquer pessoa na Grã-Bretanha. E um camarada que eu via bastante por ali, mas com quem nunca falara, aproximou-se. Ele usava o cabelo volumoso na frente, quase como o meu, e ostentava um nariz grande, semelhante ao meu, e imediatamente surgiu empatia.

Ele: "Oi, cara".

Eu: "Oi, cara".

(Naquela época, você era um "cara" se fosse um tipo elegante ou "influente" na cena.) Começamos a conversar, e disse a ele onde eu tinha acabado de estar, comentei sobre o meu tropeço no palco do *Ready Steady Go!*, rimos muito e pedimos outra rodada de drinques. Esse foi o começo da minha amizade com Ronnie Wood.

Até certo ponto, foi a coisa mais duradoura que resultou daquela noite. Desafiando todas as probabilidades, a minha grande aparição na TV não fez com que "Good morning little schoolgirl" estourasse nas paradas. Converter o single em um sucesso se mostrou além até dos poderes de *Ready Steady Go!*. Não ajudou muito os Yardbirds terem lançado uma versão da mesma música exatamente na mesma época.

Veja só, a versão dos Yardbirds chegou apenas ao número 49 na parada de sucessos britânica. E, como diz o velho ditado esportivo, primeiro é primeiro, 49 não é nada.

A culpa é de quem escolheu a canção. Aliás, de quem foi a ideia?

Digressão

Nosso herói revela um hábito surpreendente e viciante.

Em dezembro de 2010, alcancei um grande marco na minha carreira. Apareci na capa da revista *Model Railroader* pela segunda vez. Chegar à frente da *Rolling Stone* não teve nada a ver com isso.

Em 2007, quando a *Model Railroader* publicou um artigo sobre a maquete que estou construindo no andar superior da minha casa, em Los Angeles, a reação que recebi foi extraordinária. Pessoas vinham de todos os cantos e diziam: "Muito bem, Rod. Há anos sou um fã enrustido de ferromodelismo, e agora há um astro do rock que não tem medo de admitir o mesmo".

Bem, o prazer é meu. Vale citar também Roger Daltrey, com quem troco e-mails a respeito de sua maquete na Grã-Bretanha, e Jools Holland, que compartilha fotos comigo constantemente e queria que eu construísse algo para o seu próprio modelo. Frank Sinatra Jr. também é um de nós.

Mas há milhares de outras pessoas, e não tenho vergonha de ser um ferromodelista – ainda que um pouco cauteloso, como a maior parte de nós é, por conta das reações típicas que enfrenta, como as estúpidas manchetes "Piuí, piuí, Rod" e assim por diante. Sem problema, desde que as pessoas não chamem isso de "trem de brinquedo". Tenho um diploma de "Master Model Railroader", da National Model Railroad Association. Não me leve a mal, mas não se recebe um diploma desses para "brincar de trenzinho".

De qualquer modo, não são apenas trens. Não é isso que me interessa. Não sou especialista em trens e não consigo diferenciar classes de locomotivas ou qualquer coisa do gênero. O que me interessa é fazer a maquete da cidade e da paisagem em torno dos trilhos, tentando reproduzi-las direito para que pareçam reais. Para mim, os trens são apenas um meio para atingir o núcleo, que é a maquete.

O que meu pai me deu quando eu tinha sete anos, aquilo sim *era* um trem de brinquedo, um círculo minúsculo de trilhos e um trem elétrico. Eu ainda brincava com ele depois de a parte elétrica parar de funcionar, empurrando o trem pelos trilhos com a mão. Entrando na adolescência, comecei a construir minha primeira maquete de verdade em uma tábua de 1,80 metro por 1,20 metro, que na época me parecia imensa. Mas então meu pai me comprou um violão, e as estradas de ferro ficaram de lado durante um tempo.

Isso até meu pai se aposentar em 1966 e resolver se mudar com a família da loja de jornais da Archway Road para uma pequena casa algumas ruas adiante, na Kenwood Road, 24. Construí uma maquete ao longo das paredes do meu quarto, na altura do parapeito da janela, em uma tábua com cerca de 60 centímetros de largura e com uma parte que se elevava através de dobradiças, onde ficava a porta – uma peça de engenharia bastante complexa, ainda que o quarto fosse minúsculo. Construí uma colina de papel-machê para ela, atravessada por um túnel. Minha cama ficava espremida sob a tábua de base. Minha mãe sempre tinha de se agachar quando vinha me trazer o chá pela manhã.

Ronnie Wood pernoitou uma vez na Kenwood Road – isso deve ter sido mais ou menos na época em que o Jeff Beck Group estava em ação, em 1967. Minha mãe veio servir o chá, e Woody se sentou para agradecer e bateu a cabeça no lado de baixo da tábua, um incidente que ele nunca me deixa esquecer. E numa outra noite perdi um trem inteiro, com vagões e tudo, quando ele descarrilou e caiu pela janela aberta, partindo-se em pedacinhos no concreto. Mas você já deve saber sobre esse incidente: entrou para a história como o Grande Desastre de Trem da Kenwood Road.

A música interveio mais uma vez, quando a minha carreira solo e o Faces estavam decolando, e o hobby foi esquecido até 1971, na época em que comprei a casa Cranbourne Court, perto de Windsor, e transformei dois dormitórios em um só. Aquela foi uma maquete razoavelmente séria: peguei as tábuas, assentei os trens e elaborei a fiação.

Mas aqueles trilhos tiveram de ser abandonados quando me mudei para os Estados Unidos, em 1975. Na Carolwood Drive, Beverly Hills, onde morava com a minha primeira mulher, Alana, eu costumava perder tempo construindo kits de prédios, mas não tinha uma estrutura para eles. A maquete atual só foi possível quando construí, em 1993, a casa em que moro hoje, em Beverly Park, enquanto estava casado com Rachel Hunter. Malcolm, meu assistente pessoal na época, que tinha sido roadie da Strider antes de vir trabalhar para o Faces, também era maquetista ferroviário e me ajudou a assentar os trilhos.

Está instalada no sótão da casa, em um quarto com quinze metros de comprimento e seis de largura, com uma oficina do outro lado do corredor. É baseada numa cidade americana do período de transição entre o vapor e o diesel; esse combustível está sendo introduzido. Portanto, data de cerca de 1945, no fim da guerra. A identificação é feita pelos telhados simples: não há unidades ou dutos de ar-condicionado, com exceção de algumas grandes fábricas, que haviam começado a incorporar sistemas de refrigeração naquela época. Há a área da cidade, que poderia ser qualquer cidade grande dos Estados Unidos da época, com arranha-céus que chegam a um metro e meio de altura, e a área industrial, com fábricas e uma refinaria de petróleo; em seguida as linhas de trens atravessam a zona rural. A maquete é iluminada por luminárias que simulam a luz do sol do fim da tarde, e há um sistema de som para reproduzir ruídos dos ambientes. Cerca de dois terços estão prontos, de modo que ela deve me manter ocupado por algum tempo. Nick Barone, gerente da loja Allied Model Trains, em Los Angeles, me ajuda com detalhes de que não dou conta sozinho – eletricidade não é o meu ponto forte –, e a ponte sobre o rio tem como modelo a Brooklyn Bridge, feita por um amigo que constrói maquetes arquitetônicas. Fora isso, os prédios, as cenas de rua e as pessoas pintadas à mão são criações minhas.

Sou fascinado pelos prédios, em particular pelo seu processo de envelhecimento, o desgaste pelo tempo. Fotografo uma série de edifícios como referência quando estou em lugares como Chicago ou Kansas City, as grandes cidades ferroviárias. Mesmo detalhes simples, como a ferrugem que se deposita sobre um pedaço de ferro corrugado, podem ser muito difíceis de reproduzir. O único jeito é basear-se nas fotos para escolher os pastéis e as tintas que darão o tom certo. É como o trabalho de um arquiteto: às vezes, os prédios instalados em um lugar parecem estar deslocados e precisam ser retirados. Mas tenho um bom olho para posicioná-los e para a escala da maquete.

Faço os prédios a partir de kits, completos ou adaptados. Três malas acolchoadas viajam comigo, com tintas, utensílios e o modelo no qual eu esteja trabalhando. Faço as grandes estruturas em partes e depois as monto quando chego em casa. Essas malas rodam o mundo todo. Sempre que reservamos hotéis para as turnês, solicitamos uma mesa limpa e luz forte; assim, de Jacarta até Saskatoon, passo muitas tardes livres montando maquetes.

Quando estou em casa, se não trabalhar ao menos um pouco na maquete, sinto que desperdicei meu dia. Minha mulher, Penny, gosta porque me mantém entretido durante algum tempo. Mas é bem viciante – e muito envolvente. O mundo desaparece enquanto estou ocupado com essa atividade.

Portanto, nada de quepes, bandeiras ou apitos. Qualquer um que estiver próximo da maquete e imitar o ruído de trem será expulso à força, sem nenhuma explicação.

Não faz muito tempo, minha filha Ruby disse que uma vez estava sozinha na sala de cima e pensou: "Se não conhecesse meu pai, diria que a pessoa que fez isso é um psicopata".

Bem, é um ponto de vista. Prefiro me lembrar do que meu pai costumava dizer: "Para estar completamente realizado, meu filho, um homem precisa de três coisas: um trabalho, um esporte e um hobby".

Então, no meu caso...

Trabalho: cantor.

Esporte: futebol.

Hobby: ferromodelista.

Com muito orgulho.

Capítulo 6

Nosso herói continua a se dedicar inutilmente à sua carreira em formação, participando de diversas pequenas bandas populares, e outras nem tão populares, aprende uma lição importante sobre lealdade e férias na França e se apresenta no London Palladium, na presença de sua tia Edna.

Bem, meu single foi um fracasso. E ainda por cima minha banda faliu. E feliz Natal para você também.

Long John Baldry e os Hoochie Coochie Men saíram da estrada em outubro de 1964. Eu tinha dezenove anos e já estava a bordo havia mais de dez meses. A agenda tinha minguado um pouco, e logo chegou ao ponto em que Long John se aproximava perigosamente da falência, mantendo nossos bons salários. Ele acabou acumulando dívidas que somavam 3 mil libras – uma soma muito alta para os padrões dos anos 1960. E foi assim. Fiquei muito desapontado. Adorava cantar com aquela banda. Em termos de pagamento, colegas, condições de trabalho e oportunidades, eu não podia ter tido melhor aprendizado. Além disso, eu ainda não havia economizado o suficiente para comprar um carro, que era o meu maior objetivo.

Mas assim era o circuito de shows naquela época. O que era novidade logo se exauria. O esquema consistia em encontrar uma banda e trabalhar nela o máximo que podia, até que o ciclo se encerrava. Depois procurar outra. (Se tivesse sorte, aí comprava um carro.)

Ou, ainda melhor, seus empresários encontravam outra. Rowlands e Wright, que não gostavam de me ver desempregado por muito tempo, me mandaram fazer um teste para vocalista de uma banda chamada Ad Lib, mas, como não deu certo, me colocaram em um grupo de Southampton, o Soul Agents. Era um quarteto: um ótimo tecladista, Don Shinn, Tony Goode na guitarra, Dave Glover no baixo e Roger Pope na bateria, que muito mais tarde faria uma turnê mundial com a banda de Elton John. Os Soul Agents gravaram alguns singles no selo Pye, mas, enquanto estive com eles, pelo que me lembro, tocávamos principalmente covers de R&B: "Walking the dog", de Rufus Thomas, "Hi-heel sneakers", de Tommy Tucker.

Para se deslocar, a banda tinha uma van Commer que funcionava perfeitamente, com um aquecedor de fábrica, em vez da armadilha mortal a óleo improvisada dos Hoochie Coochie Men. Para mim, isso era um progresso. Por outro lado, em apresentações semanais que fizemos no Marquee durante alguns meses, recebíamos apenas quinze libras por noite, o que era um grande retrocesso em comparação às 35 libras que Long John me pagava. Os Soul Agents tinham sido contratados para ser a banda de apoio de Buddy Guy, guitarrista de blues de Chicago. Em março de 1965, fomos até Manchester para o Twisted Wheel e abrimos a sessão da meia-noite, mas então eu saí, e o restante da banda ficou no palco com Guy. Bastante divertido, mas foi o máximo a que cheguei.

A verdade é que, nesse ponto, eu não me sentia muito à vontade em ser o único cantor de uma banda. Nos Hoochie Cooche Men eu tinha sido reserva de Long John e talvez assim eu fosse mais feliz, por me sentir protegido – conseguia ter meus momentos de atenção, mas não tinha de arcar com o show inteiro. É possível que, como artista, eu ainda tivesse alguma timidez a dominar. Certamente ainda levaria muitos anos até estar pronto para lidar com a responsabilidade de ser o cantor principal.

Depois de seis meses com os Soul Agents, voltei a perambular pela casa e a aborrecer um pouco meus pais, por ser um indolente semiprofissional. E então, no verão de 1965, outra vaga se abriu para mim, e, mais uma vez, quem me proporcionou a oportunidade foi Long John.

No Twisted Wheel, em Manchester, Long John se entusiasmou com a possibilidade de trabalhar com um tecladista de 25 anos chamado Brian Auger e seu grupo, o Brian Auger Trinity. O empresário dele era Giorgio Gomelsky, que foi uma das figuras centrais da música pop britânica – um camarada importante não só na cena, mas literalmente grande, com uma barriga que parecia uma banheira, muita presença e um sotaque gutural da Europa oriental. Ele tinha convencido o Marquee a organizar uma noite semanal de blues, numa época em que havia uma hostilidade declarada à ideia entre os puristas do jazz tradicional. Depois, ele abriu o Crawdaddy Club no Station Hotel, em Richmond, e deu a primeira oportunidade aos Rolling Stones como banda da casa. Quando eles foram adiante, ele trouxe para o lugar os Yardbirds, que também eram muito eficientes. Gomelsky era considerado o cara que realmente conhecia o assunto.

O plano elaborado por Gomelsky com Auger e Long John era criar um tipo de show de variedades ou um projeto a ser gravado sob algum selo, mas tudo em um ato – um espaço só, pode-se dizer, para todas as demandas de R&B e soul ao vivo. Long John sugeriu meu nome – seu protegido, como ele se referia a mim – como parte do grupo. Gomelsky achava que a banda deveria ter uma cantora e apresentou Julie Driscoll, uma moça de dezoito anos que, naquele momento, não fazia muito mais que abrir a correspondência de fãs dos Yardbirds em seu escritório, mas que ele sabia ter uma grande, limpa e poderosa voz, além de interesse em gravações da Motown.

A ideia era que Auger entrasse com a banda – Ricky Brown no baixo e Micky Waller, que viria a ser meu companheiro de longa data, na bateria – e tocasse alguns números de Jimmy Smith e algum material de sua autoria. Depois apresentaria Julie, que cantaria algumas canções da Motown. Em seguida, Julie me apresentaria e eu cantaria algo de Sam Cooke e de Wilson Pickett. Nesse período, Sam Cooke começava a me parecer o mais genuíno. Seus álbuns que mais me influenciaram foram *Night beat* (1963) e os dois álbuns ao vivo, *Live at the Harlem Square Club* (1963) e *Sam Cooke at the Copa* (1964). Eu tinha os três na época e os ouço até hoje – canções muito simples, compostas sobre sequências de acordes também muito simples. E apenas a beleza da sua voz. Sempre me imaginara cantando como ele e agora eu teria a oportunidade de tentar fazê-lo nesse espetáculo. E ao tentar parecer com ele, e também com Otis Redding e David Ruffin, do Temptations, conquistei meu próprio estilo.

Eu cantaria o meu número, depois entraria Long John, e Julie e eu faríamos backing vocal durante a sua sequência de blues. O nome da banda seria Steampacket – um tipo de embarcação fluvial, mas também uma referência à ideia de "gangue" e uma alusão ao termo "steamer" (vapor), muito popular na época, como em "ele é uma verdadeira máquina a vapor", para se referir a alguém que se atirava de cabeça em algo, ainda mais em uma festa.

Olhando em retrospecto, essa era uma situação altamente inflamável. Três cantores principais e um tecladista impulsivo que também cantava – era muito ego para uma pequena van em turnê e para dividir os palcos de alguns clubes de blues bastante antiquados e provincianos. E assim acabaria se revelando. De qualquer modo, a banda durou um ano – trabalhando muito, tocando cinco noites por semana e conseguindo ganhar até quinhentas libras por show, o que era o mesmo que o Small Faces ganhava na época com gravações de sucesso. Éramos um conjunto muito bom. Auger era um tecladista agressivo, Brown e Waller eram muito confiantes, e o backing que Julie e eu fazíamos para Long John, quando acertávamos, era de arrepiar qualquer um. E a nossa aparência era ótima – estilosos, um desfile de moda completo: eu, de blazer com listras largas sobre camisa polo escura e calça creme; Julie num conjunto de calça e cardigã sobre top listrado; e John de terno claro, com paletó tipo jaquetão de lapelas finas e gravata com nó minúsculo. John raramente estava sem gravata.

Fiquei fascinado por Julie: cabelo cacheado, olhos pintados com kajal, muito bom gosto para roupas. Mais tarde, ao lado de Brian Auger, ela faria sucesso com "This wheel's on fire" e se tornaria uma espécie de ícone dos anos 1960. Ela adorava Nina Simone, Martha and the Vandellas e estava aprendendo francês, muitas vezes estudando o idioma na van. Tivemos alguns minutos roubados de paixão em um campo perto do Richmond Athletics Club, mas nada mais que isso. Na verdade, namorei a melhor amiga de Julie, Jenny Rylands, que também era muito bonita, com longos cabelos louros, e tinha o hábito, o qual na época me pareceu exótico e atraente, de usar maquiagem para criar um efeito bronzeado. Jenny e eu passávamos as tardes em seu apartamento em Notting Hill, bebendo chá, comendo torradas e ouvindo o álbum de Otis Redding, *Otis blue*, sem parar. Ela ocasionalmente mencionou um amigo artista, David Hockney. Imagino qual tenha sido o destino dele...

Eu, claro, ainda morava com meus pais, mas Long John, generoso, me emprestava o apartamento dele na Goodge Street para encontros amorosos. Devo também a ele a expansão de meus horizontes sociais naqueles dias. Long John conhecia Lionel Bart, que escreveu o musical *Oliver!*, e uma noite me levou a uma festa gay em Chelsea, na casa de Bart, que era repleta de mobília de teatro – tronos e objetos cênicos de todo tipo – e onde os maiores e melhores do meio teatral de Londres bebiam champanhe e se serviam de canapés enquanto, para divertimento de todos, através de um grande espelho falso na parede, podia-se ver no quarto ao lado algumas pessoas pulando na cama e fazendo sexo. Saborear um enroladinho de salsicha enquanto observava um casal desconhecido trepando levou-me, na ingenuidade dos meus dezenove anos, a considerar aquilo o auge da sofisticação dos anos 1960.

De qualquer modo, o maior show do Steampacket aconteceu logo no começo da banda. Em agosto de 1964, Gomelsky nos agendou para abrir o show dos Rolling Stones e dos Walker Brothers durante uma curta turnê pela Grã-Bretanha, incluindo o London Palladium – um teatro imponente e icônico, bem diferente dos costumeiros porões úmidos e salões de bailes estudantis com piso pegajoso. Mais do que me sacudir no alto de um tablado no *Ready Steady Go!*, cantar no London Palladium sugeria seriedade, e foi por isso que a apresentação atraiu membros da minha família – meus irmãos Don e Bob, minha irmã Mary e o marido e tia Edna – para me ver no palco pela primeira vez.

Como não consegui entradas grátis, eles tiveram de pagar por lugares um pouco afastados, fora de vista, atrás do balcão. Isso pode ter sido uma vantagem para mim: quando se é um artista ainda pouco à vontade, no estágio inicial e mais delicado da carreira, encontrar o olhar da sua tia Edna no meio do show pode arruiná-lo. O Palladium, por outro lado, estava entupido de garotas gritando e meninos vigorosos – que estavam lá por causa dos Stones e dos Walker Brothers, óbvio, embora gritassem e pulassem também com o Steampacket. Foi minha primeira experiência com a histeria dos fãs. A certa altura, para o susto da família Stewart, o balcão começou a balançar como se fosse se soltar a qualquer momento e cair sobre as poltronas. Meu cunhado Fred logo se cansou e desceu para esperar na entrada. Mary permaneceu firme e sustenta que, naquela noite, teve o primeiro vislumbre de que eu poderia ser bem-sucedido em alguma coisa.

Não com o Steampacket, no entanto. Em uma ocasião, surgiu a oportunidade de fazer uma turnê pelos Estados Unidos com Eric Burton e os Animals, mas John recusou. Fiquei bastante decepcionado: eu morria de vontade de conhecer os Estados Unidos, porque era o lar de tanta coisa na música que eu adorava. "O público americano não está pronto para mim", brincou John, mas foi puro medo e covardia, pelo que pude entender. Em vez disso, apenas percorremos o circuito universitário, que logo passou a parecer cada vez menor. O problema era que, não importa o quanto fôssemos "quentes" – e podíamos ser abrasadores –, no final éramos sempre uma banda que tocava músicas dos outros, uma imitação de algo melhor. Era inevitável a frustração se estabelecer. Diz-se muitas vezes que uma banda é como uma família, e bem poderia ser verdade, dependendo da frequência com que uma está cansada e bêbada. A realidade é que, ao viajar em uma pequena van com as mesmas pessoas durante um longo período e por um número significativo de estradas tarde da noite, as tensões acabam emergindo. Micky Waller estava apaixonado por Julie. Ela estava sempre apaixonada por alguém, mas nunca por Micky Waller. Ricky Brown tinha acabado de se casar e reclamava se tivesse de viajar por mais de uma hora.

Eu, enquanto isso, parecia cultivar ressentimentos, por não reagir com entusiasmo à tarefa de carregar os equipamentos da banda. Quando chegávamos ao local da apresentação, por exemplo, estava mais ou menos entendido que cada um pegaria uma peça de equipamento ao sair da van. Entretanto, muitas vezes eu estava com tanta pressa de chegar a um espelho para arrumar o cabelo que sem querer deixava de pegar o amplificador ou um alto-falante no caminho. Agora digo, em minha defesa, que esse não era um comportamento raro entre os cantores. Os vocalistas argumentam que não precisam de nada mais incômodo que um microfone e seu suporte para executarem sua tarefa e não acham que foram colocados nessa terra para carregar o teclado dos outros, como era o caso. Entretanto, meu comportamento natural a esse respeito parece ter enfurecido todos do Steampacket, em especial Auger.

Mas ele estava quase sempre irritado, porque grande parte das tarefas funcionais da banda tinha recaído sobre ele – inclusive a de motorista. Havia duas vans, uma para o equipamento e outra para os músicos, mas apenas Audie e o roadie tinham carteira de habilitação, de modo que Auger acabou provendo a banda com um serviço de táxi. Ele morava a oeste, em Richmond, e nos dias de apresentação tinha de dirigir através de Vauxhall, ao sul de Londres, para apanhar Julie, depois para o norte, atravessando o rio, para buscar Long John, e depois ir até a Archway para me pegar. E no fim da noite, talvez exausto por ter feito um show e pelo longo percurso dirigindo de volta de, digamos, Stockport, ele ainda precisava repetir todo o trajeto pan-metropolitano para nos deixar em casa. Era provável que isso acrescentasse cerca de uma hora e meia à duração do seu dia de trabalho. Auger era, além disso, responsável por receber o pagamento dos gerentes dos clubes depois dos shows e verificar se todos tinham sido pagos. Portanto, ele atuava como tecladista, motorista e gerente de turnê. Não sei como ninguém nunca pediu a ele que também limpasse as janelas.

Quanto a Julie, ela era a mais nova da banda e, claro, a única mulher e tinha de lutar pelo seu espaço – o que fazia com estilo. Havia uma certa disputa entre nós a respeito da escolha do material e de quem cantaria o quê. Eu sabia que ela queria ficar com "In the midnight hour", mas eu também queria e me apoderei da canção. Conseguimos compartilhar "My guy", de Mary Wells, cantando em dueto, e em geral reinava uma paz amigável entre nós. Entretanto, uma noite, no camarim, antes de um show no Klooks Kleek Clut, em West Hampstead, num ataque de não sei o quê, eu disse alguma coisa imperdoável de tão grosseira sobre as pernas dela. Muito enraivecida, com toda a razão, Julie fez um escândalo, gesticulou muito, e um copo de meio litro foi lançado na minha direção, mas espatifou-se no chão, e não em mim, embora eu merecesse. E então, com a tensão entre nós ainda crepitando, entramos no palco e cantamos talvez a versão menos sincera de "My guy" que já se ouviu. Ah, o show business!

Tudo chegou ao fim no verão de 1966, quando foi oferecida à banda uma tentadora temporada de quatro semanas em um clube chamado La Papagayo, em St. Tropez. Auger deveria estar no céu com a perspectiva. Não só ele não precisaria levar ninguém até Vauxhall durante um mês inteiro, como finalmente conseguiria ter férias. E ainda por cima no sul da França. Acho que Long John também gostou da ideia. Os compositores Leslie Bricusse e Lionel Bart estariam por lá na mesma ocasião, e John estava, sem dúvida, imaginando um mês de alegria a bordo de um iate.

Houve uma reunião à qual nem eu nem meu empresário estávamos presentes. Não sei qual foi a desculpa que ele deu, mas acho que não me importei. Grande erro tático, já que, no curso dessa reunião, ficou esclarecido que a única condição que não era tentadora nessa proposta em St. Tropez era o pagamento, que seria mínimo. De fato, com a soma que estavam oferecendo, seria difícil valer a pena.

Gosto de imaginar o silêncio na sala naquela altura da reunião e a quantidade de lápis tamborilando sobre a mesa, enquanto todos lutavam com sua consciência, imaginando o azul do mar Mediterrâneo sob a luz maravilhosa do sol. E então alguém (aposto que foi Auger, embora francamente pudesse ter sido qualquer um deles) disse: "Sabem, *há* um jeito de tornar isso viável... mas implicaria deixar para trás um dos membros da banda".

E então todo mundo levantou a voz e disse: "Não, não, nem pensar. Não, não, jamais faríamos uma coisa dessas... Faríamos?".

Adivinhe quem foi o escolhido?

Filhos da puta.

Traíram-me por algumas horas numa cadeira de praia. Mesmo assim, eles tiveram a merecida punição. Em todos os sentidos, St. Tropez foi um desastre. Long John distraiu-se com a disponibilidade de vinho francês de boa qualidade a baixo custo e nem sempre estava, digamos assim, em condições de dar o melhor de si. Na verdade, algumas vezes ele desertou mesmo. Quando voltaram, o Steampacket estava acabado.

Enquanto isso, como um amante rejeitado que pula para a próxima cama disponível, assinei um contrato com uma banda chamada Shotgun Express, com o tecladista Peter Bardens e Beryl Marsden, uma corajosa cantora de Liverpool. Mais covers, mais apresentações no estilo de variedades e uma série de fotos promocionais que causavam choque, nas quais posamos com (adivinhe o quê?) espingardas. Seria mais uma vez como o Steampacket, a não ser pelo elemento adicional do caos organizacional, porque faltava uma figura de autoridade como Auger – membros da banda que se esqueciam de aparecer ou que iam para o clube errado, ou na noite errada, ou que se atrasavam tanto que os donos do clube descontavam metade do cachê, esse tipo de coisa. Não tenho lembranças felizes desses meses – por incrível que pareça, foram pelo menos oito, até o final de fevereiro de 1967. Será que eu estaria fadado a cantar "Knock on wood" por toda a eternidade?

Aliás, o baterista da Shotgun Express era Mick Fleetwood, e o guitarrista era Peter Green. Acho que posso dizer com segurança que a banda em que tocaram depois, Fleetwood Mac, foi melhor para eles.

Durante esse período, também encontrei tempo para gravar não apenas um, mas dois outros singles solo que ninguém queria escutar. Dessa vez sob o selo Columbia Records, tendo a Decca, de algum modo, resolvido que podia se dar ao luxo de abrir mão da opção contratual de gravar um segundo disco comigo, depois da aventura de "Good morning little schoolgirl". Então, meu segundo single solo, lançado sem nenhum burburinho em novembro de 1965, foi "The day will come", uma canção que a gravadora escolheu para mim – que soava como uma versão mais fraca de "Eve of destruction", de Barry McGuire, que tinha feito sucesso pouco antes, com ritmo marcante e um grande arranjo orquestral dos anos 1960. No lado B, constava uma balada, "Why does it go on?". Bom, aí estava um título que era refém da fortuna, se já houve algum.

Na primavera de 1966, a Columbia tentou novamente, dessa vez com a gravação de um número de dança de salão, "Shake". Segui mais a versão vocal sensual de Otis Redding que a interpretação mais suave de Sam Cooke, mas, de qualquer maneira, pela impressão que causou no público, poderia ter jogado tudo no poço de uma mina.

Mesmo assim, entre essas tentativas desajeitadas, tornava-se bastante evidente para mim que o ingrediente que faltava era: material original. Apresentar uma versão milimetricamente perfeita de uma música de Wilson Pickett numa noite chuvosa em Derby era uma coisa. Se eu quisesse chegar a algum lugar, precisaria escrever algumas canções.

Capítulo 7

Nosso herói conhece um guitarrista de grande renome, por acidente, inventa o rock pesado, faz sua primeira turnê pelos Estados Unidos e recusa a oportunidade de ter o pênis homenagedo com uma estátua.

O Cromwellian era, como o grande cartaz preso às grades de ferro informava, um "Bar & Discoteca", localizado em uma clássica casa branca geminada do século XIX, na Cromwell Road, em Londres. Em meados dos anos 1960, era um dos pontos de encontro mais frequentados por músicos e um dos lugares aonde a Swinging London ia se divertir – ou seja, comer, beber e dançar, além de jogar num pequeno cassino no andar superior. Foi onde, em 1966, no porão, assisti a um guitarrista recém-chegado, Jimi Hendrix era seu nome – ou Jimmy, como na época tínhamos permissão para chamá-lo. (Nada de mastigar cordas ou queimar a guitarra naquele palco, mas já era sem dúvida um puta intérprete, determinado a apavorar qualquer um na Inglaterra que tocasse guitarra.) E foi lá, em janeiro de 1967, nas primeiras horas enevoadas da manhã, que tive o meu primeiro encontro formal com alguém também muito competente na guitarra: Jeff Beck.

A conversa se iniciou mais ou menos assim:

Eu: "Você é motorista de táxi?".

Ele: "Não, sou guitarrista. Você é o leão de chácara?".

Eu: "Não, sou cantor".

É claro que nos conhecíamos de vista. Jeff já tinha me visto cantar com o Steampacket e gostara da minha voz. E eu precisaria ter passado os anos

1960 trancado na garagem para não saber quem ele era. Jeff havia tocado com os Yardbirds e era mencionado com admiração entre os músicos como um guitarrista incrível – mais incrível que Clapton, alguns achavam, inclusive eu. Mas os Yardbirds tinham trazido Jimmy Page, que também tocava muito bem, e, depois da tensão inevitável entre Page e Beck – dois virtuoses lutando pelo espaço – e de uma boa quantidade de olhares raivosos trocados sobre o palco, Jeff resolveu sair. Procurava montar um grupo próprio e perguntou se eu estaria a fim de conversar a respeito. Combinamos um encontro na tarde seguinte, em circunstâncias mais calmas e mais sóbrias, no Imperial War Museum. Em retrospecto, foi um lugar bastante apropriado, dadas algumas batalhas que se seguiriam mais tarde.

Andaram dizendo que eu detestava Jeff Beck, mas isso não é verdade, nem durante os dois anos e meio em que estivemos juntos na banda, nem nunca desde então. É claro, no entanto, que houve fases em que nós dois nos esforçamos para curtir a companhia um do outro e para relaxar um com o outro. O Jeff Beck que conheci no Cromwellian era um cara sério, meio tímido, algumas vezes um tanto rude. Ele podia ser distante – afinal, quando o conheci ele já era um astro, de modo que talvez isso seja compreensível. A banda que estávamos prestes a formar, embora estivesse claro que era dele, iria nos lançar como dupla principal, o que sempre abriria espaço para rusgas entre nós. Mas com certeza nos respeitávamos mutuamente. Eu o respeitava por seu talento como guitarrista, e ele pela minha voz; sabíamos que juntos conseguíamos produzir uma música de fato extraordinária.

Tudo isso, no entanto, ainda estava por vir quando caminhávamos pelo museu naquela tarde, entre máquinas agrícolas e modelos de bacamartes primitivos, e Jeff falava sobre as ideias visionárias que tinha a respeito de criar um novo modelo de grupo de rock, que levaria tudo para outra direção, para longe do pop – Chicago blues, porém mais duro e mais pesado. Rock tipo "Motown mais sujo" era outra expressão que ele usava para classificá-lo – rock branco com características de alma negra. A tarefa como vocalista seria minha, se eu quisesse. Intrigado com as perspectivas – e também desempregado –, claro que eu queria muito.

Antes de tudo, no entanto, Jeff tinha um single solo a gravar. O empresário dele, Mickie Most, um negociador astuto de quem nunca se soube ter rejeitado uma oportunidade comercial e que tinha ideias próprias a respeito do futuro musical de Jeff, tinha encontrado para ele uma canção chamada "Hi ho silver lining". Most uma vez disse a Jeff: "Toda essa coisa wangy-yangy de Hendrix já é história". Como Most era uma das forças mais poderosas da época na indústria musical, ele pôde dizer esse tipo de coisa a Jeff sem ser espancado. De qualquer modo, "Hi ho silver lining" estava na extremidade oposta do espectro de wangy-yangy: uma canção com batida surda pop, com letra burra e um grande coro idiota batendo os pés ao mesmo tempo – o oposto de tudo o que interessava a Jeff. Ele odiou a canção, e eu também. Tem uma das letras mais diabólicas e ordinárias que já se viram.

E, claro, ao ser lançada, em março de 1967, tornou-se um sucesso estrondoso, como Most sabia que seria – não tanto para chegar ao topo dos mais vendidos, atingindo apenas o número catorze, mas para, depois disso, penetrar na cultura para sempre. Durante os quarenta anos seguintes, estaria praticamente sacramentado na lei britânica que "Hi ho silver lining" deveria ser tocada em todos os bailes estudantis, festas de bairro, casamentos e bar mitzvahs, sob pena de prisão, e também ser cantada em campos de futebol. Para Jeff, que, mais que qualquer outra pessoa que eu conhecesse, não dava a mínima para sucesso comercial, ter lançado essa canção era como carregar o maior peso do mundo. Como ele costumava dizer, era como se tivessem pendurado uma tampa de privada cor-de-rosa em torno do seu pescoço pelo resto de sua vida.

Ele fez de tudo para não cantá-la. acompanhei Jeff na sessão de gravação que Most estava produzindo, e Jeff sugeriu que, já que eu seria o cantor da nova banda que ele estava formando e que tinha uma voz mais marcante que a dele, talvez fosse uma boa ideia que eu gravasse o vocal principal em "Hi ho silver lining". Mas Most, que me parece jamais ter gostado muito do meu estilo, não aceitou, e acabei ajudando no coro, enquanto Jeff fazia o principal. A mesma situação se repetiu no single seguinte que Jeff gravou, "Tallyman" – uma canção de Graham Gouldman, mais comercial que qualquer outra que Jeff teria escolhido. Ele achou que eu deveria cantar, e mais uma vez Most disse não e lhe deu o vocal. Achei que talvez Jeff pudesse ter batido o pé, mas ele parecia estar sob o domínio de Most, e esse foi um dos assuntos que discutimos.

Contra esse cenário de indecisão comercial, o Jeff Beck Group veio à luz. A primeira ideia de Jeff era convidar Jet Harris, que já havia tocado nos

Shadows, para tocar baixo, e Viv Prince, ex-Pretty Things, para ser o baterista. Esse era um plano ambicioso – ou, pode-se dizer, completamente louco. O visual de Harris era fantástico – usava um grande penteado oxigenado –, mas ele ainda estava se recuperando de um terrível acidente de carro e sabia-se que lutava contra o álcool. O estilo de tocar de Prince, por outro lado, fazia Keith Moon parecer conservador. Jeff havia sugerido um "baderneiro" como baterista, e Prince satisfazia a descrição – talvez um pouco demais, no entanto. Depois de cerca de meia hora agitando os braços em um blues de doze compassos numa sala alugada em cima do pub Prince of Wales, na Warren Street, Jeff decidiu que nenhum daqueles músicos tinha o estilo que ele procurava e prontamente os dispensou.

Posso ter sugerido trazer meu companheiro de mais de dois anos, Ronnie Wood, que começara como guitarrista, mas depois mudara para o baixo, tendo inclusive roubado um de uma loja de instrumentos em West End com esse objetivo. (Ele voltou lá e pagou o instrumento assim que conseguiu o dinheiro, Deus o abençoe.) Wood era bom músico, mas além disso era uma pessoa muito fácil de se conviver, e é possível que eu tenha pressentido que o seu charme viria a calhar numa banda moldada sob a instabilidade de Jeff. No entanto, Jeff era um empregador exigente e estava constantemente mudando a banda. O próprio Woody se viu recebendo o bilhete azul ao menos em duas ocasiões, que eu me lembre, por pequenas transgressões musicais no local de trabalho. Jeff também substituía os bateristas com uma velocidade alarmante. Por um tempo, o lugar foi de Micky Waller, meu velho companheiro do Steampacker, e durante uma fase que parecia estável o emprego foi de Aynsley Dunbar, mas eu nunca sabia, a cada show, quem ocuparia esse posto.

Teria sido Jeff a inspiração para o personagem de Nigel Tufnel, o guitarrista do documentário satírico *This is spinal tap*? Não posso afirmar com certeza, porém posso dizer que Jeff também tinha uma enorme coleção de guitarras que ninguém podia tocar, nem sequer olhar. Mas os autores devem ter tirado a ideia da troca incessante de bateristas do Jeff Beck Group.

A primeira apresentação da banda, no Finsbury Astoria, em Londres, no dia 3 de março de 1967, não deu indicação alguma de que o Jeff Beck Group um dia chegaria a ser grande coisa. Na verdade, foi o exemplo clássico de um desastre de grandes proporções. Tínhamos sido contratados, um pouco cedo demais, como parte de uma turnê, para abrir o show do Small Faces e de Roy

Orbison, e ambos tinham grandes sucessos na época e atraíam uma plateia de bom tamanho. Depois de um trecho do nosso mal ensaiado show, alguma mão invisível puxou um fio da tomada nos bastidores e nos silenciou. Um ato de misericórdia, provavelmente, embora Beck (com seu jeito típico) sempre tenha suspeitado de sabotagem por parte do Small Faces, em particular de Ian McLagan, que tocava teclado, porque era exatamente o tipo de coisa que ele adoraria fazer. Mac alega que ele nem estava no local naquela hora. Seja lá o que tenha sido, a falta de luz fez com que o apresentador deixasse cair a cortina – para grande surpresa de Ronnie Wood, que estava bem embaixo dela no momento e quase foi morto por meia tonelada de veludo despencando sobre ele (é preciso dizer que naqueles dias uma cortina era de fato uma cortina). Enquanto estávamos nos bastidores tentando restabelecer a luz notei que tinha cantado o bloco de abertura inteiro com a braguilha aberta.

Voltamos ao palco, dessa vez com meu zíper devidamente fechado, mas não de maneira menos caótica. Como declarou com muita delicadeza uma resenha do *Melody Maker*, "causamos uma impressão muito ruim". O público estava lá para ver Orbison e o Small Faces, e a nossa apresentação desafinada matou, com bastante eficácia, qualquer interesse que ele tivesse manifestado. A reação de Jeff – como era frequente em momentos de dúvida – foi despedir o baterista Roger Cook, o que foi um tanto lamentável, porque o pai dele tinha lhe comprado uma nova bateria completa especialmente para a ocasião. A segunda reação de Jeff foi retirar a banda da turnê e nos levar para uma sala de ensaios até que conseguíssemos produzir um som aceitável. Começou também a convidar a mim e a Ronnie para longas sessões de estudo em seu apartamento em Surrey, onde, fazendo o que podíamos para ignorar o grande, velho e fedorento afghan hound de Jeff, chamado Pudding, passávamos horas apenas escutando música para adquirir inspiração e coragem – qualquer coisa, desde intérpretes de blues elétricos originais, como Jimmy Reed, até os músicos pop da Motown, como os Four Tops. A ideia de conciliar o meu amor por Muddy Waters com o mesmo sentimento pelos vocalistas de soul, como Sam Cooke, Otis Redding e Levi Stubbs, era inspiradora e inovadora.

No devido tempo, emergimos outra vez, reanimados, e viajamos pela Grã-Bretanha e pelos redutos costumeiros. Tínhamos a garantia de atrair um público considerável pela presença de Jeff – a despeito da minha. Ele tinha seus fãs, adoradores de guitarras, que vinham aos shows para estudar seus dedilhados e adotavam uma atitude protetora em relação a ele, dados a se perguntar por que ele estaria desperdiçando o seu tempo com um cantor desconhecido de voz aguda. Justiça seja feita a Jeff, no entanto: ele ficou do meu lado. Confrontado numa entrevista com a sugestão de que eu era "muito ridículo" para trabalhar com um guitarrista de rock sério, Beck foi enfático: "Ele não é ridículo. Espalhafatoso, talvez".

Para mim, no entanto, isso foi uma curva de intenso aprendizado. Em contraste com as bandas de clube fechadas, densas, com que eu tinha tocado até então, havia muito mais ar nesse grupo; muito espaço para mim, como cantor, no qual eu poderia abrir as asas. E havia um guitarrista que me escutava – e eu retribuía, e nos entendíamos, e isso fazia a diferença. Era um diálogo entre voz e guitarra; nada ensaiado com antecedência, apenas por intuição. Jeff nunca abafou a minha voz; ele sempre sentia quando eu ia entrar, quando eu ia estender um pouco o vocal, quando recuar e sair do caminho, para depois entrar arrasando. Não consigo pensar em outra banda que fizesse o mesmo naquela época. Parecia algo novo e muito estimulante.

Entretanto era óbvio que, para progredir, a banda precisava de material original – e não apenas "Hi ho silver lining", que, sendo o maior sucesso de Jeff, éramos obrigados a tocar, embora tentássemos nos distanciar dela, apresentando-a com gestos bobos, sorrisos idiotas e vocais exagerados. (Woody e eu avacalhávamos essa música. Sabotagem, pode-se dizer.) Sem material original, estaríamos fadados ao fim rapidamente (o que de fato aconteceu). No entanto, era difícil encontrar a música certa para a banda. Não havia ninguém escrevendo nada adequado para uma dupla formada por um virtuoso guitarrista de rock e um candidato a cantor de soul. Jeff não era criativo na área de composição. Woody e eu, levados pela atração de acertar e apresentar um sucesso extraordinário, começamos a compor juntos a maior parte do material na sala de estar da minúscula casa em que a mãe dele morava, em Orpington, diante da lareira elétrica. (O dinheiro era curto: só tínhamos permissão para acender uma das resistências.) Mas as canções que Woody e eu fizemos naquele tempo pareciam ter mais a ver com folks simples do que com blues pesados e inovadores.

Nossa parceria criativa resultou num início adverso. Na primeira vez em que tentamos escrever canções, Ronnie e eu sentamos na frente da lareira numa tarde, equipados com bloco de papel e lápis, e esperamos. Por algum motivo, não nos ocorreu pegar uma guitarra. Apenas esperamos pelas palavras. Uma hora mais tarde: nada. Nem uma sílaba. Ronnie abriu uma garrafa de vinho, e nós a esvaziamos aos poucos durante a hora seguinte. Ainda nada. Folhas em branco à nossa frente. Depois de umas duas horas e meia, a mãe de Ronnie entrou e nos encontrou, os dois deitados de barriga para cima no carpete, em silêncio, ao lado de uma garrafa, ainda esperando a inspiração chegar. "Bom", disse ela, "vocês dois não serão uma grande ameaça para os Beatles, não é?"

Quando o álbum *Truth* do Jeff Beck group foi lançado no verão de 1968, era basicamente um disco de versões: "You shook me", de Willie Dixon, "I ain't superstitious", do Howlin' Wolf, e até "Ol' man river", de Jerome Kern, que foi uma sugestão minha muito atrevida, em cuja gravação Keith Moon arrebentou um tímpano. Fora isso, tocamos velhas canções de blues – "Let me love you baby", de Buddy Guy, "Gambler's blues", de BB King –, fizemos novos arranjos nas músicas e nas letras, nos apossamos delas e atribuímos os créditos a "Jeffrey Rod".

Praticamente tudo foi gravado em Abbey Road, em maio de 1968. Naquela época não se perdia tempo por lá. O plano era entrar às onze da manhã e trabalhar direto até meia-noite. Foi o primeiro LP completo de que participei. Ainda valorizo muito aquele disco. Ele tem ótimos vocais e execuções instrumentais e influenciou muita gente que apareceu logo depois – em especial se ouvir Led Zeppelin. John Bonham e Jimmy Page sempre nos viam tocar naqueles dias iniciais, quando eles estavam montando os New Yardbirds. Tentavam seguir nossos passos – e não só conseguiram como foram além. Jeff guarda ressentimento, acho, porque eles pegaram o espírito do que tínhamos feito e o tornaram mais comercial. O Jeff Beck Group poderia, no devido tempo, ter sido o Led Zeppelin, francamente, a não ser pelo detalhe crucial de que eles estavam um passo à nossa frente em apresentar material original.

Na época, no entanto, notei que *Truth* tinha sido creditado apenas a Jeff Beck, sem mencionar o "Group" – motivo pelo qual xinguei Mickie Most, em vez do Jeff. Era estranho ser o vocalista de uma banda e não ser citado em nenhuma parte da capa, mas aquela era a situação, e eu tinha de me mostrar adulto em relação a ela.

Em junho de 1968, partimos em um avião da BOAC, em Heathrow, para uma turnê nos Estados Unidos. Finalmente, a terra prometida. Beck já estivera lá muitas vezes e, como astro do show, estava muito bem instalado na luxuosa cabine da primeira classe. Mas era tudo novo para mim e para Woody enquanto nos espremíamos na classe econômica e taxiávamos, tremelicando pela pista de decolagem em direção ao país sobre o qual tínhamos lido, conversado, pensado a respeito e sonhado desde criança. Além do mais, havia um carrinho! E serviam drinques! Drinques de graça! Seguiu-se uma série de vivas e gritos. Achamos que a vida não poderia ser melhor.

Ninguém jamais se esquece da primeira visão de Manhattan surgindo no horizonte, nem a primeira viagem de carro entre seus cânions de concreto. Wood e eu estávamos em êxtase – silenciados por um momento, boquiabertos com a escala de tudo o que víamos. Em termos de grandiosidade arquitetônica, não tinha muito em comum com Orpington.

Havíamos planejado o tempo todo que, assim que nos registrássemos no hotel, por volta da hora do almoço, iríamos ao Apollo Theater, no Harlem, a sede dos músicos que adorávamos havia tanto tempo. Éramos bastante ingênuos. Nem pensamos que poderia ser um lugar perigoso para dois garotos brancos sozinhos. Um motorista de táxi nos olhou de cima a baixo, em nossas melhores roupas descoladas de Londres, cabelos penteados para cima, ainda sentindo os efeitos do *jet lag*, e de cara se recusou a nos levar. Mas outro nos levou, e, provavelmente *por causa* da nossa aparência – porque estava evidente que éramos músicos ou artistas de algum tipo –, ninguém nos incomodou. Na verdade, nos sentimos bem-vindos. Caminhamos sob a marquise que se estende pela calçada, pagamos as entradas, vimos uma sessão vespertina com Martha and the Vandellas como destaques no programa e saímos em estado de graça.

Se naquela tarde me dissessem, no táxi de volta, que um dia eu voltaria ao Apollo para cantar num evento ao lado de Wilson Pickett, The Four Tops, Diana Ross, Smokey Robinson e, claro, Martha Reeves, eu teria rido tanto que pagaria a corrida. No entanto, aconteceu – em 1985, no show Motown Returns to the Apollo, quando aproveitei a oportunidade para me ajoelhar em adoração aos pés de James Brown. Naquela noite, eu era um homem muito orgulhoso, como tenho certeza de que vocês vão entender.

No dia seguinte à minha aventura com Woody na rua 125, aconteceu nosso show de estreia: o primeiro de uma temporada de quatro noites no Fillmore East, na Segunda Avenida, no East Village. O promotor, Bill Graham, havia acabado de converter o velho teatro em uma casa voltada para o rock com capacidade para 2.700 lugares – uma cópia, na Costa Leste, do Fillmore que ele já havia colocado em funcionamento em San Francisco. Deveríamos entrar depois de uma banda chamada Buzzy Linhart's Seventh Sons. Nos bastidores, Jeff começou a explicar a ideia que tivera de juntar as duas primeiras músicas para dar ao show uma abertura mais teatral, mas eu não o ouvia direito por causa de um barulho horroroso que atravessava as paredes dos camarins, como se no aposento ao lado um rebanho estivesse sendo torturado. Não era nada disso, no entanto. Era o som de Buzzy Linhart e cada um de seus Seventh Sons recebendo as maiores vaias de 2.700 nova-iorquinos nada impressionados.

Isso não ajudou muito a estabilizar meus nervos, que já estavam por um fio por outras razões, que incluíam o tamanho do local (bem maior que os clubes com capacidade para duzentas ou oitocentas pessoas onde tocávamos na Grã-Bretanha) e o fato de estar prestes a me apresentar pela primeira vez num país onde as pessoas tinham permissão para carregar armas.

Mais preocupante de tudo, no entanto, era o fato de que, dentro do contexto de toda a ideia de Motown rock, eu era, em essência, um cara branco tentando cantar como um negro, e estava certo de que nos Estados Unidos, em especial no Lower East Side de Nova York, quando as cortinas se abrissem, haveria entre o público alguns negros genuínos que poderiam ter opiniões bastante fortes a respeito desse tipo de coisa. (Eu estava errado: a plateia era praticamente toda formada por hippies brancos de cabelos compridos.)

Cantei os primeiros versos de "I ain't superstitious" meio agachado atrás dos amplificadores, no fundo do palco. Não que estivesse me escondendo, apenas tentava parecer ocupado com algo importante: mudando um fusível, talvez, ou consertando uma tomada. Quando o primeiro verso passou sem: a) uma invasão do palco por puristas de blues ofendidos, querendo o seu dinheiro e a sua música de volta; e b) tiros audíveis, criei coragem para me levantar e aparecer sob as luzes.

Prosseguimos e detonamos o lugar. Quebramos tudo. Martelamos o público com versões prodigiosas de "Rock me, baby" e "You shook me". A plateia enlouqueceu. Uma hora olhei para as poltronas, e havia um mar bravio de cabelos revoltos até onde a vista alcançava. Eu nunca testemunhara uma reação como aquela. Jamais tinha estado numa banda que gerasse uma reação como aquela. Bis atrás de bis.

E as críticas – meu Deus! O *New York Times* disse: "Na noite passada, o público do Fillmore East estava de pé, aclamando um novo grupo pop britânico" e contou que "o grupo britânico ofuscou, pelo menos para um ouvinte, a principal atração: o Grateful Dead, de San Francisco".

A crítica observou ainda: "A fórmula principal do grupo é a interação da guitarra selvagem e visionária do sr. Beck com o grito rouco e insistente de Rod Stewart".

Não tenho muita certeza do "grito" aqui, mas continua:

"Os diálogos eram enxutos e lacônicos, o pingue-pongue verbal de uma peça musical de Pinter".

Que tal? Veja, a alusão a Pinter ficou ligeiramente perdida para mim na época. Achei que se tratasse do zagueiro direito do West Ham.

Mas foi um show e tanto. Sobrepor-se ao Grateful Dead em Nova York era um resultado incrível fora de casa. Até o velho ranzinza *New Musical Express*, da Inglaterra, ficou impressionado, em especial comigo e com Jeff. "A única descrição possível da dupla dinamite que eles formam", escreveu o autor do artigo, "seria dizer que foi como assistir ao brilhantismo de Jim Morrison acompanhado por Eric Clapton".

Mais tarde, nos bastidores, uma feliz delegação da EMI Records veio me procurar no camarim.

"Jeff!", disse um deles. "Puta show, cara! E que ótimo guitarrista você tem aqui."

Jeff olhou com ódio. Por um instante, achei que ele iria jogar o homem no chão.

Deixando de lado a confusão de quem era quem, os Estados Unidos abraçaram por completo o Jeff Beck Group. O público nos compreendeu completamente – mais rápido e com mais entusiasmo que na Grã-Bretanha. Fizemos, no total, cinco turnês nos Estados Unidos, por dois meses, tocando em teatros e até em festivais monumentais, que eram o modelo emergente para o rock ao vivo. Em uma apresentação ao ar livre, perto das montanhas Poconos, estivemos no mesmo evento que Jimi Hendrix, e Woody e Jeff reuniram-se com ele no palco para um improviso. Eu, por outro lado, sentei-me no ônibus, emburrado. Foi preciso muito para que eu participasse de uma *jam*. Eu nunca sabia bem o que deveria fazer. Como é que um vocalista deve improvisar? Vocalizar sem palavras? Nunca me senti confortável com isso.

Participei de uma *jam* no palco do Singer Bowl Music Festival, em julho de 1969. Esse festival acontecia em um local ao ar livre perto do Shea Stadium, no bairro do Queens. O Led Zeppelin estava na programação daquele dia, e, enquanto estávamos no meio de uma música chamada "Rice pudding", um talvez superestimulado John Bonham, baterista do Led, entrou no palco, agarrou algumas baquetas e entrou na dança. No minuto seguinte, olhei em volta e notei que havia gente se empilhando em todos os cantos do palco: Jimmy Page, Robert Plant, Glenn Cornick, baixista de Jethro Tull, Ric Lee, baterista do Ten Years After, e Carmine Appice, baterista do Vanilla Fudge, que deveria se apresentar depois de nós. Então, de repente, tínhamos quatro bateristas, dois guitarristas, dois baixistas e dois vocalistas, e estávamos tocando uma versão de "Jailhouse rock", que só terminou quando Bonham fez um striptease e, como consequência, foi preso por atentado ao pudor. Dias vertiginosos.

Outro fato de que me lembro daquele show no Singer Bowl é que os Edwin Hawkins Singers estavam na programação. Era um grupo gospel que fez sucesso no fim dos anos 1960 com "Oh happy day!". Woody e eu decidimos ir para o lado do palco para ouvi-los. O coro parecia ter umas sessenta pessoas. Provavelmente deviam ser apenas umas vinte antes do sucesso, mas naquele dia havia cerca de sessenta pessoas. Observando da lateral do palco, Woody e eu notamos que dois dos camaradas na fileira de trás do pódio não estavam cantando nada: estavam jogando cartas. Pensamos em avisar Edwin Hawkins que ele estava carregando passageiros, mas nunca tivemos oportunidade.

O segundo álbum do Beck Group, *Beck-Ola* (você precisa conhecer a marca de jukebox Rock-Ola para entender a piada), havia sido lançado dois meses antes. Tinha sido gravado durante um período positivo de seis dias de descanso, mas ainda continuávamos atrasados em relação à maneira moderna de fazer as coisas e complementamos o nosso próprio material novo com interpretações de outros (não apenas um, mas dois sucessos de Elvis Presley, pelo amor de Deus: "All shook up" e o já mencionado "Jailhouse rock"). Woody, Jeff e eu havíamos composto uma canção chamada "Spanish boots", para a qual escrevi a letra – um monte de bobagens sobre mosteiros, tapeçarias e botas. Hoje me envergonho ao pensar nela. Lembro-me das gravações principalmente por causa de uma série de confrontos entre Mickie Most, que estava produzindo o disco, e Jeff, cada vez mais mal-humorado e relutante.

Ainda assim, o resultado um tanto decepcionante chegou ao número quinze na parada de sucessos da Billboard. Entretanto, de algum modo, apesar das turnês constantes e da gravação de discos, o dinheiro permanecia escasso. Os membros da banda eram maltratados pelos empresários de Beck: Most e Peter Grant, que mais tarde agenciariam o Led Zeppelin, e o contador deles, Derek Nibb, o qual, pensando bem, é um nome perfeito para um escriturário. Ronnie e eu íamos ao escritório de Nibb, em Londres, sempre pela manhã, para receber o pagamento. Algumas vezes ele nos fazia esperar sentados até a tarde, só para se divertir, pelo que pude perceber. Nós dois estávamos sempre planejando obscuros atos de vingança contra Nibb e o seu escritório, mas nunca chegamos a colocá-los em prática.

Jeff era o astro, de modo que, quando estávamos em Nova York, ele ficava no Waldorf Astoria, na elegante Park Avenue, enquanto Woody e eu éramos instalados quase do outro lado da cidade, no Gorham Hotel, muito mais barato. Mas tudo bem. Naquela época ele era um antro do rock 'n' roll, e sempre havia algumas bandas por ali: Cream, Sly and the Family Stone, Ten Years After. Janis Joplin, que de maneira alguma era uma mulher tímida ou retraída, estava sempre correndo atrás de Woody e de mim, tentando transar com um de nós dois, embora sem sucesso. Ficávamos aterrorizados com ela e nos escondíamos atrás do vaso de planta no saguão, até que ela fosse embora.

Seis anos mais tarde, em 1974, quando estávamos em turnê com o Faces, Ronnie e eu voltamos ao Gorham para uma visita. Naquela ocasião, estávamos hospedados em condições mais agradáveis no Plaza, mas achávamos que poderíamos aparecer e espiar o velho lugar. Só de brincadeira, Ronnie perguntou ao concierge se havia alguma correspondência para nós. E nós dois estivemos por ali às risadinhas, enquanto o recepcionista zeloso saiu... voltando com um cartão-postal enviado para mim seis anos antes, pela minha namorada naquela época, Sarah Troupe. Extraordinário.

As moças americanas que conheci naquelas primeiras viagens aos Estados Unidos – as que vinham aos shows e depois ficavam conosco nos bastidores – me pareceram mais simpáticas que as inglesas, mas não necessariamente mais promíscuas. Elas precisavam ser seduzidas, embora o sotaque britânico parecesse ajudar. O problema é que os orçamentos para as turnês do Beck muitas vezes só cobriam um quarto de casal para mim e Ronnie, o que poderia ser um problema na hora de receber visitas femininas. Mas éramos engenhosos o suficiente para não deixar que isso atrapalhasse. Criamos um pouco de privacidade um para o outro, construindo uma parede entre as duas camas com malas e mobílias do hotel, como cômodas, cadeiras ou guarda-roupas, convertendo o quarto em uma suíte *ad hoc*, ou salão de sexo subdividido.

Mas então, no escuro, atrás da divisão, ocupados com o que fazíamos, o lado moleque aparecia, e Woody fazia algum barulho ridículo, e eu fazia outro ainda mais ridículo, e então irrompia uma guerra de ruídos ridículos cada vez mais fortes, que culminava com um de nós derrubando a barreira e soterrando o casal vizinho sob uma montanha de malas e cadeiras. Até que ponto nossas companheiras achavam isso tão engraçado quanto nós, eu não sei. Francamente, hoje penso que para ser nossa *groupie* naquelas noites, era preciso ter uma paciência de santa. Muitas vezes nos divertíamos mais um com o outro do que com as garotas.

Outra brincadeira que gostávamos de fazer era chamada de "Operações Woody & Stewart", na qual o nosso quarto se transformava numa sala de cirurgia e nós nos transformávamos em médicos, com estetoscópios de brinquedo e jalecos brancos, prontos a oferecer às meninas um exame e, quem sabe, até uma cirurgia. Muitas moças corriam mais de um quilômetro na direção oposta ao ouvir a sugestão. Outras, no entanto, não.

Mesmo assim, a disponibilidade de companhia sexual nos Estados Unidos não impedia que sentíssemos falta de nossas namoradas na Inglaterra, Sarah Troupe e Krissy Findlay, que mais tarde se tornaria a primeira esposa de Woody. Por acaso Sarah e Krissy dividiam um apartamento na Fulham Road, em Londres. Woody e eu dividíamos telefonemas internacionais desesperados de três minutos, controlados pela telefonista – um melancolicamente enviava o nosso amor e expressava saudades, enquanto o outro se sentava ao lado e contava o minuto e meio antes de agarrar o fone para a sua vez. O ardil mais astucioso de todos, no entanto, era conseguir uma garota que nos levasse à casa dela, ou talvez de seus pais, e então, num momento oportuno, usar o telefone para ligar para a namorada em Londres, sem custo. Desonesto? Talvez. Mas era importante manter contato.

Na Califórnia, Woody e eu tivemos nosso encontro – quase obrigatório, a essa altura – com as famosas Plaster Casters, Cynthia Albritton e suas assistentes, amigas de Frank Zappa, que se encarregavam de moldar em gesso o pênis endurecido de astros do rock. Pelo que me lembro, a abordagem era muito profissional. Vinham ao nosso hotel trazendo amostras autografadas de moldes de membros, que solenemente punham sobre uma mesa para ser inspecionados: pelo que me lembro, os falos de gesso de Jimi Hendrix e de Eric Burdon foram as duas amostras autenticadas oferecidas para nossa aprovação. E então as moças se ofereciam para nos preparar para a moldagem, se quiséssemos ser lembrados assim. Sem dúvida, seria um prazer e uma honra. Entretanto, Woody e eu contemplamos os modelos esplêndidos diante de nós, na mesa, consideramos por um minuto a escala ligeiramente menor dos nossos próprios dotes e então dissemos: "Humm. Não, acho que não, obrigado".

Para mim e Woody, essas aventuras favoreciam uma grande intimidade, e não era difícil ver como, à medida que nossa amizade aumentava e o repertório de travessuras conjuntas se expandia, Jeff começava a se sentir afastado por nós, ou excluído do nosso relacionamento e talvez até um pouco ameaçado por ele. A divisão às vezes era visível, mesmo durante as apresentações. De um lado do palco, ficava Jeff, levando a sério sua tarefa de tocar guitarra, vestindo jeans e camisa básica; do outro, Woody e eu, usando montes de veludo amassado e calças boca de sino, uma cruz enorme pendurada no pescoço, zoando muito.

Jeff, por sua vez, era perfeccionista. Se ele achava que um músico não se empenhara ao máximo em uma apresentação, não hesitava em tocar no assunto depois, num confronto *post mortem*. Claro que essas reprimendas de diretor de escola resultavam apenas, mais uma vez, em despertar o garoto que havia em nós e reforçar a nossa aliança anárquica.

Como disse antes, Jeff não pensava apenas em dinheiro; aliás, isso não o preocupava nem um pouco. No que lhe dizia respeito, tudo se tratava de música. Era o que lhe ocupava a mente, e era isso que ele estava determinado a fazer direito. O que, claro, era admirável. Por outro lado, o tornava um líder sofrível. Ele parecia despreocupado com a maneira como os negócios financeiros da banda estavam sendo gerenciados e com sua responsabilidade no comando dos músicos. Na turnê pelos Estados Unidos, por exemplo, as diárias muitas vezes não eram pagas pelo gerente da turnê. Em uma ocasião, Woody e eu sentimos tanta fome em Nova York que entramos numa delicatessen e roubamos comida. Não acho que Jeff permitiria uma coisa dessas, mas ele agia como se não fosse da sua conta. Nunca esperei que se preocupasse de verdade com nosso bem-estar. Algumas vezes ele entrava na sua limusine e deixava que Woody e eu pegássemos um táxi. Ele vivia em seu próprio mundo.

Outras pessoas precisaram intervir e olhar por nós. A namorada de Jimi Hendrix muitas vezes ficou com pena e nos levou para almoçar e jantar. De fato, a generosidade dela se estendeu até nossa cama numa noite, deitando-se entre nós e remexendo bem nossas cuecas durante algum tempo, embora eu ache que a consciência dos dotes generosos de Hendrix, como nos foi revelado pelas Plaster Casters, pode ter estragado um pouco o nosso prazer.

Em 1969, com a situação cada vez mais incontrolável, Jeff expulsou Woody da banda por achar que ele estava se queixando demais, o que, por sua vez, me levou ao limite da paciência com todo o projeto. Sem Woody tudo perdia a graça. Dito isso, um cara chamado Doug Blake entrou para tocar baixo e teve, pensando bem, uma importante influência em mim. Não apenas Blake entrava no palco, não importava o calor que estivesse, usando uma sobrecasaca e um par de luvas sem dedo, mas também tinha o hábito de jogar o instrumento para o alto e pegá-lo de volta, o que me incentivou, competitivo como era (não querendo ser apagado pelo baixista, ainda por cima), a jogar meu microfone para cima e apanhá-lo – a pouca altura nas primeiras vezes e depois cada vez mais alto, à medida que a confiança aumentava. Era o começo de uma nova fase no palco: a estreia de todo um repertório de movimentos.

Nossa última turnê pelos Estados Unidos foi uma curta excursão pela Costa Leste no verão de 1969, incluindo o Fillmore East, onde tudo havia começado, Maryland e o Newport Jazz Festival, com a intenção de terminar a viagem em um ou outro festival ao ar livre, no norte do estado de Nova York, em agosto. Na noite do último show, a banda foi alojada num hotel no aeroporto JFK, e a ideia era ir para o evento e voltar para Londres na mesma noite. Mas o plano foi desfeito. Nossa apresentação havia sido cancelada. Jeff já tinha viajado no voo das cinco e meia daquela tarde. Em algum lugar ele tinha ouvido um boato, que se revelou falso, de que sua mulher estava tendo um caso com o jardineiro e, portanto, ficou louco para ir para casa.

O nome daquele festival em que não tocamos: Woodstock.

Ah, ainda bem que os festivais ao ar livre são todos iguais.

Em 1983, esbarrei em Jeff, em Los Angeles, onde ele fazia alguns shows com Eric Clapton e Jimmy Page, e sem nenhum plano em particular – na verdade, só para curtir – fomos a um estúdio um dia para ver no que ia dar. Por sugestão de Jeff, gravamos uma versão de "People get ready", de Curtis Mayfield, cujo vocal saiu muito bom, se é que posso dizer, e fizemos relativo sucesso com ele num single.

Depois, pedi a Jeff que tocasse um solo na faixa "Infatuation" para o meu álbum *Camouflage*, lançado em 1984. Por conta disso, convidamos Jeff para fazer uma turnê conosco. A ideia era que ele aparecesse no meio do espetáculo e fizesse um solo instrumental, enquanto eu faria uma pausa nos bastidores para arrumar o cabelo. E então eu voltaria para executarmos juntos "Rock my plimsoul" e "I ain't superstitious", como no tempo do Beck Group, e Jeff continuaria no palco para acompanhar "Infatuation", "People get ready" e mais algumas canções. Desde o início, o problema seria deixar Jeff num papel de apoio, o que com certeza ele odiaria, não importava o quanto fosse bem pago. A turnê contava com setenta datas ao longo de quatro meses. Pelas costas, muitas pessoas resmungavam: "Isso está destinado ao fracasso – ele não vai durar dois shows". Mas estavam todos errados. Durou três. E então ele saiu dizendo algo a respeito de o público ser formado apenas por donas de casa, o que foi um pouco canalha da parte dele.

Anos mais tarde, em 2009, com pouco ou nenhum contato nesse meio-tempo, recebi um telefonema dizendo que Jeff estava fazendo um show no El Rey Theater, em Los Angeles, e que ele adoraria que eu aparecesse para cantar alguma coisa. Fiz o teste de som, e ensaiamos "People get ready". Naquela noite, ele iniciou a música, e eu me adiantei e cantei. Foi de fato maravilhoso. No final, Jeff, que Deus o abençoe, estava em lágrimas, e demos um enorme abraço.

Depois, por ter sido bom, conversamos a respeito de fazer um álbum de blues juntos – blues contemporâneo. Discutimos sobre algumas canções e chegamos a acertar o tom de algumas delas. Jeff saiu e gravou algumas demos; no entanto, não gostei de nenhuma delas. Então gravei algumas demos, mas Jeff não gostou de nenhuma. Isso tudo estava acontecendo enquanto eu me preparava para assinar um contrato com a Universal, que não estava nem um pouco entusiasmada com a ideia de um álbum de blues contemporâneo e queria que eu me empenhasse, em vez disso, em um álbum de country, um de Natal e um de canções novas. Jeff achou que havia perdido tempo. Não nos falamos desde então. Mandei um e-mail para ele dizendo: "Vamos voltar ao início. Mantenha a fé", mas não tive resposta. Enviei outro no Natal de 2011, desejando felicidades para ele e sua família. Outra vez, nada. Parece que, quando Jeff emburra, é pra valer. Talvez agora ambos sejamos teimosos demais para trabalhar juntos. O que é uma pena, porque não há nada que se compare à combinação da guitarra de Beck com a minha voz.

Entretanto, fico feliz por não termos participado de Woodstock. Esse festival fez a fama de bastante gente, mas ao mesmo tempo praticamente os congelou. Era difícil escapar da imagem de "um artista que se apresentou em Woodstock".

Para mim aquele teria sido o pior momento para ser rotulado no meio musical, porque as perspectivas começavam a se abrir de modo interessante. Depois de um show do Jeff Beck Group, em Los Angeles, no saguão do Hyatt International Hotel, Lou Reizner, diretor da Mercury Records na Europa, me abordou. Era ele quem tinha dito: "Ei, Jeff, puta show, cara".

Na verdade, ele não disse, mas me perguntou se eu estaria interessado em assinar um contrato para um álbum solo. Eu concordei. Quanto eu queria? O preço de um carro esporte Marcos de dois lugares, amarelo, novinho em folha: 1.300 libras.

Digressão

Outra digressão, em que nosso herói conta seu amor por automóveis, lembra algumas de suas aventuras atrás do volante e também a ocasião em que ajudou a roubarem seu próprio Porsche.

A verdade a respeito da minha relação com carros é que, do ponto de vista mecânico, realmente não entendo nada. Ficam me dizendo para andar na *marcha mais alta*, mas tenho medo que comecem a me falar a respeito de virabrequim e transmissão e a usar palavras como "torque", quando então já estarei perdido.

No entanto, sempre adorei carros: gosto de dirigir, gosto do design, das mensagens que transmitem, do modo como fazem eu me sentir. E poucos foram os momentos nos anos de formação da minha carreira em que o desejo de possuir um carro não tenha sido uma grande motivação. Algumas vezes foi a única motivação. Foi nesse *ethos* que cresci: trabalhar muito, economizar, comprar o carro que quiser. Assim eu fiz.

Como já mencionei, o tempo todo em que estive com Long John nos Hoochie Coochie Men economizava para comprar um MG Midget – o primeiro carro pelo qual me apaixonei. Isso foi em 1964, quando eu tinha dezenove anos. O preço dele: 430 libras. Eu guardava dinheiro numa caixa que ficava no armário da cozinha, quando chegava em casa depois das apresentações, e já tinha 360 libras quando, um dia, peguei a caixa no topo do armário e descobri que estava vazia. Meu pai tinha usado o dinheiro para acertar uma dívida com o coletor de impostos. Fiquei bastante chateado e aborrecido com isso. Ele poderia ter pedido. Ao mesmo tempo, percebi como era irrelevante guardar dinheiro para comprar um carro enquanto meu pai lutava para pagar as contas. Pelo menos eu tinha mostrado a ele que podia ganhar algum dinheiro. Houve um tempo em que meu pai chegou a pensar que eu jamais seria capaz.

Então, o plano do MG Midget foi para o brejo, e só em 1967, quando estava com o Jeff Beck Group, me senti rico o bastante para comprar meu primeiro carro: um Mini Traveller usado, com o velho painel lateral em modelo trançado e janelas traseiras deslizantes. Isso foi um grande alívio para Pete Saunders, um dos roadies de Jeff, que já estava cansado de ter de conduzir a mim e a Ronnie Wood por Londres. Se Pete não estivesse disponível depois das apresentações, Ronnie e eu recorríamos à tática de encontrar moças na plateia que nos dessem carona até em casa. Mas em geral a tarefa de transporte cabia a Pete, que estava tão ansioso por se livrar dela que, quando lhe contei que ainda não tinha feito o exame de direção (eu só tinha tido aulas até então), ele se ofereceu para fazer a prova por mim.

Na época anterior às carteiras com foto, esse era um plano bastante fácil de se colocar em prática. Então, uma manhã, Pete foi ao centro de testes, assinou como sr. Roderick Stewart, de Highgate, e fez o exame por mim. Tenho a satisfação de dizer que passei. Até hoje nunca fiz um exame de direção na Grã-Bretanha. (Nota para as autoridades: fiz um teste na Califórnia quando emigrei para os Estados Unidos em 1975, que por sua vez me qualifica para dirigir na Grã-Bretanha. Portanto, agora estou completamente legal.)

Comprei o Mini, Pete ficou feliz, e eu também – extremamente feliz. Nada como a sensação de possuir seu primeiro carro. Representa liberdade. Para mim, na lista de grandes conquistas que se faz ao crescer, ter um carro está bem no topo. Esqueça bebidas e transas. São ótimas, mas dirigir torna tudo disponível. Podia ir a Marble Arch e pegar Sarah Troupe em seu apartamento elegante e levá-la para sair à noite. Mais tarde, dirigir para casa, bêbado. (É chocante dizer, mas naquela época dirigíamos muito bêbados – e, ainda pior, não achávamos nada de mais. Hoje é inconcebível.)

Eu cuidava tão bem daquele Mini... Pintei os pneus com tinta preta e grudei um pequeno adesivo GB (iniciais da Grã-Bretanha) na traseira, para cobrir uma pequena mancha de ferrugem. Instalei dois enormes alto-falantes no rádio e os deixei no assento traseiro, onde ficavam muito bem até que se pusesse o pé no freio e eles escorregassem para o chão, obrigando-me a me virar e arrumar tudo outra vez. As crianças de hoje ficariam confusas, mas ouvir música num carro nos anos 1960 e início dos 1970 era uma luta hercúlea: uma batalha constante contra rádio toca-fitas portátil, que não tocava alto o suficiente, e gravadores que pulavam ao passar pelos buracos e mastigavam sua música até deixá-la em pedacinhos. Um pesadelo.

É claro que me dei conta, no devido tempo, de que, mesmo com potentes alto-falantes no assento traseiro, um Mini Traveller não é um grande ímã para garotas. Então dei um grande passo com o meu carro seguinte e comprei, por volta de 1968, um Triumph Spitfire branco: um verdadeiro carro esporte com dois lugares, rodas de liga leve falsificadas, faixas de corrida e um adesivo de óleo GT na traseira. Arrumei o carro todo por dentro: peguei um velho casaco de pele de raposa e o cortei de modo a ajustá-lo em torno do console, também preguei quadrados de pele no assoalho, como tapete. Lindo. Era como estar sentado na oficina de um taxidermista.

Na época, Woody tinha um velho Lotus, e achávamos que então a coisa era séria, dirigindo por aí juntos. Se havia uma moça comigo, eu puxava o afogador no sinal, afogava um pouco o motor e depois, quando as luzes mudavam, empurrava o afogador de volta e deixava todo mundo para trás. Uma vez que tentei fazer isso, botei o carro em marcha à ré com tanta força que uma das calotas falsas se soltou e rolou para um bueiro. Há poucas coisas tão humilhantes quanto ter de descer no sinal, apanhar sua calota de liga leve falsificada e colocá-la no porta-malas do carro.

Ewan Dawson – que compartilhava do meu amor por carros e suas vantagens – e eu descobrimos cedo que não tinha sentido ir para um pub num carro como o Triumph Spitfire se tivesse de estacionar depois da esquina, onde ninguém poderia vê-lo saindo dele. Isso anulava inteiramente o objetivo. Havia um pub na Bayswater Road onde a qualidade da clientela feminina era alta, e Ewan e eu ficávamos dando voltas nas redondezas durante o tempo necessário até alguém sair e podermos estacionar bem em frente. Algumas noites começávamos às seis e só conseguíamos estacionar às oito e meia. Mas valia a pena, porque então podíamos fazer o show completo de sair, entrar no pub, sair outra vez, segurando uma caneca, e beber encostados no carro. Metidos a besta, sim. Mas essas coisas eram importantes. E por que mais alguém iria querer um Triumph Spitfire?

Meu carro seguinte foi um Marcos, comprado em 1969 – quando eu de fato estava começando a ter prestígio. Na turnê com o Jeff Beck Group, carreguei um informativo sobre aquele carro pelos Estados Unidos inteiros, olhando para ele todas as noites, ansiando por ele. Também atrelei meu contrato solo com a Mercury Records ao preço de um novo: 1.300 libras. Era um carro que vinha em um kit, embora eu tivesse comprado o meu já pronto, uma vez que não tenho a mais remota propensão para lidar com chaves-inglesas.

Escolhi amarelo com uma listra branca no meio: cores de bad boy. Nele, era preciso quase se deitar – um genuíno carro esporte do tipo em que as costas quase roçavam no asfalto. Trepar dentro dele seria impossível. Até as preliminares eram difíceis, por causa da altura do eixo de transmissão entre os dois assentos. Até que não corria muito: acho que tinha um motor de Ford Cortina com 1.600 cc, o que talvez nem faria o cabelo esvoaçar. O meu tinha um teto solar que vazava, de modo que, quando chovia, pingava água no meu terno. Mas o design era fantástico – chamava muita atenção.

Acabei trocando-o por outro Marcos: um Ford V6 2500, cinza metálico. Estavam na moda naquela época. Andy Fairweather Low, vocalista do Amen Corner, tinha um roxo, pelo que me lembro. Em um momento épico, por volta da primavera de 1971, quando o Faces estava indo bem e o dinheiro dos meus primeiros álbuns solo estava entrando, fiz a extravagância de comprar o meu primeiro Lamborghini: um Miura S, com grandes entradas de ar no capô, enormes faróis que lembravam olhos de besouro e interruptores no teto, como nas cabines de piloto de avião. Foi o começo de um longo e caro romance com a marca.

Esse Miura foi um investimento considerável: 6.500 libras. Lembre-se de que a primeira casa que eu acabara de comprar, em Muswell Hill, só tinha me custado 5 mil libras. Portanto, durante algum tempo naquela época, o meu carro valia mais que a minha casa. E não havia garagem, por isso eu o deixava na rua. Não é de admirar que eu não conseguisse dormir à noite. Ao ouvir qualquer barulho de baque durante a noite, eu me levantava e ia à janela examinar o carro. Eu o mantinha coberto com plástico e cheguei até a colocar pequenos cones vermelhos de plástico em volta dele, para que ninguém estacionasse perto demais e lhe causasse algum dano.

Nem se dê ao trabalho de perguntar como ele funcionava na chuva. Eu nunca saía com ele se estivesse chovendo. Era caro demais para isso.

Como o Miura só fora lançado em 1966, era um carro de prestígio para ser dirigido por um garoto estiloso. Entretanto, me deu mais problemas que todos os outros veículos que já tive, juntos. Era necessário ter músculos de aço nas pernas para conseguir empurrar a embreagem, e ele superaquecia com frequência. Quando Ewan e eu planejávamos viagens, tínhamos de incluir o tempo sentados à beira da estrada, esperando o motor esfriar. Eu adorava a atenção, no entanto. Adorava a sensação que possuir esse carro me causava: *foi para isso que eu trabalhei – é meu.*

Logo depois, adquiri um Rolls-Royce branco, só porque queria. Foi enquanto o dirigia pela Tavistock Hill, numa tarde de domingo em 1971, que escutei no rádio que "Maggie May" tinha chegado ao número um nas rádios. Dei a volta e fui para a casa dos meus pais, na Kenwood Road, 24, e lhes dei um grande abraço para comemorar. Note como, mesmo antes de "Maggie May", eu já tinha dinheiro para um Roller e um Lambo. Isso mostra o quanto economizei.

Em meados de 1970, quando me mudei para a minha primeira casa realmente grande, em Windsor, comprei o Lamborghini Espada, com quatro lugares e um toca-fitas com oito canais, e depois disso tive mais uns dois ou três Miuras. Jeff Beck sempre zombava dos meus Lambos e Ferraris. Ele preferia carros com motor envenenado, que ele montava e remontava sozinho, usando um típico macacão de mecânico. Eu, no entanto, sempre os achei feios, com aquelas rodas idiotas na traseira, canos de escapamento grossos e faixas em formato de relâmpago. Prefiro um Lambo em qualquer ocasião.

Quando me mudei para os Estados Unidos, em 1975, pensei em comprar um Corvette, mas adquiri um Shelby Cobra. Bem, esse era um carro de louco. Não conseguia mantê-lo na estrada. Tinha de colocar grandes sacos de areia na mala para impedir que ele derrapasse para dentro dos prédios.

Fiquei um tanto aliviado em voltar para o Lamborghini com o Countach; grande, desajeitado, angular, com portas de tesouras que subiam e depois se estendiam para fora; tive alguns desses para me ajudar a atravessar o período de meados até o fim dos anos 1980 e os dirigia como um perfeito idiota.

Por incrível que pareça, no entanto, só tive dois acidentes de verdade, ambos em Los Angeles. O primeiro foi num Lamborghini Miura cinza, no

Sunset Boulevard, nas primeiras horas de uma manhã em 1982. Alana estava no carro. Estávamos totalmente chapados. Em algum lugar perto da Tower Records, alguém cruzou a minha frente numa picape. O Lambo escorregou para baixo dela em toda a extensão do teto, de modo que a visão que eu tinha da minha janela ficou inteiramente ocupada pela parte de baixo da picape.

O motorista da picape saiu, e eu entrei em pânico, porque ele era enorme – uma montanha com barba comprida, arrepiada, como um dos caras do ZZ Top. Talvez ele *fosse* um dos caras do ZZ Top. Pois bem, fosse quem fosse – alegria das alegrias –, percebi que ele estava chapado. Ele disse: "Acho melhor darmos o fora daqui rapidinho, não acha?". Eu reforcei: "Você tem toda a razão, amigo. Até mais". Então desembaraçamos nossos carros, e cada um seguiu seu caminho. É extraordinário, mas o Lambo só sofreu alguns arranhões sem importância.

O segundo acidente ocorreu quando, dirigindo como um louco pelas colinas, subi com o Lambo em uma mureta e fiquei preso embaixo da cerca de arame de uma quadra de tênis. Esse é um tipo de acidente comum em Beverly Hills. Tive de dar marcha à ré no carro, e ouviu-se um terrível som aflitivo enquanto o arame deixava uma trajetória de arranhões pelo capô.

É inacreditável, mas só me assaltaram para levar o carro uma vez. Isso também aconteceu no Sunset Boulevard, em abril de 1982. Eu era dono de parte de um prédio que viria a se transformar num restaurante – embora o projeto nunca tenha se realizado – e, enquanto isso, usava o lugar como um depósito seguro. Dirigi até lá às dez da manhã, num Porsche Turbo Carrera preto. Kimberly, minha filha mais velha, na época com apenas dois anos, estava comigo.

Estacionei, nós dois entramos, deixando a porta da frente do prédio semiaberta, e percorremos o corredor até a sala onde estavam as minhas coisas. Enquanto eu destrancava a segunda porta, a da frente foi empurrada, e uma pessoa entrou. Ele não passava de uma silhueta contra o sol, mas dava para ver que apontava uma arma. Quando ele se aproximou, notei que suava e tremia. Dizia: "Me dê a chave, me dê a chave. Encosta na parede e me dê a chave".

Mas é claro que esperei até ele chegar perto o suficiente e, usando um movimento típico de kung fu que me fora ensinado pelos mestres em Pequim, em 1972...

Ah, está bem. Entreguei-lhe imediatamente as chaves e, além disso, minha carteira, dizendo no tom de voz mais suave que consegui, enquanto pensava na segurança da minha preciosa filha de dois anos: "Aqui está, companheiro, sem problemas, estamos recuando, pegue as chaves e a carteira e divirta-se". E ele agarrou tudo da minha mão e correu porta afora.

Senti um imenso alívio – embora de súbito me ocorresse que lá fora estava tudo muito silencioso. Nenhum ruído de motor. Nenhum som de um Porsche roubado partindo. Um minuto mais tarde, o nosso amigo armado estava de volta.

"Não consigo dar a partida."

Bom, jogo limpo: alguns desses Porsches são complicados se você não sabe como lidar com eles. Não é apenas chave na ignição. Você tem de pisar na embreagem e apertar o botão de "partida".

E lá fui eu, sob a mira do revólver, ajudar o homem a dar a partida no meu Porsche para que ele pudesse roubá-lo. Essa pequena parte do drama foi assistida por alguém no salão de cabeleireiro do outro lado da rua, que chamou a polícia. Eles apanharam o cara umas oito horas mais tarde e encontraram meu carro uns três meses depois, depenado.

O Porsche, no entanto, foi uma leve aberração. Eu tinha fascínio pelos carros italianos por causa da beleza do design. Em 2002, comprei um Enzo Ferrari para usar na Inglaterra. Sempre curti mais a experiência de dirigir na Inglaterra que nos Estados Unidos. Em especial, adoro dirigir por Londres, onde, a propósito, consigo encontrar quase qualquer lugar que queira, desde que seja a partir de St. John's Wood. Mas tive de me livrar do Enzo. Chamar a atenção é uma coisa, mas aquele carro era ridículo. Só foram fabricados quatrocentos deles. Estava sempre rodeado por um monte de gente; era preciso abrir caminho para chegar ao assento do motorista.

Fiquei melhor com o Ferrari Testarossa e o Lamborghini Diablo vermelho e, em 2009, comprei um Murciélago azul-claro – ainda apaixonado pela marca, ainda atraído pelos prazeres que um carro vistoso pode trazer. Mas agora sou um motorista muito mais calmo e lembro exatamente o momento em que comecei a sossegar. Foi durante as férias na Espanha, com Penny, em 2004: eu estava me precipitando montanha abaixo numa Ferrari F50 – me exibindo, para ser franco. Ao fazer uma curva cega, fui confrontado com um cenário de pesadelo: um caminhão em sentido contrário, no meio da estrada. De algum modo, consegui uma brecha e deslizei o carro por ela, só esbarrando o espelho lateral. Mas funcionou como um alerta.

À medida que se fica mais velho, a gente não se sente tão preciso na direção como já foi um dia. Hoje, se a vaga for apertada, não tenho o menor problema em sair e deixar que Penny estacione. Ela é melhor nisso que eu. Em geral, já não dirijo tanto quanto dirigia, nem tão depressa. Caiu a ficha: tenho muito a perder. Coisas demais a perder.

Capítulo 8

Nosso herói finalmente trabalha com afinco, lança algumas gravações bastante boas e aguenta firme a consequente tempestade de elogios e dinheiro. Mas não antes de um baterista ter sido jogado na rua e de uma canção chamada "Maggie May" quase ter sido descartada por não ser grande coisa.

Os álbuns que fiz para a Mercury Records entre 1969 e 1974 foram a minha chegada à maioridade. Representaram as primeiras circunstâncias em que canalizei meu talento para a direção certa. Havia chegado ao ponto no qual parara de vacilar e finalmente me afirmava como cantor e compositor. E estão todos à venda no saguão, senhoras e senhores, de modo que, se ainda não os têm, aproveitem.

Dentro da indústria fonográfica no fim de 1969 ainda havia, acho, em grande escala, a expectativa de que eu tinha algo a oferecer. Ao mesmo tempo, algumas pessoas começaram a duvidar disso, e não se podia culpá-las. Eu tinha 24 anos, quase 25 – e até Paul McCartney dissera que abandonaria a música se aos vinte anos não tivesse tido sucesso. Perambulei por quase sete anos. Os Beatles haviam surgido e, sob todos os pontos de vista, ido. Os Rolling Stones, que eu observara curiosamente nas salas dos fundos de pubs enfumaçados e prestigiara no London Palladium, tinham surgido e seguido em busca do domínio global. Todas as bandas em que eu estivera haviam desmoronado, por um motivo ou outro. Eu havia lançado singles com os melhores selos, cantara na televisão nos maiores programas da época, e a cada vez fracassara com dignidade, lutando. A Decca Records havia declarado que, embora gostasse da minha voz, não tinha certeza se eu era "atual". Com essas várias manchas e cicatrizes no meu currículo, haveria um ceticismo justificável a respeito da minha carreira. Quanto a isso, no fundo, tenho de reconhecer que a oferta da Mercury Records para ir a um estúdio e fazer um álbum sozinho era a última chance de sucesso. Foder com tudo, quem sabe? Daí por diante, só navios de cruzeiro.

Entretanto, eu não conseguia me apressar em nada. Nove meses se passaram entre Lou Reizner me contratar, em 1968, e a ida ao estúdio para começar a trabalhar, porque eu ainda tinha compromissos com o Jeff Beck Group. O primeiro álbum com a Mercury foi gravado em uma pequena brecha na agenda, antes daquela que seria a última turnê nos Estados Unidos. E lá fui eu, com a instrução de compilar, cantar e produzir um LP inteiro. Incrível, de fato, que me confiassem um projeto tão amplo como aquele. Eu era demasiado ingênuo quanto ao processo; mesmo assim, parece que o encarei sem nervosismo, instintivamente, algo que, me parece, é preciso ser para conseguir. Eu ainda tinha confiança na minha voz; de que sabia não apenas como interpretar uma canção, mas como dominá-la, me apropriar dela. Essa confiança crescera durante os anos em que fui vocalista nas bandas de Long John – com os Hoochie Coochie Men e o Steampacket – e cristalizou-se no Jeff Beck Group. Acho que agora compreendo que, quando eu cantava uma canção, ela não soava como uma cópia de algo que já tivesse sido feito. Eu havia sido abençoado pela singularidade. A voz tinha seu próprio atributo, e era esse – como eu sabia por ter estado tantas vezes no palco – que falava diretamente às pessoas. Com esse primeiro álbum eu pretendia, acima de tudo, me afirmar como cantor. Quanto à produção do disco, bem, teríamos de ver, não é? Eu estivera por perto enquanto Mickie Most produzia o Jeff Beck Group e o tinha visto, durante a gravação do álbum *Beck-Ola*, dizer coisas vagas como "será que podemos tentar algo com o baixo?". Na inexperiência dos meus vinte e poucos anos, pensei: "Será que é uma tarefa tão difícil assim?".

De qualquer modo, eu não estaria completamente sozinho. Lou Reizner estaria comigo, com a função de me amparar. De fato, ele recebeu o crédito como coprodutor dos meus dois primeiros álbuns com o selo. Mas não me lembro de ele ter feito grande coisa na direção musical. Ele tinha uma coleção de Rolls-Royces clássicos e de vez em quando chegava ao estúdio em um deles. Era um dos homens mais agradáveis do mundo, mas não era exatamente o tipo de produtor que arregaçava as mangas e botava as mãos na massa. Também não fez muita coisa no segundo álbum: durante um bom tempo em que estivemos no estúdio, Reizner estava nos Estados Unidos para o casamento do irmão. Mas, mesmo no primeiro álbum, me lembro de ele apenas supervisionar. Talvez, se o esquema tivesse saído da linha, ele tivesse interferido. Mas deu tudo certo, e, como resultado, considero que os dois álbuns foram produzidos por mim.

Ao ser encarregado da tarefa de montar uma banda com músicos adequados, chamei principalmente meus companheiros: Ronnie Wood, óbvio, para baixo e guitarra, e Ian McLagan, do Small Faces, para piano e órgão. Mac era um estudante de arte desmazelado que circulava na cena desde os primeiros dias em que íamos ao Eel Pie Island e era um músico habilidoso. Chamei Micky Waller, que estava no Steampacket e que, durante um curto período, tivera a sua vez na ciranda de bateristas do Jeff Beck Group.

Micky foi a única pessoa que conheci que, de algum jeito, era capaz de manter um emprego como baterista sem jamais ter possuído uma bateria. Ele aparecia no estúdio com um cigarro na mão, seu cachorro (Zak, um boxer) e uma chave de afinação, nada mais. (A propósito, é Zak quem late em "Sweet little rock 'n' roller", no álbum *Smiler*.) Era preciso arranjar uma bateria para ele – cedida, por compaixão, por uma banda com que dividíamos o estúdio ou emprestada de uma loja de instrumentos musicais próxima. Isso ainda aconteceria em dois álbuns inteiros mais tarde, em 1971, quando gravamos "Maggie May". Na tarde em que essa canção foi gravada, tínhamos descolado alguns tambores para Micky, mas nenhum prato. Todos os sons de prato tiveram de ser adicionados em outro dia, quando finalmente estavam disponíveis. Será que Elvis teve de aguentar isso? Duvido.

Mas Micky valia a pena. Era um grande baterista, o único provedor licenciado da "batida Waller", como era conhecida. Além disso, ele era mais vulnerável que o usual a brincadeiras – e é sempre bom ter alguém assim em uma sessão para melhorar o humor em momentos de pressão. Um dia pedi a Micky que fosse à sala de som para gravar uma parte de pandeiro e depois disse a ele, pelo interfone, que o som não estava muito bom.

"Talvez a gente deva tentar outra sala, Micky", disse eu. "Por causa do ambiente."

Então, encontramos longos fios, e o microfone foi instalado na recepção, no andar térreo. Seguiu-se uma nova "tomada", na presença de uma recepcionista meio confusa.

"Não, ainda não está bom, Micky", disse eu. "Que tal tentar na rua?"

E lá estava Micky Waller na calçada da Lansdowne Road, em Holland Park, usando fones de ouvido, batendo no pandeiro diante do microfone, enquanto os pedestres desviavam dele e o tráfego prosseguia. Ele não percebeu nada, até que o chamamos e ele nos encontrou rolando no chão, às gargalhadas.

Depois do Jeff Beck Group, Micky tinha entrado para uma banda chamada Steamhammer, a qual eu tinha assistido no Marquee e ficado impressionado com os guitarristas Martin Pugh e Martin Quittenton, os quais acabei convidando para tocar no álbum. Era um pequeno conjunto compacto, em suma.

Aquele primeiro disco levou duas semanas e meia para ser gravado, parte no estúdio na Lansdowne Road e parte no Olympic Studios, em Barnes, no sudoeste de Londres. O Lansdowne não era um estúdio de gravação dos mais suntuosos. Na verdade, era um tanto sombrio e decadente. Mas tinha sido bom o bastante para Lonnie Donegan em anos passados e, portanto, também o seria para mim. Quando gravávamos, eu gostava de ficar na sala de som com a banda, circulando com um microfone na mão, para poder olhá-los nos olhos, interagir com eles, enquanto cantava. Acho que isso assustou um pouco o engenheiro de som, que estava mais acostumado a ver o vocalista isolado atrás de um biombo ou numa cabine separada. Lembro de ter ouvido que Frank Sinatra uma vez, num estúdio, foi colocado por um engenheiro atrás de um biombo e o fez derrubá-lo. Para cantar, ele precisava sentir o som da orquestra atingi-lo diretamente no peito. Acho que comigo acontecia mesmo.

Eu tinha a liberdade de escolher o que queria gravar. Fui direto a algumas das velhas canções favoritas: "Man of constant sorrow", o tradicional folk daquele primeiro álbum de Bob Dylan que me obcecara em 1962; e "Dirty old town", de Ewan MacColl. Talvez quisesse mostrar que, apesar das tendências mais pesadas testemunhadas no Jeff Beck Group, eu ainda era, no fundo, um *folkie*. Aquelas eram canções que eu vinha interpretando havia anos. Ao mesmo tempo, escolhi "Street fighting man", dos Stones. Eu disse "escolhi"? Na verdade foi por acaso. Estávamos começando a trabalhar uma versão de "The girl can't help it", de Little Richard, mas não sei por que comecei a cantar "Street fighting man" por cima dela, e pegamos dali. No fundo, havia uma razão para isso. Eu adorava essa canção dos Stones, mas achava frustrante não conseguir entender direito suas palavras. A letra é brilhante, mas fica um tanto confusa pelo barulho. Foi legal fazer um arranjo para a canção que ressaltasse as palavras. E ser interpretada por um cantor de verdade. (É brincadeira.)

Havia também "Handbags and gladrags", canção que se tornaria muito importante para mim. Um ano antes, em 1968, quando a Immediate Records resolveu ser a última das gravadoras que não tinham um single de sucesso comigo, eles me mandaram ver Mike d'Abo, vocalista do grupo de Manfred Mann e músico e compositor muito talentoso. Ele tinha frequentado Harrow e Cambridge e provavelmente me achava um tipo grosseiro. Nessa época, ele já tinha escrito "Handbags and gladrags", pela qual eu era obcecado. Tinha uma melodia fabulosa, melancólica. Toda vez que eu estava na casa dele, perto de Marble Arch, pedia que a tocasse para mim. Na verdade, acho que ele ficou de saco cheio de tanto eu pedir. O problema é que ele já tinha prometido a canção para Chris Farlowe, outro contratado da Immediate, de modo que, para o single, me empurraram uma balada muito menos imponente, "Little Miss Understood". Durante a gravação para aquele lançamento da Immediate, Mike, que a produziu, me deixou irritado ao perguntar se eu me incomodava em limpar a garganta para me livrar do pigarro. Eu disse: "Pô, não é pigarro. Essa é a minha *voz*". "Little Miss Understood", exatamente como esperado, fracassou feio graças à indiferença das estações de rádio.

De qualquer maneira, eu já havia conseguido a minha chance de gravar "Handbags" do jeito que queria, e Mike concordou em ajudar. Transpusemos a canção de Sol para Si Bemol, para se adequar melhor à altura relativa do meu registro. Eu estava determinado a incluir no arranjo instrumentos de sopro, porque era assim que eu a ouvia na minha cabeça, de modo que na véspera da sessão Mike trabalhou até as quatro da madrugada escrevendo as partituras para eles.

Para irritação de Mike, na hora de gravar o vocal modifiquei a grande frase no final do refrão. A frase escrita por Mike era:

"As bolsas e as melhores roupas que seu avô teve de suar para você poder comprar." [The handbags and the gladrags that your granddad had to sweat so you could buy.]

Mudei para:

"As bolsas e as melhores roupas que seu pobre velho avô teve de suar para comprar." [The handbags and the gladrags that your poor old granddad had to sweat to buy.]

Foi um pequeno desvio, mas é o tipo de intervenção que pode enlouquecer o autor. Eu apenas tinha gostado da referência ao "pobre velho avô" e achei mais fácil cantar assim.

Havia também as minhas próprias canções: "Blind prayer", "Cindy's lament", "I wouldn't ever change a thing" e "An old raincoat won't ever let you down". Levando em conta que eu não era, de maneira alguma, um compositor convencional, meu método era pouco comum. Tinha ideias para refrões e progressões de acordes na cabeça e os explicava para a banda e fazia com que ela os tocasse no estúdio, para ir moldando a música. Após gravarmos, eu levava a fita e a escutava repetidamente, até obter melodia e letra para ela.

Mas, cara, eu achava tão difícil escrever as letras! Eu gostava da narrativa em uma canção. O que há de melhor no blues, e em Dylan, para mim, é a história. Porém, quando se tratava mesmo de escrever sozinho a história, preferia fazer qualquer outra coisa. Até prender os dedos várias vezes numa porta seria melhor do que ter de produzir versos e refrões.

O processo todo é um mistério para mim. Durante a composição de "Maggie May", quando ela ainda não passava de uma sequência de acordes que precisava de letra e melodia adequadas, eu não tinha ideia de qual seria o tema. Eu apenas balbuciava e emitia alguns grunhidos, às vezes palavras, nos espaços em que deveriam estar os vocais. E de repente surgiu "Wake up" na minha cabeça – nem mesmo "Wake up, Maggie", apenas "Wake up". A origem ou razão para isso, não tenho a menor ideia. Tudo o que você deve fazer nessa hora é dizer "Obrigado, porra" e se deixar levar pela trilha para o restante da história.

Na maioria das vezes eu tinha de me arrastar, gritando, até o papel. E sempre deixava para o último minuto – a noite anterior ou até a manhã da apresentação, ou ainda no táxi a caminho do estúdio, e usava a pressão do final do prazo para espremer alguma coisa. Sentia-me envergonhado com o que surgia e relutante em expô-lo: sempre há uma parte da gente ali, é como abrir o seu diário. Na verdade, é pior que isso. É como cantar o que está no seu diário, numa sala repleta de músicos. Minhas letras muitas vezes eram baseadas em experiências próprias, que, no entanto, acabavam sempre muito alteradas no processo de composição da letra. Mesmo assim, situações pessoais muitas vezes serviam de base. "Cindy's lament", por exemplo, trata de impressionar uma moça de classe social superior: um importante tema para mim no início da minha vida romântica, que se reporta ao tempo em que eu tentava convencer as moças de que morava em uma casa mais luxuosa que a minha. Por causa desse elemento pessoal, podia ser doloroso expor o que eu escrevera num primeiro momento – um sentimento que podia me transportar àquela época em que eu era puxado para a frente da classe, na escola, e obrigado a cantar. E esse constrangimento não foi só nos dias iniciais: durou anos. No momento de gravar o vocal de uma nova canção e revelar minhas letras pela primeira vez, geralmente pedia que todos saíssem do estúdio, exceto o engenheiro de som e, até com certa relutância, o produtor. Era o único jeito de contornar a timidez.

No entanto, mesmo depois de tudo ter saído bem, a gravação terminada e eu satisfeito – e até mesmo orgulhoso –, podia haver reações adversas, às vezes semanas mais tarde, em que de repente eu me sentia envergonhado pela letra que fizera, voltava-me contra ela e a rejeitava. Isso acontecia com frequência no passado – para irritação das gravadoras, que estavam se preparando para promover o álbum contra o qual eu tinha me voltado. Isso ocorreu com o meu primeiro álbum: praticamente assim que ele foi lançado, passei a rejeitar minhas próprias canções, até mesmo em entrevistas, alegando que não eram boas o suficientes.

Sem dúvida, era uma defesa, um desejo de autoproteção, de antecipar uma crítica antes que alguém mais a fizesse. Mas sejamos justos: para aquela época, sendo um iniciante, essas canções eram bastante boas. E isso se aplica ao álbum inteiro. É uma miscelânea de estilos, alguns deles executados de maneira um tanto descontraída. Na faixa "An old raincoat won't ever let you down", por exemplo, a intenção era que houvesse uma parte com o baixo em gravação dupla o tempo todo, só que Ronnie Wood ficou bêbado depois de gravar a primeira parte, e por isso a segunda nunca chegou a ser feita. (Só a ideia, claro, sugere uma ansiedade juvenil por novidade: "Já sei: vamos colocar dois baixos. Vai ficar ótimo".) Assim, a canção se manteve inteira e resiste.

O álbum foi lançado primeiro nos Estados Unidos, em outubro de 1969, presumindo-se que eu deveria ter fãs americanos depois das turnês com o Jeff

Beck Group. Eu queria chamar o disco de *Thin* [magro, ralo, delgado], que por acaso era uma palavra que eu gostava de usar em conversas e também porque esperava vendas esparsas. Mas a gravadora norte-americana preferiu evitar qualquer confusão e deixar claro o que realmente era. Eles o chamaram *The Rod Stewart album*. Para me fazer a vontade, a palavra *thin* aparecia em letras pequenas no canto inferior esquerdo da primeira tiragem da capa e tem confundido quem a descobre desde então.

No Reino Unido, entretanto, onde o álbum foi lançado em fevereiro de 1970, logo depois do meu 25º aniversário, optei pelo título *An old raincoat won't ever let you down* – um nome muito melhor, embora a escolha da foto para a capa, na qual um idoso vestindo capa de chuva parece estar ameaçando uma criancinha num parque, talvez hoje não fizesse muito sucesso em reuniões de marketing. O quê posso dizer? Na época, achava a imagem divertida.

Lembro de ter me sentido aliviado quando as vendas nos Estados Unidos passaram de 30 mil, pensando: "Está bom, há público para isso". As vendas naquele país rapidamente chegaram aos 100 mil, o que não era nada mau para um álbum de estreia. No Reino Unido, no entanto, ele foi o que se chama de "sucesso de crítica", ou seja, só os críticos gostaram. E eles, claro, não precisavam comprar. Mesmo assim, melhor um sucesso de crítica que sucesso nenhum. O principal é que o álbum foi bem o suficiente para me dar o direito de fazer outro, e apenas seis meses mais tarde, no verão de 1970, voltei ao estúdio e gravei *Gasoline alley*.

Esse levou duas semanas, do início ao fim – o que, com a chegada gloriosa dos indulgentes anos 1980, seria mais ou menos o tempo em que se passaria sentado num sofá de couro, bebendo café, enquanto o engenheiro escolhe um som de bumbo. Por outro lado, devo dizer que o orçamento para esse segundo álbum foi pensado assim: a Mercury, nos Estados Unidos, concordou em prover Lou Reizner, em Londres, com 12 mil libras para a gravação; o que sobrasse, depois de pagar os músicos e a locação de estúdio, ficaria para mim. Nessas circunstâncias, quem hesitaria? Quem, estando de olho em uma casa legal, com quatro quartos, estilo Tudor, numa rua tranquila em Winchmore Hill, hesitaria? É contabilidade básica, certamente. (Em 1969, enfim tive dinheiro suficiente para me mudar da casa de meus pais e comprar uma casinha com varanda, não muito longe, na Ellington Road, em Muswell Hill. Mas logo estaria procurando algo melhor. Mantive Ellington Road, no entanto, e no início dos anos 1970 aluguei-a para Long John Baldry, que passou a ser uma figura conhecida na região de Muswell Hill graças ao hábito de ir até o correio na companhia do seu bode branco de estimação, que ele mantinha preso por uma coleira.)

Gravamos o segundo álbum solo no Morgan Studios, em Willesden Green, a noroeste de Londres. Esse não foi apenas o primeiro estúdio em Londres a adquirir um gravador de rolo Ampex com 24 canais, como também, muito mais importante, foi o primeiro a ter seu próprio bar no andar térreo – alguns achariam que do ponto de vista de se obter um trabalho criativo podia não ser uma boa ideia, mas, no entanto, fez o local cair nas boas graças das pessoas.

Na verdade, éramos muito disciplinados e não deixávamos que o bar nos distraísse. Eu estava empenhado em completar o álbum e trabalhei muito nele. Tirei o título *Gasoline alley* de algo que uma garota me disse uma vez nos bastidores do Fillmore West, em San Francisco, depois de uma apresentação do Jeff Beck Group. Durante uma conversa, ela disse: "Tenho de ir para casa, senão minha mãe vai dizer: 'Por onde você andou – pela *Gasoline alley*?'". A expressão ficou na minha cabeça e desencadeou a canção que escrevi com Ronnie Wood a respeito de se lançar com ousadia numa jornada e depois se arrepender e ansiar por estar em casa.

Mais uma vez, eu queria uma mistura de estilos. Havia mais uma das canções de Bob Dylan, "Only a hobo", porque elas nunca são demais. Para o violino da faixa, convidei um violinista que eu tinha visto uma noite fazendo serenatas entre as mesas de um restaurante em Beauchamp Place. Havia também uma música dos Stones, "It's all over now", e um dos sucessos de Eddie Cochran, "Cut across shorty". Assim como no primeiro álbum, havia elementos de folk, rock 'n' roll, soul e blues retirados de lugares diferentes e entrelaçados de modo harmonioso. Também como no primeiro álbum, havia um pouco de improvisação. Ian McLagan não apareceu no estúdio no dia em que iríamos gravar "You're my girl (I don't want to discuss it)", mas fomos adiante e gravamos sem ele. Mais do que qualquer outra coisa, isso foi apenas mais uma demonstração da minha pressa.

Funcionou. As críticas foram até melhores do que as do álbum anterior. De acordo com o *Melody Maker*: "A voz de Rod é um instrumento extraordinário: aparentemente quebrada e às vezes mal parecendo existir, no entanto contém um poder e uma intensidade de comunicação com os quais poucas podem se comparar". Na *Rolling Stone*, por sua vez, fui aclamado como "um artista extraordinário". Isso me deixou muito orgulhoso. Nada mau para um sujeito que tinha pigarro.

Gasoline alley rapidamente vendeu 250 mil exemplares nos Estados Unidos e alcançou o Top 30 da *Billboard*. Foi um progresso enorme. A Grã-Bretanha, por outro lado, minha terra natal, ainda permanecia imune aos meus encantos. O álbum engatinhou na parada de sucessos do Reino Unido em algum lugar entre os 60 melhores e logo saiu, uma semana depois.

No entanto, tive sorte na terceira vez. *Every picture tells a story* foi gravado em 1971. Dessa vez, era apenas eu na produção – fui deixado sozinho para completá-lo. Não tenho certeza se foi porque Lou Reizner tinha outro casamento para ir, ou porque eu já era considerado competente. Na dúvida, vamos ficar com a última hipótese.

A essa altura, no terceiro convite, os integrantes da banda já conheciam bem o desempenho uns dos outros, o que dava para perceber na gravação. Havia a costumeira mistura de estilos. Eu queria gravar "Amazing grace" e talvez usá-la como título do disco, mas Judy Collins chegou antes. Fizemos também a então obrigatória interpretação de "Tomorrow is a long time", de Dylan; "Reason to believe", de Tim Hardin; um toque de gospel em "Seems like a long time", originalmente uma melodia folclórica; "That's all right", de Arthur "Big Boy" Crudup, que fizera sucesso com Elvis, embora a tivéssemos cantado no estilo country; e uma versão de "(I know) I'm losing you", do Temptations.

E mais três canções originais: "Every picture tells a story", "Mandolin wind" e "Maggie May" – um relato frouxo, como já vimos, da perda da minha virgindade no encontro furtivo com uma mulher mais velha, no Beaulieu Jazz Festival de 1961. E "Maggie May", claro, mudou tudo.

Ainda bem que não a joguei fora – o que considerei por um momento. Escrevi a canção em parceria com o já mencionado Martin Quittenton, um cara gentil, muito calado e estudioso, com o cenho franzido o tempo todo (e uma namorada adorável). Ele era o violonista mais inventivo que eu já tinha visto, com a cabeça repleta de acordes como eu nunca tinha imaginado, quanto mais conseguido que meus dedos executassem. Martin, que morava em Sussex, se hospedou na minha casa durante as sessões de gravação para o álbum, e elaboramos a estrutura básica de "Maggie May", em uma noite, na sala de estar.

A canção inteira foi gravada em duas tomadas – sem incluir os pratos. Dizem que quando os Beatles terminaram "Please please me", George Martin acionou o interfone e disse: "Parabéns, rapazes, vocês acabam de gravar seu primeiro número um". O que eu teria dito se tivesse falado com o estúdio depois de terminar "Maggie May"? Provavelmente: "Bem, suponho que ficou mais ou menos. Alguém quer um drinque?".

Quero dizer, era uma canção boa o bastante, claro. Uma boa historinha. Belo som de bandolim, tocado por Ray Jackson, do grupo folk Lindisfarne – e não é comum ouvir bandolim na música pop, mas é uma textura que sempre adorei no folk. Entretanto não achei que seria um single. Na verdade, cheguei a pensar durante algum tempo em deixá-la fora do álbum. Não tinha refrão. Só tinha aquelas estrofes lentas. Não tinha um gancho. Como se poderia esperar ter um single de sucesso com uma canção que era só estrofe, sem refrão e sem um tema melódico marcante? E era um tanto demorada: durava mais de cinco minutos, pelo amor de Deus, o que era bastante exagerado para os padrões do single pop. No fim, foi empurrada para o lado B de "Reason to believe", que me pareceu ser o melhor lugar para ela. "Reason to believe" era mais o tipo de música que as rádios tocariam.

No entanto, o DJ de uma estação de rádio americana, supostamente em Cleveland, Ohio, tocou "Maggie May" em vez de "Reason to believe". Ou ele preferia "Maggie May" ou apenas estava com o single virado do lado errado na pilha. Não importa. Em poucas semanas os radialistas de todo lugar, tanto nos Estados Unidos como no Reino Unido, estavam fazendo a mesma coisa e obrigando a gravadora a reclassificar "Maggie" como lado A.

Talvez eu devesse saber, por escutar Bob Dylan, que uma canção não precisa conter uma frase fácil de lembrar para ser popular: havia espaço para uma boa velha canção discursiva. Mesmo assim, de um jeito que eu não havia previsto, algo na história da letra no fluxo da canção e no resultado do arranjo – nesses elementos combinados – atingiu o público. Um incrível número de pessoas. Em outubro de 1971, "Maggie May" chegou ao número um da parada de sucessos no Reino Unido. A mesma conquista, e ao mesmo tempo, ocorreu nos Estados Unidos. Como consequência da curiosidade despertada por "Maggie May", *Every picture tells a story* simultaneamente foi para o topo das listas de álbuns mais vendidos nos dois países. Para meu próprio espanto e muito orgulho, de repente eu tinha o single número um e o álbum ao mesmo tempo, dos dois lados do Atlântico. Era como se todos os planetas tivessem se alinhado. Ninguém jamais fizera isso: nem mesmo Presley, nem mesmo os Beatles.

O álbum acabou perdendo o lugar para *Imagine*, de John Lennon. Na semana seguinte, *Every picture* subiu e tomou o lugar de *Imagine*, chegando outra vez ao topo. O único álbum que vendeu mais que *Every picture* em 1971 foi *Bridge over troubled water*, de Simon & Garfunkel. O único single que superou "Maggie May" em vendas foi "My sweet Lord", de George Harrison.

Em pouco tempo estaria chovendo fama e dinheiro. Como eu iria lidar com isso? Eu não sabia, mas mal podia esperar para descobrir.

Dois outros álbuns para a Mercury seriam gravados depois: *Never a dull moment*, em 1972, e *Smiler*, em 1974. Tempos muito ocupados. Loucamente ocupados. Absurdamente ocupados, pode-se dizer. Em especial quando se adiciona mais um pequeno detalhe: durante todo esse período, eu ainda estava numa banda. Uma banda muito boa.

Capítulo 9

Nosso herói partilha a sorte com os artistas remanescentes do Small Faces e ignora o alerta para os perigos de tentar administrar duas carreiras ao mesmo tempo. Faz reflexões profundas sobre desenhos obscenos, cigarro de maconha de Ronnie Wood e uso de veludo em ambientes abafados.

Em 1969, com um contrato para um disco solo no bolso, um álbum de estreia prestes a ser lançado e com a possibilidade de fazer sucesso individual dos dois lados do Atlântico se eu simplesmente trabalhasse duro, mais uma vez confundi meus conselheiros ao mergulhar de cabeça no abrigo confortável de uma banda. Podem me chamar de inseguro, contraditório ou apenas de velho gato assustado, não me importo, porque a banda era o Faces, estávamos juntos havia cinco anos, e eu não a perderia por nada no mundo.

Em uma noite boa, o Faces conseguia ser especial. Em uma noite ruim, era horrível. Mas com o Faces ser horrível podia ser até mais especial do que se fôssemos bem. E a ligação entre os cinco – eu, Ronnie Wood, Ronnie Lane, Ian McLagan e Kenney Jones – quando estávamos no palco era difícil de superar. Afora determinados times de futebol, acho que não havia camaradagem como essa. No final, claro, bandas são bandas, viajávamos todos em limusines separadas, ficávamos em hotéis separados, ameaçávamos ir embora a cada cinco minutos e brigávamos como gatos num saco. Mas enquanto durou, meu Deus, foi brilhante.

Apesar disso, eu não poderia ter entrado para uma banda que fosse menos predisposta à ideia de ter um vocalista principal – não apenas eu, mas qualquer cantor. Quando Steve Marriott abandonou o Small Faces em 1969 para formar o Humble Pie, o restante da banda desenvolveu uma desconfiança em relação a vocalistas principais que duraria até o fim. Eles tinham feito algumas das músicas pop mais icônicas dos anos 1960 ("All or nothing", "Itchycoo Park", "Tin soldier", todas do álbum *The autumn stone*, que Ronnie Wood e eu escutávamos o tempo todo), e depois Marriott se desligou deles. A voz líder (ou VL) era, na expressão de escárnio usada pela banda, "Vale-Lanche". A suspeita evidente era de que cantores estavam em processo de formação, sempre alertas para uma grande oportunidade e que batalhavam por si mesmos; que se eles convidassem outro vocalista para se juntar a eles, ele viria, dominaria a banda e partiria, deixando todo mundo na mão. E, dado o modo como acabei tendo sucesso, Ronnie Lane e Mac, em particular, talvez acreditassem que sua suspeita tinha sido confirmada. Bem, era a opinião deles. Sempre argumentei que não era bem assim.

O que restou do Small Faces ensaiava em um estúdio no porão de um galpão na Bermondsey Street, 47, que pertencia aos Rolling Stones e servia-lhes como depósito. Lá se podiam encontrar todas aquelas fitas de duas polegadas e máster de um quarto de polegada nas prateleiras, etiquetas com títulos do tipo "Honky tonk women" e "Gimme shelter". Todos nós adorávamos os Stones e achávamos que não havia uma seção rítmica como a deles no mundo quando eles tocavam, de modo que não podíamos deixar de nos fascinar à vista daquilo tudo. Eles foram muito bons para nós naquela época: nunca cobraram pelo uso do local. Eram uma espécie de mentores, e havia um bom clima entre as bandas – pelo menos até os Stones roubarem Ronnie Wood, quando então as relações foram rompidas durante algum tempo.

Eu estava numa festa com Mick Jagger, em 1974, quando os boatos de que Ronnie deixaria o Faces começaram a surgir.

Eu: "Você vai roubar o Woody de nós?".

Mick: "Eu jamais faria isso. Jamais quebraria o Faces".

Ah, Mick, faria sim.

Mas isso foi no final. No início existia um porão onde Ronnie Lane, Mac e Kenney perambulavam, tentando encontrar uma nova direção. Ronnie

Wood, à disposição depois do fim do Jeff Beck Group, começou a ir até lá levando a guitarra para tocar com eles, e eu o acompanhei algumas vezes apenas para tomar uns drinques e ficar por ali escutando – principalmente à espera do momento em que iríamos para o pub King's Arms, na mesma rua. O dono do pub achava que éramos "bons garotos", porque consumíamos bebidas caras – cuba-libre, em geral – em vez de ficar enrolando com uma caneca de cerveja a noite inteira. Essa é a definição de "bom" que um dono de bar lhe dá.

No estúdio, eu costumava ficar no andar de cima, na sala de controle, sem atrapalhar, apenas ouvindo. Não ficava impressionado com o que ouvia – pelo menos, não no começo. Tudo soava um tanto sem sentido para mim. Eles pareciam ter duas canções originais: "Shake, shudder, shiver", um blues pretensioso com letra de Ronnie Lane sobre como seu apartamento era frio, e "Flying", uma canção de rock lenta e taciturna composta em acordes descendentes. Ronnie cantava e tinha uma bela voz, mas não era nenhum Steve Marriott. E Mac também cantava um pouco, mas não chegava nem a ser tão bom quanto Ronnie. Certamente havia uma lacuna no lugar de vocalista, mas a ideia era que continuaram ensaiando até arranjar os vocais mais tarde.

Uma noite eu estava na sala de controle, como sempre, e Kenney disse: "Rod, por que você não vem e solta a voz?". Larguei a segurança do meu lugar no andar de cima, desci, me juntei à banda na sala abafada e com leve cheiro de suor e peguei o microfone.

Eu perguntei: "O que faremos?".

Ronnie sugeriu: "Um pouco de Muddy Waters?".

Todo mundo conhecia o álbum *At Newport*, então atacamos "I got my brand on you", "Hoochie coochie man" e "I feel so good". E ficou bastante claro que, juntos, fazíamos um bom som. (Algumas gravações grosseiras daqueles primeiros ensaios estão em *Five guys walk into a bar*, a caixa com a coleção do Faces, assim você mesmo pode julgar.)

Apesar disso, não recebi nenhum convite imediato para entrar para a banda. Foram necessárias várias sessões como essa antes que alguma coisa acontecesse. Kenney e Woody me incluiriam na banda imediatamente, mas antes precisavam quebrar a resistência de Ronnie e Mac, que ainda lamentavam os problemas com Marriott – sem querer convidar um vocalista principal para depois acabar servindo de acompanhamento para ele. Eu não estava a par dessas negociações delicadas dentro da banda, claro. Mas houve alguma reunião de conselho na minha ausência, e a decisão favoreceu a minha nomeação. Assim, em outubro de 1969, nasceu o Faces – que, em nome da continuidade, continuou sendo Small Faces durante um tempo, embora o "Small" tivesse de sair porque Ronnie e eu elevamos o nível a um ponto em que ele não mais se aplicava.

À medida que os ensaios continuavam, eu ainda tinha muitas dúvidas. Seria esse um grupo pop? Uma banda de blues? O que era? Algumas noites eu deixava Bermondsey com Woody e dizia: "Seria melhor a gente ligar para o Jeff Beck e ver se ele nos aceita de volta". Ao mesmo tempo, eu olhava em torno daquela sala e via, indiscutivelmente, caras decentes com quem passar o tempo. Pelo que me dizia respeito, Woody, claro, era quase um irmão, o perfeito companheiro de banda para mim. Kenney Jones, o baterista, era um garoto de Stepney, muito calado, agradável e bastante simpático. No entanto – e isso pode parecer um tanto maldoso da minha parte –, o tempo que ele gastava arrumando o cabelo viria a me aborrecer. Ele gostava do cabelo virado na parte de baixo, e isso incluía bobes. Podia ficar horas se arrumando. Por outro lado, era um cara durão. Uma noite, Kenney espetou o olho com uma baqueta e, com muita dor, caiu da plataforma da bateria. Isso o impediu de tocar? Não. Ele apenas se levantou, superou a dor nas costas e continuou a apresentação com o olho que lhe restava.

Era o terceiro baterista que eu via cair de costas de um palco aos 25 anos. Eu estava começando a imaginar se tinha alguma coisa a ver comigo.

Quanto a Ronnie Lane, eu o adorava, embora ele pudesse ser esquisito de vez em quando. Era muito criativo, gentil e poético de várias maneiras, mas também sempre bem direto. Se ele não gostasse de algo que eu estivesse fazendo, me dizia sem rodeios. Sobre sua saída inesperada da banda, Ronnie Wood e eu concordamos que provavelmente isso significava que o motor tinha parado. O fato de a banda ainda ter batalhado por mais um ano e meio não quer dizer que estivéssemos errados.

Com Mac, sempre senti uma tensão no ar, algo que impedia que relaxássemos na companhia um do outro. Podíamos rir das mesmas coisas, mas eu sempre sentia que havia algo pegando. Acho que a partida de Marriott e o fim do Small Faces o tinham atingido de modo mais difícil que os demais, e ele podia ficar bem azedo e áspero. O principal, no entanto, era que o humor que Ronnie e eu tínhamos desenvolvido na época do Jeff Beck Group – a mistura peculiar de comédia radiofônica britânica dos anos 1950, o profundo sarcasmo e a bobeira típica de garotos de escola – foi compartilhado por Mac e Ronnie Lane e, em menor extensão, quando não estava enrolando o cabelo, por Kenney. Consequentemente, formou-se um elo. Criamos uma irmandade – de maneira muito rápida e surpreendente. Para falar bem claro, nos termos mais crus, e já que todo mundo no negócio do rock 'n' roll sabe, a regra é a seguinte: nas bandas, há sempre um babaca com quem ninguém se dá bem. Nos dias gloriosos do Faces, essa verdade consagrada pelo tempo não se aplicava. E isso era tão bom que nos fez persistir. Estávamos nos divertindo, não estávamos?

Logo estávamos prontos para tentar algumas apresentações, incluindo uma na base aérea americana em Cambridgeshire, onde aviadores de terno e suas mulheres sentaram-se às mesas e, num silêncio aturdido e espantado, assistiram, enquanto mandávamos aos tropeços "Around the plynth", uma versão readaptada da canção que Woody e eu tínhamos escrito para Jeff Beck, "Shake, shudder, shiver" e "Three button hand me down", uma canção composta por Mac e por mim. Todos contribuíam e surgiam com algo em diferentes combinações, o que era muito agradável, ainda que a Força Aérea dos Estados Unidos não achasse isso apropriado para um jantar dançante.

O empresário do Faces – contratado depois da saída de Marriott – era Billy Gaff, sujeito baixo, de fala mansa e com uma razoável aparência de irlandês, com a linha do cabelo precocemente recuada, que havia trabalhado para a Robert Stigwood Organisation. Enquanto esteva lá, em meados dos anos 1960, Stigwood convidou-o para ser o gerente de turnê do Cream. Gaff disse que não se achava qualificado para a tarefa, já que não tinha experiência em cair na estrada com uma banda de rock e não teria nenhuma das habilidades necessárias. Ao ouvir isso, Stigwood fez uma pausa e depois replicou: "Você já tomou conta de crianças?".

A verdade desse resumo da experiência de gerente de turnê seria percebida por Gaff quase diariamente durante seus anos com o Faces.

Gaff conseguiu um contrato de gravação para a banda com a Warner Bros., que não precisou necessariamente passar à frente de mil candidatos rivais para ter esse privilégio. A maior parte das pessoas achava que a saída de Marriott tinha sido o golpe fatal no Small Faces e que a minha inclusão, já que eu costumava andar devagar durante a última década, provavelmente não mudaria nada. Mesmo assim, a Warner Bros., que Deus a abençoe, estava pronta para investir. Exultantes com os adiantamentos da gravadora, os outros membros da banda correram para comprar carros esportivos. Ronnie comprou uma Mercedes 190SL prateada; Kenney, um MGA; Woody, um Jaguar vermelho; e Mac, um Triumph TR6. Eu, claro, já tinha o meu Marcos, cortesia do meu contrato solo. Éramos todos sujeitos espalhafatosos com carros chamativos.

Logo gravamos um álbum de estreia, *First step*, lançado em 1970 e que parecia exatamente o que era: um álbum de estreia gravado de modo muito apressado. O fato de haver duas instrumentais entre aquelas dez faixas dá uma indicação do quanto era um trabalho em desenvolvimento, em vez de uma joia polida. Mas então saímos para a estrada, e foi aí que de fato a banda começou a ganhar vida. Ficou evidente que não éramos uma banda formada para salas de ensaio sem graça e estúdios cansativos. Éramos perfeitos para o palco.

Não éramos, de maneira alguma, um conjunto refinado. Éramos descuidados e soltos, o que nos levou na direção do rock 'n' roll para curtir. Foi esse descuido – e, mais importante, nossa atitude em relação a isso – o que nos tornou vulneráveis e atraentes, e, por isso, divertidos. Todos preferem um artista que dê a impressão de ser capaz de fazer alguma besteira. Ainda hoje, curto quando a minha banda erra: se alguém comete um erro perceptível, eu paro tudo e aponto para ele, e o público adora. Nada como um clamoroso erro musical classe A para aquecer o auditório, e o Faces, tanto quanto qualquer outro grupo na história, compreendeu isso – o valor popular atemporal de tentar um acorde em Mi, errar e tocar, em vez dele, um Fá sustenido.

Do mesmo modo, as roupas eram muito importantes para nós, porque percebemos que nossas qualidades musicais talvez não fossem lá grande coisa. Achávamos que, se fôssemos espalhafatosos, as pessoas podiam focar isso. Meu próprio estilo se tornou mais exuberante à medida que o Faces decolava – muito mais glam, que era o estilo emergente na época. Todos nós usávamos crepe e cetim, cores vivas, estampas exóticas, cachecóis e echarpes. Aderimos também às peças superpostas. Agora olho para nossas fotos no palco, e, em alguns shows, parece que estávamos participando de um desafio para usar o máximo de roupas possível de uma só vez. Totalmente impraticável, claro. Dentro de alguns daqueles trajes podia ficar muito quente. Carregar cem quilos de veludo e cetim pelo palco durante noventa minutos é trabalho para homem, posso afirmar.

Assim como usávamos as roupas para mascarar nossa insegurança, o álcool tinha o mesmo propósito. Erámos beberrões prodigiosos. A bebida dava a coragem necessária para tocar algo meio mal ensaiado em uma noite boa. Quanto a isso, o destilado e o vinho eram de grande auxílio. Se fosse possível engarrafar a energia que o Faces possuía... na verdade, esqueça, porque a vinícola Mateus já tinha feito isso. E mesmo quando as garrafas da cerveja Newcastle Brown e de rum das mesas nos bastidores já tivessem se esgotado ou se não houvesse suprimentos disponíveis, conhecíamos um método de ficar de porre com uma única lata de cerveja. Eis aqui o método completo, desenvolvido, creio, em um motel em Tucson, Arizona:

1. Encha um copo de 30 ml com cerveja.
2. Engula a cerveja.
3. Espere exatamente um minuto.
4. Encha o copo novamente e repita a operação.
5. Continue a repetir o processo até esvaziar a lata.
6. Sinta-se bêbado.

Entretanto, o álcool nos custou caro, ainda mais no que se refere a gravações. Foram quatro álbuns gravados em estúdio, no total – o já mencionado *First step*; *Long player* e *A nod is as good as a wink... to a blind horse*, ambos em 1971; e *Ooh la la*, em 1973 – nenhum dos quais, pelo que me lembro, de fato nos fez justiça ou captou a energia de que éramos capazes para um disco. Mas o que esperávamos? As sessões de gravação sempre começavam num pub. Muitas vezes lá ficávamos por muito mais tempo do que no estúdio. Acreditávamos que nada faria o processo criativo fluir mais que uma rodada de cuba-libre – com exceção de outra rodada de cuba-libre. Especialmente se não fosse a sua rodada. (Eu tinha aperfeiçoado a arte de chegar primeiro à porta do bar e abri-la para todos os outros entrarem, o que em geral me livrava de pagar a primeira rodada. Abaixar-se no estacionamento para amarrar o sapato é outro bom artifício para economizar dinheiro nessa ocasião.) Infelizmente, a teoria da criatividade movida a cuba-libre revelou-se uma besteira. Glyn Johns, como mostrara ser com os Stones, era um produtor que beirava a genialidade quando se tratava de captar o som da banda na fita e fez o melhor que pôde conosco. Mas havia gente demais dando ideias ao mesmo tempo. E quase toda essa gente tinha tomado cuba-libre demais.

No palco, no entanto, era diferente. É sério: para estar no Faces era preciso conseguir atuar deitado, mas isso nada tinha a ver com embriaguez. Ou, pelo menos, não completamente. Porque uma grande pirâmide humana costumava fazer parte da nossa apresentação – Woody caía sobre Ronnie, eu deitava em cima de Woody, Mac saía do piano e pulava sobre todos nós – e começamos a achar que o show não seria bom se no final não terminássemos empilhados no meio do palco.

Fomos a primeira banda a chutar bolas de futebol para a plateia – a ideia foi minha, claro, e tenho orgulho de dizer que ainda faço isso. (E são de boa qualidade. Nada de plástico barato.) Fomos também a primeira banda a ter um bar no palco, com um garçom a caráter. Economizava o tempo e a energia que se perdia dando um pulinho nos bastidores para uma bebidinha. Além de nos dar distração durante os intermináveis solos de bateria de Kenney. Ficávamos lá sentados, enquanto Kenney se esquecia da vida. Um de nós diria: "Será que a gente devia voltar?", e outro respondia: "Vamos tomar mais uma".

Era um comportamento muito diferente para a época. É preciso lembrar como o rock estava ficando sério naqueles dias. O surgimento do Faces foi, em grande medida, paralelo ao do rock progressivo – guitarristas sérios franzindo a testa em solos de noventa minutos em guitarras de dois braços, e tecladistas extraindo pseudossinfonias de uma série de sintetizadores durante horas a fio. É preciso levar em conta também que a Grã-Bretanha era um lugar severo no início dos anos 1970 – em recessão, economicamente falida, dilacerada por greves, com ruas entulhadas de lixo não recolhido, o país do racionamento de luz imposto pelo governo. Foram alguns anos lúgubres e sombrios, e o Faces, realista, porém não cabisbaixo, vestido em cores brilhantes e embriagado, não podia deixar de parecer um arco-íris na monotonia.

Mesmo assim, ironicamente, a estrutura que mantínhamos era modesta e despojada. Todas as bandas do mundo mobilizavam pelo menos duas guitarras. Só tínhamos uma, tocada por Woody. E o trabalho dele era maravilhoso. Mas, outra vez, assim como no Jeff Beck Group, a presença de uma única guitarra deixava bastante espaço para eu cantar.

No alto, à esquerda: Essa poderia ser uma fotografia de qualquer um dos meus filhos com a mesma idade. Clacton, *c.* 1950.

No alto, à direita: Os Stewart em férias. Veja que meu pai está usando paletó de tweed, suéter, camisa e gravata em junho e na praia.

A família reunida — exceto por meu irmão Bob e a esposa dele, Charlotte. Note a coleção de tornozelos finos! Da esquerda para a direita: meu irmão Don, a mulher dele, Pat, minha irmã Peggy (que infelizmente faleceu muito cedo), minha mãe, Elsie, eu, meu pai, Bob, minha irmã Mary, e o marido dela, Fred.

Archway Road, a rua onde nasci, 1945.

Eu e meu pai disputando a bola. Orgulho escocês.

Meu amigo Kevin Cronnin, Sue Boffey (mãe de Sarah) e eu fazendo pose antes de embarcar num trem para Brighton. Belos penteados. Início dos anos 1960.

Adoro essa foto em que estou com meus irmãos usando uniforme do Highgate Redwing. Preste atenção no meu visual: short bem curto — estilo italiano — e corte de cabelo à la Beatles. E meus dois irmãos nem aí.

Meus camaradas Kevin Cronnin (à esquerda), Clive Amore (à direita) e eu exibindo a gaita. Meu topete já tinha caído. Pub Duke of York, c. metade da década de 1960.

Meu velho amigo Ewan Dawson e eu em frente à casa dos meus pais fazendo pose perto do carro de alguém.

Eel Pie Island, onde fiz um de meus primeiros shows e onde ocorreu um infeliz incidente com uma caneca de cerveja.

Os Dimensions.

Meu herói Long John Baldry. Não há um dia em que eu não pense nele. Devo tudo a ele.

No palco com Long John no Marquee Club, 1964.

Minha primeira aparição na TV no programa *Ready Steady Go!*. Antes dela, passei a tarde toda no bar para ganhar coragem.

Detalhe: Shotgun Express: Beryl Marsden, Peter Bardens e eu.

Eu, Ronnie Wood, Micky Waller e Jeff Beck. Era uma grande honra tocar com Jeff, esse grande guitarrista, embora ele pareça estar querendo matar o fotógrafo. E Micky parece um bibliotecário. Sem mencionar o meu chapéu ridículo.

Tony Newman na bateria, com os demais integrantes do Jeff Beck Group ao fundo, ensaiando.

Tentando alcançar uma nota maior, algo inatingível.

Esperando sentado num carrinho de bagagem no Aeroporto de Los Angeles. Tentando desesperadamente parecer equilibrado.

Claramente bêbados depois de um show do Faces. Que banda!

O lançamento do álbum *Ooh la la* no clube noturno Tramp, com a óbvia presença de garotas do cancã.

Velhos amigos.

Woody e eu discutindo os movimentos de palco para o show seguinte. Santa Bárbara, Califórnia, começo dos anos 1970.

Acima: Tentando entrar no carro com o assédio dos fãs em Glasgow e contando com a ajuda de John Reid, empresário do Elton.

Abaixo: Com uma blusa feminina, estudando o álbum do Sam.

Phyllis e Sharon... mas NÃO na mesma banheira. Treino de futebol no Watford, 1974.

Freddie Mercury e eu usando ternos largos e com cara de envergonhados. Parece até que o Freddie está com a mão no meu joelho.

Eu e Dee Harrington saindo de férias, mas já parecendo entediados!

Cortando a grama no magnífico Cranbourne Court, tendo meu Lamborghini Miura ao fundo. A vida é boa, 1973.

Britt e eu, c. 1976. Bem, você precisa rir disso.

Ruby Stewart ou
Rod Stewart?

Além disso, eu tinha muito espaço para me movimentar – talvez menos no Greyhound, em Croydon, ou no Trentham Gardens Ballroom, em Stoke-on--Trent, lugares em que passamos boa parte de nossa carreira na Grã-Bretanha, e mais nos grandes palcos americanos para os quais fomos promovidos bem rápido. E de repente o showman que estivera de maneira lenta e desajeitada emergindo por quase uma década emanou de mim. Em pouco tempo, eu tinha desenvolvido todo um repertório de truques com aquele objeto cênico confiável: o suporte do microfone – colocava-o tão alto que eu tinha de me esticar todo para alcançá-lo, balançava-o como se fosse um bastão militar, arrastando-o atrás de mim pelo palco, puxando-o para o alto de maneira que ficasse sobre a minha cabeça, ou arrastava-o e o inclinava como uma parceira de tango. Aprendi a jogá-lo para o alto com uma confiança cada vez maior, pegando-o (com sorte) no ar quando estivesse caindo. O fato de, em quase cinco anos com o Faces, eu não ter arrancado o meu próprio olho nem o de ninguém pode ser considerado um milagre. Uma noite, em Detroit, caprichei demais na jogada: lancei o suporte do microfone para cima e nunca mais o vi. Acho que ficou preso nos fios da iluminação. Pode ser que ainda esteja lá.

Em geral, entrávamos, Ronnie Lane dizia alguma coisa do tipo "Desculpe, estamos atrasados – o secador de cabelos do Rod quebrou", e lá íamos nós, na maior parte das vezes, atacando "Memphis, Tennessee", de Chuck Berry, que, se tocada do jeito correto, atingiria o público em cheio. Era sempre uma sensação maravilhosa escutar aquela canção decolar e seguir com ela.

Lista de músicas? Listas de músicas são para fracos. Fracos e profissionais. Melhor é só entrar no palco e informar a lista, soltando o velho grito de guerra do Faces: "O que vamos tocar hoje?". Tudo o que sabíamos era que em algum momento tocaríamos "Cindy incidentally", digamos, ou "Sweet Lady Mary", ou "I feel so good", de Big Bill Broonzy, e que uma hora poríamos Ronnie Lane sobre uma caixa laranja para que ele cantasse o primeiro verso de "Maybe I'm amazed", de Paul McCartney, uma canção que adorávamos e da qual tínhamos profundo ciúme. Por que *nós* não a tínhamos escrito?

Os intervalos entre as canções podiam ser absurdamente longos, e não apenas porque a escolha da música que viria a seguir precisava ser feita. Se Woody quisesse mudar a afinação de sua guitarra, não pegava outra nos bastidores, ele ficava no palco e fazia isso com o instrumento que já estivesse usando. Foi aí que aprendi a arte de falar com o público: nos shows do Faces, durante aqueles longos intervalos, enquanto Woody estava mudando para um Mi aberto. Foi quando aprendi a dizer alguma coisa diferente do tradicional "Conversa aí, galera". Long John Baldry havia plantado as sementes disso: ele sempre foi muito bom em preencher um ou dois minutos, em contar a história de uma canção antes de interpretá-la. Mas foi no Faces que coloquei as lições dele em prática.

Em março de 1970, saímos da Grã-Bretanha para uma turnê de 38 datas pela América do Norte, coincidindo com o lançamento lá do álbum *First step* e começando por Toronto, no Canadá. Mais uma vez, tal qual com o Jeff Beck Group, a sensação era a de que a Grã-Bretanha seria dura de nos receber, mas que os Estados Unidos estariam abertos se estivéssemos preparados para trabalhar com empenho e aguentar as viagens. Parecia que lá havia um apetite por rock 'n' roll britânico rude, vigoroso. E, mais uma vez, essa suspeita se confirmou. Em Toronto, na Varsity Arena, abrimos o show para o MC5 e para o Canned Heat e nos saímos bem. No dia seguinte, deveríamos ir a Boston para fazer o show de abertura durante três noites no Boston Tea Party, um galpão reformado com capacidade para 1.500 pessoas, na Lansdowne Street, e, na época, o clube de rock mais famoso da cidade. Mas o nevoeiro em Boston provocou cancelamento do voo. Billy Gaff nos disse que teríamos de cancelar o primeiro show e, como alternativa, nos colocou no único voo que havia de Toronto, a Nova York. Estávamos ali, sentados no avião, chateados com a perda do show, quando ouvimos o comandante: "Lamentamos informar que, devido ao nevoeiro na região de Nova York, esse voo está sendo desviado para Boston". Seguiram-se ruidosos vivas. O destino parecia estar do nosso lado.

Em Boston, estava um frio terrível. Como Woody e eu já tínhamos estado lá, levamos sobretudo. Os outros caras, em sua primeira viagem aos Estados Unidos, tremiam em suas jaquetas. Até então, as minhas histórias com Woody a respeito do que esperar durante uma turnê pelos Estados Unidos tinham sido recebidas pelos outros com um "Tá bom, tá bom" meio desinteressado, mas a partir dali era só: "Vocês podiam ter avisado a gente".

Naquela tarde, durante os testes de som, Mac descobriu que os níveis de voltagem elétrica nos Estados Unidos deixavam seu órgão Hammond B3 quase uma tonalidade inteira fora do tom. Como resultado, o Mi do restante da banda correspondia mais ou menos ao Fá de Mac, e ele teve de passar o primeiro show transpondo as canções enquanto tocava – mas ainda assim produzindo quase o mesmo tom. Foi um começo inconveniente e dissonante, mas por sorte Pete Buckland, o principal roadie da banda, conseguiu arrumar tudo para a segunda noite.

Detroit, em particular, nos adorou. Naquela primeira visita, tocamos duas noites no Eastown Theater, abrindo para o Savoy Brown. Os garotos de Detroit eram, por reputação, um grupo durão numa cidade durona, mas se mostraram uma plateia enlouquecida quando gostavam de alguma coisa e, além disso, leal. Eles reagiram ao clima de festa do show e, quando aquela primeira turnê voltou a Detroit para mais três noites no Eastown Theater, apareceram em peso para nos rever. A cidade passaria a ser a nossa casa nos Estados Unidos durante os cinco anos seguintes, além de um campo de provas. Era também o lugar em que David Ruffin, do Temptations, que nos adorava, muitas vezes aparecia para cantar conosco "(I know) I'm losing you", o que me emcionava muito, porque eu era um grande admirador dele.

Mas, para qualquer lugar que fôssemos, angariávamos fãs. Aquela primeira turnê pelos Estados Unidos durou dez semanas no total e uniu verdadeiramente a banda, tanto no palco como fora dele. Voltar à Inglaterra naquele verão foi difícil. Passamos da aclamação em grandes teatros bem organizados nos Estados Unidos para a indiferença relativa em lugares como Cooks Ferry Inn, em Edmonton, em Londres. O público na nossa terra natal se mostrava bem resistente para se animar conosco. Muitos nos consideravam bêbados rudes e *cockneys* desagradáveis. Outros desconfiavam de nós, porque não conseguiam entender direito qual era a nossa conexão com o Small Faces, cuja lista de sucessos nos anos 1960 tinha feito dele um grupo adorado por boa parte dos adolescentes.

Como consequência, em junho, num show ao ar livre organizado em benefício do Fundo Mundial da Natureza no Dudley Zoo, em West Midlands, entramos depois da Edgar Broughton Band, que tinha ido tão bem que, após apresentarmos três canções, fomos vaiados e atingidos por latas na cabeça. Teria sido muito pior se Robert Plant do Led Zeppelin não estivesse lá. Ele viu que estávamos encrencados e veio para o palco cantar "It's all over now" comigo. Como Plant era natural de Midlands e um herói local, sua participação mudou a reação do público e nos salvou.

Um fator fundamental para começar a ganhar o público britânico foi merecer a admiração de John Peel, o DJ da Radio 1. Em 1970, ele havia acabado de estrear *The Peel Sessions*, que apresentava uma banda ao vivo, diante de um pequeno público reunido nos estúdios da BBC, em Lower Regent Street, em Londres. Peel adorou o Faces e nos recebeu em seu programa em junho. Gravamos "You're my girl", "Wicked messenger", "Devotion" e "It's all over now", e Peel nos deu a maior força. Ele nos ajudou a nos aproximar do público e a romper algumas resistências. Esse foi o começo da minha longa amizade com ele – até fui convidado para seu casamento e, pelo que me lembro, tive uma longa conversa com a tia dele, de Gales. O Faces gravou muitos outros programas com Peel, durante os quais ele ficava muito estressado, porque o segurávamos no pub vizinho aos estúdios até o último minuto antes de a transmissão começar. Ele entrava em pânico e às vezes até mandava um segurança da BBC para nos empurrar para o outro lado da rua. Sempre chegávamos a tempo, no entanto.

Em outubro de 1970, voltamos aos Estados Unidos para mais 28 apresentações. Quando chegamos a Milwaukee, disseram-nos que os dezesseis shows restantes da turnê já estavam com as vendas esgotadas – um resultado fantástico. Comemoramos bebendo o bar inteiro e depois, no meio da noite, invadindo o quarto de hotel de Billy Gaff, virando a cama de cabeça para baixo, retirando todas as lâmpadas e inundando o banheiro. Gaff, a propósito, estava na cama naquela hora.

É claro que a destruição de hotéis nos deu fama. Em nossa defesa, eu diria que muito do que fizemos não era tanto uma destruição injustificável, mas uma alteração criativa. A retirada de mobiliário de um quarto, digamos, era muitas vezes seguida do reagrupamento desse mesmo mobiliário, em perfeito estado, em outro lugar, como o corredor, uma varanda ou o jardim do hotel. Como defesa adicional, diria também que, em geral, estávamos extremamente entediados. Em 1970, passamos um total de quatro meses na estrada, nos Estados Unidos, divididos entre essas duas turnês. Fora de casa durante esse tempo todo, era inevitável que os dedos começassem a coçar. De algum modo, alguém descobriu que nada fazia passar depressa uma tarde chata em Pittsburg tão bem quanto lotar um elevador com colchões e mandá-los para o saguão. Retirar os parafusos que mantinham as camas montadas também constava do repertório de palhaçadas populares. Retirar o microfone do gancho do telefone, para a fúria do usuário seguinte, também tinha seus defensores, eu entre eles.

Os quadros nas paredes do hotel eram muito vulneráveis a alterações. Se houvesse uma cena medieval, um de nós podia desenhar um jato ou uma bicicleta. Woody costumava fazer um belo aeroplano em qualquer tipo de reprodução de cena campestre do século XVII pendurada acima de uma cama de hotel.

Ou, claro, sempre havia a popular caricatura do "membro" masculino. Naqueles dias, eu gostava especialmente de desenhos de pau e desenharia um em quase qualquer coisa, sob encomenda. Como artista, do início até meados dos anos 1970 foi minha "fase do pau". E sempre dava para identificar meu trabalho, porque meus desenhos representavam sempre o "pós-ato" – para baixo, com pingos. Esse era meu pau de assinatura. O de todo mundo estava para cima, mas eu preferia criar alguma coisa um pouco mais pungente. Isso era a minha sensibilidade artística aflorando, eu acho.

Na verdade, pensando bem, desenhar pênis foi bem além do Faces e continuou pelos anos 1980 adentro. De fato, tenho vergonha de admitir que ainda agora, quando confrontado, como acontece algumas vezes nas mais refinadas residências, com um livro de visitantes, ainda sinto a ânsia instintiva – como sempre foi – de exercitar esse meu talento. No auge extremo da minha mania de pichar paus, o meu muitas vezes aparecia no passaporte das pessoas – até mesmo, de fato há pouco tempo, depois de um voo compartilhado de Dublin para Londres, nos passaportes dos três integrantes do McFly, uma banda popular entre adolescentes. "O que vou fazer?", dirão as pessoas realmente em pânico ao descobrirem um falo desenhado com esferográfica na página da fotografia do seu documento internacional de viagem emitido pelo governo. A resposta mais eficiente para isso é, como sempre foi: transforme-o numa árvore e diga que quem desenhou foi seu filho de três anos.

Além dos desenhos e da zoeira, o relacionamento entre nós, da banda, e os hoteleiros não melhorava com o nosso hábito de convidar a plateia inteira para nos visitar no hotel após o show. Eu emitia o convite do palco, dizendo a todos onde e em que andar estávamos hospedados. Algumas vezes, tínhamos literalmente centenas de pessoas no corredor – a maior parte delas se comportando muito bem, devo acrescentar. Os garotos levavam seu próprio vinho, e era possível deixar a porta do quarto destrancada, que nada teria desaparecido de manhã. Entretanto, não se pode negar que, em algumas ocasiões, nos estágios mais avançados dessas noites, a nudez na piscina era uma possibilidade, e também, de volta aos quartos, alguns atos de natureza sexual. Para um camarada, ter cabelo comprido, ser membro de uma banda de rock e inglês era uma combinação muito poderosa para garotas americanas. Nenhum de nós foi especialmente fiel durante as turnês. Mas do modo como encarávamos isso, se não estivéssemos viajando, não estaríamos galinhando. Uma lógica bastante frágil, mas era assim.

A propósito, uma vez estávamos em turnê com o Deep Purple, e eu dei o endereço do hotel deles em vez do nosso. Isso não caiu bem.

Do ponto de vista financeiro, nenhuma dessas práticas era muito astuta. A banda sempre tinha de desembolsar muito dinheiro para acalmar os gerentes dos hotéis danificados e dissuadi-los de chamar a polícia. Billy Gaff ia fechar a conta e não ouvia: "Alguma coisa do frigobar esta noite, senhor?". Era: "Aqui incluímos o custo da redecoração do nono andar". Uma vez, em Cleveland, Gaff teve a saída bloqueada por um gerente irado e pelo chefe de polícia local. Custou-lhe 5 mil dólares em dinheiro vivo para conseguir sair. Não foi a única vez.

Esse comportamento fez com que o nosso grupo perdesse o acesso à rede Holiday Inn. Depois de termos inundado o banheiro, entramos para a lista negra e fomos banidos de todos os estabelecimentos Holiday Inn – o primeiro grupo de rock, pelo que sabíamos, a ter essa "honra". Para evitar que fôssemos banidos, começamos a fazer reservas como Fleetwood Mac. Quando descobriram, passamos a usar o nome Grateful Dead. Sempre havia um jeito de contornar o problema.

Eu nunca tinha tocado em cocaína antes do Faces, mas em turnê com eles pelos Estados Unidos essa substância se tornou disponível. Nós todos gostávamos. Também rolava maconha entre os caras, mas não comigo, porque eu tinha pavor de estragar a voz. Eu mascava um pouco, muito raramente, apenas como desafio ou para ser sociável. Mas cocaína parecia ser uma ideia melhor. E nós tínhamos convicção de que era o que havia de melhor sob a forma farmacêutica.

A melhor novidade a respeito dessa forma de cocaína, descobrimos com alegria – além da euforia quase imediata que ela induzia –, era que, mesmo depois de usá-la, ainda dava para ter uma ereção. Com outros tipos ruins e menos puros que circulavam nas ruas, era como conduzir um barco com um pedaço de corda, como diz o velho ditado. Mas com a droga farmacêutica parecia não haver desvantagem imediata. Mac usava no palco um cravo falso na lapela do paletó, salpicado com cocaína antes do show, e o tocava com a ponta do nariz para inalar uma brisa restauradora durante a apresentação. Se alguns de nós desejássemos uma pequena dose só para manter o ânimo, tínhamos de dar uma cheirada atrás dos amplificadores. Numa perspectiva moderna, isso talvez pareça estranho, mas na época víamos como um prazer muito inocente. Era como uma coisa de colegiais – divertimento idiota. Grande parte do prazer era ligada à emoção de se dar bem, de fazer travessura. Não era como se tornou mais tarde, envolvido em culpa e na sensação de fazer parte das engrenagens de uma máquina industrial enorme, monstruosa e destrutiva.

No entanto, a diversão da experiência com cocaína diminuiu um pouco numa manhã, na primavera de 1973. Na noite anterior, tínhamos tocado em uma apresentação particularmente tempestuosa no Locarno Ballroom, em Sunderland, assistida por alguns dos jogadores do Sunderland Football Club que ainda comemoravam uma vitória sobre o Arsenal no fim de semana anterior, na semifinal da Copa da Inglaterra, a Copa FA. (Eles viriam a ganhar o torneio naquele ano, vencendo o Leeds United contra todas as expectativas e se tornando o time favorito do país durante cerca de dez minutos.)

Muitos dos jogadores pareciam gostar do Faces. Havia a impressão de que – tirando um pouco o uso de drogas e a destruição de hotéis – fazíamos parte da mesma cultura. O clima dos nossos shows na Inglaterra era como uma versão benigna e otimista da atmosfera de um estádio de futebol: gritaria e comemoração, gente cantando e agitando cachecóis xadrez. Futebol e Faces pareciam estar na mesma sintonia.

Enfim, depois do show, Billy Hughes, do Internacional da Escócia, perguntou a Woody e a mim se queríamos nos encontrar com os rapazes do Sunderland no treino da manhã seguinte. Então, pulamos da cama e nos dirigimos ao campo. E foi lá, num momento particular ao lado do campo, enquanto assistíamos ao treino, que Woody aproximou o rosto do meu, com a cabeça meio inclinada para trás, e disse: "Dá uma olhada aqui, por favor?". E ajustando o ângulo da minha cabeça e olhando para dentro do nariz dele, dava para ver um pequeno raio de sol passando através do septo dele.

Havia chegado a hora de repensar o uso de cocaína. O óbvio seria parar de cheirar. Outra ideia, no entanto – e por algum motivo mais convidativa –, seria encontrar outro modo de ingeri-la que não envolvesse o nariz. Começamos então a substituir o conteúdo de cápsulas antigripais por uma pitada de cocaína e depois a aplicávamos por via anal, de modo que, sendo o corpo humano maravilhoso, elas eram absorvidas sem esforço pelo organismo.

Bingo. Descobrimos que isso funcionava com extrema eficácia. Era um alívio duplo, porque o nariz de Woody estava no seu limite e eu estava começando a me preocupar que a cocaína ingerida por via nasal estivesse afetando a minha voz, por secar as mucosas. A partir de então podíamos ir ao banheiro e inserir a medicação à francesa: pelos fundos.

Foi numa das primeiras turnês do Faces que aprendi uma lição pequena, mas importante, sobre como lidar com a imprensa. Woody e eu tínhamos ganhado câmeras Polaroid, um milagre da tecnologia na era pré-digital. Bagunceiros como éramos, usávamos as câmeras principalmente nos quartos de hotel, para tirar fotos de garotas peladas. Seria difícil descrever o grau de prazer que sentíamos ao fazer aqueles movimentos indecentes de "fricção na foto", que em geral eram necessários para aquecer o papel e acelerar o processo de revelação.

Durante a turnê, dei uma entrevista a um repórter experiente do *Sun*. Ele parecia confiável, então, quando desligou o gravador, eu disse: "Olha, dá uma espiada nisso". Tirei do bolso uma pilha grossa de polaroides de louras, todas devidamente catalogadas, com datas e cidades de origem anotadas com primor. É claro que esse momento privado entre jornalista e roqueiro acabou no *Sun* sob o título "Rod, o garoto da Polaroid". Acho que nunca me senti tão chocado. Não ousei voltar para a casa dos meus pais durante algum tempo, por medo de ter de discutir o assunto com meu pai. Enfim encarei a parada e passei pela humilhação de ser ignorado por ele durante duas horas inteiras.

De qualquer jeito, meu pai desaprovava totalmente a banda – mesmo que não fizéssemos fotos de *groupies* e as mostrássemos a repórteres de grandes jornais. Ele ficava contente com o sucesso da banda, mas, como ele não bebia, não aceitava bem o consumo aberto de álcool e o comportamento resultante. Ele com certeza não aprovava as travessuras nos hotéis. Sei disso porque meus irmãos e eu uma vez tentamos aprontar uma com ele em equivocada interpretação de seu humor.

Isso foi em Edimburgo, aonde tínhamos ido com meu pai e meus tios, na noite anterior, para um jogo de futebol da Escócia. O hotel onde ficamos estava sendo decorado, e durante a noite, de saco cheio, meus irmãos e eu pegamos algumas escadas e algumas tábuas, fomos pé ante pé ao quarto onde meu pai dormia e as dispusemos no ambiente. Depois, meu irmão Don subiu nas tábuas suspensas entre as escadas e fingiu pintar o teto, enquanto acendíamos a luz para acordar meu pai. Longe de achar esse quadro surreal engraçado, como era a intenção, ele ficou furioso – zangado o suficiente para nos expulsar corredor afora. Nunca mais tentei envolvê-lo nesse tipo de brincadeira.

A lenda do Faces cresceu, até mesmo na Inglaterra. Tocamos no Weeley Festival, em 1971, abrindo para Marc Bolan, e jogamos o coitado para escanteio. O público não quis deixá-lo tocar. Depois, em setembro daquele ano, aparecemos num show ao ar livre no campo de críquete Oval, em Kennington, em um evento de apoio a Bangladesh capitaneado pelo The Who.

Raramente eu ia para um show em meu próprio carro, mas dessa vez foi possível. Cheguei em um Lamborghini branco, que tinha acabado de comprar com os rendimentos dos meus álbuns solo, vestindo os meus trajes de palco: casaco de pele de leopardo e calça que combinavam, comprados para a ocasião na butique Granny Takes a Trip, na King's Road. Naquela época, todos nós, músicos, comprávamos no mesmo lugar, o que evitava desastres de moda: os vendedores nos viam escolher alguma coisa da arara e diziam delicadamente: "Oh, Mick comprou essa", ou "Acho que você não vai querer isso, porque Bowie acabou de comprar um igual".

Então, eu me lembro de entrar no estacionamento do Oval, atrás do palco, e de sair do Lambo vestido como um leopardo da cabeça aos pés, com minha namorada, Dee Harrington, que usava uma microssaia, exibindo pernas muito longas, e fomos para os camarins, de braços dados. Ali mesmo, durante o percurso, tive a sensação avassaladora de ter chegado não apenas ao Oval, mas em determinado ponto na minha vida, e pensei comigo mesmo: "Porra, você é um astro de rock mesmo, não é, filho?".

Outro fato do show no Oval: fiz a apresentação bebendo no palco, com polícia por todo lado; saí, tomei outro drinque com os rapazes; depois entrei no Lamborghini e voltei para casa, acenando alegremente ao passar pelos policiais no portão. E ninguém achou nada de mais. "Tchau, sr. Stewart. Boa viagem." Incrível. Tempos muito diferentes.

A desvantagem do comportamento sem cerimônia na banda era que, quando se tratava de negócios, ninguém mantinha o olho na bola. Ninguém controlava as finanças: todo o dinheiro parecia ser guardado em caixas de sapatos e em envelopes, e Billy Gaff dizia para não nos preocuparmos. Não havia contabilidade adequada, pelo que eu pudesse perceber: apenas o cálculo eventual de despesas em um guardanapo. E tampouco alguém assumia o controle no sentido de planejar uma agenda para garantir que tivéssemos tempo suficiente de folga. As turnês nos eram impostas, e nós reclamávamos e dizíamos que não faríamos – só para ouvir a "mamãe" Gaff dizer: "Bem, acho que vocês *vão fazer*, porque os adiantamentos já foram pagos".

Graças ao dinheiro gerado pelas turnês nos Estados Unidos, tínhamos um estilo de vida extravagante: todos correndo para comprar casas e carros ou, no caso de Woody, uma grande televisão em cores para seu pai (que prontamente acorrentou ao radiador, para que ninguém a roubasse). Éramos jovens e tolos, e ninguém se preocupava com os detalhes, porque estávamos muito mais ricos do que imaginávamos. É natural quando se tem vinte anos, e ninguém pensava que tudo poderia mudar um dia.

E não deu outra: tudo mudou. Os problemas eram políticos e esquentaram aos poucos. Surgiram principalmente como resultado do sucesso que eu estava tendo com meus discos solo, que motivaram tensão e ansiedade. No início, o equilíbrio entre minha carreira solo e o trabalho no Faces parecia tranquilo. Eu tinha a banda, na qual podia perambular como um roqueiro sem lei. E tinha os álbuns solo, nos quais eu também fazia rock 'n' roll, mas também expressava minhas outras paixões: as influências soul e folk. Não parecia haver nenhum conflito de interesses. Pelo contrário, eles corriam simultaneamente em perfeita felicidade.

Em 1971, quando "Maggie May" foi lançado e eu tive de ir ao *Top of the Pops* para promovê-lo, o Faces também foi por diversão. Antes disso, nos bastidores, tentamos – e não conseguimos – invadir o camarim do Pan's People, o grupo de bailarinas do show, mas em vez disso nos contentamos com um jogo de futebol altamente competitivo, no corredor da BBC, contra o Slade, a banda de rock glam. Vencemos por 2 x 0. Apenas para registro, estávamos todos bem-vestidos, e John Peel, nosso DJ e defensor, sentou-se num banquinho e fingiu, constrangido, tocar bandolim (um instrumento no qual ele tinha menos que nenhuma experiência), enquanto Ronnie, Woody e eu pulamos para o fundo do palco e chutamos uma bola de futebol, nem um pouco preocupados em expor o precioso segredo comercial do *Top of the Pops*: as bandas apresentadas no programa de música favorito da Grã-Bretanha dublavam. Iríamos além no ano seguinte: quando "Angel" estava na parada de sucessos e Ronnie Lane não pôde vir, nós o substituímos no palco por uma figura de papelão. Mas o lançamento de "Maggie May" foi um momento emblemático, tanto para mim como para o Faces. Forjou uma imagem de nós como anárquicos e bobos, em vez de adoráveis, como acreditávamos ser. Naquela fase inicial inocente, seria preciso se esforçar para ver como o meu sucesso só podia ser bom para o Faces, ou como o Faces só podia ser bom para o meu sucesso.

O clima pesou, no entanto. Ronnie e Mac estavam sempre se fazendo perguntas desconfiadas, aborrecidas: a que eu estava dedicando mais tempo? Para o que eu destinava minha energia? Qual era a minha prioridade, a banda ou eu? Todas aquelas noites tocando "Maggie May" e "You wear it well" eram uma vantagem para eles ou só para mim? Claro, suas parceiras também se juntavam à discussão, o que jamais diminuiria a intensidade do debate. Não ajudava quando algumas vezes, em aeroportos, a Warner Bros. mandava um carro para o Faces e a Mercury Brothers, com quem eu tinha meu contrato solo, mandava outro para mim. De repente estávamos viajando em limusines separadas: muito desagregador. Outras vezes, a Warner reservava quartos-padrão em hotéis para a banda, e a Mercury me colocava em uma suíte.

Claro que eu poderia ter recusado a chave e insistido no quarto mais barato. Mas aí... bem, eu não teria uma suíte, não é?

É preciso dizer que esses detalhes logísticos nunca pareceram se interpor entre mim e Woody. Em Nova York, para um show no Madison Square Garden, em fevereiro de 1975, fiquei hospedado no Sherry Netherland, e Woody ficou no lado oposto, no Plaza, na Quinta Avenida. Ele ligou para o meu quarto e perguntou: "Em que andar você está?", e eu disse que estava no 15º. Ele disse: "Ótimo. Estou no 17º. Vamos ver se a gente consegue se ver?". Fomos para a janela: nada. Eu disse: "Woody, não acho que isso vai dar certo". Ele disse: "Espera aí". Olhei para fora outra vez, e lá, debruçando-se para fora da janela, a mais de um quilômetro acima da rua, estava uma figura distante, cabeluda, segurando um jornal aceso à guisa de farol.

O que mais incomodava Mac e Ronnie, no entanto, era a possibilidade de serem vistos como a minha banda de apoio. Bom, essa queixa eu conseguia entender, embora pudesse fazer muito pouco a respeito. Desde o início, as equipes de divulgação tinham instruções estritas para anunciar o grupo em cartazes e outros materiais como "The Faces". Mas nos Estados Unidos, ainda no começo, em 1970, meu álbum *Gasoline alley* fora lançado e tinha vendido 250 mil cópias, e – não importa o que se diga de produtores de show americanos, eles não são burros – consequentemente, quando chegávamos aos locais de show, lá estava, em letras grandes: "Rod Stewart and the Faces". Nessa hora, Mac e Ronnie ficavam furiosos. Uma vez, Ronnie ficou tão furioso que bateu na cabeça de Billy Gaff com uma garrafa. Invariavelmente, nos teatros onde ocorria uma ofensa dessas, o camarim estaria arrebentado na hora da saída, em represália.

O bate-boca prevalecia cada vez mais. Eu não contribuí muito com o clima da banda, em processo rápido de deterioração, quando numa entrevista descrevi o terceiro álbum do Faces, *Ooh la la*, como "uma terrível confusão". Acho que isso era a minha tendência de desmerecer o que tinha feito. Mas não era a melhor opinião que se esperava ouvir de um vocalista na noite de lançamento de um álbum – embora fosse a expressão verdadeira dos meus sentimentos. Pedi desculpas aos rapazes, mas Mac parecia pensar: "Típico vocalista maldito".

Não demorou muito para eu ser acusado de guardar as melhores canções só para mim – de reservar o material mais lucrativo para meus álbuns solo e oferecer apenas os restos para os discos do Faces. Isso nunca aconteceu e, pela lógica, não poderia ter acontecido, porque eu não compunha o tempo todo, como um autor genuíno – na verdade, como Ronnie Lane. Eu só escrevia quando chegava ao estúdio, sob pressão, quando havia necessidade de material para as gravações. Eu não preparava um repertório de composições para folhear e escolher quando quisesse.

Perto do fim da vida, com esclerose múltipla, Ronnie passou a dizer que eu tinha roubado dele a canção "Mandolin wind". Não é verdade. Prova disso é a própria natureza de Ronnie: ele dificilmente ficaria calado, sem se queixar, se alguém se apropriasse de uma de suas músicas, para retomar isso anos mais tarde. Ele teria me confrontado na hora.

Ronnie saiu em 1973. Primeiro, ninguém achou que ele estivesse falando sério, porque "Vou sair da banda" era uma máxima do grupo: a reação normal a qualquer decepção ou revés. Se alguém se molhasse um pouquinho na chuva entre a entrada do hotel e a limusine, automaticamente dizia: "Vou sair da banda". Tinha mais ou menos tanto conteúdo quanto outra de nossas expressões favoritas: "Besteira, seu babaca". Mas dessa vez, antes de um show em Roanoke, na Carolina do Norte, Ronnie falava sério. Acho que ele pensou que o restante da banda sairia com ele, deixando-me isolado. Ao contrário, nós quatro fizemos uma reunião para discutir quem poderíamos trazer como substituto – o que acho que todos sabíamos ser uma ideia fadada ao fracasso, considerando a contribuição de Ronnie para o grupo, mas o que mais podíamos fazer?

Minha primeira ideia era convidar Andy Fraser, que tinha sido baixista do Free, uma banda cujos primeiros álbuns eu respeitava e ouvia muito durante as turnês. Andy não estava interessado, e então abordamos Tetsu Yamauchi, que havia substituído Andy no Free e era um japonês amável, que mal falava inglês. Ele parecia estar passando por problemas emocionais na época, mas, como não falava inglês, nós nunca soubemos que problemas foram esses. Notamos, no entanto, que ele sabia beber. Lembro-me de ter visto um dia o café da manhã que levavam para ele em um hotel: linguiça, ovos fritos, fatias de bacon e duas doses de uísque. Algumas vezes, no entanto, a bebida o derrubava. Houve uma apresentação, na sua primeira turnê conosco, em que Tetsu teve de passar o show apoiado contra a pilha de baixos atrás do palco, com um roadie, atrás dos estojos, amparando-o para mantê-lo de pé.

Isso ocorreu durante o longo e lento declínio da banda. Mac estava o tempo todo me confrontando. Assim como tinha acontecido com Ronnie, ele achava que eu estava sempre à beira de deixá-los e destruir a banda, e parecia determinado a se ressentir com isso de antemão. Na verdade, o que disparou minha saída foi a decisão de Woody, havia muito esperada, de aceitar um emprego nos Rolling Stones – a banda, vamos combinar, onde ele nasceu para tocar. Isso, para mim, foi o golpe mortal. Perder Ronnie já era ruim, mas perder Woody também... A situação era irreversível.

Os Stones cortejavam Woody havia séculos, e o interesse deles não era nenhum segredo. Não acho que alguém tenha ficado surpreso por ele não conseguir mais resistir ou o tenha culpado por sucumbir. Quantos guitarristas não teriam gostado de entrar para os Rolling Stones? Mas para Woody foi difícil romper de modo definitivo. Durante um tempo, ele achou que podia trabalhar nas duas bandas e manter todo mundo feliz, mas isso jamais funcionaria. Woody terminou uma turnê com os Stones e voltou para a turnê final do Faces, que ocorreu no outono de 1975. Tínhamos uma grande orquestra, e uma elegante balaustrada em estilo italiano fora construída no palco para ajudar com quatro canções que eu queria que tocássemos do meu novo álbum, *Atlantic crossing* – tudo ideia minha, e pago por mim, devo acrescentar –, mas o restante da banda, em especial Mac, achava uma droga.

Mac não acreditava, mas até o fim, até ficar bem claro que Woody estaria fora, eu queria estar no Faces, continuar a fazer parte do grupo. Sempre quis. Eu não pretendia tomar rumo próprio; isso não era da minha natureza. Se eu pudesse ter ficado com aqueles caras pelo resto da vida, teria sido feliz. Mas a verdade amarga é que, em 1975, a banda não existia mais. Muita gente tinha buzinado no meu ouvido por anos, tentando corroer a minha posição pouco a pouco, e eu não tinha sucumbido. Naquele ponto Billy Gaff e a gravadora atacavam outra vez, dizendo: "Você deve estar doido, isso acabou, arranje uma banda para você, faça uma carreira solo, faça o que você quer, já é tempo". E por fim, em dezembro de 1975, concordei com eles.

Desse modo, o Faces acabou – mas para jamais ser esquecido. Depois de onze anos, em julho de 1986, no fim de um show meu sob uma chuva violenta no estádio de Wembley, entraram Woody, Mac e Kenney, e enfim Ronnie, fragilizado, de bengala, mas vestido com elegância, feliz e muito aclamado pela multidão que, ao vê-lo, irrompeu num refrão: "Nós te amamos, Ronnie, nós te amamos". Ele sentou num banquinho, encenei meu número de lançar o suporte do microfone para o alto – e quase me empalei quando ele desceu –, e cada um se movimentou do seu jeito, numa réplica quase perfeita da antiga desordem, tocando "(I know) I'm losing you", "Twisting the night away" e "Stay with me".

Repetimos essa apresentação em 1993, ocasião em que recebi um prêmio por Contribuição Extraordinária (ou "relógio de ouro da aposentadoria", como se gosta de considerar), no Brits. Ronnie, Deus o abençoe, naquela altura só teria mais quatro anos de vida, doente demais para comparecer. Mas Woody, Kenney, Mac e eu ensaiamos um pouco, fomos ao pub na Caledonian Road e cantamos "Stay with me" e "Sweet little rock 'n' roller" para o público.

Em abril de 2012, nossa contribuição bamboleante para a história do rock (ao lado da do Small Faces) foi honrada com a inclusão no Hall da Fama do Rock and Roll. Perdi a cerimônia em Cleveland – derrubado por uma infecção estreptocócica na garganta. Mas a verdade é que não tenho sorte com eventos do Hall da Fama. Também não pude ir à minha própria inclusão, porque fiquei preso em casa pelo grande terremoto de 1994, em Los Angeles. Típico: você entra para o Hall da Fama, e, na noite anterior, a terra tenta se abrir para engoli-lo.

Mesmo assim, ainda guardo na lembrança os dias que antecederam a morte de minha querida mãe, em 1991, aos 85 anos, quando eu ia visitá-la e algumas vezes a encontrava dormindo. Ela estava confusa naqueles últimos anos e muitas vezes acordava e dizia: "Oi, Roddy. Como vai o Faces?".

Eles vão bem, mamãe.

Digressão

Nosso herói sobrevive a um tiroteio, usa sapatos extravagantes na frente de um dos homens mais durões do mundo e descobre um amor eterno pelo Celtic. E recebe uma visita memorável em casa.

Nem gosto de pensar no quanto viajar pelo mundo para assistir aos jogos do Celtic e da Escócia me custou ao longo dos anos. Mas sei que, em 1978, quase me custou a vida.

Foi no verão da Copa do Mundo na Argentina. Pela segunda vez sucessiva, a Escócia havia sido qualificada para o torneio, e a Inglaterra, não – um detalhe que de modo algum diminuía a exaltação emocional dos torcedores da Escócia. Tendo mais uma vez sido rejeitado na seleção, pelo menos fui escolhido para compor e gravar o hino oficial da Escócia para a Copa do Mundo, "Ole ola". Acho que todo mundo estava esperando gaitas de fole, mas em vez disso optei por um sabor sul-americano e terminei de pé num estúdio em Los Angeles, apresentando o verso imortal: *Ole ola, ole ola, / We're gonna bring that World Cup back from over tha*. [Olê olá, olê olá / Vamos trazer aquela Copa do Mundo de lá.]

O time partiu para a América do Sul em meio a uma tempestade incomum e inebriante de otimismo e excitação. Ally MacLeod, o amado treinador da Escócia, havia declarado que, ainda que a seleção não ganhasse a Copa do Mundo, não voltaria sem uma medalha. Eu mal podia esperar. Nosso time jogaria três partidas na fase de abertura – contra o Peru, o Irã e a poderosa Holanda –, e eu não planejava perder nem um minuto.

Voei para a Argentina com meu amigo Ewan Dawson, e nos instalamos no hotel Four Seasons, em Buenos Aires, na expectativa de uma semana de diversão e futebol. Na noite anterior à partida de abertura da Escócia contra o Peru, o pessoal da gravadora, no local, gentilmente se ofereceu para nos levar para jantar, e, como é contra a minha natureza recusar uma refeição grátis oferecida por uma gravadora, aceitei. A gravadora disse: "Vamos levá-los ao restaurante mais exclusivo, porque não queremos problemas com bandidos". E Ewan e eu pensamos: "Muito justo, nós também não".

Naquela noite, apesar da inegável sofisticação do restaurante escolhido, não pude deixar de notar que dois seguranças tinham sido designados para nos acompanhar do hotel até o salão do restaurante – a única vez na minha vida em que tive um guarda-costas cuidando de mim. Mesmo assim, tudo parecia em ordem até o final de uma refeição muito deliciosa, pratos de sobremesa já sendo retirados, quando as portas do restaurante se abriram e, de súbito, dois homens armados entraram correndo.

Bandidos, aparentemente.

Apavorante. Ordenaram que tirássemos nossas joias e as deixávamos à nossa frente. Nervoso, desenganchei com relutância um relógio Porsche bem legal e o deixei cair sobre a toalha da mesa. Entretanto, alguém deve ter acionado de alarme, porque, antes que os bandidos pudessem recolher os pertences, ouviu-se uma sirene de polícia na rua. A partir desse ponto, tudo descambou. Os bandidos estavam do lado de dentro, atirando para fora, e a polícia estava do lado de fora, atirando para dentro. E eu, com o coração disparado, fui para debaixo da mesa com um segurança sobre mim, escutando os tiros e os vidros se quebrando.

Finalmente o salão ficou em silêncio, e saímos de debaixo da mesa assustadíssimos. Ficou claro que o tiroteio tinha se transferindo para a rua e já havia terminado. Um policial verificou se estávamos bem e disse: "Nós os matamos. Querem ver?".

Bem, muita gente teria declinado. Mas o que pensei foi: quantas vezes na vida fui convidado para conferir uma dupla de bandidos que tentou pegar meu relógio e agora está morta na sarjeta? Fui dar uma espiada. Estranhamente, o que me marcou, no entanto, não foi tanto a visão dos corpos, mas suas armas no chão: antiquadas, de cano longo, como as que se imaginaria ver Wyatt Earp carregando.

E depois os donos do restaurante tentaram cobrar a refeição da gravadora. É brincadeira?

Eles não pagaram. Ewan e eu ainda tomamos uma garrafa de conhaque por conta da casa, para acalmar os nervos.

Seja como for, no dia seguinte a Escócia perdeu de 3 x 1 para o Peru, apesar de ter liderado no 19º minuto, com um gol do grande Joe Jordan: um resultado humilhante, depois de todas as vantagens contadas antes do campeonato, e que relegou imediatamente o "Ole ola" ao esquecimento nas paradas de sucesso do Reino Unido. Naquela noite, alguém da Warner Bros. ligou para dizer que queriam que eu saísse de Buenos Aires, porque era perigoso demais e o seguro deles não cobria atos de banditismo em restaurantes, mesmo nos elegantes. Então voltei para casa, o que significa que não presenciei Archie Gemmill marcar o mais belo gol da história da Copa do Mundo contra a Holanda e colocar a Escócia à beira da classificação para a rodada seguinte, para logo depois Johnny Rep devolver um segundo gol e classificar a Holanda à custa da Escócia. Ladrões malditos.

Qual a raiz desse espírito escocês, esse senso apaixonado de identidade com um lugar e um povo a quase quinhentas milhas ao norte de onde cresci, aonde eu nunca havia sido levado quando criança? Nunca consegui explicar isso direito. As pessoas achavam que era fingimento, ou mesmo deslealdade. "Você é londrino, não é? Por que toda essa bobagem de xadrez escocês?"

Claro, meu pai era escocês. Mas ele nunca nos impôs o espírito de sua terra natal, e eu nunca aleguei ter essa nacionalidade. Afinal de contas, cresci na Inglaterra e minha mãe era inglesa, eu tinha o seu sotaque – que muitas vezes, nos anos 1960, significava assistir à Escócia jogar contra a Inglaterra, nos campos enlameados de Hampden, em Glasgow, usando um boné xadrez, porém com os lábios firmemente selados, por medo de me revelar como um inimigo. (Aqueles campos de Hampden eram enlameados, aliás, porque eram feitos de lama compactada sustentada por dormentes de estrada de ferro, que encharcava com o xixi dos torcedores por causa do excesso de cerveja. Não entendo por que é obrigatório estar bêbado para assistir à Escócia jogar, mas sempre foi assim, desde tempos imemoriais.)

O espírito escocês era o que eu conhecia – não apenas por meu pai, como também por seus irmãos, meus tios, que estavam sempre por perto. O sotaque deles enchia a casa e me parecia tão natural quanto exótico. Aquelas vozes tornavam claro que eu havia herdado uma ligação com algo profundo, romântico e irresistível, um lar espiritual, e tudo o que eu tinha a fazer era estender a mão e assumi-la. Daí por diante, gaitas de fole e tudo xadrez tinham a ver comigo.

As vozes escocesas contavam as lendas do futebol que cresci ouvindo. Os jogos da Escócia eram sagrados para meu pai, e tinha sido assim durante toda a sua vida. Em 1928, no dia histórico em que os "Wembley Wizards" da Escócia derrotaram a Inglaterra por 5 x 1, na partida do campeonato da Grã-Bretanha, ele tinha ido ao estádio de Wembley sem ingresso, com meus tios, e entrou pulando o muro dos fundos (naquela época, Wembley não tinha teto). Depois ele procurou um lugar de onde pudesse assistir ao jogo e se instalou num assento vazio no camarote real, reservado para o rei do Afeganistão, que por algum motivo não tinha ido ao jogo. Essa história, repetida tantas vezes na minha casa, do meu pai escocês na sede do futebol inglês, infiltrado no grupo real e se passando por um rei, teve enorme repercussão em mim.

Considere também os eventos de 30 de julho de 1966, quando, no que ainda é historicamente o maior momento de glória para o futebol inglês, a Inglaterra derrotou a Alemanha e ganhou a Copa do Mundo. Todas as residências da Inglaterra equipadas com televisão assistiram àquele momento de clímax, que ainda ressoa na cultura da nação. Mas não na residência dos Stewart. Meu pai desligou a televisão na prorrogação, quando se tornou evidente que a Inglaterra iria ganhar. Atitudes assim têm um efeito formador.

Desse modo, eu era devotado ao lado nacional escocês desde bem cedo. Mas a afiliação a um clube em particular veio muito mais tarde. Eu tinha uma ligação com o Manchester United durante os anos 1970 – isso porque eles tinham muitos jogadores escoceses naquele período, incluindo Denis Law, que foi meu primeiro herói do futebol profissional. Era imitando Law que eu entrava em campo, usando uma camisa com as mangas puxadas bem para baixo, agarrando os punhos com os dedos. Ainda faço isso.

Houve um show do Faces, no Manchester Free Trade Hall, em 1973, durante o qual Law, Paddy Crerand, seu companheiro de time no United, e Mike Summerbee, do Manchester City, vieram ao palco para nos entregar um disco de ouro. Logo em seguida, o agente de Denis me convidou para assistir ao United jogar contra o Leeds no Old Trafford: uma partida turbulenta, na qual Denis recebeu um chute sério e Billy Bremner, do Leeds, foi expulso. Denis foi substituído, quando então seu agente me cutucou e disse: "Vamos vê-lo".

Com o jogo ainda rolando, descemos a escadaria dos fundos e percorremos os corredores até o vestiário do United, batemos à porta e entramos. Lá estava Dennis nu, conversando com Bremner, que fumava um cigarro. Eu ainda estava animadíssimo com isso quando me encontrei com a banda mais tarde, naquele dia. "Vocês jamais vão adivinhar o que eu vi hoje: a bomba e a mala de ferramentas de Denis Law."

Quando finalmente escolhi um time, foi o Celtic. Mais uma vez, tudo aconteceu por eu estar com o Faces. Kenny Dalglish, Jimmy "Jinky" Johnstone, "Dixie" Deans e George McCluskey, todos jogadores do Celtic, foram a um show em Glasgow, em 1974, e Kenny, que se tornou um amigo, disse depois: "Você quer vir ao treino amanhã?".

Naquela época, o Celtic treinava no estádio, e na manhã seguinte fui de carro até Parkhead, no violento East End de Glasgow, para assistir. Ali, na beira do campo, vestindo um grosso agasalho fechado, estava o treinador Jock Stein – parecia esculpido em granito, um dos mais fantásticos técnicos de futebol que já existiram e uma presença verdadeiramente intimidante. Quando Kenny nos apresentou, eu, nervoso, estendi a mão e notei que Stein olhava para os meus pés com um desdém quase cômico. Eu estava usando um par de sapatos brancos muito extravagante. Escolha infeliz para a ocasião.

Mesmo assim, depois de conhecer Jock Stein, qualquer um se tornava torcedor do Celtic. Depois de ter visto Jinky Johnstone, então, seria torcedor do Celtic para sempre. Jinky foi o maior jogador a usar a camisa listrada, um homem miúdo, que levava grandes zagueiros à exaustão e os derrubava, e me considero um privilegiado por tê-lo conhecido. Além disso, ele sabia cantar. Em 2004, Jimmy gravou uma versão do "Dirty old town", de Ewan MacColl – algo que tínhamos em comum. Em 2006, duas semanas antes de falecer em decorrência de uma doença neurológica das células motoras aos 71 anos, eu o visitei em sua casa nos arredores de Glasgow. Sabíamos quão doente ele estava, por isso meus irmãos, Bob e Don, e meus amigos, Big Al e Al the Tout, esperaram do lado de fora, no carro. A mulher de Jimmy, Agnes, me levou até o quarto, onde ele estava deitado de costas na cama, cruelmente debilitado pela doença – mas, ainda assim, com o maior sorriso no rosto ao me ver. Ele pediu na hora uma garrafa de champanhe. Depois, pela janela, notou o carro.

"Quem está lá?", perguntou.

Eu disse: "Meus irmãos e dois amigos".

Ele disse: "Ora, o que eles estão fazendo lá? Convide-os para entrar".

Vitalidade ainda restava no homem, mesmo então. E eu passara a manhã me queixando de um resfriado. Algumas pessoas nos superam para sempre.

A música e as turnês dominaram a minha vida ao longo dos anos 1970 e além, e eu não pude assistir ao Celtic regularmente até o final dos anos 1980. Logo depois disso, quase não havia time pelo qual torcer. O Celtic enfrentou dificuldades financeiras, que culminaram em 1994, quando chegou a ficar a cinco horas de ser liquidado. Até entrar, abençoadamente, Fergus McCann, um empresário canadense nascido na Escócia, que injetou dinheiro para construir um novo campo no lugar da sede desgastada do clube, o Parkhead. Fui convidado para fazer o pronunciamento cerimonial da inauguração do North Stand, e McCann me deu a honra de uma cadeira cativa e vitalícia no Celtic Park: o melhor prêmio do mundo.

Minha ligação com o clube ficou ainda mais forte durante os quatro anos em que ele esteve sob a direção de Gordon Strachan. Um dos grandes jogadores corajosos de sua época, Strach levava suas maltratadas pernas para jogar futebol no campo da minha casa atual, em Epping, em nossos mais de quarenta jogos, e Penny e eu nos tornamos grandes amigos dele e de sua esposa, Lesley. Sem dúvida fiquei muito excitado em 2005, quando Strach me disse que poderia ser candidato ao posto de animado técnico do Celtic depois da saída de Martin O'Neill. Quando Strach veio a Epping para jogar, após sua designação ter sido anunciada, ele me encontrou de joelhos em seu caminho, fazendo uma reverência.

Uma manhã, em julho de 2005, Strach me telefonou e disse: "Seu campo está pronto?".

Eu respondi: "Bom, está aparado. Mas acho que não está marcado. Por quê?".

Strach comentou: "Eu quero levar alguns rapazes para treinar".

Eu perguntei: "Quais rapazes?".

Ele retrucou: "Do Celtic, é claro".

Quase desmaiei. Eles iam jogar contra o Fulham em um amistoso pré-temporada. Todos os clubes locais já estavam usando suas próprias instalações.

Da última vez em que o Celtic estivera em Londres, eles usaram um campo municipal para treinar e o haviam encontrado coberto de cocô de cachorro.

Strach argumentou: "Achei que poderia ser um estímulo legal, para os rapazes, ir à sua casa".

Estímulo para quem? Um estímulo maior para mim, certamente.

No dia anterior à chegada do time, os jardineiros trabalharam no campo até depois do pôr do sol, deixando-o perfeito. Na manhã seguinte, dois enormes ônibus de turismo atravessaram os portões e subiram a entrada, parando com um assobio. Um trazia os jogadores, o outro, a equipe de treinamento, o equipamento e a comida para mais tarde, quando fizeram a refeição sentados em volta da piscina. Em volta da *minha* piscina!

Eu os observei chegar de uma janela no andar de cima, escondido por uma cortina – vi-os sair do ônibus, um a um: Aiden McGeady, Bobo Baldé, Kenny Miller, Neil Lennon, Artur Boruc, Gary Caldwell... os jogadores do meu time, na minha entrada. Tremia como um adolescente apaixonado. Eu não queria sair da casa, não queria nem ser apresentado a eles.

Foi preciso que minha mulher me acalmasse. Depois de os jogadores terem se vestido no minúsculo vestiário (atualmente instalado em outro lugar e ampliado) e ido para o campo, eu os segui com Penny, que estava no final da gravidez de Alastair, nosso primogênito. Apertamos as mãos e ficamos na lateral do campo. A equipe tinha instalado cones, e os jogadores trocavam passes com uma velocidade que me pareceu impressionante – no meu campo, que nunca estivera tão bonito. Gordon dissera ao time que não haveria palavrões, mas algo incomodou McGeady, e ele gritou "Porra!", desculpando-se de imediato para Penny. Melhor impossível.

Quem mais no mundo já teve seu time de futebol favorito treinando em seu jardim? Que tipo de sonho infantil era aquele?

Eis uma velha piada – uma mulher diz ao marido: "Algumas vezes acho que você gosta mais do Celtic que de mim". O marido diz: "Querida, eu gosto mais dos *Rangers* que de você". Por quanto tempo mais, no entanto, piadas como essas vão ser engraçadas, ou até mesmo possíveis? Os Rangers, ferozes rivais do Celtic, do outro lado da cidade, foram liquidados em 2012 e agora jogam na divisão profissional mais baixa da Escócia. Eu estava tentando explicar ao meu jovem filho Alastair – que parece ter contraído o vírus do Celtic de algum lugar – que não haveria mais nenhum clássico entre os dois lendários rivais por algum tempo, e ele ficou realmente entristecido. Sinto pelos torcedores dos Rangers, ainda mais os jovens. Mas é uma perda para os admiradores dos dois lados do campo: um século e um quarto de uma rivalidade fervorosa, que melhorava a vida, colocado a perder. E o futebol escocês é em geral muito frágil e empobrecido em comparação ao inglês. Em um jogo em 2008, fiquei ao lado do presidente do Dundee United, Eddie Thompson, um homem adorável que lamentavelmente já faleceu e que uma vez me mandou uma receita, escrita de próprio punho, das tortas de carne do clube. Perguntei a Eddie quanto o Dundee esperava lucrar ao terminar em quarto lugar na divisão, no final da temporada. Ele disse: "165 mil libras". Al the Tout rebateu: "Isso é o salário que Frank Lampard recebe por *semana*".

Tudo o que se pode fazer é agitar a bandeira e mantê-la tremulando. Se estou na Inglaterra e o Celtic está em casa, levantamos voo: eu, Big Al, Al the Tout e Ricky Simpson, se estiver por perto. Vamos até Rogano, no centro de Glasgow, e pedimos o bacalhau com batata frita. Depois, partimos de carro para o leste, para o campo, observando as ruas ficar cada vez mais movimentadas à medida que nos aproximamos, a quantidade de camisas listradas de verde e branco aumentando. Depois, passamos pela grande estátua de bronze de Jock Stein segurando a taça da Copa da Europa pensativamente e entramos. Algumas vezes acho que só vou por causa das músicas cantadas em campo: a toada apaixonada, inventiva, incessante da Green Brigade, aqueles grandes compositores da geral que criam as canções que tanta gente canta. Minha cadeira cativa fica no camarote da diretoria, com uma placa de bronze com o meu nome, ao lado da de Billy Connolly. À minha frente, só um pouco para a direita, fica Billy McNeill e, ao lado dele, Bertie Auld – dois dos lendários "Leões de Lisboa" de 1967 – e sentar ali, como fã, na presença da história do clube é um imenso privilégio e faz de mim um homem muito feliz.

Eu mesmo fui um Leão de Lisboa. Tudo bem, foi apenas um jogo beneficente, em 1994. Mesmo assim, que emoção sentar num vestiário com Billy McNeill, Ronnie Simpson e John Clark e ser instruído por Bertie Auld, em completo dialeto escocês, antes de entrarmos em campo: *Rod, ah want ma passes crusp* [Rod, execute os passes com *firmeza*]. Nossos oponentes eram um Celtic XI, e Lou Macari, de quem ninguém gostava, me deu um chute por trás que me levantou do chão. Eu ainda lhe devo uma por isso.

Quando não posso ir, ainda assim assisto aos jogos. Em janeiro de 2012, tive de voar de Londres a Jacarta para um show. Mas dificilmente eu perderia a semifinal da Copa da Liga Escocesa contra Falkirk. Então entrei na internet e encontrei um clube de torcedores do Celtic, o SingTims, de Cingapura, e dei um jeito de fazer uma pausa na viagem ali. Desse modo, perto da meia-noite, estava num bar minúsculo, a mais de 11 mil quilômetros de Glasgow, rodeado de escoceses, todos usando suas camisas listradas e gritando e cantando para a televisão, cuja imagem não parava de congelar porque estava sendo transmitida pela internet.

O Celtic, por sinal, venceu por 3 x 1, com dois gols de Anthony Stokes e um pênalti do capitão, Scott Brown. Não que tenhamos visto tudo isso. A televisão escolheu esses momentos para congelar.

É exaustivo e, por qualquer análise lógica, é doideira, e tem o poder de mudar o meu humor para melhor ou para pior. Gasto tempo demais pensando nisso e supervalorizo o tema. Mas o que se pode fazer? É futebol. Uma vez, às quatro da madrugada em Vancouver, no Canadá, estava indo a um bar onde sabia que poderia assistir à transmissão de um jogo e, quando o sol começava a nascer, vi um camarada de bicicleta, usando prendedores nas pernas da calça e a camisa listrada do Celtic, pedalando vigorosamente pelas ruas vazias, a caminho do jogo. Pensei: "Eu e você, nós dois, camarada".

Vamos lá, meninos de verde.

Capítulo 10

Nosso herói começa um romance com a filha de um comandante da aeronáutica, adquire uma casa estupidamente grande e inicia uma parceria com Elton John.

Em julho de 1971, a gravadora deu uma festa para o Faces em uma boate chamada Bumbles, em Los Angeles. Foi a cena costumeira: música alta, um oceano espumante de bebida grátis, uma série de tipos das gravadoras em vários estágios de nervosismo e bebedeira e uma multidão de mulheres em sedutores vestidos de noite, que estão lá com o único objetivo de se atirar à banda, o que elas fazem com alegre falta de pudor.

Nessas circunstâncias, vou aprendendo que, como membro do grupo, é impossível manter uma posição no meio do salão. Você pode começar ali e se agarrar ao carpete com os dedos dos pés o mais forte que puder, mas vai acabar sendo obrigado a sair pelas beiradas por ondas de pessoas que vêm em sua direção, até que fica com as costas na parede, literalmente tirando gente – mulheres, em especial – de cima de você. Naquela ocasião, seria difícil ser acusado de querer me esconder: tinha escolhido um terno branco de veludo, brilhante o suficiente para iluminar uma arena de hóquei no gelo.

No entanto, a garota que acabei notando no meio da multidão não estava se atirando em mim nem me cercando contra a mobília enquanto sugeria no meu ouvido uma proposta franca a respeito do restante da noite. Pelo contrário, estava sentada a uma mesa, de lado, usando vestido azul e branco e tamancos. Ela observava a cena, incluindo o meu terno, com um ar de espanto, a distância. Eu me apresentei – e era necessário me apresentar, porque Dee Harrington, da Inglaterra, estava ali com uma amiga e não era particularmente fã do Faces, nem de rock em geral, e tinha apenas uma vaga ideia de quem eu era. Ela gostava de soul, o que também era uma das minhas paixões, de modo que imediatamente detectamos um ponto em comum. Quando tocou "Spanish Harlem", de Aretha Franklin, eu a convidei para dançar. Em seguida, nos sentamos e conversamos mais um pouco. Depois saímos do clube e moramos juntos durante quatro anos.

Atração mútua instantânea. Conforto imediato na companhia de outra pessoa. É difícil analisar a química dessas coisas, mas lá estava ela, muito evidente. Dee tinha 21 anos, era bem-educada, moça dos condados do sul da Inglaterra, filha de um piloto da Força Aérea Real – nada menos que o comandante Harrington. Ela tinha sido secretária em uma gravadora em Londres e estava em Los Angeles procurando trabalho. Era atraente daquele jeito despretensioso de quem não sabe que chama a atenção. Alguns dias antes de nos conhecermos, ela estava sentada na recepção de um estúdio fotográfico, esperando uma amiga que era modelo sair, quando um fotógrafo passou por ela e lhe ofereceu uma foto para a *Playboy* na mesma hora. Ela tinha planos de economizar algum dinheiro e talvez se mudar para o Japão. Em vez disso, ficou comigo.

A vontade de ficarmos sozinhos, só nós dois, também foi instantânea. Saímos da festa, caminhamos e conversamos, sem saber exatamente onde estávamos. A certa altura, um carro da polícia parou e nos examinou – estávamos bem? Ninguém caminhava a esmo em Los Angeles. Estávamos bem; nunca estivéramos melhor. Finalmente encontramos Sunset Boulevard e o clube Whisky a Go Go, mas não pudemos entrar, porque Dee não parecia ter 21 anos e não tinha documento que comprovasse a sua idade. Então caminhamos de volta para o Beverly Hills Hotel, onde a banda estava hospedada, e Dee disse que não podia ficar porque não costumava agir assim – se pendurar em um cantor de rock em uma boate e ir para o quarto dele... mas talvez pudesse, se só dormissemos. E foi o que fizemos.

Mas não sem antes eu ter tirado da mala, esperando que ela aprovasse, o modelo que eu carregava comigo de um Lamborghini Miura. "É este o carro que eu tenho em Londres", disse eu. Sou a única pessoa a ter tentado seduzir uma mulher com um carro esporte de *brinquedo*? Ela comentou: "Ah, sim, já andei num desses". Não era verdade. Ela estava apenas determinada a não se mostrar nem um pouco impressionada.

No dia seguinte, ela foi assistir ao Faces em Long Beach, chegou comigo na limusine, e entramos pela porta dos fundos. Ela acomodou-se ao lado do palco logo antes do show, de modo que, quando as luzes se acenderam, ela viu o público pela primeira vez, um mar de gente, e percebeu a dimensão de tudo aquilo. Mais tarde, nos bastidores, fomos separados – ficamos em extremidades opostas de um longo corredor apinhado, eu fazendo sinais frenéticos para a segurança trazê-la, rompendo a pressão das tietes e dos frequentadores habituais. Foi a segunda visão que ela teve da loucura, da qual jamais gostou e não queria tomar parte, embora durante muito tempo isso não importasse, porque o nosso relacionamento ficou preservado no isolamento total e bem-aventurado de tudo isso.

De volta a Londres, liguei para ela e marquei um encontro num pub, em Lancaster Gate, diante do qual estacionei o Lamborghini amarelo, para mostrar que não o tinha inventado. (Acho que secretamente ela até gostou: a característica de ter dois lugares, o fato de andar rápido e de chamar a atenção de todos. E por que não? Éramos jovens, e esse tipo de coisa seduzia). Em três meses eu a pedi em casamento, em um hotel, em Nova York, surpreendendo-a um pouco com a rapidez do pedido e também pela "caretice", porque se amarrar não era nada moderno naquela época – pelo menos, ela não achava. (Na verdade, nunca chegamos à parte do casamento – apenas nos deixamos levar pela onda de noivado). Três meses depois estávamos morando juntos numa espaçosa mansão na área rural da Inglaterra.

De modo bastante repentino, e pela primeira vez na minha vida, eu estava ganhando muito dinheiro – quantias enormes, a ponto de o meu contador dizer que seria uma boa ideia me livrar de 100 mil libras, mais ou menos, adquirindo uma propriedade qualquer, para evitar ter de pagar o mesmo valor em impostos.

Bom, se ele insistia...

Só que em 1971 encontrar uma propriedade que valesse 100 mil libras, que não fosse o Palácio de Buckingham ou as Casas do Parlamento, era um enorme desafio. O mais perto que cheguei do alvo custava 89 mil libras: o preço de uma mansão georgiana com fachada de estuque chamada Cranbourne Court, perto de uma das outras casas da rainha em Windsor, no campo, próximo do oeste de Londres. Bob Hope já tinha morado ali, e eu gostei da ideia, e enquanto foi a casa de um comerciante de antiguidades, Sophia Loren costumava aparecer para conferir o estoque.

O proprietário, lorde Bethell, no entanto, era um aristocrata inglês falido. Enquanto ele mostrava a propriedade para mim e para Dee, ela me cutucou e apontou discretamente para a calça que ele usava, tão gasta que dava para perceber a cueca listrada sob o tecido. Se sua senhoria tinha qualquer desconforto em vender a herança da família para um astro de rock novo-rico, de cabelo comprido, e sua namorada loura, não demonstrou. Provavelmente estava apenas aliviado por ter encontrado um comprador.

Desse modo, em 1º de janeiro de 1972, apenas seis meses depois do nosso primeiro encontro, Dee e eu nos mudamos da nossa casa de quatro quartos, imitação do estilo Tudor, em Winchmore Hill, para uma gigantesca propriedade rural de pedra, com águias nos pilares do portão, uma longa entrada sinuosa cercada de azaleias que escondiam cerca de 70 mil metros quadrados de jardins e cercados, com um saguão de entrada cujo teto tinha doze metros de altura e de onde saía uma gigantesca escada. Na primeira vez que a mostrei a mamãe, eu estava muito orgulhoso, mas ela pareceu mais preocupada que qualquer outra coisa.

"Oooh, Roddy, quanto custou *isso*?"

"Deixa pra lá, mamãe."

Não acho que ela ou meu pai tivessem realmente ideia de quanto dinheiro eu estava ganhando. De fato, muitos anos mais tarde, perguntei a mamãe o que ela queria de presente de Natal.

"Diga, me deixe realizar um desejo seu."

Depois de muito pensar, ela me disse que queria um novo porta-pães.

O problema não seria pagar Cranbourne Court, mas decorá-la. Depois de desembalada, a mobília da antiga casa ocupou menos de uma sala da casa nova, o que deixou outros 35 aposentos necessitando ser preenchidos. Decorar a casa viria a ser o projeto dos próximos dois anos e meio, a principal atividade à qual Dee e eu dedicamos nosso tempo.

Encontramos um lustre do tamanho de um Morris Minor para pendurar no saguão. Fomos atrás de sofás Chesterfields de couro e de veludo em lojas de antiguidades na King's Road. Compramos oito cadeiras altas de vime em formato de borboleta para colocar em volta da mesa de jantar. Meu irmão Bob, que era carpinteiro, ajudou a arrumar algumas coisas e ainda estava lá dois anos mais tarde.

Separamos dois dos quartos para a minha maquete de estrada de ferro, abrindo buracos na parede divisória para que os trilhos pudessem correr de quarto a quarto. A cocheira foi derrubada para dar lugar a uma quadra de tênis. Decorei a sala de bilhar com quadros de Denis Law. Acrescentei uma piscina interna, converti a encardida cozinha dos empregados em um ambiente mais acolhedor e instalei uma jukebox Wurlitzer para que pudéssemos escutar música durante as refeições. Certifiquei-me de que ela incluísse "Spanish Harlem", de Aretha Franklin. Era a nossa música.

A cozinha era o lugar em que mais ficávamos. Dee cozinhava para nós, que ficávamos na bancada, e frequentemente usava uma minissaia de xadrez escocês, preparando brunches primorosos: linguiça, bacon, morcela, feijões e cogumelos. Ou, nas manhãs de domingo, enquanto eu estava ao norte de Londres jogando futebol e visitando meus pais, ela fazia um assado e começava a servi-lo assim que escutava o ruído do motor do Lamborghini, quando eu saía do trevo no início da entrada.

Tínhamos um gato, Pussy Galore, dois cachorros collie, um pastor alsaciano (Carlo, em homenagem a Carlo Ponti, marido de Sophia Loren, por causa da ligação dela com a casa) e um periquito australiano que adorava Dee, mas me odiava com fervor – talvez porque, quando eu me cansava do seu barulho, enfiava a gaiola na despensa, apagava a luz e fechava a porta. Do lado de fora, havia quatro bois, empregados responsáveis por manter a grama aparada e uma cocheira com três cavalos, Cheval, Cara Mia e Spotty, que mais tarde geraram Little Spotty.

Dee (eu com toda certeza não) montava os cavalos, eu tinha os meus trens, e parecia que estávamos partilhando uma espécie de paraíso doméstico, no qual o mundo não poderia se intrometer; um lugar bem-aventurado para onde retornar, um refúgio que tínhamos criado fora da doideira externa. Dávamos festas o tempo todo em que estávamos lá – uma delas na noite, já mencionada, em que a peruca de Gary Glitter saiu boiando pela piscina. (Acho que foi meu cunhado que o empurrou, mas, francamente, naqueles dias, se alguém quisesse empurrar Gary Glitter para dentro de uma piscina, precisava entrar na fila. A propósito, Gary em determinado momento juntou-se ao Faces para um show de abertura em Paris e recebeu uma das piores vaias que já vi.

Latas de cerveja quicavam em seu peito. Mas ele continuou, apesar de tudo. Seja lá o que digam dele, era um artista experiente.)

Ou então convidávamos amigos para jantar ou para o almoço de domingo. John Peel veio um dia, e Dee lhe serviu o assado completo, com os acompanhamentos, que ele teria saudado com maior entusiasmo, caso não fosse vegetariano. Uma alcachofra foi apressadamente providenciada. Pode ter sido o almoço mais minguado que ele comera até então, mas ele se mostrou muito educado.

Nesse período, as drogas eram proibidas. Não se encaixavam nesse idílio campestre. Dee não se interessava por elas, e eu era bastante paranoico a respeito da possibilidade de a polícia aparecer e virar a propriedade de cabeça para baixo, como parecia acontecer cada vez com maior frequência com o pobre Keith Richards. Então implementei a política de "deixe-as na porta". Se alguém aparecesse com drogas, solicitava de maneira educada e firme que as deixasse no carro, por segurança.

De qualquer maneira, na maior parte do tempo, éramos só nós dois. Com a atenção exclusiva um do outro, conversávamos durante horas sobre qualquer assunto. Dee chamava a casa de "a mansão no céu", porque ficava invisível da estrada, e ninguém sabia que estávamos lá. Estávamos muito apaixonados, mas, de algum modo, nesse cenário suntuoso e extravagante, éramos muito sensatos, simples, quase boêmios na maneira de viver, perambulando com suéteres furados no cotovelo, sapatos amarrados com pedaços de fita em vez de cadarços, casacos forrados de pele de carneiro que os cachorros gostavam de puxar, compartilhando um único pijama – ela com a parte de cima, eu com a calça. As antiquadas expressões inglesas que eu gostava de usar a faziam rir: *Well, I'll go to the bottom of our stairs* [literalmente: Bem, vou para baixo de nossa escada], como expressão de surpresa; *You're up and down like a pair of trousers* [Você sobe e desce como um par de calças], para designar alguém que não consegue ficar parado. Algumas vezes corríamos pelo lugar como crianças, gritando e brincando de esconde-esconde: a casa era o local perfeito para esse jogo, a não ser pelo risco de se esconder e nunca mais ser encontrado. Sem diamantes, sem glamour. Nossa ideia de uma noite fora era caminhar até o pub local, o Crispin, de chinelos: os meus em xadrez, no estilo de vovô; os dela com pompons cor-de-rosa e salto anabela.

Fofo, saudável e destinado a não durar.

* * *

A loucura, claro, ficava reservada a outros lugares. Esse foi um período de extraordinário sucesso profissional para mim. Os anos em que fiquei com Dee, de 1971 a 1975, com o sucesso do álbum *Every picture tells a story* e a explosão de "Maggie May" e "You wear it well", e em seguida com o álbum *Smiler*, foram os do meu grande avanço como cantor, quando atingi um nível completamente novo de fama. "Maggie May" foi um sucesso apenas três meses depois de eu ter conhecido Dee. Depois de tantos anos na periferia, eu de repente me tornava um astro e o centro de muita atenção. Eu queria curtir isso. E teria parecido um tanto perverso não aproveitar. Era aquilo pelo qual eu trabalhava.

A boate Tramp fora aberta em Jermyn Street, logo abaixo do Piccadilly, em Londres. Estava instalada num salão maravilhoso – decorado como se fizesse parte de um navio de cruzeiro –, recoberto com suntuoso lambri de madeira e iluminado por lustres. E, o mais importante de tudo, ficava no porão do prédio, que é, na minha bem pensada opinião, onde uma boate sempre deveria estar. (Para mim, subir uma escada para ir a uma boate não parece certo. A história está coalhada de clubes que fecharam por não tomarem a precaução de se instalar em uma adega, como ditam os propósitos do bom Deus.)

A marca característica da Tramp era atrair os famosos: músicos, jogadores de futebol, atores e atrizes. Naquela época, por exemplo, as chances de se encontrar com George Best eram muito altas. De fato, houve um período em que ele parecia fazer parte da decoração assim como os lambris de madeira. Sempre tínhamos tempo um para o outro, e também para os garçons, que eram na maioria italianos e espanhóis e queriam falar de futebol. O Faces realizara algumas festas ali, e o lugar se tornou um porto de escala para mim e assim permaneceu durante muitos anos.

Enquanto isso, a casa que Elton John dividia com John Reid ficava a uma distância curta de carro de Cranbourne Court, e as festas ali eram longas e lendárias. Elton e eu nos víamos com frequência desde os dias de Long John Baldry. Bluesology, a primeira banda de verdade de Elton, tocava nos clubes de blues que eu frequentava no início dos anos 1960, e Long John se uniu a ela para se tornar seu vocalista, depois do fim do Steampacket. Mas foi no início de 1970 que Elton e eu ficamos próximos; melhores amigos durante algum tempo. Assim como Long John me batizou de "Phyllis", ele batizou

Elton de "Sharon", e era isso o que éramos um para o outro: Phyllis e Sharon. Ou simplesmente "querido".

"Oi, querido. Como vai você, querido? É mesmo, querido?"

Eu adorava o senso de humor dele e o fato de que ele era o tipo de cara que conseguia perceber a graça em dirigir trinta vezes em torno da rotatória que circunda o monumento de Marble Arch, em Londres. (Agora parece uma grande besteira, suponho, mas era engraçado na época.) Tínhamos o futebol em comum, óbvio. E eu respeitava as opiniões dele sobre música. Ele tinha uma percepção adequada de blues e de soul, e, se ele gostasse de alguma coisa que eu tivesse feito, isso significava muito para mim. Eu discretamente invejava a maneira como aquelas melodias populares, com vendas gigantescas, pareciam lhe ocorrer em um fluxo constante.

Além disso, admirava-me por ele perceber todas as vezes em que eu estava mal, fosse pela bebida ou pela cocaína. Uma noite, na casa dele, estávamos nos dedicando ao uso do pó medicinal, e isso foi até as seis da manhã, quando me retirei formalmente ("Fodam-se, eu me rendo") e fui para o andar de cima, procurar uma cama onde dormir. Quatro horas mais tarde, Elton me acordou, batendo na porta.

"Vamos, querido. Temos de ir a um jogo de futebol."

Eu parecia, e me sentia, como se tivesse sido atropelado a partir de diferentes direções, por diferentes máquinas de tração. Elton, pelo contrário, estava parado na porta, com as bochechas reluzentes e um sorriso branco, vestido de maneira impecávl em um terno matinal, com uma garbosa cartola, segurando uma bengala com cabo de ouro. Eu levaria uma semana para me recuperar de uma noite como a que havíamos passado. E ela mal deixara marcas em Elton, que quatro horas mais tarde estaria pronto para assistir ao Watford jogar contra o Sheffield Wednesday.

Nesse assunto em particular, sempre fui um tanto amador e, para dizer a verdade, nunca me preocupei em ser mais que isso. Quando se tratava de consumo de drogas, gosto de pensar que eu adotava uma postura bastante cavalheiresca. Se era alguma substância para abrilhantar a noite, então tudo bem. Mas jamais fui de buscar o esquecimento como um louco desmedido. A perda total de controle não me atraía. O termo técnico seria "uso social", eu acho, com a ressalva de que, durante alguns períodos, eu socializava demais.

Claro, o pessoal do Faces bebia muito e fazia disso uma ocupação. Mas mesmo nesse contexto eu não tinha o hábito de chegar a ponto de cair com a cara no chão, comatoso. Quanto às drogas, qualquer coisa que precisasse ser fumada estava fora de questão, porque eu queria proteger minha voz. Qualquer entusiasmo que eu tivesse desenvolvido por tomar alguma coisa psicodélica acabou com o destino do meu amigo já mencionado, Clive Amore, que nos anos 1960 foi o primeiro do nosso grupo a tomar ácido e então, acreditando que podia voar, jogou-se nu de uma janela e morreu. Desde então, esse negócio me pareceu uma má ideia.

Além disso, para ser franco, em qualquer noite fora era provável que eu ficasse muito mais interessado em conversar com as mulheres do que em ficar chapado, e depois de um determinado ponto esses interesses se tornam mutuamente excludentes. E eu estava sempre preocupado em estar em boas condições para jogar uma partida de futebol no domingo. Nesse sentido, o futebol pode ter me salvado de muitos excessos. Em resumo, na quantidade que consumia, eu era muito mais um diletante, em um cenário que incluía um ou dois grandes campeões olímpicos.

Algumas pessoas são resistentes ao consumo de estimulantes em grande quantidade, mas eu – talvez para minha vantagem a longo prazo – possivelmente não era. Um caso que serve de exemplo seria a noite na Tramp, por volta de 1977, quando me ofereci para uma sessão de excessos com Keith Moon, baterista reconhecidamente instável do Who. Ele sempre foi perigoso, não no sentido de ser ameaçador, porque ele era bem baixo e gordo, mas porque dava a impressão de que poderia explodir a qualquer momento, e você não saberia por que ou em que direção sopraria a fumaça.

Moon era uma presença notória na Tramp e tinha sido desde a época em que ia para a pista de dança nu. Nessa ocasião em particular, vestido, ele declarou abruptamente para o grupo reunido: "Certo, vou ficar acordado até os pubs reabrirem às onze da manhã, e quem não ficar é um punheteiro fodido".

Aquilo disparou algum mecanismo competitivo em mim. Em vez de fugir do desafio lançado, eu estupidamente resolvi aceitá-lo. Cocaína e álcool foram consumidos em excesso, em uma série de locais, incluindo, a não ser que eu esteja enganado: a) a casa de Ronnie Wood; b) uma festa em algum lugar no West End de Londres, à qual nenhum de nós tinha sido convidado; e c) a estranha casa branca, moderna, de Moon, em Chertsey, com seus cinco telhados em forma de pirâmide, onde havia um bar decorado com enormes e um tanto perturbadores retratos de super-heróis de desenho animado. Foi ali, sob as imagens de Thor e do Incrível Hulk, que a aurora raiou e eu me dei conta de que a minha corrida tinha acabado.

"Não dá para eu fazer isso, Keith", sussurrei e me arrastei para casa.

Ele acabou comigo completamente:

"Seu gigolô filho da puta, Stewart. Volte aqui e termine o que começou".

Moon, claro, pagaria o preço mais alto por seus apetites, morrendo em 1978 de uma overdose de sedativos. Na verdade, "seu gigolô filho da puta" devem ter sido suas últimas palavras para mim. Suspeito que Elton também estivesse morto a essa altura, se não tivesse tomado a decisão de abandonar as drogas. Certamente existe um limite para o grau de excesso que a constituição de um homem consegue aguentar – até mesmo Elton John.

Eu sabia que não podia competir com Elton naquela área, mas na música mantivemos uma verdadeira rivalidade que tem durado muito tempo. Nós a incrementamos pelo tanto que valia e a transformamos em brincadeira, mas definitivamente ela brotou de uma sementinha de competitividade genuína – um querendo se sobrepor ao outro em vendas e sucesso. E ainda é assim: lançamos álbuns ao mesmo tempo em 2011, e houve uma considerável irritação (de minha parte) e regozijo (da parte dele) quando o de Elton chegou ao terceiro lugar na parada de sucessos, enquanto o meu ficou em quarto. (Meu argumento – sem nenhum apoio de provas estatísticas *até agora* – é o de que algumas centenas de vendas foram, de algum modo, "arranjadas" em algum lugar.) Além disso, passamos por temporadas fixas de apresentação no Caesars Palace, em Las Vegas e, mais uma vez, nos cutucamos a respeito de quem atrai mais público. (Resposta: eu vendo mais, não importa o que Elton diga a seu público.)

De tempos em tempos, essa rivalidade levou Elton a preparar alguns truques bem planejados. Em 1985, mandei colocar um monte de bolas de futebol gigantescas, do tamanho de pequenos dirigíveis, amarradas sobre o Earl Court, para marcar o fato de que eu estava me apresentando ali. Elton contratou um atirador para abatê-las com um rifle de ar comprimido. Ou como a vez em que havia uma faixa da minha turnê de *Blondes have more fun* [Louras se divertem mais] e foi confrontada do lado de fora do mesmo local e por uma que Elton colocou em um edifício do outro lado da rua, que dizia: "But brunettes make more money" [Mas as morenas ganham mais dinheiro].

O espírito de competição atingiu o auge em uma noite, em um hotel em Paris, quando conseguimos sustentar um diálogo animado pela coca até as dez da manhã seguinte. O único tema desse augusto debate: qual de nós tinha mais dinheiro em sua conta bancária. As pessoas que estavam conosco tinham ido dormir e desceram para o café da manhã, encontrando-nos ainda envolvidos na mesma discussão. O resultado do debate: inconclusivo, como (cuidado, crianças) os debates alimentados por cocaína muitas vezes são.

Não existe pessoa mais generosa nesta Terra, no entanto, do que Elton – incrivelmente generoso. Tenho relógios que ele me deu de aniversário: peças luxuosas, com pedras preciosas, gravadas com "De Elt". Ele deu à minha primeira mulher, Alana, com quem ele manteve a amizade depois que nos separamos, um piano Steinway. Tudo isso não é barato.

E então houve o Natal em que pensei muito a respeito de um presente para dar a ele. Isso era sempre difícil: com que se presenteia um homem que já comprou tudo o que quis? Por fim, no entanto, depois de percorrer várias lojas, me ocorreu uma solução: uma geladeira portátil, que era uma novidade. Brilhante. Era ligar e apertar um botão, para que a porta abrisse automaticamente, a luz acendesse e uma garrafa aparecesse, em uma nuvem de vapor de gelo. Ela me parecia oferecer o fator "uau". E custou trezentas libras, que achei o suficiente.

O presente que Elton me deu, naquele ano: um Rembrandt.

Adoração dos pastores.

Porra de Rembrandt! Senti-me muito pequeno – embora não tão pequeno quanto Elton queria que eu me sentisse quando mais tarde se referiu acidamente ao meu presente como "um balde de gelo". Não era um balde de gelo. Era uma geladeira portátil, uma inovação.

Bom, eu me dei um pouco melhor no aniversário de cinquenta anos dele, em 1997. Comprei para ele um secador de cabelos completo, daqueles vistos nos salões de cabeleireiros femininos, em que as mulheres se sentam e acomodam a cabeça numa cúpula. Dois anos mais tarde, ele presenteou meu casamento com Rachel com um vale de dez libras da Boots. No cartão, escreveu: "Compre alguma coisa bonita para a casa".

Viajamos bastante juntos também ou procurávamos um ao outro quando estávamos no exterior. A banda Queen alugou uma casa em Bel Air, Los Angeles, durante algum tempo, e Elton e eu passamos uma longa noite lá com Freddie Mercury, um homem doce e engraçado, que eu realmente adorava, discutindo a possibilidade de nós três formarmos um supergrupo. O nome que tínhamos em mente era Nose, Teeth & Hair, um tributo a cada uma das nossas características físicas mais marcantes. A ideia era que poderíamos aparecer vestidos como as Beverley Sisters. De algum modo, esse projeto nunca deu em nada, o que é uma perda profunda e permanente para a música contemporânea.

Em 1985, Elton e eu estávamos juntos em curtas férias na África, num safári, indo para a savana, onde veríamos os famosos "cinco grandes": o elefante, o rinoceronte, o búfalo, o leão e o leopardo. A melhor hora para isso, claro, era na alta madrugada, às quatro da manhã, que nunca tinha sido a minha melhor hora do dia. Mas lá estava Elton, sacudindo a aba da tenda: "Venha, querido". Compartilhamos um Land Rover e nos autodenominamos "cocologistas": especialistas em identificar animais pelo seu cocô. À tarde, de volta ao acampamento, nos vestíamos majestosamente, com gravatas-borboleta e paletós escuros para o jantar em torno da fogueira.

Mesmo em um safári, Elton insistia em ter seus diamantes com ele. Tinha uma caixa preta com diversas joias Cartier, que valiam Deus sabe quanto, confiadas ao seu assistente Bob – mais ou menos como o presidente dos Estados Unidos tem alguém que carrega a sua pasta com os códigos nucleares. Uma noite, na África, enquanto jantávamos, membros do grupo resolveram surrupiar a preciosa caixa de Bob e escondê-la, só para ver a reação dele. Mas Elton é uma pessoa muito difícil de irritar. Bob entrou em pânico, e Elton apenas disse: "Não se preocupe, querido, são apenas as joias que uso no dia a dia".

Além da casa de Elton, o outro quartel-general da diversão durante esses dias de Cranbourne Court era a casa de Ronnie Wood, a Wick, em Richmond, uma mansão georgiana que ele comprara do ator sir John Mills. Construída numa colina e dotada de enormes janelas em arco salientes nos fundos, com vista para o Tâmisa, Wick oferecia uma das vistas mais lindas da Inglaterra, se não de toda a Europa – e Ronnie Wood a arrematou. Velho mundo engraçado.

A casa de três andares tinha uma sala de jantar oval, entalhes de madeira e lareiras incríveis. Ronnie montou um estúdio de gravação no porão, herdou uma mesa de sinuca com o contrato de propriedade e adquiriu um papagaio, ao qual ele ensinou a dizer *fuck off*, mas em termos de outros itens domésticos essenciais, como, digamos, uma mesa de jantar, a casa sempre me pareceu estar um tanto desguarnecida. Parecia funcionar como um gigantesco guarda-roupa de vários aposentos para os trajes de palco de Ronnie, que ficavam pendurados na maioria das superfícies disponíveis, e como armário para suas guitarras.

No entanto, era um bom lugar para se reunir, onde você podia aparecer no final da noite e sempre haveria um grupo, principalmente no estúdio, improvisando ou escutando outros improvisar, ou ajudando Woody em algum projeto. Ali era possível encontrar Pete Townshend ou Keith Richards, que morou no chalé nos fundos do jardim de Woody durante algum tempo, ainda que possuísse várias casas; ou, muito ocasionalmente, Paul McCartney. Ainda me lembro com nitidez da sensação de sair daquele estúdio no final da noite e descobrir que o dia já havia clareado sem que eu tivesse notado – sempre um momento de depressão levemente pungente. E foi naquele estúdio, uma noite, que Mick Jagger – suponho que falando em nome de Bianca – fez uma consulta hesitante a respeito da possibilidade de uma troca de parceiros comigo e Dee. Bem, acho que sempre é bom ser convidado e reconfortante saber que alguém pensou em você, mas a resposta teve de ser não. Troca de parceiros não era a minha praia e com certeza tampouco da minha então companheira.

Na verdade, Dee não fazia parte do cenário da Wick. A casa tendia a estar sempre lotada, com pessoas usando todo tipo de droga e falando besteira – o que é legal para quem participa, o que não era o caso de Dee, e acho que ela considerava o ambiente pesado e um tanto intimidador. Enquanto estávamos lá, às vezes eu olhava para ela e a via com a expressão de quem esperava que o chão se abrisse e a engolisse. Ela simplesmente não curtia passar o seu tempo daquela maneira.

Além disso, à medida que a minha vida profissional ficou mais movimentada e complicada, exigindo mais organização, a privacidade de Cranbourne Court começou a se deteriorar – para grande aflição e decepção de Dee. A pressão começou a se fazer sentir, havia mais decisões a serem tomadas e mais pessoas diretamente envolvidas na administração da minha vida. Quem estava sempre por perto, e em relação a quem Dee tinha reservas, era Tony Toon, que naquele tempo foi meu assistente e relações-públicas. Tony usava uma gasta jaqueta de veludo cotelê e calças surradas e parecia um picareta maltrapilho de Fleet Street. Era magro, careca e sempre visto com um cigarro, com os dedos delicadamente erguidos. Nós o chamávamos de Fag-Ash Lil

[Lil Cinza de cigarro]. Ele era afetado, irascível, grosseiro, incorrigível. Repetia uma constante brincadeira em que, ao final da refeição, em todos os restaurantes, ele dizia ao garçom: "Traga-me um amaretto grande e um machão". Era infalível. Outros achariam a piada e a sua presença maçantes, mas eu gostava de tê-lo por perto. Ele tornava a vida engraçada.

Ele também inventava coisas. Pode se dizer, grosso modo, que existem dois tipos de relações-públicas. Há o tipo que acha que seu dever é manter o cliente fora dos jornais, desviar a imprensa, quando necessário, e limitar qualquer dano que surja. E há aquele que acha que seu papel é fazer o cliente aparecer nos jornais com a maior frequência possível, fornecendo à imprensa tantas pistas quanto ela puder absorver. Tony era favorável à segunda escola – com o prazer adicional de que estava sempre pronto a me colocar no jornal, eu querendo ou não aparecer, e mesmo que a história pudesse ser inoportuna ou prejudicial para mim ou para as pessoas próximas. Além disso, se ele tivesse a chance de inventar um fato a partir de alguns detalhes, fazia-o com rapidez.

Por exemplo, esbarrei com Bianca Jagger em um hotel em Nova York, onde tivemos um breve encontro no saguão e flertamos de leve. Alguns dias depois aparecia uma matéria nos jornais dizendo que estávamos prestes a morar juntos.

Talvez o caso clássico de manipulação dos fatos de Toon tenha sido a história do romance frustrado que eu teria tido com a filha do presidente Gerald Ford. É verdade que Susan Ford foi assistir ao Faces em Washington, em 1975. Na época, ela devia ter dezoito anos, era fascinante, com longos cabelos louros. Também é verdade que depois do show ela foi aos bastidores, rodeada por um exército de seguranças.

Mas desses detalhes pífios Tony criou uma saga digna de uma semana de manchetes nos jornais, nas quais nossos olhos tinham se encontrado através de um salão lotado, havíamos nos apaixonado perdidamente, Susan me convidara para um jantar íntimo na Casa Branca, mas o nevoeiro havia me impedido de voar de Nova York, e por isso lhe enviei cinquenta rosas vermelhas como pedido de desculpas.

Outro dos truques de Tony era promover encontros em restaurantes. Ele me diria, por exemplo, que Mick Jagger havia telefonado, convidando para jantarmos juntos. E eu diria: "Legal". Então, ele ligaria para Jagger e diria que

Rod Stewart queria jantar com ele, ao que também concordaria. E assim o encontro estaria arranjado, com os dois presumindo que o convite teria partido do outro, e Tony nos acompanharia e conseguiria uma refeição de graça, ao mesmo tempo em que conseguiria pescar algumas fofocas para oferecer à imprensa.

Constantemente eu o questionava a respeito de uma ou outra notícia: "Mas como é que descobriram isso?". E ele respondia: "Não sei. Não fui eu. Vou descobrir para você".

Os jornalistas de tabloides deviam adorar Tony Toon. Ele era uma dádiva para o trabalho deles. Mas, para Dee, era uma presença menos que bem-vinda. Não é necessário dizer que a disposição de Tony para dedurar meus flertes, inventados ou não, não o classificava como uma força benéfica no nosso relacionamento. Ela o associava, e no sentido mais amplo possível, com exibição. Para Dee, ele representava grande parte da loucura que, com cuidado, excluímos da nossa vida em Cranbourne Court.

Claro, quando Dee me conheceu, eu já era roqueiro. As primeiras vezes em que ela me viu, lembrem-se, tinham sido nos bastidores, com o Faces. Ela sabia muito bem como era o ambiente que cercava as bandas de rock e que a probabilidade de eu me manter fiel enquanto estivesse fora em turnê era remota. Mas no início as turnês eram um mundo paralelo, e Cranbourne Court era a nossa realidade. Era uma barreira contra a loucura do mundo do rock. Cada vez mais, no entanto, o mundo do rock estava escalando os muros e chegando à nossa vida e à nossa casa. Sem dúvida, a explosão da minha fama depois de "Maggie May", e até como isso me tornou uma figura pública, criou algumas fraturas profundas nosso relacionamento. Não acho que a fama tenha *me* mudado muito; acho que permaneci com os pés no chão – talvez até demais, naquele contexto. Mas a fama definitivamente mudou o mundo ao meu redor. A adoração que de repente começa a vir de todos os cantos e de gente totalmente estranha pode ser muito agradável quando se é o objeto disso, no entanto é perturbadora e inquietante para quem está ao seu lado. Quando saíamos juntos, as pessoas não hesitavam em falar comigo como se Dee não existisse. As mulheres flertavam abertamente comigo, bem na frente dela. Tentávamos ir ao teatro e acabávamos correndo durante metade do percurso, porque as pessoas me reconheciam. Ciúme, ressentimento, ansiedade: esses fatores entraram na nossa relação e tiveram um efeito corrosivo.

Nossa vida só girava em torno de mim e dos meus horários. Tínhamos um paraíso campestre, e então, de repente, os helicópteros aterrissavam no gramado para me levar a diversos lugares: viagens promocionais, gravações, turnês. A essa altura, lembrem-se de que eu tinha uma banda e uma carreira solo, o que me deixava mesmo muito ocupado. Grande parte do tempo, quando eu estava fora, Dee ficava sozinha, perambulando por aquela casa enorme. E ela se aproximava do final dos vinte anos e começava a pensar: "Bem, e eu? O que estou fazendo com a *minha* vida?". Às vezes ela dizia que queria trabalhar, mas, na verdade, eu não queria que ela fizesse isso. Argumentava que as pessoas diriam: "Sabe aquele homem que é dono da grande casa branca? Ele manda a namorada trabalhar fora. Como deve ser mesquinho".

Essas tensões cavaram uma brecha no nosso relacionamento e começaram a desfazê-lo. A alegria que sentíamos começou a se perder, para os dois. Havia um enorme e crescente abismo entre nós, e o relacionamento realmente precisava terminar, mas nenhum dos dois tinha coragem de acabar. Em 1974, as brigas eram constantes e, com frequência crescente, terminavam com Dee voltando, com raiva e frustrada, para a casa de seus pais. Mas então eu me arrependia e a queria de volta, só que – sempre lamentavelmente receoso de um confronto – eu pedia a Micky Waller, meu companheiro desde o tempo do Jeff Beck Group, para intermediar a conversa. Se por acaso o pior já tivesse passado, eu corria para o telefone e a convidava para almoçar no pub em High Wycombe e depois implorava para ela voltar. E aí o ciclo recomeçava.

Durante uma dessas separações – dessa vez, de seis semanas –, fui a uma cerimônia de premiação de futebol e conheci a atriz Joanna Lumley. Isso foi antes de o seriado de televisão *The new avengers* tê-la tornado famosa, e, antes que alguém queira acrescentá-la à "longa fila de louras" com as quais meu nome tem sido associado, fica registrado que, durante aquele período, seu cabelo ainda era preto.

Ela era muito educada e ao mesmo tempo um tanto esnobe: lembro-me de, a certa altura, ela se referir às "tapeçarias da família" e de eu ter pensado que se tratasse de tapetes, até que a ficha caiu e percebi que não era isso. Portanto, ela não parecia ser alguém que perderia tempo com um cara considerado um bagunceiro do rock 'n' roll. Mas sempre gostei de um desafio, e parecia haver uma centelha entre nós; e se por acaso fosse uma questão de classe, eu sempre podia lançar mão do que achava ser um papo sofisticado: "Você gostaria de passar o fim de semana na Espanha, no meu barco?".

É verdade, eu tinha um barco: colossal, fabricado na Holanda, com setenta pés de comprimento e casco de aço, que batizei de *The gay intruder*. No princípio, ficava ancorado no Tâmisa, em Richmond, e resolvi que seria legal, na viagem inaugural, levar minha mãe rio acima, num domingo. Perguntei a Cyril, meu motorista, se ele achava que conseguiria manejar o barco. "Claro que sei, fui da marinha."

Embarcamos e zarpamos com tranquilidade rio acima, sob o comando competente de Cyril, e não poderia haver maneira melhor de passar uma tarde quente com a mãe do que flutuar sobre as águas, bebendo vinho.

"O.k., Cyril", eu disse. "Melhor dar meia-volta e retornar agora." O barco era comprido, e o rio, relativamente estreito naquele ponto. Mas Cyril era um veterano, de modo que habilmente ele girou a proa em noventa graus e deu marcha à ré, até que ouvimos um horrível rangido metálico e um ruído de madeira se partindo, quando a popa do meu boteco flutuante atingiu uma flotilha de barcos a remo, ancorados ao longo da margem.

Depois dessa aventura, resolvi que o melhor lugar para o barco era na Espanha e orientei para que o levassem a Puerto Banús. Ali, um escocês de confiança, que por acaso morava na cidade, foi contratado para vigiá-lo na minha ausência e mantê-lo pronto para uso quando necessário – como num fim de semana em que eu aparecesse com a intenção de impressionar Joanna Lumley.

Um carro nos levou ao porto, onde, vestido com roupas leves de linho para um fim de semana ao sabor das ondas, segui com minha acompanhante os metros finais até o navio que nos esperava, apontando-o a distância, entre muitos iates brilhantes e caros amarrados ao cais. Quando nos aproximamos da embarcação, minha acompanhante teve a sua primeira visão de bordo.

Parecia que alguém tinha pegado uma lata de lixo dos fundos de um restaurante e despejado pelo convés. O barco estava forrado de restos de comida e lixo. Toda a superfície estava imunda. O meu confiável zelador escocês dormia em uma rede, ao lado de um montão de latas de cerveja vazias. Seus cinco companheiros estavam espalhados pelo convés, igualmente inconscientes e estirados ao sol.

Resolvi acordar a babá de barco aos berros e xingamentos – a lista completa de nomes está agora perdida nas névoas do tempo, embora eu tenha certeza de que pelo menos um deles tenha sido "cuzão". Em seguida, levei minha acompanhante cuidadosamente de volta ao porto, e nos registramos em um hotel. Por sorte, ela pareceu achar tudo engraçado, mas nossa relação terminou logo depois.

Meu relacionamento com Dee alcançou sua crise terminal onde havia começado: em Los Angeles, durante uma turnê do Faces. Isso foi em 1975. Dee tinha voado de Londres para se encontrar comigo naquela tarde e, cansada, disse que ia dormir. Expliquei a ela que tinha uma reunião, o que era verdade. Só não contei que seria na boate Troubadour, com Britt Ekland.

E aconteceu o pior: no meio da noite, Dee se sentiu mais disposta e saiu em busca de companhia. De repente, ela chegou à porta da Troubadour com um olhar inocente e uma expressão de expectativa, que logo se transformaram em imensa mágoa.

Não houve nenhuma grande cena. Dee foi embora, embarcou para Londres e se mudou de Cranbourne Court, dessa vez para sempre.

Foi a decisão certa para nós dois. Mas que jeito de acontecer. Uma lição de como não romper com sua amada.

Capítulo 11

Nosso herói parte para Los Angeles sob falsos pretextos e vai morar com uma "Bond girl", o que dá certo por um tempo. Luta para se instalar numa terra que não conhece bem o futebol. E mais gravações excelentes são produzidas – as quais você ainda pode comprar, se ainda não o fez.

Britt Ekland entendeu minha visão a respeito de quase tudo. Ficamos juntos por pouco mais de dois anos, profundamente envolvidos um com o outro na maior parte do tempo. No final, tudo ficou um pouco frio – e suponho que esse tenha sido o problema –, e então ela tentou me processar em 12,5 milhões de dólares. Mas isso acontece e, como diz o velho ditado, quem não arrisca não petisca. Ainda considero a experiência um maravilhoso romance de amor e um aprendizado que tive a sorte de ter.

Britt foi assistir ao Faces no Forum, em Los Angeles, em fevereiro de 1975. Um ano antes, ela fizera uma aparição icônica como "Bond girl" em *007 contra o homem com a pistola de ouro*, que a consagrou como uma das mulheres mais lindas do mundo. Britt não era o tipo de pessoa que se espera encontrar perambulando pelos camarins de um grupo de rock, mas os bastidores em algumas daquelas nossas últimas apresentações realmente ficaram estrelados. Steve McQueen veio nos ver quando tocamos no Hollywood Bowl. Dustin Hoffman também parecia um grande fã. No caso de Britt, sua amiga Joan Collins a tinha levado. Joan era casada com Ron Kass, um executivo da Warner

Bros., o selo do Faces, de modo que havia uma ligação entre nós. Ron e Joan nos receberam para um jantar refinado no restaurante Luau, em Beverly Hills. Foi lá que Britt e eu nos sentamos lado a lado e conversamos.

Ela tinha 32 anos – dois anos mais que eu, mas, como ficou evidente no ato, mil vezes mais cosmopolita. Tinha sido casada com Peter Sellers, o ator, e tivera um relacionamento com Lou Adler, proprietário da gravadora que produziu o grande álbum de Carole King, *Tapestry*. Britt tinha dois filhos: Victoria, de sua relação com Sellers, e Nikolaj, com Adler. A garotinha na época tinha dez anos, e Nikolaj, dois. O relacionamento com Adler terminara após ele admitir ter um caso. Como Britt disse depois no livro que escreveu, "Rod entrou na minha vida seis semanas depois de eu ter me separado de Lou, e eu subi outra vez aos céus, como uma gaivota cujas asas encharcadas de óleo tinham sido lavadas com detergente".

Então, o que isso faz de mim? Detergente, imagino. Já fui chamado de coisas piores.

É claro, você estará se perguntando: "Mas o que você viu na loura de lábios sensuais, estrela de cinema sueca e 'Bond girl' internacionalmente reconhecida?". Ela, claro, era estonteante. Em público, podia parecer majestosa e teatral, mas grande parte disso era autoconsciência diante da atenção que sempre recebia. Na vida particular, era impossível encontrar uma pessoa mais genuína e pé no chão – sempre cooperava na casa dos outros, ajudava na cozinha, lavando a louça. Era muito orgulhosa com os afazeres domésticos, na verdade. Foi uma surpresa para muitos que não a conheciam vê-la atender a porta em Marigolds. Os rapazes da banda a adoravam – ela fazia rabanadas para eles quando apareciam –, e minha família também gostava muito dela. Passamos o Natal de 1976 na casa do meu irmão Don, em Cambridgeshire. Britt e eu na cama de solteiro, no quarto de visitas. Na ceia, éramos doze apertados em torno da mesa, na sala de jantar. Minha mãe ficou confusa e a chamou de Dee uma ou duas vezes, mas Britt não se incomodava.

Ficamos íntimos em pouco tempo. Na noite daquele nosso primeiro jantar, fomos de lá para uma festa na casa da Cher, mas estávamos tão envolvidos que não falamos com mais ninguém. Acho que saímos para jantar na noite seguinte. Depois, naquela mesma semana, tivemos nosso encontro na Troubadour, quando Dee veio e nos descobriu. Mas àquela altura eu sabia que estava me apaixonando. Britt era linda, uma beleza sem comparação, embora menos alta do que eu tendia a gostar. Ela parecia exótica e era mil vezes mais culta do que eu. Além disso – tenho de admitir – era famosa, uma grande, grande estrela no momento. Eu nunca saíra com uma mulher famosa. Havia algo de muito excitante nisso. Acho que eu estava impressionado pela estrela.

No calor inicial da nossa relação, passávamos bastante tempo fazendo sexo na casa de praia de Lou Adler, em Malibu. Durante os períodos em que tivemos de ficar separados, Britt me enviava muitos bilhetes e cartas muitas vezes "incrementados" com suas calcinhas. Como o e-mail mudou as coisas!

Não ficamos separados muitas vezes, no entanto – não no início. Naqueles dias, pré-videoclipes e pré-MTV, eu passava grande parte do tempo pulando de um país para outro, de uma emissora de televisão para outra, vendendo meu peixe. E Britt em grande parte deixou sua carreira em suspenso e me acompanhava nessas viagens, o que as deixava muito mais divertidas. Transformamos aquilo numa aventura internacional.

Eu a chamava de Poopy, e ela me apelidou de Soddy – o que era legal, na intimidade. Mas, como muitos aspectos do nosso relacionamento passaram a ser de conhecimento público, aquilo irritava algumas pessoas. E, durante uma entrevista, ela soltou aquela frase sobre sermos os novos Richard Burton e Elizabeth Taylor, e eu me encolhi de vergonha e quis morrer, porque sabia que ninguém consideraria que ela pudesse estar brincando.

Os jornais fizeram a festa. A combinação astro de rock britânico e atriz de cinema sueca parecia ser a receita para o delírio dos tabloides. Eles não se cansavam. Mas mesmo isso podia ser muito excitante para nós, em especial, quando planejávamos modos de escapar. Para evitar que fôssemos descobertos, fazíamos reservas em hotéis e restaurantes como sr. e sra. Cockforth. A ideia de que gostávamos da atenção e a procurávamos um pouco... bem, há alguma verdade nisso.

Quando Britt estava na Rodésia, como foi o caso, participando de uma filmagem, ela me incentivou a lhe escrever uma carta romântica. Então eu mandei um telegrama que dizia: "Cansado de me masturbar. Por favor, volte para casa. Amor, Soddy". Era, no entanto, uma época romântica. Fizemos um cruzeiro no *Queen Elizabeth 2*, que era algo com que eu sonhava fazia muito tempo, e levamos um monte de roupas dos anos 1930 para usar. Uma das peças era um autêntico chapéu de palha que Britt tinha comprado para mim na Harold's Place, um brechó em Beverly Hills. É o chapéu que estou usando na capa do álbum *A night on the town*, e eu realmente gostaria de não tê-lo usado. Mas chegaremos a isso. Digamos, no momento, que talvez eu tivesse parecido menos com um cafetão se tivesse usado outro presente dado pela Britt: um tapete de pele de leão, com cabeça empalhada, arcada dentária completa e tudo. Estendemos esse tapete no chão do apartamento que alugamos em Beauchamp Place, em Londres, e tropeçávamos nele o tempo todo.

Ela conhecia quadros e antiguidades. Conseguia dar nomes e datas aos objetos. Achei que eu também conhecia essas coisas, e me orgulhava de já ter algum olho, mas na verdade não tinha. Foi Britt quem me ensinou a ver. Ela me apresentou a lâmpadas e vasos de Émile Gallé, essas fabulosas construções *art nouveau* do fim do século XIX em vidro colorido gravado, as quais resolvemos colecionar. Saíamos juntos para viagens de caça a lâmpadas por Paris, armados com milhares de francos em moeda. Passávamos horas em mercados franceses, barganhando com vendedores. Pelo menos Britt, que falava lindamente o francês, barganhava. Eu ficava de lado, dizendo coisas do tipo "Você quer *quanto*? Por esse preço dava para comprar um novo". Nem sempre ajuda ser famoso quando se procuram pechinchas. Há o risco de aumentar o valor da peça só por entrar na loja. Algumas vezes a melhor tática era ir embora e mandar um representante mais tarde.

Ela me iniciou nos benefícios terapêuticos da massagem profissional, algo sobre o qual eu era melindroso e britânico demais ("O quê? Você deixa um estranho tocar seu corpo nu – e não fez sexo com ele?"). E, um pouco mais controverso, ela me estimulou a usar maquiagem. Bastante maquiagem. Contorno preto grosso em torno dos olhos. Eu parecia uma perfeita piranha. Isso não passou despercebido aos demais integrantes do Faces. A banda começou a saudar a chegada de minha namorada com o grito de "Avon chama!".

Britt se deu um pouco mal com os fãs do Faces, que acharam que ela estava virando a minha cabeça. Como a chegada dela coincidiu com os últimos momentos da banda, foi facílimo pintá-la como a Yoko Ono na cena do crime. Isso não podia ser mais equivocado. Britt não fez nada para demolir o Faces. Dávamos conta muito bem do assunto sozinhos, obrigado, e já fazia muito tempo, bem antes de ela chegar.

Também fui alvo de exame detalhado durante esse período. A sorte grande de namorar uma estrela de cinema e minha eventual emigração para Los Angeles pareciam deixar muita gente puta da vida – não entre o público em geral, que, eu acho, não estava nem aí, mas na imprensa britânica, que alegava de maneira desdenhosa que "Rod estava totalmente Hollywood".

Isso costumava me deixar muito puto. Durante os quatro anos anteriores eu morara numa mansão em Windsor da dimensão de uma biblioteca pública, com uma frota de carros na garagem e uma cozinha do tamanho de um campo de basquete, e ninguém me atacou por trair minhas origens. Então, concluí que grande parte daquelas críticas vinha de puro preconceito mesquinho em relação a Hollywood. Aquilo me ofendia. Só porque eu tinha ido *para* Hollywood não significava que eu estava "totalmente Hollywood".

Só porque usava maquiagem... e posava com um chapéu de palha e uma taça de champanhe...

Tudo bem. Posso ter perdido a medida algumas vezes naquela época.

Mas foda-se: eu era filho de um encanador do norte de Londres, para quem a vida não tinha necessariamente destinado o esplendor ao sol da Califórnia, ao lado de uma estrela de cinema sueca. Até parece que eu não ia me divertir um pouco e deixar para me preocupar em me perdoar por aquilo depois, se é que o faria um dia.

Naquele Natal, Britt e eu fomos a uma festa em Beverly Hills, organizada por Cubby Broccoli, o produtor dos filmes de James Bond. A temperatura chegara perto dos 27° C durante o dia, mas a casa e o jardim estavam com uma grossa camada de neve artificial, e as árvores, cheias de lâmpadas e quinquilharias penduradas. Para mim, parecia incrível estar lá, sobretudo por estar com uma das mulheres mais lindas do mundo. Era uma festa a rigor, e realmente me lembro, ao sair do carro e caminhar por aquele cenário fabuloso e falso, com Britt ao meu lado, de sentir que aquele devia ser um dos momentos na minha vida em que seria uma boa ideia eu me beliscar.

Àquela altura, eu era residente em Los Angeles. Em abril de 1975, quando meu relacionamento com Britt estava apenas começando, fui embora da Inglaterra e me tornei um exilado dos impostos. Isso não caiu bem entre a imprensa britânica, que considerou traição à terra em que nasci. Não caiu bem em especial com Elton John. Uma noite, na casa dele, eu disse que estava pensando em sair da Grã-Bretanha, e ele me chamou de traidor e botou para tocar "Pompa e circunstância", de Elgar, num volume tão alto que não conseguíamos conversar.

Entretanto, eis minha justificativa: a taxa de imposto da qual eu estava me livrando era de 83%. Dá para imaginar quanto me doía ter uma quantia dessa retirada de meus ganhos anualmente. E não era só eu. Joe Cocker estava no meu voo de partida do Heathrow, dirigindo-se para o mesmo lugar, e Eric Clapton iria no voo seguinte. Na verdade, pessoas de todas as posições sociais e profissões pareciam estar abandonando a Grã-Bretanha em busca de lugares onde a vida custasse menos. "Brain drain" [lavagem cerebral] era como chamavam o fenômeno – embora não fosse necessariamente o meu caso.

Entretanto, sustento que Billy Gaff, meu empresário, me enganou na mudança. No mínimo, eu estava um pouco confuso com alguns detalhes.

Gaff – que, para começar, era irlandês e não gostava muito da Inglaterra – foi antes para Los Angeles e encontrou uma casa de três dormitórios na Doheny Drive. A ideia era que Tony Toon e eu nos encontrássemos com ele lá. Achei que poderia ir e ficar por algumas semanas até ver o que aconteceria. E, se não me desse bem, eu sempre poderia voltar para casa.

Talvez eu devesse ter escutado com um pouco mais de cuidado. Quando cheguei a Doheny Drive e depositei minhas malas no quarto (é claro que fiquei com o quarto principal), Gaff me explicou que eu não poderia voltar para a Inglaterra durante um ano. Eu poderia ir de vez em quando, explicou ele, por algumas noites durante qualquer ano fiscal, mas não até eu ter cumprido um período inteiro de doze meses de ausência.

Fiquei deprimido. Um ano inteiro longe da Grã-Bretanha? Nem mesmo de visita? Mas e tudo o que eu adorava lá: futebol, carne assada no jantar, xícaras decentes de chá, tempo nublado? E a minha família?

O primeiro ano foi duro. Eu me sentia um turista – não conseguia me adaptar, apenas observava tudo a distância – e esperava voltar para casa no final do período. Algumas vezes, quando chovia – o que não era frequente –, eu corria para fora e ficava na chuva até me ensopar, só para lembrar como era o mau tempo. Tinha saudade de meus pais e irmãos. Estar com Britt ajudava. Aos poucos, o sol também contribui. Estar em Los Angeles ajudou. A cidade pode ser um lugar ótimo para morar, e aos poucos passei a gostar. Ainda gosto.

No verão de 1975, comprei uma casa por 750 mil dólares na Carolwood Drive, nas Homby Hills. O lugar tinha caído em decadência; a maior parte de seus vinte aposentos estava infestada de insetos, e havia uma família de gatos-do-mato morando sob o terraço, que teve de ser solenemente despejada. Mas ela tinha potencial para ser uma casa fabulosa – menos grandiosa que Cranbourne Court, em Windsor, porém mais encantadora. Britt veio morar comigo em agosto, e nos dedicamos a embelezar o lugar, um projeto que levou vários meses. Nem é preciso dizer que vidros *art nouveau* sobressaíam. No closet, os guarda-roupas tinham portas de vidro *art déco*. Tínhamos um conjunto de sofás de couro, apoiado em presas de elefante, ninhos de mesas de prata e um par de pelicanos ornamentais em tamanho natural – não eram exatamente sutis, mas os achei fabulosos, como um palácio de sonho. Instalei Tony Toon na casa de hóspedes, no jardim. Britt, que parecia compartilhar com Dee a resistência aos encantos de Tony, insistiu que ele só poderia entrar na casa principal quando fosse convidado, mas às vezes o relações-públicas entrava na cozinha pela manhã, fumando um cigarro, preparava uma xícara de chá e saía outra vez.

E quase todos os dias o sol brilhava. O exílio começava a ter suas vantagens.

Como os filhos de Britt estavam muitas vezes conosco, costumávamos ficar em casa e curti-la. Mas saíamos à noite, e muitas vezes íamos ao restaurante Le Dôme, criado por Eddie Kerkhof, um *restaurateur* belga que se tornou um amigo próximo. Ele acreditava que, se conseguisse que celebridades frequentassem seu restaurante com regularidade, o lugar estaria a meio caminho de ser um centro dos acontecimentos. Ele bolou um esquema de lançamento que dava crédito de 5 mil dólares para gastar no restaurante para quem arriscasse ali 3 mil dólares. Ele ofereceu esse negócio para mim, para Elton John, Dudley Moore, Olivia Newton-John, diversos integrantes do Pink Floyd e outros mais, e logo ele tinha um belo cenário nas mãos.

Na época, o Le Dôme era um dos únicos lugares em Los Angeles que ficavam abertos até tarde – até uma ou duas da madrugada. Muitas vezes, mesmo depois disso, Eddie se dispunha a apagar as luzes da frente e permitia a permanência de quem ainda não estivesse pronto para voltar para casa. O local era, além de tudo, estrategicamente equipado com uma saída pelos fundos para o estacionamento, de modo que, quem saísse em condições precárias ou com alguém com quem não quisesse ser visto poderia sair em privacidade.

Inevitavelmente, dadas a clientela e suas preferências, o banheiro do andar de baixo do Le Dôme rapidamente se tornou uma espécie de refúgio transgressor para a ingestão de substâncias de intensificação de ânimos e, até mesmo, relações sexuais – intercursos entre pratos, digamos. Para dar a medida de como aquele local se tornou extremo, Elton John preferiu usar o banheiro inutilizado do andar superior, porque achava o do andar térreo rock 'n' roll demais. Mesmo depois de uma de suas periódicas reformas, ele pareceu nunca perder o leve odor de cocaína. No entanto, durante muito tempo, o espaço foi supervisionado por um cavalheiro chamado Gil, que, apesar da depravação que corria solta ao seu redor (ou talvez por causa disso mesmo), mantinha-se discreto num canto, lendo a Bíblia. Na saída, ele oferecia, em silêncio, uma toalha. Era difícil não se sentir julgado.

Uma noite reservei uma grande mesa no Le Dôme para os integrantes do Exiles (meu time de futebol, do qual vou falar mais adiante), e Dudley Moore tentou atrair minha atenção jogando em mim uma costeleta de porco, do outro lado do salão lotado. Começou a maior guerra de comida de todos os tempos, acho que a pior em que estive: uma inundação de almôndegas e legumes variados. A cena estarreceu até o sempre sereno Eddie. Ele teve um ataque e nos expulsou na hora. Mas logo estaríamos de volta.

Meu Deus, como eu gostava do meu trabalho naquela época – e ainda gosto. Quem não gostaria? Astro de rock: que bela profissão para ter. Sobretudo naqueles meados dos anos 1970. Eu tive tanta sorte – passar pela iniciação nos anos 1960 e irromper nos anos 1970, quando tudo nessa área era novo e surpreendente e quando parecíamos estar numa grande trilha ainda não percorrida. Eu adorava a emoção de tudo; adorava o excesso de tudo. Permanecia em estado de admiração: um cara de origem bastante humilde, cuja vida tinha decolado daquela maneira extraordinária, passado por uma transformação completa. Não acho que aquele estado de admiração jamais tenha me deixado. Está sempre ali, subjacente a tudo o que faço.

Durante os dois anos em que estive com Britt, fiz dois dos meus álbuns de maior sucesso – como o advogado dela logo viria chamar a atenção em termos decisivos. Billy Gaff tinha me garantido um contrato de gravação solo com a Warner Bros., e era hora de engrenar outra marcha para uma nova abordagem. Em 1974, comecei a preparar o álbum *Atlantic crossing*, primeiro em

Los Angeles e depois no estúdio Muscle Shoals Sound Studios, no Alabama, sob a orientação do lendário produtor Tom Dowd.

O primeiro choque no Muscle Shoals foi ao ver como o lugar era primitivo. Era um aposento minúsculo, com caixas de ovos nas paredes para garantir o isolamento acústico. Não havia nada de sofisticado naquilo.

O segundo foi em relação aos músicos de apoio nesse estúdio. Com exceção de Al Jackson, o baterista, eram todos brancos. Achei que tinha ido para o estúdio errado. Como é que a unidade de ritmo em tantas gravações de soul clássico podia não ser negra?

Tom Dowd tinha cinquenta anos e veio, claro, com sua fama monumental. Ele produzira "What'd I say?", de Ray Charles; trabalhara com Otis Redding, Aretha Franklin, Dusty Springfield e era responsável pelo melhor trabalho de Eric Clapton. Esperava-se alguém com uma enorme compostura, até assustador. Mas Tom tinha bastante experiência, um trato gentil, muito tranquilo. Tinha presença, mas era tão calorosa e discreta, de olhos brilhantes, nada autoritária, apenas paternal, no bom sentido. Ele conseguia se misturar e nos deixar ir adiante com tudo. Sua atitude era: quando estava dando tudo certo e a energia fluía na sala, deixava rolar. Ele se sentava, fumava o cachimbo e lia o jornal. E nós conferíamos com ele: "O que você acha disso, Tom?". Ele ouvia, mastigava o cachimbo e dizia: "É, está indo bem".

Eu o respeitava muito por seu trabalho. Se ele não estivesse fazendo nada, eu respeitava. Se estivesse falando comigo sobre o que devia fazer – e ele sempre o fazia de um jeito muito amoroso –, eu definitivamente acatava. Nunca houve gritos, más vibrações ou raiva. Se ele estivesse frustrado, nunca demonstrava. Outros produtores queriam impor sua marca em tudo, incluir seus assim chamados "sons de assinatura". Algumas vezes, o ego do produtor era tão grande quanto o do artista, e isso não é uma boa receita. Tom era diferente, e eu pensava: "Cristo, agora sei por que todas essas grandes figuras querem trabalhar com ele. Ele não apenas sabe o que está fazendo, como é muito *fácil* de lidar".

Pela primeira vez, de fato, eu me sentia confortável em um estúdio. Tivemos uma sessão contínua de dias inteiros no Muscle Shoals, o que significava que podíamos entrar e sair quando quiséssemos, sem nenhuma restrição orçamentária, de maneira que houve muito papo e muita contação de histórias. Tom nos contava sobre Otis Redding compondo "Dock of the bay" numa guitarra que Steve Cropper tinha afinado em Mi aberto. Se afinar uma guitarra desse modo, pode tocar esse clássico com um dedo, e era assim que Otis o fazia. Ele falou das brigas que costumava ter com Otis a respeito de Sam & Dave, a dupla vocal de R&B, quando ambos eram rivais na Stax, e Otis dizia: "Você tem de fazer alguma coisa, Tommy, você tem de fazer alguma coisa. Está ficando difícil segui-los". O som de Otis era ótimo. Ele não tinha vergonha de ser um sucesso comercial, de entreter o público. Tirei o máximo que pude desse exemplo.

Quando terminamos a primeira faixa, Tom levantou-se e disse: "Hora certa para ir ao balcão". Fiquei um pouco confuso. "É o teste do balcão", disse ele. "Todos fizeram isso. Aretha, Otis..." E a ideia era sair e escutar a faixa do balcão, através da porta. Assim podia-se ouvir se realmente tinha cadência. No estúdio, com o som alto, tudo parece ótimo. É preciso se distanciar para garantir se está bom mesmo. Mais tarde, Tom me apresentou ao teste do carro, outra tática do Muscle Shoals: levar alguns fios até um carro no estacionamento e instalar alto-falantes minúsculos para ouvir a faixa. Se ela sobrevivesse àquilo e ainda assim parecesse ter ritmo, era prova de que tinha acertado.

Se eu tinha saudades de Ronnie Wood e Micky Waller e dos velhos companheiros dos cinco álbuns da Mercury? Bem, Woody estava em turnê com os Stones quando o *Atlantic crossing* estava sendo preparado, de modo que não poderia mesmo ter desempenhado nenhum papel nele. Sentia falta da companhia deles, é claro. Mas, ao mesmo tempo, Tom tinha escutado o Faces e sugerido que não era flexível o suficiente para o que ele procurava; e lá estava eu, cantando com os lendários instrumentistas do R&B, os MGs: com Al Jackson, "Duck" Dunn, Steve Cropper e (numa faixa que não entrou no álbum, uma interpretação de "To love somebody", do The Bee Gees) Booker T. Pode-se dizer que isso tinha lá seu consolo. Era a realização de um sonho.

O único inconveniente era que no Alabama eram proibidas bebidas alcoólicas. Steve, Duck e eu tínhamos uma garrafa de rum no Holiday Inn, onde estávamos hospedados, mas tínhamos de ter cautela para fazê-la render dia a dia. Não havia álcool disponível na manhã em que Tom me ligou às dez me pedindo para cantar "Sailing". Entrei em pânico. Nunca cantava em um estúdio sem antes beber um drinque – ainda mais um clássico daqueles. E nunca cantava em lugar nenhum tão cedo. Apesar de tudo, consegui em seis ou sete tomadas. "Sailing", escrita por Gavin Sutherland, é outra grande canção para mim: um sucesso duas vezes no Reino Unido, a primeira vez em 1975, e um ano depois, ao ser escolhida como tema de uma série de documentários da BBC sobre a vida na marinha. Eu, é claro, assim como fiz com "Maggie May", argumentei veementemente contra lançá-la como o primeiro single do álbum. Eu preferia "Three time loser". E mais uma vez eu me sinto muito feliz em admitir que estava enganado.

Depois da experiência com Tom, eu estava ansioso para gravar outra vez. Mesmo enquanto promovia o *Atlantic crossing*, andava com papel no bolso, anotando possíveis títulos de canções para o próximo álbum. No começo de 1976, estávamos de volta ao estúdio em Los Angeles, dessa vez trabalhando em *A night on the town*, que rendeu uma capa que odeio: minha foto com chapéu de palha, segurando uma taça de cristal contendo champanhe. As pessoas culparam Britt por aquilo, mas estavam enganadas. Ela pode ter sido responsável por me comprar o chapéu, e eu não tinha dúvidas ao usá-lo, porque ela sempre me dizia: "Você está maravilhoso, querido". Mas minha garota não era responsável por eu posar para uma capa de disco daquele jeito, feito um gigolô, nem por aprovar tudo o que faziam o tempo inteiro. Eu poderia ter dito: "Quer saber? Essa é a pior capa de disco que já vi. Vamos fazer qualquer outra coisa". Mas não falei. Não sei como me submeti a isso. Agora me envergonho cada vez que alguém me pede autógrafo na capa daquele disco. Viro o disco para o falso quadro de Renoir, na contracapa, que pelo menos tem um traço de bom humor.

Em minha defesa, posso dizer que esbocei alguma contrariedade em relação àquilo. Para a turnê do álbum, insisti que a arte dos cartazes de divulgação e as credenciais para a banda e a equipe aos bastidores apresentassem uma imagem de um punho socando um chapéu de palha. Seria a expressão do meu desgosto com o que eu tinha permitido acontecer; uma tentativa de dizer: "Foi sem querer, juro. Ainda estou aqui, em algum lugar".

Mesmo assim é um bom álbum, não obstante a capa constrangedora. E também apesar de a minha voz ter resolvido sumir durante as sessões de gravação em Los Angeles. Eu tentava cantar, e nada acontecia: a firmeza tinha sumido. Muito alarmante. Imaginamos se tinha a ver com a poluição de Los Angeles, o que teria sido uma bela reprimenda pelo meu exílio. "Rod agora é todo Hollywood – e Hollywood acabou com a voz dele". As sessões foram transferidas do Cherokee Studios, em Hollywood, para o Caribou Ranch, no Colorado. Elton tinha gravado lá, e os Beach Boys, também. Era um cenário rural lindo, em um celeiro adaptado, alto, nas Rochosas – alto demais, na verdade: mais de 2 mil metros acima do nível do mar. Eu me sentia sem ar, e, pelo sim, pelo não, minha voz parecia estar pior. Comecei a me desesperar. Mas Tom se manteve calmo, e mudamos de novo, dessa vez para Miami, onde finalmente minha voz reapareceu. Essa não foi a última das tensões com a minha garganta.

"The killing of Georgie" (partes I e II) está no álbum, provavelmente a canção mais ambiciosa que já escrevi em termos de construção de narrativa e sem dúvida a mais longa. Os versos vieram no meio da noite num período que pareceu ter dias sem fim. Eu tinha de me levantar e anotar mais um. Comecei a achar que não estava escrevendo uma canção, mas um romance. No entanto, parecia estar chegando a uma conclusão, e era do tamanho suficiente para um single. Tinha gente na Warner Bros. que era medieval o bastante para temer que uma mensagem pró-gay fosse afastar meus fãs heterossexuais. Danem-se, pensei. É uma das canções de que mais me orgulho. (E um grande sucesso, de modo que ninguém em particular ficou contrariado.)

Há também a canção de Cat Stevens, "The first cut is the deepest", que na verdade foi mantida das sessões de gravação do *Atlantic crossing* e tem sido muito boa para mim ao longo dos anos. E há "Tonight's the night (gonna be alright)", a história de uma sedução levemente rude em circunstâncias possivelmente virginais, negada por algumas estações de rádio – outra vez, nenhum dano duradouro do ponto de vista comercial. Essa canção conta com a participação de Britt falando palavras em francês bastante excitantes na finalização. Ela estava nervosa como um gatinho no estúdio, mas uma pitada de cocaína a ajudou.

Tom Dowd a adorava, aliás. Todo mundo. Todo mundo, menos eu.

Nova casa, novo selo, nova música; o mesmo velho problema com comprometimento. Eu ainda estava muito longe de querer me estabelecer. Estava com Britt, mas sempre tinha olhos para outras mulheres. Terrível. E comecei a galinhar, como era meu costume. Tive uma aventura com a atriz Susan

George – que me fora apresentada por Britt, tornando o fato bem sem-vergonha. Tínhamos ido assistir ao Queen e depois saído para jantar em Los Angeles; Britt viu que Susan estava sozinha e a convidou para a nossa mesa. Conversei com ela durante o resto da noite, enquanto Britt papeava com Freddie Mercury. Por fim, Britt voltou sozinha para casa e nos deixou, a Susan e a mim, conversando.

Tive outro caso, mais longo, com a atriz Liz Treadwell, que era loura, alta, muito linda, brilhante e espirituosa, e de quem eu gostava muito. E que explodiu na minha cara.

Britt achou que iríamos nos casar. Tínhamos Victoria e Nicolaj, os filhos dela, que eu adorava, e éramos como uma família já formada. E tínhamos nós mesmos decorado a casa em Carolwood Drive, construído aquele ninho maravilhoso. Mesmo assim foi triste, porque eu sabia o tempo todo, lá no fundo, que eu não me casaria com ela, que eu não estava nem de longe querendo me estabelecer. Quando isso se tornou evidente, ela ficou magoada de fato. Deve ter se sentido muito enganada.

Isso, suponho, serve para ilustrar que o sujeito pode estar com uma das mulheres mais lindas do mundo e mesmo assim se comportar como um bundão. Não apenas isso, mas pode estar com uma das mulheres mais lindas do mundo e mesmo assim estar infeliz.

Do mesmo jeito que com Dee, o modo como lidei com esses rompimentos não foi nada gentil. No verão de 1977, Britt levou as crianças para a Suécia, em férias em sua casa de praia, que pertencera a seu avô. Fui para Nova York com Gaff para uma reunião com Elton John, para discutir uma ideia ousada que Elton tivera para um filme. Depois do jantar, passamos na boate onde conheci Liz. Nossa saída foi registrada para a posteridade por um fotógrafo do *New York Post* e estampou a primeira página no dia seguinte. Logo percebi que aquilo não terminaria bem.

Na volta das férias, Britt foi a uma festa em Hollywood, oferecida pelo produtor cinematográfico Allan Carr. Não fui, porque estava trabalhando no estúdio. Na festa, ela encontrou George Hamilton, seu ex-namorado, que perguntou como estava o relacionamento dela comigo – e também o que eu tinha com Liz Treadwell. Foi a primeira vez que Britt ouviu falar daquilo. Ela me confrontou no jardim, em Carolwood, e admiti que tinha sido infiel. Britt pegou o casaco e tudo o mais que lhe pertencia.

Nunca me separei de uma mulher do modo certo. Sempre fui um covarde absoluto nesse quesito. Eu estava decidido a evitar o confronto, porque eu não sabia como lidar com ele, não sabia como dizer que não estava mais apaixonado, que estava irrequieto, sentia-me aprisionado e queria terminar tudo. Tratava-se de não querer magoar Britt – no entanto, é claro, eu a *estava* magoando a longo prazo. E isso se tornaria típico, receio dizer. Eu me envolvia com outra mulher, começava a desaparecer, a não voltar para casa, e encontrava Britt acordada, esperando, para me perguntar: "Onde você estava?". Como nos filmes. Mais cedo ou mais tarde seria apanhado, e isso provocaria tantas lágrimas e desgostos, gritos e mágoa. Por que eu não aprendia a lição? Não aprendi e continuei assim durante muito tempo.

A palavra da moda era *palimony*, pensão paga depois de uma relação estável. Uns dois anos antes, a namorada de Lee Marvin, Michelle Triola, tentou arrancar dele metade do dinheiro que ele ganhara durante os anos que passaram morando juntos: foi o caso da *palimony* original. Triola não teve sucesso: o juiz decidiu que ela não tinha direitos sobre as propriedades de Marvin na ausência de um casamento formal. Mas isso não impediu que outras pessoas atacassem, e Britt consultou alguns bons advogados em Los Angeles e entrou com um pedido da bela soma de 12,5 milhões de dólares.

Que momento devastador foi aquele. Eu saía pela porta de um estúdio de gravação, e, de repente, aquele camarada de terno escuro jogava um envelope na minha mão. "Você foi intimado, companheiro". Era outra situação que eu só via em filmes. Quando vi o que estava sendo exigido, não fiquei muito feliz. Achei que era ganância de Britt e injusto, totalmente fora de propósito. Billy Gaff, que era muito próximo a ela, e ainda é, foi a Miami, onde ela estava filmando um programa de televisão, e a convenceu a abandonar os advogados. Fizemos um acordo particular.

Uma semana depois de Britt e eu termos nos separado, escorreguei numa flor jogada por uma fã no palco do Cow Palace, em San Francisco, caí de bunda para o ar e bati o rosto no suporte da bateria. Quebrei um dente e precisei de sete pontos. Parecia um castigo dos deuses, embora os registros mostrem que eu estava bêbado.

Mas foi até engraçado. Vinte anos de futebol sem nenhum ferimento sério, além da batida que desviou ligeiramente o meu nariz, aos 26 anos. E aí consigo ficar totalmente detonado por causa de uma flor. Velho jogo engraçado, o futebol.

Digressão

Nosso herói é rejeitado por punks.

Em 1977, Johnny Rotten me chamou de velho chato. Não na minha cara: num programa de televisão britânico. Eu tinha 32 anos – não era nem tão velho, na verdade. E nem tão chato também, no meu entendimento, embora todos sempre tenham direito a uma opinião. A questão era que, em Londres, o punk rock chegara espalhando uma tempestade de cuspe, e pelo visto eu era um dos alvos. Para uma geração nova, jovem, raivosa, de repente eu havia me tornado o representante de uma estirpe de músicos ricos, inacessíveis, complacentes e (talvez o pior de tudo) que só cantava baladas. Haviam decidido dar uma bela sacudida na minha gaiola de ouro, e tudo passou a apresentar certo tom de confronto, pelo menos na Grã-Bretanha. Agrupados agressivamente contra a velha guarda e esperando varrê-la para fora, grupos semelhantes ao Sex Pistols e ao Clash cantavam: "Nada de Elvis, Beatles ou Rolling Stones em 1977". E, pelo jeito, eu também não.

Não ajudou muito a entrevista que dei para o *New Musical Express*, na qual foi destacada uma frase minha que me acompanhou durante algum tempo: "Não tem nenhuma porra de alfinete de fralda saindo de mim", o que pareceu reacionário e desdenhoso – na real, era essa a intenção. E era verdade. Enquanto os punks se vestiam com camisetas rasgadas e calças cheias de zíperes, remendadas com toalhas que traziam anúncios de cerveja, eu atravessava minha fase Rudolf Nureyev: calça saruel, chinelos de seda, tornozeleiras de prata, uma faixa na cintura. Em retrospecto, posso ver como isso afrontava um fedelho presunçoso, com uma guitarra elétrica e um pouco de atitude. No entanto, confortável, posso dizer. Todo homem deveria ter uma fase Rudolf Nureyev se pudesse.

Mas havia um sentimento de traição também. Aparentemente, os caras do Sex Pistols tinham sido grandes fãs do Faces. Eles costumavam tocar "Three button hand me down" quando ensaiavam, uma canção escrita por este velho chato e Ian McLagan. Eles gostavam da ligação da banda com o público, da noção de que um show era uma grande festa em que todos participavam – não como os Stones, digamos, que desde o começo faziam uma apresentação absorta que mantinha o público a distância. Os fãs os adoravam, mas não que os conhecessem. E então os Pistols se ressentiram pelo que aconteceu ao Faces no final e pelo modo como saí da banda para me tornar um astro. John Peel teve a mesma dificuldade. Disse que se decepcionou quando me tornei uma celebridade. Achou que tinha me perdido para a fama – nossos caminhos pararam de se cruzar depois que me mudei para Los Angeles.

A proporção da carreira de repente aumenta. Cresce de um jeito que você nem sempre controla. Os shows ficam maiores – mas, como dizem, isso é sinal de que você está fazendo *certo*. À medida que o show fica maior, é uma batalha constante manter a conexão com o público, na qual, eu diria, como regra, lutei bastante bem. Parece que o meu público *de fato* sente que me conhece, e acho que ele está com a razão.

Mas também é uma batalha impedir que a dimensão do seu sucesso bagunce a sua cabeça. Todo artista bem-sucedido de vez em quando perde essa contenda. Eu a perdi em meados dos anos 1970, e a foto com o chapéu de palha na capa de *A night on the town* é a melhor prova. Até mesmo o Faces passou por isso. Durante um tempo, nos divertimos como um bando de camaradas num pub, mas, acreditem, os atritos naquela banda por causa de limusines e quartos de hotel teriam feito os caras do Eagles morrer de vergonha. Se o produtor não providenciasse um piano Steinway para Ian McLagan, como especificado no contrato, Mac esperava o fim do show e destruía o piano fornecido. Isso parece atitude de algum cara pé no chão que você conheça?

Então, num certo sentido, o punk deu a pessoas como Elton e eu o que merecíamos: um chute no traseiro. No meu caso, um chute nas calças saruel.

Não estou dizendo que tenha aprendido alguma coisa com esse estilo do ponto de vista musical. Ganhei muito pouco com o que vi e ouvi. Gostei da postura "levante e faça". Era muito parecida com a do Faces, de algum modo. Mas a música? Nem tanto. O som de que eu gostava ainda era o de sempre: soul, R&B, folk, misturados com um pouco de rock 'n' roll para contrabalançar. Ao mesmo tempo, o punk era um pequeno lembrete, uma sacudida na realidade. De repente havia um bolsão de resistência. De repente, havia um desafio: muito público, ruidoso demais.

Adotei uma decisão política. Não me esconderia. Em junho de 1977, lancei um single com duas músicas de impacto: "I don't want to talk about it" e "The first cut is the deepest". Duas baladas, faça-me o favor. O single chegou ao número um na Grã-Bretanha durante todo o mês de junho de 1977. No segundo lugar, "God save the queen", do Sex Pistols. *Touché*.

Claro, Malcolm McLaren, produtor do Sex Pistols, alegou desonestidade e fraudes por trás dos bastidores. Era o ano do Jubileu de Prata da Rainha, e a teoria de McLaren era que as autoridades não podiam admitir que uma canção antimonarquista fosse a número um, enquanto o restante do país comemorava os 25 anos de reinado de Elizabeth. Certamente a BBC se recusou a tocar o disco do Sex Pistols, embora, se isso atrapalhava ou melhorava o seu desempenho comercial, nunca venhamos a saber. (Não há nada como uma proibição para fomentar o interesse, como descobri com "Tonight's the night".) De qualquer modo, cerca de trinta anos mais tarde, Richard Branson, que havia sido o chefe na Virgin Records, selo do Pistols, declarou num programa de televisão que a batalha entre os singles tinha sido justa, sem subterfúgios, portanto reivindico uma vitória limpa.

O que ficou muito claro na época, no entanto, foi que, mesmo na intrépida aurora do punk, um velho chato ainda fazia sucesso com as canções certas. O que eu tinha de fazer era acreditar que podia continuar com elas. Joe Smith, o grande chefe da Warner Bros., me disse, quando assinei meu contrato solo com aquela gravadora: "Se você durar dez anos nesse negócio, vai durar para sempre". Talvez. Só sei que isso foi há quase quarenta anos, e já vi muita gente aparecer e sumir.

Claro, o tempo tende a nos mudar. Houve a reunião do Faces para uma turnê em 2010, com Mick Hucknall, do Simply Red, nos vocais (eu estava ocupado e não pude participar), e Glen Matlock, ex-Sex Pistols, no baixo. Woody me contou pelo telefone: "Glen está com um traseiro enorme. E gosta de usar echarpe".

E lá vamos nós.

Capítulo 12

São expostas as atividades e as motivações pela Polícia do Sexo, em atividade por volta de 1976-86. Mais alguns constrangimentos nas chegadas a Heathrow e os perigos de subir ao palco com postes de luz.

A noite em que abri a porta do meu quarto no hotel e encontrei um baixista completamente nu e atado com fita adesiva na cama foi... Bem, era o tipo de coisa que costumava acontecer durante as turnês com a banda nos anos 1970 e 1980. Só sinalizei solidariedade a Charlie Harrison, fui para o quarto ao lado e me joguei na cama, certo de que a situação se resolveria e agradecido por, pelo menos dessa vez, não envolver galinhas vivas.

Charlie era apenas mais uma vítima da Polícia do Sexo. E ela podia atacar a qualquer momento. Quem era a Polícia do Sexo? Uma associação informal constituída por alguns membros da banda e da equipe das nossas turnês, reunidos sob a liderança de nosso agente, Pete "Gruppenführer" Buckland. A sua intenção primordial era acabar com o sexo na estrada – identificar, dentro do grupo, os prováveis praticantes, descobrir os locais onde poderiam "atuar" e evitar que acontecesse. E havia muito sexo nas turnês, o que os mantinha bastante ocupados. A área de atuação do grupo logo se expandiu, para também incluir as brincadeiras durante toda a viagem. E que fique claro: ser membro da Polícia do Sexo – e eu confesso que era – não significava estar livre dela. Mesmo a Polícia do Sexo temia ter flagrada pelo grupo.

Dizer que eles eram bem organizados é pouco. A Polícia do Sexo tinha kits de ferramentas, walkie-talkies, câmeras e, o melhor de tudo, chaves mestras, de modo que podiam estar na cena do crime (quartos de hotel, por exemplo) antes ou (às vezes, pior) depois de qualquer um. Eles tinham chaves de fenda para retirar dobradiças de portas. (O casal enfiava a chave na fechadura, e a porta simplesmente desabava para dentro do quarto.) Possuíam metros de corda para descer bagagens pela janela. (Difícil encontrar as malas nessas circunstâncias. E igualmente difícil, uma vez encontradas dez andares abaixo, içá-las para dentro.) Arrumaram uniformes: um macacão branco com "Polícia do Sexo" escrito nas costas e exibindo no peito seu emblema: dois pênis eretos e o lema, em latim, *cruella sed justa*, "cruel, mas justo". E eles tinham galinhas.

Acredito que o primeiro uso registrado de galinhas vivas pela Polícia do Sexo foi em um hotel em Dallas, em 1985, e eu fui a vítima. Estava numa suíte gravando uma entrevista com o grande Dick Clark, lendário apresentador do *American Bandstand*. A conversa chegava ao fim, quando as portas se abriram de repente e ouviu-se um grito em coro vindo do corredor: "Serviço de quarto!", e, numa velocidade surreal, o quarto se transformou em um turbilhão de penas e titica de galinha. Clark, um profissional consagrado, pareceu achar tudo engraçado.

Acho que tive sorte por serem só galinhas. Haviam pensado em carneiros, mas era impossível encontrá-los em pouco tempo. Patos também eram uma opção. A maior frustração da equipe foi nunca ter conseguido pôr em prática o plano de encher a banheira de alguém com patos, embora isso tenha ficado bem para o fim da fila.

Galinhas, no entanto, eram mais fáceis de se obter. Consequentemente, na ilha de Terra Nova, Canadá, a Polícia do Sexo retirou cada item de mobiliário do quarto de um dos integrantes da equipe, trancou tudo no quarto ao lado (procedimento-padrão) e, como floreio final, deixou duas galinhas. O sujeito voltou para o quarto com uma garota e, apesar de tudo, passou algumas horas ali, o que pareceria incrível, a não ser pelo fato de que se comportar como se nada estivesse acontecendo, como se tudo estivesse normal, era essencial. Quem reagisse estava pedindo um tratamento cada vez pior.

Foi por isso que, quando calcei minhas botas ao fim de um longo voo da British Airways entre Los Angeles e Londres, em 22 de dezembro de 1977, e pisei em amendoins com algo pegajoso, muito provavelmente (a experiência me revelou) geleia de morango, não retirei os pés, como mandava o meu instinto. Terminei de calçá-las, saí do avião e caminhei pelo Aeroporto de Heathrow com tanta naturalidade quanta possa ter um homem calçando sapatos cheios de restos de comida.

Ou talvez eu estivesse bêbado demais para notar. Parece que eu ainda segurava um copo de conhaque e cantava "Mammy", de Jolson, quando cheguei à esteira de bagagem. Mas mesmo assim eu estava começando a achar que dessa vez tínhamos ido longe demais. Claro que a visão de Jim Cregan, meu guitarrista, com o cabelo encaracolado cheio de cinzas e pontas de cigarro e com o rosto lambuzado com o que, visto de perto, parecia ser mel, teria sido um bom indício. E os risos estavam prestes a ser interrompidos porque Jimmy Horowitz, da equipe de produção, logo seria detido pela polícia do aeroporto por embriaguez. (Multa: 25 libras por ordem da Uxbridge Magistrates' Court.) Havíamos deixado para trás uma cabine de primeira classe da British Airways decorada, sem economia, com mostarda. E à nossa frente nos esperava uma verdadeira bronca da imprensa pelo nosso comportamento vergonhoso. Não sei o que nos deu.

Aliás, sei: conhaque.

Mesmo assim, como o *Daily Telegraph* relatou: "O sr. Horowitz admitiu que alguns membros do grupo pegaram carona na esteira de bagagem, mas disse que Rod Stewart estava bêbado demais para subir na esteira e só ficou deitado num canto, embaixo de algumas malas". Portanto, pelo menos um de nós manteve algum decoro. Logo depois disso, o funcionário da imigração abriu o passaporte de Horowitz, e dele caíram duas fatias de bacon. Um episódio lamentável, no geral, e pelo qual eu me desculpei no devido tempo com a British Airways. Gostaria de dizer que aprendemos uma lição, fomos castigados e, desde então, passamos a nos controlar. Mas não seria verdade.

Fica evidente, a partir desse relato, que o comportamento em turnê não se refreou após o fim do Faces. Pelo contrário. Quando saí numa turnê como artista solo pela primeira vez, em 1976, era como se a fama da minha ex-banda já me precedesse. Acho que o que se dizia entre os músicos era que, se você entrasse para a banda de Rod Stewart, seria melhor se acostumar com a birita e se comportar como um pateta. Era preciso ultrapassar meu referencial. Relembrando, acho que muitas vezes conseguimos, ao atingir novos recordes em matéria de imbecilidades cometidas por um grupo de rock em turnê.

Para a primeira turnê da banda pós-Faces, eu queria três guitarristas. Na época, as pessoas zombaram e disseram: "Ele precisa de três guitarristas para substituir Ronnie Wood", mas não se tratava disso. Eu os queria pela densidade do som, pela dinâmica que haveria entre eles e também (não me importo em admitir) porque achava que ficaria bonito. Tinha visto isso funcionar com o Fleetwood Mac.

Então, na guitarra estava Jim Cregan. (Jim toca aquele adorável solo fluido de guitarra acústica em "Make me smile (Come up and see me)", de Steve Harley e Cockney Rebel. Nós o batizamos de "o Segóvia de Somerset".) Também na guitarra havia Gary Grainger. (Ele tocara na banda Strider, que abrira shows do Faces. Estava lá para adicionar um pouco de malícia.) E ainda havia Billy Peek. Eu o vira na televisão, nos Estados Unidos, tocando com a banda de Chuck Berry, e ele me pareceu ótimo. Liguei para Tom Dowd e disse: "Temos de consegui-lo". Isso foi durante a gravação de *A night on the town*. Calculei que, se ele era bom o suficiente para tocar rock 'n' roll com Chuck Berry, também seria para mim.

Phil Chen, o baixista, era o cara a quem eu tinha pedido para pensar na possibilidade de se juntar ao Faces depois da saída de Ronnie Lane, mas na época ele tinha outro compromisso. O tecladista era John Jarvis, um americano formado em clássicos, que tocara em *A night on the town* e era um excelente músico. E o baterista era Carmine Appice, que integrara a banda de rock Vanilla Fudge. Era americano, mas eu o convenci a tocar no estilo britânico. A batida do rock 'n' roll americano é precisa no compasso. Eu queria uma batida mais britânica, mais solta, não tão rigorosa no tempo. É mais relaxada. Claro que, se ficar relaxada demais, a situação sai do controle com incrível rapidez, como descobrimos no Faces em mais de uma ocasião. Então, trata-se de buscar fluência e descontração, ainda mantendo a unidade. É o que os Stones fazem tão bem.

Eu queria que nos sentíssemos à vontade, se possível. Naqueles dias, Jackson Browne estava fazendo testes de som durante todo o tempo das apresentações. Depois, a banda era chamada para escutar a gravação completa do show, e a cada um seriam apontados os erros e omissões. Não era assim que eu via a dinâmica funcionar. Nossos testes de som tendiam a ser o mais curtos possível. Quinze minutos seriam exaustivos. Não era necessário lamentar pelos erros passados. O importante era que o show fosse bom, claro, e quem não mantivesse o padrão durante a noite se ajustaria rapidamente. Mas, afinal de contas, era para ser rock 'n' roll. Na minha opinião, se não fosse divertido e agradável para nós, seria pouco provável evocar isso na plateia.

Às seis horas da noite anterior ao primeiro show da turnê, todos deveriam aparecer com seus equipamentos de palco para uma apresentação formal dos figurinos. Isso nunca era menos que hilário. Eu encorajava todos a buscar brilho e cor. Nem sempre isso funcionava. As pessoas entravam na sala e diziam: "O que você acha?". E havia gritos de: "Nem fodendo eu entro no palco com você desse jeito!". Phil Chen tinha algumas boas fantasias, mas Jim e Kevin cometiam alguns erros impressionantes, e Carmine, o baterista, era provavelmente o pior de todos: camisas horrorosas, imitando pele de cobra, coletes prateados e jaquetas de couro. Billy era um tanto baixo e atarracado, e nunca sabíamos muito bem o que propor. Então, costumávamos vesti-lo como um francês e deixá-lo assim mesmo.

Mandei fazer grandes roupões de veludo com as iniciais de cada integrante bordadas. Os roadies precisavam ficar à espera quando a banda saía do palco depois do show e envolver cada um com sua capa, a caminho das limusines. E alguns de nós nem sequer suavam. Que desperdício de dinheiro.

Os trotes não aconteciam apenas fora do palco, mas eram também populares durante os shows – outro resquício dos tempos do Faces. O show nada tinha de sagrado, e se alguém pensasse em um bom modo de animá-lo, tudo bem. Por exemplo, Carmine fazia um solo de bateria (eles ainda eram obrigatórios naquela época) que terminava com ele de pé sobre o banquinho, erguendo as baquetas. Essa seria a deixa para o roadie da bateria, no fundo do palco, tocar o gigantesco gongo suspenso atrás do equipamento de Carmine (os gongos gigantes também eram obrigatórios naquela época), encerrando de modo retumbante. Nessa altura, lembre-se de que o restante da banda estava nos bastidores, de modo que bastavam alguns segundos para roubar o batedor do roadie, deixando Carmine de pé no seu banquinho, esperando o gongo que nunca iria tocar.

Ou então, como o microfone do gongo em geral era posicionado atrás dele, fora da visão do público, podia-se muito bem substituir o som do gongo pelo de uma corneta de brinquedo ou de uma campainha de bicicleta, ou, ainda melhor, de um peido, se alguém conseguisse soltar um. (Soltar puns ao microfone se tornou uma preocupação crescente nas minhas bandas em turnês durante o curso dos anos 1980. Os engenheiros de som aprenderam a deixar os microfones em volume baixo até o último minuto possível no início dos shows, para evitar que a plateia fosse surpreendida pelo som amplificado de um flato.)

Algumas vezes o pastelão não precisava ser criado. Simplesmente acontecia, de qualquer maneira. Para compor um momento dramático, tínhamos um poste de luz pendurado no teto, que costumava ser abaixado no escuro, logo antes de eu cantar "The killing of Georgie". Uma noite fiquei bem embaixo dele por engano, tornando-me um dentre um contingente muito pequeno de artistas achatados no meio de um show por um poste de três metros. (Só manchas roxas, obrigado por perguntar.)

A banda evoluiu: Robin Le Mesurier assumiu a guitarra, Kevin Savigar, o teclado – caras que se tornaram meus amigos íntimos nos anos seguintes. Os trotes também evoluíram. Em novembro de 1984, a turnê para o álbum *Camouflage* incluiu Tóquio, no Japão, onde determinados membros da banda e da equipe descobriram o esporte do "passeio de parapeito": passar de um quarto para o outro, caminhando pelo parapeito das janelas. Em alturas equivalentes a 25 andares ou mais, esse jogo exigia muita coragem. E muita bebida. Ou muita bebida combinada a muita coragem. De qualquer modo, embora eu pudesse ver o valor humorístico de aparecer inesperadamente na janela de alguém no 25º andar de um arranha-céu de Tóquio pedindo para entrar, não fui convencido a aderir. Todos nós temos limites, e passeio de parapeito era o meu.

Como todo mundo sabe, há muito tempo ocioso para se preencher durante turnês, e a luta contra o maldoso domínio do tédio é constante.

"Se eu equilibrar essa bandeja na cabeça, quantas coisas consigo colocar nela antes que tudo desabe?"

"Se eu vestir esse plástico que veio com a roupa da lavanderia, será que vai parecer uma camisa de força?"

"Como seria se eu me enrolasse todo em filme plástico?"

"Será que a cabeceira da cama cabe naquele elevador?"

"Onde podemos arranjar patos?"

Essas são perguntas que entram na cabeça de um roqueiro em turnê e não vão embora até terem sido respondidas. E pode parecer algo estranho de se dizer em relação a uma organização dedicada a soltar galinhas vivas em suítes de hotel, mas acho que a Polícia do Sexo impediu que ficássemos malucos.

[Respostas às perguntas acima: 1) Uma tigela de frutas; uma jarra de água; três miniaturas de garrafa de vinho; dois livros; um *nécessaire*; e um par de calças, geralmente. 2) Sim. 3) Você vai ficar parecendo um pacote de peito de frango, mas vai se sentir muito aconchegado. 4) Sim, se empurrar com força suficiente. 5) Como eu já disse, nunca descobrimos.]

Capítulo 13

Nosso herói, sem dar atenção aos conselhos do pai, se casa, se estabelece e tem filhos. Faz diversas reflexões casuais a respeito de bundas, música disco, Tony Curtis e calças legging brilhantes.

Ignore Joe Smith, da Warner Bros., e sua teoria a respeito de permanecer dez anos no ramo da música. Uma questão importante para mim em 1977 era: eu seria capaz de ficar dez meses com apenas uma mulher? Em novembro, separado de Britt e de Liz Treadwell, comecei a namorar Bebe Buell, que ocupara a página central da *Playboy* e tinha acabado de terminar um relacionamento com Todd Rundgren, roqueiro americano. As coisas poderiam ter ido melhor com Bebe se eu não a tivesse levado a Londres por uma semana e, enquanto estávamos lá, me distraído com Marcy Hanson. A essa altura, eu estava chifrando uma modelo da Playboy com outra modelo da mesma revista.

Estaria o casamento nos meus planos naquele momento? Acho que podemos inferir, com bastante certeza, que não.

Mas aí conheci Alana.

A primeira vez que trocamos olhares foi na primavera de 1978, em uma festa promovida para a equipe da minha turnê, no Playboy Club, em Los Angeles, um lugar luxuosamente acarpetado, onde as bebidas eram servidas por garotas vestindo maiôs de veludo, fantasiadas de coelhinhas. (Aliás, pode-se perceber o quanto a indústria da música era extravagante naqueles dias: até os roadies ganhavam uma festa no Playboy Club.) Logo depois disso, conheci-a melhor em uma reunião muito mais elegante, organizada pelo agente Irving "Swifty" Lazar, no andar superior do restaurante Ma Maison. Alana Hamilton era alta, loura, tinha pernas longas (adivinhe no que isso vai dar) e um sorriso fantástico; uma sulista bela e perspicaz, usando um lindo vestido branco, bem justo. Pelo que me lembro, conversamos sobre música, e ela foi logo me dizendo, entre risos, que era fã de country, o que me colocou no meu lugar, mas houve uma verdadeira descarga elétrica entre nós de imediato – aquela sensação de que, nas circunstâncias adequadas, algo muito excitante poderia acontecer. Ela estava lá com o namorado, portanto nosso encontro foi curto e educado, mas eu sabia que queria vê-la outra vez.

Meu procedimento costumeiro nessas situações era pedir a Tony Toon que ligasse e sondasse a possibilidade de um encontro. Isso não impressionou Alana nem um pouco. Ela disse a Tony que, se eu quisesse me encontrar com ela, teria de ligar eu mesmo. Então respirei fundo e liguei.

Alana consultou sua agenda, com certeza muito ocupada, e disse: "Vou a um jantar na casa de Robert Stigwood. Quer ir comigo?". Ele era um produtor de teatro e cinema bem-sucedido, que, além disso, trabalhava como empresário de grupos como Cream e Bee Gees. Topei, lógico. Foi naquela noite que Alana e eu começamos a nos conhecer.

Ela tinha 33 anos, a mesma idade que eu, mas suas origens faziam meus antecedentes humildes parecer quase nobres. Ela crescera em Nacogdoches, Texas, sofrera verdadeiras privações no campo, morando numa casa afastada, sem eletricidade. Tornara-se aeromoça numa companhia aérea texana (cujo uniforme era uma jaqueta com franjas e um chapéu de vaqueiro) e em seguida entrara para os *books* da Ford Modeling Agency em Nova York. Depois disso, mudara-se para Hollywood, esperando ter sucesso como atriz, e conhecera e se casara com George Hamilton, ator de cinema e TV. Alana e George separaram-se três anos antes, em 1975. Tinham um filho, Ashley, que na época estava com quatro anos. Durante o casamento deles, ela explodira na cena social de Hollywood e parecia conhecer todo mundo que fosse famoso, sendo popular entre todos eles.

No fim do jantar, Alana disse "Vamos para a casa de Tina Sinatra", e eu decidi acompanhá-la. Tina, filha de Frank, era a melhor amiga de Alana, e a casa dela era uma espécie de pequeno templo do design contemporâneo, decorada com vidro e acrílico. Tocaram uma salsa, e Alana e eu dançamos sobre o piso de mármore branco, flertando – meio de brincadeira e meio a sério, com os sapatos clicando, a barra das calças ondulando –, e eu soube ali mesmo que ela tinha me conquistado.

Mas nosso encontro seguinte não foi tão bem. Foi numa festa, e eu fiquei chateado porque achei que Alana estava circulando demais entre os convidados e não passava tempo suficiente comigo. Passaram-se alguns dias de silêncio altivo. Durante esse tempo, descobri que ainda pensava muito nela. Ela me pareceu tão inteligente, tão engraçada, tão viva. Então resolvi ligar e convidei-a outra vez para jantar, e ela surgiu sexy e selvagem e me disse que também passara aqueles dias pensando em mim. A partir daquela noite, nos tornamos inseparáveis.

Não fomos morar juntos durante os primeiros oito meses do nosso relacionamento. Continuei morando em Carolwood Drive, e Alana tinha sua própria casa em Beverly Hills. Mesmo assim, acho que só houve uma noite naquele primeiro ano em que não saímos. Mais que qualquer outra mulher que eu já conhecera, Alana sabia como se divertir. Boates, festas, jantares... nós praticamente percorríamos a cidade toda em uma busca desenfreada por aventura. Uma noite, na cama, Alana me entregou uma pequena cápsula e disse: "Experimente isso". Era *popper*: um pequeno recipiente com nitrato de amila. A ideia era quebrar o recipiente e inalar o conteúdo no momento do orgasmo, para intensificar o prazer. Eu nunca tinha feito isso. Claro que não é a coisa mais inteligente a fazer com o seu sistema cardiovascular, mas não nos preocupávamos com os riscos. Encontrar meios de intensificar o prazer era o que buscávamos na ânsia impetuosa do início do nosso relacionamento. Era quase que uma competição entre nós: quem podia fazer mais, beber mais, se divertir mais, dançar mais, foder mais. E isso nos tornava muito felizes.

Enquanto isso, durante o dia, quando conseguia segurar minha cabeça surrada, eu estava gravando o que veio a ser *Blondes have more fun*. Como costumava acontecer nesses períodos, eu entrara no estúdio sem ter nenhuma canção terminada. A banda se instalava no primeiro dia, e começávamos a improvisar, até que algo tomasse forma. Inevitavelmente, o que escutávamos estava sempre presente naquilo que produzíamos. Eu muitas vezes dizia: "Será que podíamos criar alguma coisa nessa linha?". É um bom modo de fazer as portas se abrir. E nessa época específica, em 1978, eu andara escutando os discos do Chic [Corea], nos quais o baixo é a força motriz e quase que o principal provedor da melodia. Além disso, escutara muito "Native New Yorker", do Odyssey, uma faixa que eu adorava. E então havia "Miss you", dos Stones: um rock em ritmo de danceteria, uma mistura que me atraía. Portanto, a questão era: poderíamos seguir naquelas linhas? E o que apareceu foi uma canção chamada "Da ya think I'm sexy?".

Provavelmente nada que eu já tivesse escrito fizera tamanho sucesso comercial, e estou certo de que nada do que eu escrevera me causara sentimentos mais ambivalentes. Pergunte-me agora, e vou lhe dizer que adoro a canção e me orgulho muito dela. Ainda assim, qual fora o comentário que Jeff Beck fizera a respeito de "Hi ho silver lining"? "Era uma tampa de privada cor-de-rosa pendurada no meu pescoço pelo resto da minha vida." No início me perguntava se "Da ya think I'm sexy?" seria a minha "Hi ho silver lining". A diferença era que Jeff fora levado a usar a sua tampa de privada cor-de-rosa contra a vontade. Eu, por outro lado, tinha criado a minha tampa de privada cor-de-rosa – eu mesmo a pintara, se preferir – e então deliberadamente e com alegria enfiara a cabeça dentro dela.

Você nunca tem a menor ideia de como uma canção vai ser recebida durante a sua futura jornada. Mas o que ficou claro foi que, quando "Da ya think I'm sexy?" foi lançada, uma incrível quantidade de gente gostou. Vendi mais de 2 milhões de cópias nos Estados Unidos, meio milhão na Grã-Bretanha, e foi sucesso no mundo inteiro, incluindo alguns lugares dos quais eu nunca ouvira falar e outros lugares onde eu nem sabia que havia eletricidade. Foi o single de venda mais rápida que a Warner já teve, até Madonna aparecer seis anos mais tarde com "Like a virgin". Então, como é que eu podia não estar orgulhoso? Quem escreve canções passa a vida inteira sonhando com o momento em que seu material se lance no mundo e provoque uma reação tão favorável como essa.

Apesar disso, ao mesmo tempo parecia que eu tinha alienado algumas pessoas que até então haviam se sentido próximas de mim. Alguns dos fãs dos dias de *Gasoline alley* sentiram-se abandonados. Eles encaravam o estilo discoteca como o pior inimigo e não entendiam o que eu estava fazendo ao me juntar ao outro lado. Naquela época, a música era dividida em linhas de batalha, de um jeito (Deus seja louvado) que não existe mais. No fim dos anos 1970, havia soul, heavy metal, punk e assim por diante, com seus seguidores em trincheiras separadas prontos para atacar. E você não podia se erguer, digamos, da trincheira do rock para fazer uma incursão na do soul, nem uma leve aproximação, sem correr o sério risco de ter a cabeça explodida.

Bem, desde o começo, eu sempre misturava as coisas em todos os meus álbuns – pegava um pouco de R&B, um pouco de folk, um clássico, rock 'n' roll, e esperava que a voz unificasse tudo. Numa cruzada solo que durou quase uma década, eu tinha sofrido apenas ferimentos muito leves como resultado dessas táticas. Mas a disco music era considerada um salto muito distante. Foi a deixa para o pesado fogo de artilharia – em especial dos críticos musicais, que rejeitaram "Da ya think I'm sexy?" por considerá-la uma grande mescla confusa de coisas velhas e, ainda por cima, o trabalho de um tremendo exibido.

O que eu podia dizer? Cansei de chamar a atenção para o fato de que a letra fora escrita na terceira pessoa – *She sits alone, waiting for suggestion, He's so nervous, avoiding all the questions* [*Ela* está sentada sozinha, esperando uma proposta, *ele* está tão nervoso, evitando todas as perguntas] e assim por diante – e que o refrão na primeira pessoa corresponde aos pensamentos do camarada e da garota retratados na canção, que estão loucos para tirar a roupa um do outro, mas não sabem bem como abordar a questão (*If you want my body, and you think I'm sexy* [Se você quer o meu corpo e acha que sou sexy] etc.) Não sou *eu* quem está perguntando a todo mundo do planeta se *me* acha sexy. Há uma história sendo contada. Mas isso meio que ficou de lado. E eu não consegui grande ajuda por parte dos meus produtores e da equipe de marketing, cuja campanha para o single me mostrava espremido em toda a glória de um legging brilhante, abaixo do título: "Da ya think I'm sexy?". Deus sabe como grande parte dos meus fãs masculinos deve ter se sentido àquela altura. Provavelmente tiveram vontade de esconder todos os meus álbuns antigos no fundo do armário por um tempo.

Só para complicar as coisas, o músico brasileiro Jorge Ben Jor apontou a semelhança da melodia do refrão com uma canção dele, de 1972, chamada "Taj Mahal". E reivindicou direitos autorais. Levantei a mão imediatamente. Eu tinha como me defender. Não que eu tivesse me levantado no estúdio e dito: "Aqui, já sei, vamos usar aquela melodia do 'Taj Mahal' como o refrão e pronto, acabou. O autor mora no Brasil, nunca vai descobrir". Mas por acaso eu tinha passado o Carnaval no Rio em 1978, com Elton e Freddie Mercury, e lá duas coisas significativas aconteceram: primeiro, desenvolvi uma breve e impossível paixão por uma atriz de cinema lésbica, que não me deixava nem chegar perto dela; e segundo, eu tinha escutado várias vezes, por toda parte, "Taj Mahal", de Jorge Ben Jor. Ela fora relançada naquele ano, e evidentemente a melodia ficou registrada na minha memória e ressurgiu quando eu tentava encontrar uma frase que se ajustasse aos acordes. Plágio inconsciente, pura e simplesmente. Cedi os direitos e mais uma vez imaginei se por acaso "Da ya think I'm sexy?" não seria um tanto amaldiçoada.

Agora, o trecho de sintetizador no começo da canção, isso eu *realmente* tirei da faixa de "(If you want my love) put something down on it", de Bobby Womack. Mas as regras ditam que você pode pegar uma frase de um arranjo – diferente da frase de uma melodia – sem infringir direitos autorais. Portanto não podem me pegar por isso.

Retirei a canção do show durante algum tempo, no começo dos anos 2000, porque havia me cansado dela, mas o público se queixou, e achei que estaria oferecendo menos do que era esperado se não a apresentasse. Quando a coloquei de volta no set list, me dei conta de que eu estava curtindo cantá-la outra vez. Portanto, agora ela voltou ao show – como regra, no final, quando tende a se tornar uma espécie de apoteose. Ela parece evocar toda uma época para as pessoas – a era disco dos anos 1970 –, e, como autor da canção, preciso ser grato por ter uma coisa tão poderosa como essa entre os meus bens.

Além disso, não peço desculpas por rebolar no vídeo, embora isso também tenha atraído críticas na época. Não sei por quê: não era novidade para ninguém. Desde que comecei a adquirir confiança como vocalista no Faces, eu tinha sido um grande defensor do rebolado, acreditando que a bunda é uma parte importante dos recursos do artista de rock 'n' roll no palco e uma ferramenta de comunicação poderosa se bem aproveitada. Além disso, é apenas o jeito como eu danço.

Estou preparado para admitir, no entanto, que a legging preta – usada com um blusão esvoaçante de seda no videoclipe – deu à bunda uma proeminência superior à dos trajes anteriores, mais frouxos. Isso também aconteceu com a versão em pele de leopardo, no mesmo material, pela qual eu me apaixonei nesse período. Mas estamos falando aqui de uma mudança no estilo e no corte das roupas, e não de uma mudança completa na minha abordagem do trabalho de bunda. Calças diferentes, sim, mas o mesmo traseiro rebolativo. De qualquer maneira, esse é o meu argumento.

Uma observação final acerca do vídeo de "Da ya think I'm sexy?": note que, nos shows, quando a banda está no palco gesticulando para a câmera, eu muitas vezes me viro de costas e fico voltado para o fundo do palco. Isso era para esconder o fato de que eu constantemente esquecia a letra. A minha bunda seria muito menos vista se eu conseguisse decorar as malditas palavras.

A etapa britânica da turnê para o álbum *Blondes have more fun* começou em Manchester, em dezembro de 1978. Ainda desejosos de passar o menor tempo possível separados, Alana e eu alugamos uma casa em Chester Square, em Londres, para usar como base, e levamos Ashley conosco. Fazia dois anos que eu não tocava na Inglaterra, e não sabia o que esperar. A imprensa do Reino Unido não ficara muito entusiasmada com o álbum. Será que ninguém se importava mais? Apareceria alguém? É algo com o qual convivo o tempo todo: o terror do lugar vazio, o sinal visível demais de que você está se apagando, de que o declínio está começando. Uma vez li como Al Jolson, um dos meus heróis de infância, era paranoico em relação aos assentos vazios, e eu sem dúvida peguei esse medo.

Sem problemas dessa vez, no entanto. As hordas de xadrez escocês ainda se mostravam descontroladas e corriam para a frente das fileiras de poltronas, como sempre, sem se importar com os lugares marcados. Nossa turnê parecia crescer, e cresceu mesmo durante as cinco noites no Olympia, no fim de dezembro. A atmosfera dos shows e o clima de Natal, combinados, criavam um delírio que eu nunca vira antes. E, mais de uma vez, quando eu começava a cantar "I don't want to talk about it" e sentia as palavras voltar do público até mim, ouvia a plateia tirar a canção das minhas mãos e tomar conta dela, como costumava fazer, então eu engasgava e não conseguia cantar com ela, mesmo que quisesse.

No começo de 1979, Alana sentia-se gripada. No entanto, ela não estava gripada. Estava grávida.

Tínhamos conversado a respeito de ter filhos. Eu sabia que os queria. Conviver com os filhos de Britt, Victoria e Nicolaj, me agradara. Adorava o filho de Alana, Ashley, assim como estar com outras crianças. Vim de uma família grande e queria uma assim. Filhos só poderiam ser algo bom.

Mas será que os queria também em 1979 – em, digamos, menos de nove meses?

A realidade da gravidez me deixou atônito. Entrei em pânico, e por esse sentimento esfriei com Alana e tivemos alguns meses muito ruins. Fiquei com medo e me comportei mal. Em turnê pela Austrália, em fevereiro de 1979, tive uma aventura com Belinda Green, modelo australiana e ex-Miss Mundo. Eu estava do outro lado do mundo, e naquela época, quando as notícias viajavam devagar e com dificuldade, eu esperava me safar. Uma grande matéria no *Sydney Morning Herald*, com foto, mostrou-me o contrário. Alana ficou sabendo e, claro, ficou muito chateada.

Senti-me tão popular quanto o sentinela de Pearl Harbor. Entretanto, consegui me convencer, e a ela, de que essa transgressão tinha sido uma última aventura, causada pelo terror da responsabilidade iminente, que me afastara do bom caminho. E quando Alana foi se juntar à turnê, no Japão, fizemos as pazes. E, no processo de fazer as pazes, lembramos que ainda estávamos apaixonados e resolvemos nos casar. Não houve nenhum grande pedido romântico e nada de me ajoelhar. Apenas uma decisão tomada a dois de que aquele era o caminho certo. No hotel, eu queria comunicar a notícia aos meus pais, em Londres, mas estava com muito medo de dizer a eles. Sabia que eles não aprovariam. Pedi a minha secretária, Gail Williams, que desse a notícia antes e depois peguei o telefone para falar com eles, meio receoso e muito tenso, empoleirado nos pés da cama no hotel. Foi uma conversa muito sem jeito. Minha mamãe fez o que pôde para parecer satisfeita. (Só bem mais tarde ela declarou à imprensa que concordava com a opinião de meu pai, de que eu "devia me casar com uma boa moça escocesa".) Meu pai simplesmente veio ao telefone e disse: "Você ainda não tem idade".

Ridículo, claro: eu tinha 34 anos, pelo amor de Deus.

Casamos em abril, embora não antes de eu experimentar ainda uns dois ataques de medo. No dia em que deveríamos buscar nossa licença de casamento, eu desapareci e fui a uma loja de carros, com a intenção de comprar um – sinal, talvez, da minha falta de compromisso com o projeto. Evidentemente, o solteiro que havia em mim não iria cair sem lutar. Não fugi da raia, no entanto. No dia do casamento, a noiva estava usando cor de creme, e o noivo, também – embora o vestido de Alana fosse tomara que caia e eu vestisse um terno com uma gravata cor-de-rosa. A cerimônia foi bem intimista, cercada de vidro e mármore na casa de Tina Sinatra; ela foi a dama de honra, e Billy Gaff, meu padrinho. Depois fomos todos para a recepção, no L'Ermitage, um restaurante francês no La Cienega Boulevard. Não contamos a ninguém que era a festa do nosso casamento. Dissemos apenas que era a comemoração da etapa americana da minha turnê. Mantivemos tudo escondido até mesmo de Tony Toon, porque sabíamos que compartilhar com ele nosso segredo equivaleria a colocar a notícia num outdoor da Sunset Strip. Ainda assim, as pessoas aparentemente perceberam o motivo real da comemoração: a calçada do restaurante ficou repleta de fotógrafos, que também avisaram a maior parte dos convidados. Não nos importamos. Seguiu-se uma grande festa. O plano era passar a noite de núpcias no Hotel Bel-Air, mas a imprensa nos teria seguido até lá, e, portanto, em vez disso, voltamos para Carolwood, muito felizes.

O casamento funcionou como o clique de um interruptor. Varreu todas as dúvidas, clareou todo o medo. Minha transgressão na Austrália ficou esquecida. Tornei-me um marido: apaixonado por Alana, pelo papel a desempenhar, pela ideia toda. Eu estava em turnê pelos Estados Unidos, mas voltava todas as noites para ficar com ela. Por que eu não estaria feliz? Éramos marido e mulher recém-casados, com um filho a caminho – um menino, claro. Roderick Christian Stewart. Já tínhamos escolhido o nome, certos de que seria um menino, embora tivéssemos optado por não saber o sexo com antecedência.

Em agosto, o bebê chegou, depois de um abençoado trabalho de parto de três horas e meia, durante as quais Alana liberou o seu interior texano num grau que nem mesmo eu já havia testemunhado. Usou uma linguagem que eu não sabia que existia, nem mesmo no Texas. E ali estava, não Roderick Christian, mas Kimberly Alana. E, claro, nada se comparava a isso. E, claro, nada se comparava a ela. Eu a segurei antes de Alana. O médico entregou-a a mim, e desde o segundo em que coloquei os olhos nela fiquei absolutamente apaixonado. Nossa Kimberly.

Enfim éramos pais e, ao mesmo tempo, anfitriões em Hollywood com agenda cheia. Eram tempos inebriantes. As conexões de Alana haviam me introduzido, com perplexa admiração, num círculo social do qual eu jamais pensei fazer parte. Construímos um salão de baile cercado por uma galeria superior em uma das extremidades de Carolwood e dávamos as mais fantásticas festas – eventos formais, com mesas postas para jantar e tapeçarias, e conjuntos musicais, em que os convidados eram instruídos a se vestir com elegância. Era o nosso período *Grande Gatsby*. Na lista de convidados, presenças como as de Barbara Streisand, Warren Beatty, Dustin Hoffman, Jack

Nicholson, Anjelica Houston, Albert Finney, Linda Evans, Joan e Jackie Collins, Ryan O'Neal e Farrah Fawcett, de quem Alana era amiga muito próxima... e assim por diante. As pessoas perguntam: "*Como* eram todas aquelas pessoas?". Bem, eles todos me pareciam ótimos, mas claro que eu só os via embriagados ou chapados se divertindo a valer, enquanto eu fazia o mesmo. Nunca os vi na manhã seguinte.

Nessa época me envolvi seriamente com à cocaína – material puro, de alta qualidade. Era considerado muito chique naquele tempo, em especial entre o pessoal do show business, para quem o uso era quase restrito. A ideia não era aspirar carreiras seguidas e ver o raiar do dia, com os olhos arregalados e sem fôlego. Usava-se mais como rapé, para animar a noite – só uma cheiradinha do agradável pó branco nas costas da mão. E então talvez outra cheiradinha. E quem sabe outra... Mas sem dores de cabeça depois, milagrosamente, e sem nariz sangrando – no meu caso, sem noção, porque eu acreditava que algo tão puro não poderia estragar minha voz. Apenas um sentimento maravilhoso de bem-estar, e tudo se tornava mais intenso. Seguiram-se algumas noites mágicas. Um dia, tarde da noite, depois do jantar, quando todos já tinham ido embora, Tony Curtis acabou na sala de estar me ensinando como dançar *jive* com uma cadeira – levantando-a em uma perna, fazendo-a girar. Em outra noite, num horário semelhante, depois de os convidados saírem, assisti a meu grande amigo Jim Cregan, guitarrista da minha banda, tocando flamenco e dançando com Liza Minnelli. O que seria plausível se Jim soubesse tocar flamenco. Considerando tudo isso, a vida parecia ter adquirido a qualidade de um sonho extraordinário.

Para comemorar nosso primeiro aniversário de casamento, em abril de 1980, Alana e eu oferecemos um jantar com lugares marcados para cem convidados no salão de baile, servido pelo Chasen's – caviar, vinho Château d'Yquem, tudo a que tinha direito –, o salão lindamente guarnecido e decorado. Elton veio para a ocasião, e também David e Dani Janssen, Gregory e Veronique Peck, David Niven Jr., Jacqueline Bisset, Johnny Carson, Billy Wilder, Tita e Sammy Cahn. Uma banda de swing posicionada na galeria, e ninguém percebeu que os músicos estavam lá em cima até depois do jantar, quando eles começaram a tocar Glenn Miller e os convidados se levantaram para dançar. Freddie de Cordova, o produtor do *The tonight show*, disse que tinha sido a melhor festa a que ele já fora em Hollywood.

Gregory e Veronique Peck, aliás, eram nossos vizinhos e não poderiam ser mais simpáticos. Nunca se queixaram do barulho da nossa banda ensaiando na garagem. De fato, pedi desculpas por causa disso, e eles disseram: "Oh, não. Gostamos de sentar no terraço e escutar". Fizeram uma passagem na cerca para que eu pudesse entrar e usar a quadra de tênis sempre que quisesse.

Gregory chegou a ir ao meu show, no Forum, em Los Angeles, em 1979, e levou Fred Astaire. Quando chegaram a suas poltronas, as luzes se acenderam, e o público todo se levantou para eles. Fiquei orgulhoso por ter um público que fazia isso. Os dois depois me visitaram nos bastidores, e Astaire perguntou: "Agora conte-me, quem faz sua coreografia?". Eu tive de dizer: "Bem... você sabe... eu apenas vou me mexendo enquanto canto". O que, claro, ele podia ter descoberto sozinho. Mas foi muito delicado em perguntar.

A vida era, sob vários ângulos, extraordinária. E logo Alana engravidou outra vez. Kim só tinha quatro meses quando isso aconteceu. Alana não sabia que era possível conceber durante o período de amamentação. Quando o bebê chegou, estávamos em Malibu, o que foi um tanto inconveniente. Durante minha turnê no começo de 1978, Alana encontrara uma casa de praia maravilhosa, em um trecho deserto de areia, com vista para mais de oitenta metros de praia e apenas meia dúzia de propriedades vizinhas. Parecia uma versão em miniatura da Ópera de Sydney, uma grande concha de marisco, e assim que vi as fotos enviadas por Alana eu a desejei. Naquele tempo, passamos fins de semana maravilhosos na casa. Alana costumava dizer que era o único lugar em que ela me via relaxar direito. Sou muito irrequieto. Preciso me movimentar ou me ocupar com alguma tarefa. Pelo menos ali eu me sentia feliz em ficar quieto, em tomar chá com as crianças sentado na areia. Era um retiro para a família, quando quase todo o resto da nossa vida era repleto de outras pessoas e de viagens.

Pois bem, foi na casa de praia, naquele fim de semana de setembro de 1980, que Alana entrou em trabalho de parto pela segunda vez, o que nos fez correr de Malibu para o centro de Los Angeles, pela Freeway, e Alana correr o sério risco, pensei, não apenas de ter o bebê no carro, mas de estragar o estofamento. Com esses dois pensamentos na cabeça, enfiei o pé na tábua, e não demorou muito para as luzes de um carro de polícia começarem a piscar no meu espelho retrovisor. Encostei e, sem pensar e apesar dos gritos de Alana, "Não, não, não faça isso!", pulei do assento do motorista e corri na direção da viatura – o que, claro, é a última coisa que se deve fazer quando os policiais rodoviários o fazem parar, a não ser que queira dar a eles a impressão errada. Um guarda apontou a arma para mim, e eu gritava: "Minha mulher está tendo um bebê!". O sujeito pareceu me reconhecer – ou pelo menos abaixou a arma e veio na direção do carro, olhando para Alana, que urrava: "Preciso ir para o hospital! Preciso ir para o hospital!".

O policial se ofereceu para chamar uma ambulância. Alana, já sentindo que o bebê estava chegando, gritou: "Não vai dar tempo, porra. Levem-me para a porra do hospital, ou eu mesma vou dirigir a porra do carro até lá!". Com isso, os guardas resolveram que não adiantaria discutir com ela e nos proporcionaram uma escolta, com a sirene ligada, até o hospital Cedars-Sinai.

Ao entrarmos na ala de maternidade, pediram que Alana preenchesse alguns formulários, ao que ela replicou: "Vocês estão loucos? Esse bebê está prestes a cair no chão". Mais uma vez, a texana maternal entrou em ação. Em menos de quinze minutos tínhamos um menino, e, como acontecera com Kimberly, ao segurá-lo eu já estava perdidamente apaixonado desde o momento em que pusera os olhos nele. Nosso Sean.

Tínhamos dois filhos maravilhosos, uma vida social fabulosa, riqueza e felicidade e tanto a agradecer, não importava sob qual ângulo olhássemos... e ainda assim, de algum modo, tudo começou a dar errado.

Digressão

Um assunto muito sério: nosso herói confessa um vício perturbador.

Você sabe como essas coisas funcionam. Você conhece os perigos, mas acha que só vai dar uma experimentadinha, só para saber como é. Os alertas estão por toda parte, mas você não dá bola, porque acha que é diferente. Acha que é um em um milhão: o tipo mais forte, que consegue se controlar. Logo você percebe que a assim chamada experimentadinha se transformou num hábito furioso, total e absoluto, e que você passa horas ao telefone com o negociante, como se ele fosse seu maior amigo.

Isso é colecionar arte. Algo que pode aprisionar uma pessoa, que pode tomar conta da sua vida e, principalmente, das suas paredes. E eu falo como alguém com experiência em se viciar em pinturas do final do século XIX. Muitos, muitos quadros do fim do século *XIX*.

Sempre gostei de pré-rafaelitas, desde criança: o romantismo, a cor, os clássicos drapejados, drama e emoção intensos. Quando menino, eles ecoavam muitos de meus interesses mais obsessivos: cavaleiros em armaduras reluzentes, donzelas em apuros e, claro, peitos. Quando eu estava em Londres, fazendo apresentações na rua, no fim da adolescência, muitas vezes me instalava na calçada da National Gallery, em Trafalgar Square, e quando chovia eu entrava e perambulava por lá, olhando os pré-rafas e os vitorianos. O meu quadro favorito, no entanto, estava na Tate: *The Lady of Shalott*, de John William Waterhouse. A menina no barco, com o rosto pálido, longos cabelos ruivos e expressão boquiaberta, o detalhe do bordado, o rio e os juncos – eu adorava esse quadro. Muitas vezes levava garotas na Tate só para ver essa pintura, para variar encontros no café ou no cinema. E, claro, isso lhes revelava o meu grau de reflexão e de sensibilidade e a minha gama de interesses, o que raramente diminuía as chances de conseguir uns amassos mais tarde.

Britt Ekland, como já mencionei, me apresentou devidamente à *art nouveau*, mas foi enquanto estava com Alana (que também tinha um olho muito bom) que me senti confiante para fazer a passagem dos pôsteres para as pinturas. O primeiro quadro que comprei (minha primeira "aquisição", como gostamos de dizer no mundo da arte) foi feito por um artista vitoriano desconhecido e é chamado *The kiss*: dois amantes roubando um rápido beijo em um momento passageiro na trilha de um campo. Comprei-o por doze libras de um romeno em uma lojinha em Ladbroke Grove, no fim da década de 1970. Não é grande – cerca de um metro por sessenta centímetros e uma moldura dourada – e também não é nada especial, mas gostei da atmosfera, e isso foi o começo de tudo.

Minha primeira compra realmente séria foi posta no meu caminho por Alana, que conhecia alguém em Beverly Hills que estava vendendo (por incrível que pareça) um John William Waterhouse. É *Isabella with the pot of basil*, do poema de Keats. Custou-me 30 mil libras em 1981, o que me pareceu uma quantia absurda para gastar em uma pintura a óleo; no entanto hesito ao pensar em quanto valeria hoje – acho que chegaria a um milhão de libras. Não que eu esteja pensando em vendê-la. Quando eu era um artista de rua adolescente e meio sujo que ficava parado diante de um Waterhouse não imaginava que um dia teria um pendurado no meu quarto. Acima de tudo, é um lindo quadro, mas o mais importante é que, para mim, também simboliza uma grande jornada.

Só fui enganado duas vezes, o que não é mau, considerando as circunstâncias. Comprei uma peça que achava ser um original de Guillaume Seignac, de um decorador, mas era uma cópia. Foi apenas uma demonstração da minha ingenuidade e de uma excitação exagerada. Ainda assim, gosto da pintura, e mesmo sendo uma cópia talvez valha alguma grana. Também encontrei um quadro dos Príncipes na Torre, que achei ser de William-Adolphe Bouguereau. Pensei com meus botões: "Isso é um verdadeiro roubo". Mas não era um Bouguereau. Por sorte, consegui depois comprar alguns originais desse artista. Tenho um grande, no corredor. Como qualquer pessoa que colecione arte do final do século XIX lhe dirá, não há nada como um grande quadro no corredor.

No fim da década de 1970 comecei a ir a leilões. Aquele ambiente realmente vicia. A tensão quando o quadro que deseja aparece é intensa. E é preciso ter muito cuidado, porque o ego pode provocar todo tipo de problema no processo de dar lances. Lembro-me de uma vez tentar vencer Gianni Versace, correndo o risco de se tornar uma aquisição estupidamente cara, até que caí em mim e desisti, sentindo-me um tanto melindrado. Ter uma cara famosa pode ser uma faca de dois gumes nessa situação. Algumas vezes o favorece, porque intimida as pessoas. Outras vezes, faz enfrentar alguém que quer mostrar a todos que tem mais dinheiro, levando a uma batalha árdua e desnecessária. Portanto, é melhor que eu não esteja presente e que a minha maravilhosa assistente Sarah faça os lances por mim, ou posso fazer por telefone. É necessário ter um leiloeiro em uma ou duas casas importantes que bata o martelo tão logo saiba que é você quem está do outro lado da linha. Não que eu já tivesse encontrado algum que se curvasse tanto a ponto de fazer isso, se é que me entende.

Meu arqui-inimigo nesse campo é vossa senhoria, sir Andrew Lloyd Webber. Ele tem uma coleção de pré-rafaelitas espetacular, e é muito difícil competir com ele. Já fiz lances contra ele em leilões, e o filho da puta venceu todos. Mas ele é um colecionador muito mais aberto que eu. Ele não se fixa na arte vitoriana; também tem peças modernas e consegue combiná-las. Eu não poderia colocar uma peça de arte moderna na parede, porque não a entendo e para mim não parece certo. Mas ele consegue. Ele nos convidou para ver seus quadros uma vez e cantamos em volta do piano, o que se tornou notável por ser uma versão zombeteira de "All I want is a room somewhere", de *My fair lady*, feita por minha querida mulher, Penny – um momento marcante na história do teatro musical.

Costumo mudar os quadros de lugar quando me canso deles ou quando já se passou tempo suficiente para que tenham valorizado. Isso pode chegar a quinze anos ou mais. Não é como o mercado de ações: é preciso ser paciente. E deve-se amar o que está comprando também. De outro modo, não há satisfação em colocar a mão neles. Eu nunca compro só por comprar. Compro porque preciso de alguma coisa para uma parede em especial, em um determinado lugar. Recebo catálogos dos vendedores e os examino, procurando algo que possa servir. Se estou interessado, falo com a Sotheby's, e eles me mandam um certificado de inspeção e fotos de diferentes ângulos.

Eles colocam uma lâmpada ultravioleta por trás do quadro, para que você possa ver em que ponto a tela foi rasgada e retocada ao longo dos anos. Se há rasgos e retoques demais, em geral não compro. Algumas vezes comprei sem ver o quadro "ao vivo", como se diz. Algumas vezes as cores das reproduções nos catálogos estão muito mais vivas do que realmente são, e a obra escolhida pode não ter o impacto esperado. Nesse caso, tento revendê-lo. Em geral, dá para distinguir os que são caros: eles brilham e pulam da parede em cima de você.

Sem dúvida, quando eu morrer, meus filhos vão dizer "O que vamos fazer com toda essa tralha?" e depois vão vender tudo num único lote no e-Bay. Entretanto, todos eles, em algum momento da vida, percorreram a casa contando os peitos, ou as espadas, de modo que as obras definitivamente tiveram algum valor educacional. Não faz muito tempo, meu filho Alastair estava olhando para um quadro de são Sebastião, martirizado, todo espetado com flechas, que fica pendurado na parede ao lado da cozinha, na casa em Los Angeles, e me perguntou o que estava acontecendo ali, por que o homem estava nu e ferido daquela maneira. Foi muito gratificante ser capaz de explicar ao garoto a história toda – foi porque ele errou um pênalti.

Algumas vezes, se não consigo dormir, conto quantos quadros temos. Vou de casa em casa, de aposento em aposento. "Um, dois, três, oito no corredor – não se esqueça daquele no lavabo." Precisam ser a óleo e estar emoldurados, senão não contam. Nada de desenhos ou esboços. Normalmente, quando chego a cerca de 130, estou pronto para apagar.

Capítulo 14

Nosso herói recebe uma visita inesperada, briga com a mulher em um ônibus Routemaster e tenta enganar Rupert Murdoch, com sucesso apenas parcial.

Uma tarde, no fim de outubro de 1982, a campainha tocou em nossa casa em Carolwood Drive. Eu estava fora, no estúdio, trabalhando em faixas para o álbum *Body wishes*. Alana, que estava em casa cuidando de Kimberly, então com três anos, e Sean, que acabava de fazer dois, atendeu o interfone.

Uma homem disse: "Rod está? Quero conhecê-lo".

Lá fora estava um homem com uma câmera pendurada no pescoço, uma mulher de meia-idade e uma menina de dezoito anos. Ele era um jornalista do *Sunday People*, de Londres, a mulher se chamava Evelyn Thubron, e a menina de dezoito anos era a filha que eu dera para adoção em 1963, Sarah.

A chegada dela não pôde ser considerada uma surpresa. Houve algumas ligações por parte da imprensa britânica nos meses anteriores, o que tornou claro que alguém estava em busca da história da minha primeira filha. Eu contara a Alana acerca dessas ligações, ela sabia o que acontecera durante todos aqueles anos. Eu também contara a Britt a respeito dessa passagem da minha vida quando estávamos juntos. O fato de ter tido uma filha aos dezoito anos e entregado para adoção não era algo que eu ia esconder de nenhuma mulher que me fosse próxima.

Mesmo assim, a chegada de Sarah e o modo como ela se deu foram um choque para Alana. Perto do fim de 1981, ela completara dezoito anos, e seus pais adotivos, o brigadeiro Gerald Thubron e sua mulher, Evelyn, que a criaram na região rural de East Sussex, lhe revelaram quem era seu pai biológico. E, quase um ano depois, ali estavam Evelyn e Sarah na soleira da porta – com um jornalista. Para uma Alana atônita, a cena parecia uma desconfortável emboscada. Ela disse que eu não estava em casa e depois ligou para mim no estúdio.

"Rod, a imprensa está na porta da casa com a sua filha."

Fiquei extremamente confuso. É impossível explicar a combinação de sentimentos despertados naquele momento, embora o principal tenha sido medo. Além disso, me senti injuriado. Por que ela tinha vindo com a imprensa? Suspeitando, como Alana, de armação, liguei para Barry Tyerman, meu imperturbável e esclarecido advogado, que avaliou a situação. Ele conseguiu identificar o jornalista e conversou com Evelyn, a mãe adotiva, explicando que eu estava disposto a conhecer Sarah, mas jamais na frente de um repórter. Foi combinada uma reunião para a tarde do dia seguinte, no Record Plant Studios.

No horário combinado, esperei nervoso numa sala vazia, nos fundos. Qual seria a aparência dela? O que eu sentiria ao vê-la? Como ela iria se sentir ao me ver? Como iria se comportar em relação a mim? Essas questões rodavam na minha cabeça. E então, finalmente, Sarah entrou, muito hesitante, com uma roupa elegante, mas simples: uma menina tão claramente minha que era como se eu estivesse me olhando no espelho. Ainda assim, eu não a conhecia. Minha, porém não tão minha. Eu gostaria de tê-la abraçado para que nosso relacionamento tivesse começado assim. Mas a situação me parecia tramada e estranha, e a sala estava tão apinhada (tanto a mãe adotiva quanto Barry estavam presentes) que um comportamento natural era impossível para nós dois.

No início, ela se postou de lado para mim e estava cautelosa. Sentados no sofá, eu me inclinei em sua direção o máximo que pude, tentando ser paternal. Dei alguns álbuns a ela, o que deve ter feito com que sentisse que eu a tratava como uma fã, mas eu não sabia o que fazer. Eu suava e tremia e disse: "Espero que você compreenda o que aconteceu". Além disso, perguntei se ela vira Susannah, sua mãe biológica, e a resposta foi negativa. "Você sabe, tenho uma família. Seria muito difícil para mim torná-la parte dela... Se é isso que você está procurando..." Ela balançou a cabeça e disse que não era por isso que estava ali. Tinha uma família, afinal, pais dedicados, amorosos. Ela disse que só queria estabelecer um contato.

Nessas circunstâncias, no entanto, estabelecer um contato era complicado. O encontro logo acabou. Depois, me sentei exaurido, me sentindo mal. Fiquei com raiva: raiva por Sarah e sua mãe adotiva terem deixado a imprensa manipulá-las, e da imprensa pela manipulação. Devia ter sido um momento caloroso, particular, mas foi frio e meio público. O *Sunday People* foi até excluído da reunião, mas mesmo assim fez a festa, publicando uma matéria cheia de merda sobre "A filha perdida de Rod". Evelyn e Sarah escreveram longas cartas se desculpando mais tarde. Acho que elas de fato não sabiam como seria meu ponto de vista, e foram ingênuas a respeito dos meandros da imprensa marrom. Mas foi um início nefasto, e Sarah e eu teríamos de recomeçar.

Alana foi leal nesse acontecimento, mas em 1982 nosso casamento apresentava algumas cisões irreparáveis. Os principais pontos de atrito eram a quantidade de tempo que eu passava trabalhando, o futebol e meus amigos.

Eu adorava os amigos de Alana e logo os considerava meus também. Os círculos que Alana frequentava e a vida de alta sociedade que ela conseguiu me mostrar eram muito atraentes para mim, e eu me atirei nesse mundo e no divertimento que podia tirar dele. Mas, no fundo, ainda era um cara do norte de Londres que queria vagabundear com os companheiros de futebol e os caras da banda. Esses camaradas eram muito menos glamorosos do que as pessoas com quem Alana estava acostumada a se relacionar, e ela preferia não tê-los em casa, se pudesse. Se aparecessem ou se eu chegasse com eles, muitas vezes ela reagia com frieza. Acho que os via como má influência, encorajando-me a ficar fora até tarde e a beber – e ela de fato tinha alguma razão. Mas quando eu lhe falava que a nossa vida girava em torno dos amigos dela, e não dos meus, ela dizia que achava meus amigos menos interessantes que os dela. Então eu a chamava de esnobe, o que podia ser injusto, mas Alana era mesmo difícil de agradar. Foi a primeira pessoa que conheci que, quando nos convidavam para algum evento, não tinha escrúpulos em perguntar: "Quem mais vai estar lá?".

Não podia haver demonstração mais clara da divisão social que começava a se abrir entre nós que um incidente após um show no Forum de Los Angeles, em dezembro de 1981. Toquei quatro noites lá naquele ano e para a última delas contratei um ônibus Routemaster, a fim de levar os amigos e a família ao show. Não era exatamente aquele típico ônibus de Londres: tinha um bar no andar de baixo, garantindo que todos chegassem ao local já de porre. Na volta, resolvi seguir com todo mundo. Alana não conseguia perceber a graça em viajar num velho ônibus mambembe, rodeada por meus companheiros, e quis que fôssemos de limusine. Achei que ela devia ficar comigo. Nossa discussão continuou no ônibus, e acabei sugerindo que ela podia descer, o que Alana fez de pronto, apesar de estarmos em algum lugar em Inglewood, a quilômetros de casa, no meio da noite. A polícia resgatou-a em uma cabine telefônica, e meu irmão Don foi de carro até a delegacia para buscá-la, chorando o tempo todo.

A questão, no entanto, era que naquele período do nosso casamento não saíamos nem íamos às festas – e essa era outra fonte de atrito. Cerca de seis semanas depois do nascimento de Kimberly, Alana caiu de cama com uma mononucleose, e durante o atarefado primeiro ano da vida de nossa filha nunca teve chance de se curar por completo. Em seguida, logo depois do nascimento de Sean, ela contraiu o vírus Epstein-Barr, que deixa a pessoa constantemente cansada e indiferente. Eu fui menos solidário do que deveria. Estava vigoroso e queria que ela me acompanhasse. Ela sentia-se esgotada e, de qualquer modo, queria passar o tempo em casa, com as crianças.

Então eu saía para jogar futebol com os Exiles aos domingos. Depois bebia com o time um pouco e, quando chegava em casa de volta para o almoço, no meio da tarde, a comida tinha secado no forno, e Alana estava fumegando de fúria. Passavam-se dois dias durante os quais não havia diálogo. Ela não conseguia ver por que eu queria dar essas saídas; e eu não conseguia entender a mudança no comportamento dela, tão diferente de quando a conheci, que adorava se divertir. Bem, a resposta era fácil: tornara-se mãe de três crianças pequenas, duas delas comigo. Mas eu não estava pronto para pensar no assunto com maturidade.

Comecei a me referir a Alana como "o Ministério da Guerra". Rodadas no pub Cock 'n Bull muitas vezes terminavam quando me levantava e dizia: "Certo, hora de botar o capacete de lata e ir para casa". Enquanto isso, entre os caras da banda, Alana era conhecida como "E então a mulher apareceu". Eles se acostumaram a se sentir desprezados quando eram convidados a entrar em casa. Estávamos zoando... E então a mulher apareceu.

Não ajudava o fato de nós dois sermos teimosos, e não tínhamos a menor ideia de como chegar a um acordo e conversar a respeito. Em vez disso, ficávamos com raiva e calados. A atmosfera nunca foi violenta, a não ser numa ocasião, num quarto de hotel em Cannes, onde Alana, furiosa, jogou o telefone em cima de mim. Bom, o aparelho tinha um fio enrolado, voltou como um bumerangue e bateu na testa dela.

Certa manhã, ao acordarmos, encontramos as palavras "Alana Piranha" pichadas em tinta preta na parede externa da nossa casa – um momento assustador para nós dois. Nunca descobrimos quem fez isso, nem por quê. No entanto, em algumas áreas, corria o sentimento de que Alana estava por trás da demissão de duas pessoas que trabalhavam para mim. Isso não era verdade. Dois funcionários com quem eu tinha proximidade foram demitidos nesse período, mas houve boas razões, e isso não tinha nada a ver com minha esposa.

Um deles era Tony Toon, meu assistente pessoal que também fazia as vezes de relações-públicas ao seu modo; mas a demissão não aconteceu porque Alana o detestava (embora isso fosse verdade). Ele saiu como consequência de um mau julgamento de sua parte. Durante uma estada no Havaí, estávamos num hotel superlotado. Alana e eu ficamos com Sean e Kimberly num quarto e pedimos que Toon compartilhasse o quarto de solteiro ao lado com Ashley, que na época tinha sete anos. Toon, claro, não conseguiu resistir; conheceu um homem no bar naquela noite e o levou para o quarto. Demiti Toon na manhã seguinte.

A vingança de Toon foi absolutamente inspirada. Ele contou à imprensa que, como consequência de uma noite passada prestando "serviço oral" a uma gangue de marinheiros num bar gay em San Diego, fui obrigado a me internar na emergência de um hospital para uma lavagem estomacal. Com variações de menor importância (a quantidade do fluido extraído tende a variar: três litros, cem mililitros, meio litro; é um campo relativamente aberto), essa história me acompanha desde então. Diga-se o que for a respeito de Tony Toon – e Deus o tenha –, ele era bom no que fazia.

Só para constar, esclarecer a bem da posteridade: acredito que eu estava no Hotel Cipriani, em Veneza, na noite do alegado incidente. Jamais "agradei oralmente" nenhum marinheiro solitário, quanto mais a tripulação de um navio inteiro numa noite só. E nunca meu estômago sofreu lavagem, ainda mais por causa de sêmen. Mais uma vez, trata-se de esclarecer e seguir adiante.

Saiu também do time Billy Gaff, meu empresário durante quase treze anos, desde que entrei para o Faces. Nossa disputa estourou em 1982, num avião particular que transportava a banda através do meio-oeste dos Estados Unidos, nos últimos estágios da turnê para *Tonight I'm yours*. Pedi a Gaff – trajando, pelo que lembro, o grande casaco de pele branco que ele preferia no momento – um pequeno adiantamento para Robin Le Mesurier, um dos guitarristas, e Gaff recusou, alegando que não havia dinheiro disponível. Para dizer o mínimo, isso me surpreendeu, dado que já estávamos na estrada e ganhando dinheiro (ou assim eu pensava) havia quase três meses. Fiquei muito preocupado em saber o destino do dinheiro e como as finanças estavam sendo organizadas. Gaff tinha o costume de disparar como um foguete cada vez que era questionado sobre qualquer coisa – e foi o que aconteceu. Consequentemente, Gaff e eu passamos o resto do voo discutindo aos berros, e na primeira oportunidade o homem que deveria ser meu empresário foi embora para Paris e parou de responder aos meus telefonemas. Achei que aquilo não era o ideal. Então, em 3 de março de 1982, enviei a ele um telegrama que dizia: "Você está me evitando. Estou muito pouco satisfeito com nosso relacionamento tal como ele está agora e o considero encerrado a partir de hoje. Rod".

Para oficializar a demissão de Gaff precisava haver uma audiência diante da Comissão de Trabalho. Quando isso aconteceu, Alana foi magnífica. Apesar das dificuldades no nosso relacionamento, ela ficou ao meu lado. Na manhã da audiência, ela apareceu num vestido preto e de chapéu preto com véu, como uma viúva buscando justiça para o marido recém-assassinado – tudo muito dramático. Gaff, ao contrário, chegou atrasado, meio desgrenhado. O membro da comissão escutou os depoimentos em separado, e o meu chamou a atenção para o fato de que Gaff estava violando a lei da Califórnia ao agir como empresário, gravadora e editor de música, tudo ao mesmo tempo – de interesses conflitantes. (Eu de fato tinha tirado o olho da bola ao permitir que essa pequena situação se instalasse e me amaldiçoei por isso.) O membro da comissão sugeriu que Gaff e eu tentássemos um acordo, que logo foi negociado. Gaff tinha bons motivos para aceitá-lo, porque ele podia acabar tendo de pagar de volta a comissão que recebera durante os anos anteriores, o que teria sido uma bela bolada. Ele abriu mão de seus direitos em minhas gravações e publicações, num lote de gravações de shows e programas de televisão, e eu abri mão da minha parcela de 30% da Riva Records, a companhia criada por Gaff em 1975 e que tinha sido meu último selo no Reino Unido. Fiquei aliviado por ter me separado dele.

Agora eu precisava de um novo empresário, e mais uma vez Alana tomou a atitude correta sugerindo que eu falasse com Arnold Stiefel. Ele não pertencia ao ramo da música, mas era um agente cinematográfico jovem, dinâmico, da William Morris, na qual representava alguns dos amigos famosos de Alana, entre outros. Fizemos uma reunião, e ele explicou que, embora não soubesse porra nenhuma a respeito da indústria musical, acreditava que poderia aplicar as mesmas estratégias bem-sucedidas no trato com atores, diretores e roteiristas. Na verdade, isso meio que me atraiu. Será que eu queria um empresário de rock tradicional? A maior parte deles me parecia encrenqueira, sem humor ou inescrupulosa. Então Arnold e eu concordamos em tentar, e ele saiu para pedir demissão da William Morris; e, já que estava com a mão na massa, para descobrir o que significavam termos como "A&R", "ônibus de turnê para equipe em viagem" e "crachá de passe livre". Foi a jogada certa para nós dois. Trinta gloriosos anos mais tarde, ainda estamos juntos.

Os problemas no casamento, no entanto, aumentavam. No verão de 1982, tiramos férias e fomos para a Espanha assistir à Escócia jogar na Copa do Mundo. Meu pai, meus irmãos, meu cunhado e eu íamos assistir aos jogos e voltávamos para casa muito tarde, bêbados. Alana e eu discutimos aos gritos na frente do meu pai, que ficou muito perturbado. Sua posição era: "Será que ela não entende? Isso é a Copa do Mundo. Por que os homens não podem tirar esse dia para fazer o que quiserem?".

Claro que era mais de um dia: eram três – um para cada jogo na fase de grupos. Mas procure entender o ponto de vista dele. Além disso, bastaria dizer que aquela era a Copa do Mundo na qual, durante quinze estonteantes minutos, a Escócia liderou sobre o poderoso Brasil. Resultado: 4 x 1 para o Brasil. Apesar de tudo, lógico que o verão de 1982 foi bastante animado para a família Stewart – sem que eu jamais conseguisse explicar isso a Alana.

Outro peso no relacionamento era o interesse crescente de Alana por coisas sobrenaturais e espirituais. Essa era uma área pela qual ela sempre se sentira atraída, mas, no começo da década de 1980, houve uma onda dessa na Califórnia, e a atração dela pelo assunto aumentou durante um tempo. Ela passou a comprar "velas de desejos" na loja House of Hermetic, em Los Angeles. A ideia era tornar seus desejos realidade declarando-os fatos, ou escrever os pedidos em tiras de papel e colocá-las sob as velas. Eu não conseguia ver a ciência por trás disso. Se ela pudesse ter induzido alguns bons resultados para o time da Escócia batendo tambores, eu teria embarcado na dela. Fora isso... não dava.

Além disso, Alana frequentava diversas reuniões de terapia em grupo, onde podia espancar uma bolsa de couro com um cabo de vassoura ao mesmo tempo que gritava o quanto odiava seu pai. Passou a se interessar também pela numerologia. Ela tinha uma amiga próxima, Linda, que alegava ser vidente, e Alana gostava de consultá-la a respeito dos números dos voos em que viajávamos, apenas para saber se estava tudo bem, se não estávamos de algum modo flertando com um desastre cosmológico ao nos hospedar na suíte 342, digamos, em vez da suíte 343. Eu achava aquilo tudo meio maluco, já que não via diferença entre as escolhas; mas penso que o importante é descobrir o que nos faz bem. A única verdade é que aquela era a prova de mais um desacordo entre nós dois.

No fim do verão de 1983 fui à pré-estreia do filme *Portfolio*, um documentário dramático sobre o mundo da moda, apresentando modelos da agência Elite. No que diz respeito a momentos na história do cinema, não era exatamente um *Cidadão Kane*, mas um rosto na tela me tirou o fôlego. Eu realmente quis conhecê-la. Para conseguir o encontro, minha equipe disse à dela que eu tinha escrito uma canção homengeando-a, o que era uma mentira descarada. Mas isso me levou a um restaurante com Kelly Emberg.

Antes de o jantar acontecer, no entanto, no começo de setembro, fui convidado para uma semana de festas e um jogo de futebol na casa de Elton, em Windsor, Inglaterra. Curti ficar na casa dele. Era preciso estar preparado para tirar um montão de bonecas vitorianas de valor inestimável de sua cama antes de se deitar, mas, apesar disso, tudo era preparado para nos sentirmos confortáveis. O clima durante o fim de semana foi muito animado, mas também – acho que nem é preciso dizer – um tanto gay. Assim, eu tinha arranjado para que Kara Meyers, uma linda e encantadora modelo americana, fosse me fazer companhia.

Eu conhecera Kara numa turnê, em junho de 1983, por uma extraordinária coincidência. Estávamos tocando em Berlim, e, no dia do show, fui a um café em frente do qual rolava um ensaio fotográfico. Achei-a linda; ela estava ocupada e não me viu. Não pensei mais no assunto. Mais tarde, eu estava no palco e fui buscar alguém na plateia para cantar "Hot legs" comigo, e ali, bem no aperto, na frente, estava Kara, a modelo que tinha visto. Então ela subiu e, superando a relutância inicial, dançou e cantou com seriedade "I love you, honey!" no microfone, no momento certo.

Terminada a canção, fiz questão de que ela fosse levada aos bastidores e a convidei para jantar; soube que ela era ex-namorada do príncipe Albert de Mônaco. Passamos uma noite muito gostosa e absolutamente casta. Vi-a outra vez uma semana mais tarde, quando a turnê chegou a Paris, onde ela morava na época. Depois, quando se mudou de volta para Nova York, continuei a encontrá-la de vez em quando, durante uns dois anos.

Entretanto, a história de nosso voo de volta no término daquele fim de semana de prazeres na casa de Elton é bastante típica daquelas farsas em que eu costumava me meter.

Era para irmos a Nova York no Concorde. Kara tinha reserva para um voo que saía duas horas antes, mas consegui trocar a passagem a fim de passar mais algumas horas com ela na cama no Windsor e talvez, com sorte, outra noite em Nova York. Claro, como Arnold, meu empresário que estava em Londres comigo, havia me alertado, eu não podia irromper pelo aeroporto de Heathrow acompanhado de uma modelo loura e alta sem despertar o interesse da imprensa. Então combinamos que iríamos separados até o aeroporto e que Kara ficaria sentada longe de mim no avião.

Tudo correu bem. Chegamos ao aeroporto sem dar bandeira, embora, num avião cujos passageiros eram em sua maioria homens de negócios, Kara vestisse uma jaqueta de couro preta, uma minúscula saia de couro vermelha e sapatos altos de verniz vermelhos. Mesmo assim, nos acomodamos, separados por duas fileiras... e achei que podia relaxar. Poderíamos sair do avião, e ninguém perceberia nada.

Entretanto, enquanto o avião taxiava, notei que Arnold ficou cinza de um jeito que só se vê em pessoas mortas já há algum tempo. Ele disse: "Não olhe agora, mas viu ao lado de quem Kara está sentada?".

Eu olhei. Karen estava sentada ao lado de Rupert Murdoch.

Maravilha. Minha namorada secreta e passageira clandestina estava tendo uma conversa animada com o dono de praticamente todos os tabloides do Ocidente. Pensei depressa em fugir, mas Arnold já se acalmava. "Tudo bem", disse ele. "As portas do avião estão prestes a se fechar. Mesmo que Murdoch perceba alguma coisa, ele não pode chegar a um telefone antes de aterrissarmos." (Lembre-se de que isso foi antes da era dos celulares e dos telefones nos aviões.)

Nesse ponto, o comandante fez um anúncio: havia um pequeno problema com o avião, e todos teriam de voltar para a sala de espera...

De volta à sala de espera, temendo que Rupert Murdoch já estivesse enfiando moedas num telefone, Arnold fez alguns contatos estratégicos de contra-ataque. O esquema ideal seria conseguir uma figura plausível de ser a "namorada de Rod Stewart" para ficar de prontidão e se encontrar comigo no JFK, desviando a atenção da imprensa e permitindo que Kara saísse sem ser notada. Mas era madrugada em Nova York. O melhor que Arnold conseguia era Sandy Harmon, que por acaso é uma mulher maravilhosa, mas, também por acaso, é baixa, de cabelos escuros, de meia-idade e judia.

Eu disse: "Sandy? Sandy Harmon?".

Arnold respondeu: "Vai fundo. Represente. Vai dar certo".

No JFK, o enxame de fotógrafos era tão denso que a polícia havia colocado cavaletes para controlar a turba. O chamariz de Arnold representou seu encontro e sua saudação, mas os fotógrafos avistaram Kara, a presa que queriam, e correram atrás dela para fora do aeroporto.

Havia uma limusine me esperando. Kara pegou um táxi e se encontrou conosco, segundo as instruções, no Mayfair Regent Hotel. Ela tinha absoluta certeza de que não havia sido seguida. Pouco tempo depois, olhei pela janela do meu quarto. Estacionado em frente ao hotel, na rua 63, estava um caminhão-plataforma cheio de paparazzi.

E, claro, tinha um encontro marcado. Na maior cara de pau, disse a Kara que precisava ir embora para uma reunião de negócios e falei para ela ficar à vontade durante minha ausência. Depois, fugi do hotel pela porta de serviço, nos fundos do prédio e, constrangido, cheguei atrasado para meu primeiro jantar com Kelly Emberg, por quem imediatamente me apaixonei.

Na tarde do dia seguinte, quando saí do carro em Carolwood, Alana, que tinha visto no jornal as fotos da "misteriosa loura de Rod no JFK", estava esperando na entrada, furiosa.

O rompimento foi lento e tortuoso, pontuado por tentativas fracassadas de conciliação. Oscilávamos: mais uma vez, minha grande dificuldade em terminar um relacionamento. Resolvemos morar separados durante um tempo para ver se ajudava. Mas, claro, eu tinha começado a namorar Kelly Emberg sem que Alana soubesse, de modo que a experiência não tinha como dar certo. Mudei-me de Carolwood e aluguei uma casa em Beverly Hills, mas ficava vagando pelo ambiente e me sentindo infeliz. Então fui morar com Jim Cregan, que residia numa casa pequena em Hollywood Hills, pertinho do Sunset Boulevard, e também tinha se separado recentemente da mulher. Era legal ter alguém com quem tomar chá de manhã – embora, como eu costumava resmungar sempre que depositava a caneca ao lado da cama: "Aposto que Elvis não faria isso". Fiquei lá durante cinco meses. De tarde, eu pegava as crianças na escola, levava-as de volta para Carolwood e brincava com elas na piscina; depois ia embora, me sentindo péssimo: a rotina do pai separado.

As festas continuaram em Carolwood, para as quais eu não era convidado. Malcolm, meu assistente, dizia: "Estão lá, bebendo seu vinho". Eu passava de carro, via todos aqueles automóveis estacionados do lado de fora e pensava: "Essas pessoas estão se divertindo na minha casa". Mas no fundo eu não ligava. Afinal, se Alana encontrasse outra pessoa, talvez isso resolvesse tudo. Jack Nicholson parecia estar em cena, e eu tinha esperanças para ele e Alana – de fato, eles ficaram juntos durante algum tempo, mas só depois. Uma tarde, eu saía de casa depois de passar para ver as crianças, e lá estava John McEnroe prestes a entrar. Ele me avistou e foi embora, enquanto eu queria correr atrás dele pela rua e gritar: "Não, não, volte, tudo bem. Você não tem nada a temer de *mim!*".

Um dia Alana me ligou de Nova York, depois de um jantar com amigos, e perguntou: "Quem é Kelly Emberg?".

Eu disse que era uma garota com quem eu tinha esbarrado uma vez. Alana disse: "Você precisa me dizer a verdade". Combinamos jantar em Carolwood, e contei a ela que sentia alguma coisa por Kelly, mas não queria acabar nosso casamento, nem perdê-la e às crianças. Alana me intimou a encontrar uma solução.

Durante semanas seguidas, eu sabia que queria cair fora, mas aí voltava para ver meus filhos e me sentia dilacerado e infeliz, indeciso, frustrando demais Alana. Em dezembro de 1983, fizemos mais uma tentativa de consertar as coisas. Alugamos uma casa que tínhamos usado antes, na Old

Church Street, em Chelsea, e tentamos ter um perfeito Natal londrino, o que, talvez, nunca possa ser uma boa ideia. Fui antes com as crianças. Alana, que estava no meio de uma filmagem para a série de TV *Masquerade*, chegou na manhã do Natal. Mas o clima entre nós estava sem graça e não tinha como melhorar. Quando fui visitar meus pais, não a levei. Mais tarde a conversa recaiu sobre Kelly, e confessei que ainda pensava nela. Alana fez suas malas e as de nossos filhos e foi embora.

Aquele Natal em Londres foi a penúltima jogada. A última foi pouco depois, no começo de 1984, quando Alana descobriu que o grupo que eu estava levando para o Havaí para uma pequena pausa, a fim de trabalhar num musical, incluía Kelly. Alana entrou com o pedido de divórcio naquele dia.

O divórcio só foi concluído em março de 1987. Sob seus termos, eu comprei uma casa em Brentwood para Alana e as crianças e fiquei com Carolwood. O que meu pai tinha dito a respeito de ser jovem demais para me casar aos 34 anos? Ele tinha razão. Mas Alana também tinha razão quando me acusou de não crescer. Ainda iria demorar um pouco para isso.

Digressão

Nosso herói ajuda a trazer o futebol para o seu país de adoção, perde algumas bolas no oceano e investiga a sabedoria de combinar coquetéis e injeções de vitaminas com um regime de capacitação para o esporte.

Associo futebol com lar desde a infância, quando os times que meu pai administrava se misturavam à nossa vida e se espalhavam pela nossa casa. É como diz a canção: onde quer que eu lave o uniforme do meu time, ali é o meu lar. Inevitavelmente, parte do processo de me sentir em casa em Los Angeles quando me mudei para lá era encontrar um time de futebol em que eu pudesse jogar. Juntei-me a um grupo de britânicos expatriados que jogavam uma partida rápida nas quintas-feiras à noite, num terreno que já tinha sido um posto do corpo de bombeiros, em Beverly Hills. Os caras eram eletricistas, carpinteiros, vendedores: pessoas tentando ganhar a vida nos Estados Unidos. Não havia estrelas, a não ser eu, acho, para quem não faziam exceções nem demonstravam clemência. Jogávamos durante algumas horas e depois seguíamos para o pub Cock 'n Bull, na Sunset Strip, para um lanche. E ali foram lançadas as sementes do que se tornou, em 1978, o lendário Los Angeles Exiles, que iria colher o seu período mais frutífero sob a liderança do igualmente lendário Lionel Conway, talvez o homem mais competitivo nesse mundo de Deus.

Brincávamos com a ideia de nos tornarmos a Hamilton Academical All Stars, em homenagem ao lado obscuro da liga escocesa, e também pensávamos em adotar o nome de Cocaine All Stars, mas guiados pela sabedoria decidimos por Exiles. Mudáramos para um campo em Malibu, mas isso nos aborreceu, porque a bola não parava de rolar morro abaixo. Depois encontramos um campo em Manhattan Beach. Consegui convencer a Puma a nos dar algumas camisas de graça, porque, como todos sabem, não se pode ser um time adequado sem camisas iguais. Logo tínhamos um lugar na Pacific Soccer League. Treinos nas noites de quinta-feira, jogos nas manhãs de domingo: de volta à velha rotina e feliz como pinto no lixo.

No começo da temporada de 1985-6, foi educadamente sugerido a Lionel, editor de músicas durante o dia, que seus melhores dias de jogador já tinham passado e que ele deveria se dedicar a ser treinador. Ele topou. Dali por diante, o assistente de Lionel no escritório foi informado de que todos os telefonemas associados ao futebol teriam prioridade sobre chamadas a respeito da publicação de músicas. Ao mesmo tempo, uma abordagem revolucionária de recrutamento foi posta em ação. Lionel tinha notado que os expatriados britânicos não eram uma fonte inteiramente confiável para a equipe de jogadores: uma semana, eles estavam lá, na semana seguinte, não, porque tinham sido apanhados pela imigração.

Então Lionel começou a recrutar reforços entre um grupo mais estável de talentos: os estudantes da UCLA. Alguns desses caras estavam no time de futebol da faculdade e jogavam na seleção estudantil nacional, e alguns deles acabariam entrando na Primeira Divisão de Futebol Nacional, mas Lionel os atraía com a simples intenção de pagá-los. Do seu próprio bolso, devo acrescentar. E taxas de presença, bônus por vitórias e gols – o que fosse necessário. Houve uma temporada em que Lionel calculou que torrara 30 mil dólares em salários para os Exiles.

Os Exiles prosperaram, alcançando a semifinal de uma copa nacional dos Estados Unidos, em Nova York. Não pude jogar por causa de um show em Atlanta na noite anterior, mas voei para o norte na manhã seguinte e cheguei perto do intervalo, com o placar marcando 1 x 1 e tudo para tentar vencer um time de expatriados gregos muito, mas muito determinado. Infelizmente, me acompanhavam no banco de reservas para compartilhar a excitação da grande partida duas *strippers* que eu conhecia do renomado Atlanta Gold Club, um lugar aonde eu costumava ir com a banda depois do show naquela época. Apesar de não estarem em serviço, nenhuma das duas usava muita roupa –

digamos, quase nada de saia. Distraídos, os Exiles perderam por 4 x 1 e tiveram dois jogadores expulsos, levando ao fim a gloriosa competição pela copa. Ainda me culpo.

No entanto, meu Deus, como levávamos o time a sério. Eu já tinha ouvido falar de umas injeções de vitamina B12. Diziam que elas faziam maravilhas com os níveis de energia. Assim, providenciei para que um médico viesse antes do jogo para injetar a vitamina na equipe inteira. Isso produziu uma cena memorável: o time em fila, com os calções nos tornozelos, enquanto o médico passava de um traseiro para outro com suas seringas. Fez alguma diferença? Nem um pouco. Mas é importante experimentar essas coisas, se houver alguma chance de elas renderem aquele um por cento a mais de vitalidade.

A preparação física costumava ser ignorada depois dos jogos. Tanto a vitória como a derrota eram brindadas em grande estilo, e muitos membros do time ao longo dos anos acabaram com registro de direção sob efeito de álcool em seu prontuário, como resultado das bebedeiras pós-jogo. O coquetel preferido do time depois de uma partida era o Mudslide: vodca, licor de café e Baileys. Pedíamos para colocar os copos em fila sobre o balcão, mas ninguém podia tocá-los antes de receber a bênção do hino oficial de Mudslide: "Mudslides, mudslides...", seguindo a melodia de "Amazing grace". Qualquer justificativa para um jantar de honra era aceita – de preferência a rigor, e quase sempre na minha casa em Carolwood Drive, com troféus, discursos, tudo a que se tinha direito.

Os Exiles eram radicais, machões, iludidos, obcecados a ponto de chegar à loucura e, pelo que me dizia respeito, assim como o brilho do sol, uma das melhores coisas de se morar em Los Angeles.

O outro grande trunfo que devo a Lionel – e, mais uma vez, isso contribuiu para minha eventual assimilação completa aos Estados Unidos – foi o acesso ao futebol inglês na televisão. Lionel tinha um dos primeiros sistemas de televisão por satélite, com uma ridícula parabólica de 2,8 metros de diâmetro fincada no jardim. Aquele vasto prato de metal parecia ser capaz de entrar em contato com Marte, mas, na verdade, apenas transmitia os jogos de futebol da Inglaterra. Ela deveria ter sido instalada em algum bar, porém, por caminhos tortuosos, de algum modo Lionel a obteve para uso doméstico, e eu consegui que ele fizesse o mesmo por mim. Acho que o sinal era transmitido de Londres para a Irlanda, da Irlanda para o Canadá e do Canadá para Los Angeles, e em uma de cada três partidas a cadeia se rompia em algum lugar do trajeto e a imagem caía, fazendo com que um telefonasse para o outro, frustrados. "Conseguiu?" "Não, e você?"

Hoje há mais futebol inglês na televisão americana que na inglesa. Quando cheguei ao país não havia nada. No início, para conseguir acompanhar os grandes jogos eu ligava para o meu pai em Londres. Ele então cuidadosamente colocava o receptor do telefone ao lado do rádio durante a transmissão das partidas. Isso, claro, resultava em contas telefônicas muito altas. Entretanto, elas eram tão altas que às vezes eu ligava para a companhia telefônica: "Acho que deve haver algum engano. Há aqui o registro de uma chamada internacional com duração de mais de uma hora e meia...". E a companhia telefônica concordava que de fato aquilo parecia muito pouco provável e deduzia a cobrança.

A ausência de futebol foi pior nos primeiros meses de 1975, quando, para me qualificar como exilado de impostos, fui obrigado a passar doze meses fora do Reino Unido, sem permissão sequer para uma visita rápida. Por conta disso, devo ser uma das raras pessoas a voar 8 mil quilômetros, de Los Angeles à Irlanda, só para assistir à Escócia na televisão. Fui para ver o jogo anual do Home Championship: Inglaterra x Escócia, em Wembley. Não podia perder esse jogo. Convidei minha família na Inglaterra para me encontrar num hotel em Dublin, e transformamos a ocasião em uma reunião da família. Resultado: 5 x 1 para a Inglaterra. Uma jornada muito longa para uma surra, eu acho. De fato, se você fizer as contas, viajei 1.600 quilômetros para cada gol da Inglaterra. Ah, tudo bem. Foi bom revê-los.

Por sorte, quando a Escócia partiu para a revanche, derrotando a Inglaterra por 2 x 1 em Wembley, já era o verão de 1977, e eu estava livre para viajar outra vez para a Grã-Bretanha. Essa preciosa vitória sobre o velho inimigo em sua própria casa fez com que milhares de fãs se lançassem sobre os tapumes de publicidade na beira do campo, depois do jogo. As cenas se tornariam notórias quando um fã chamado Alex Torrance foi filmado escalando uma das traves até ela quebrar, provocando um sério debate na mídia sobre isso ser uma exaltação aceitável ou pura arruaça futebolística. A minha opinião é que se tratava apenas de exaltação, mas falo como alguém que estava no campo de Wembley naquela hora.

Quando todo mundo avançou correndo depois do apito final, eu disse para o meu pai: "Eu vou lá". Ele me contrariou. Tarde demais. Na beira do campo, um policial me fez parar. Ergui o chapéu que usava e mostrei um pouco mais o rosto. O policial olhou com mais atenção e disse: "Ah, é você. Então você entra". E eu corri.

Maravilhoso sentir a grama famosa sob os pés, embora, para ser sincero, uma vez estando lá, não havia muito que fazer, a não ser pular um pouco por ali com alguns camaradas que estavam mais bêbados que eu. Entretanto, no meio de um pulo, repentinamente fui agarrado e erguido, e em seguida percebi que estava nos ombros de alguém, sendo carregado em triunfo. Tão emocionante!

De volta à cadeira, fui ver as horas e encontrei apenas o pulso nu, antes ocupado por meu Cartier. Roubado! Não muito tempo depois, no entanto, um gentil cavalheiro de Edimburgo entrou em contato para dizer que achava estar com o meu relógio. De fato estava. O relógio foi devolvido em perfeito estado, e nada mais foi dito a respeito. Essa é a maravilha dos fãs de futebol escoceses; os melhores do mundo, por consenso. Mesmo quando são desonestos, não o são por muito tempo.

Outros fãs naquele dia não se saíram tão bem. Foram feitas acusações contra inúmeros torcedores que tinham arrancado pedaços da grama de Wembley para levar como suvenir. Mas nas palavras maravilhosas de um daqueles ladrões de grama ao se defender no tribunal: "Vocês não têm um time, por isso não precisam de um campo".

Continuei jogando no Exiles o quanto pude até o início dos anos 1990, quando a idade começou a pesar e fui obrigado a procurar um time numa liga mais velha. Durante todos esses anos de serviço, não me lembro de nem uma vez ter sido alvo por ser quem eu era, ou de ter sofrido alguma falta por parte de um adversário sem motivo. De fato, a única vez que isso aconteceu comigo foi no tempo do querido velho Blighty, nos campos em Highgate Woods, por volta de 1971, quando eu começava a ficar famoso. Um cara se jogou contra mim num escanteio, me deu uma forte cotovelada no nariz e me deixou de cara na lama, dizendo: "Por que você não fica na porra da sua cantoria?". No futebol, isso é conhecido como "deixar o oponente saber que você está ali". Meu pai, não muito solidário, e talvez não muito atualizado sobre as últimas descobertas da medicina, sugeriu colocar papel pardo e vinagre no ferimento. Foi então que o meu nariz adquiriu seu formato distinto.

Quarenta anos completos mais tarde, em 2011, um cirurgião se ofereceu para retificar o meu nariz. Ele calculou que podia inserir dois dedos nas narinas e deslocá-lo para voltar ao lugar, reparando o dano. "Mas pode modificar a sua voz", acrescentou ele.

De algum modo encontrei uma maneira de dizer: "Não, obrigado".

Capítulo 15

Nosso herói se apaixona por uma supermodelo, compra outra casa e reflete sobre os efeitos e as vantagens de cabelos compridos, além de outras questões frívolas e perturbadoras.

Então, em setembro de 1983, depois de um dia agitado de subterfúgios fracassados envolvendo uma modelo com jaqueta de couro, Rupert Murdoch e um voo de Concorde atrasado, fui a um jantar em Nova York, arranjado sob falsos pretextos, com Kelly Emberg.

A hora marcada tinha sido 20h30. Como eu me atrasara, Kelly estava deitada na cama, no seu apartamento em Greenwich Village, ainda vestida, pensando em desistir e dormir.

Enfim, por volta das dez, chamei do saguão. Quando ela saiu do elevador, corri num longo pulo e caí de joelhos a seus pés. Ela disse: "Quem você acha que é? Rod Stewart?". E naquele momento me dei conta de que já estava completamente fisgado por Kelly Emberg.

Fomos ao Christos Steak House, na rua 49 Leste, um daqueles velhos e tradicionais restaurantes de mafiosos, com cabines em couro vermelho-sangue e retratos de Lana Turner nas paredes. Kelly tinha 24 anos, era supermodelo, e eu era um cantor de 38 anos; ela só sabia quem eu era pelos álbuns da irmã – tinha uma vaga ideia dos cabelos espetados e do nariz grande. Ela estampava a capa de centenas de revistas, de *Vogue* a *Cosmopolitan*, além de ser veterana daquela grande obra anual de literatura esportiva,

Sports Illustrated Swimsuit Edition. Kelly modelava para ganhar a vida. No entanto, era muito natural e meiga, uma das pessoas menos afetadas que já havia conhecido na vida. Por acaso texana, como Alana. Parece que contraí alguma atração pelas texanas.

Num momento a conversa ameaçou afundar, quando passei para aquele famoso tema ambíguo de primeiro encontro, o bloqueio do autor. Sempre impressiona. Ou talvez não. O que posso dizer? Eu estava de fato começando a sofrer disso na época. Eu me martirizava com perguntas como: Por que as canções não vêm? Onde está o material? Quando foi a última vez que escrevi alguma coisa boa? Eu me perturbava com isso o tempo todo.

Mesmo assim, Kelly não parecia entediada. Ela não começou a vagar o olhar pela sala enquanto eu falava. Nem bocejou alto, cantarolando, nem fez dobraduras de animais com o guardanapo.

Depois do jantar, voltamos ao apartamento dela, e eu a acompanhei até o elevador. Perguntei: "Posso subir?". E ela respondeu: "Não, não pode". Sugeri: "Só achei que talvez pudesse". E ela insistiu: "Não, você não pode". Então implorei para nos vermos no dia seguinte, mas ela disse que estaria ocupada. Iria para a Pensilvânia, onde reformava uma casa, para receber o orçamento de algum trabalho. E eu pedi: "Por favor, não vá. Cancele. Vou ligar para você". Ela riu e entrou no elevador.

Voltei para o Mayfair Regente, para a suíte onde Kara Meyers estava adormecida.

Santo Deus. Quem eu achava que era? Rod Stewart?

Na manhã seguinte, Kelly esperou até as onze horas, me deu como incorrigível e pegou um ônibus para a Pensilvânia. Só liguei à uma hora. De qualquer modo, eu precisaria voltar para casa, para uma esposa em Los Angeles e para discutir certa foto no *New York Post*. (Ela mostrava apenas as longas pernas de Kara Meyers desaparecendo dentro de um táxi, mas as provas eram incriminadoras o suficiente.)

Mesmo assim, eu estava decidido. Liguei na manhã seguinte. Kelly me disse que estava indo para Dallas, fotografar para um catálogo. Eu disse a ela que estaria lá. Ela riu e falou: "Não estou prendendo o fôlego". Voei para Dallas sem nenhum outro motivo e me registrei no Mansion on Turtle Creek Hotel. Ela estava no Best Western. Liguei para ela e disse: "Venha e fique aqui, é mais legal". Ela respondeu: "Não vou ficar no seu quarto". Eu prometi que ela teria um quarto privativo.

Nele deixei um buquê de flores, do tamanho de uma cerca viva, e um cartão: "Para a fabulosa". Quando soube que ela saíra do Best Western, bati à porta e fiquei de prontidão. Assim que ela abriu, me viu de joelhos na soleira, oferecendo um rolo de papel higiênico com as mãos estendidas e dizendo: "Para você".

Mesmo em Dallas, jantamos e nos divertimos, nada mais. Tive de cortejá-la. Ela tinha um namorado e precisou de muita persuasão para largá-lo. Durante as semanas seguintes eu ligava constantemente. Descobria onde ela estava trabalhando e aparecia de surpresa. Fui a estúdios de fotografia e só conseguia entrar na base da lábia. Entrei como penetra durante a sessão de fotos para um comercial da Maybelline e fiquei sentado no fundo, tentando distraí-la. Depois eu a convencia a ir almoçar comigo, ou a jantar, ou simplesmente caminhar falando besteiras. "Você vê essa rachadura na calçada? Pode ser que jamais tenhamos esse momento com ela outra vez."

Eu estava caído por ela. Ela era bastante estável emocionalmente. Tomava aviões... *sozinha*. Nunca consegui fazer isso. Sempre havia um assistente comigo. Não tinha guarda-costas, porque nunca achei que precisasse, mas sempre havia alguém do meu lado. Algumas vezes ela ia ao cinema sozinha. Mais uma vez, eu não me imaginava fazendo uma coisa dessas. Ela tinha um jeito fabuloso de falar enquanto ria, sempre animada, era sentimental com tudo; não tinha um osso ruim no corpo. Durante o jantar, uma vez, antes até de consumarmos nosso relacionamento, eu disse a ela: "Acho que vou me casar com você". Ela retrucou: "Está doido? Isso é maluquice completa". Mas eu realmente pensei nisso.

Começamos a namorar. Durante dois anos nosso relacionamento foi a distância, dividido entre Nova York e Los Angeles. Kelly tinha sua carreira e seu apartamento em Manhattan, era inteligente e organizada demais para deixar tudo isso de lado assim, sem mais nem menos. Mas, mesmo durante esse período, o máximo que passamos sem nos ver foram dez dias. Em Nova York, íamos ao teatro com as modelos amigas dela, Kim Alexis e Christie Brinkley, o que não era grande sacrifício, devo confessar. Depois, no fim de semana em Los Angeles, ela ia me ver jogar futebol e bebíamos Mudslide até ficar vesgos. Ela nunca teve problema em ficar na companhia dos meus amigos, nem com as asperezas e imbecilidades que costumavam acontecer nessas horas. Os rapazes da banda a adoravam, recebendo-a calorosamente no Under the Table Supper Club (um clube de jantar formal no qual, em diversos momentos, durante a noite, alguém escorregava para baixo da mesa e se escondia do garçom). Nessa época, a banda também tinha o hábito de jantar sem calça nos restaurantes – e às vezes até sem cueca –, com a nudez escondida do garçom e dos demais comensais pela toalha de mesa. Kelly parecia bem à vontade com isso. Nada a intimidava.

Era a década de 1980, a época do cabelo comprido. Era moda: a circunferência do penteado se expandia em pelo menos dez centímetros por volta de 1982 e se manteve assim durante três ou quatro anos, querendo ou não. Tinha alguma coisa a ver com a economia, acho. De qualquer modo, meu cabelo nunca esteve maior do que em 1983. Kelly também, na primeira vez que a vi na tela, em *Portfolio*, tinha um cabelo bem volumoso. Mas nem sempre ela o usava daquele modo. Quando não usava, eu passava um tempão arrepiando-o e afofando-o, tentando fazer com que ele ficasse mais armado. Não me parecia certo viver nos anos 1980 sem avolumar o cabelo.

Começamos a passar muito tempo juntos na Inglaterra. Eu não possuía uma casa desde que vendera Cranbourne Court, a gigantesca construção rural onde eu morara com Dee Harrington até meados dos anos 1970. Eu mantivera aquela casa durante algum tempo depois de me mudar para os Estados Unidos; membros da minha família tinham ido morar lá e tomavam conta do lugar. Mas era grande demais – acho até que perigosamente grande. Um dia, minha irmã Mary subiu ao sótão e por acidente derrubou a escada atrás dela. Meus pais àquela altura eram bem surdos, e a casa era enorme, então Mary não conseguia atrair a atenção de ninguém e ficou presa lá durante horas. Podia ter sido uma tragédia.

Esse foi o período em que meu pai teve acesso ao meu antigo motorista, Big Cyril, e ao meu Rolls-Royce de seis portas e vidros escurecidas que pertencera a Andrew Loog Oldham, o ex-empresário e produtor dos Rolling Stones. Meu pai saía de Cranbourne Court de terno, gravata e chinelos de pelúcia e, conduzido por Big Cyril, dirigia-se para a casa de apostas em Ascot. Ou pelo menos era isso que fazia até o dia em que ganhou milhares de libras com uma aposta mínima e então foi discretamente avisado pela gerência (que agora suspeitava que ele tivesse informações de cocheira) de que não queriam mais negócios com ele. Se meu pai não podia usar seus agentes de apostas em Ascot, então Cranbourne Court não tinha mais utilidade.

Em 1986, no entanto, nas páginas da revista *Country Life*, encontrei Wood House, um lindo solar inglês do fim do século XIX, na região campestre, perto do norte de Londres. Ficava no que fora uma vasta propriedade pertencente a Copped Hall, então abandonada e distante no horizonte, mansão enorme e antigo hospital para oficiais do exército feridos. Essa parte de Essex tinha sido a base eleitoral de Winston Churchill quando ele era membro do Parlamento. Conta a lenda que ele ficara em Wood House e, durante a Segunda Guerra Mundial, postava-se à janela de seu quarto, no andar superior, observando os bombardeios alemães sobre Londres, na época em que eu era recém-nascido e Adolf Hitler estava com seus recursos esgotados, mas tentava em vão me matar.

O lugar tinha gramados ondulantes, um lago, um piquete para cavalos, muita privacidade e sobretudo uma área mais plana de um dos lados, que meu olho treinado logo viu que se prestaria a um projeto pessoal havia muito imaginado: a criação de um campo de futebol de tamanho oficial. Comprei a casa, e nos mudamos; ainda me lembro da primeira refeição que Kelly e eu fizemos nessa recém-adquirida casa, sentados às janelas salientes de uma sala fantástica, ampla, com lambris de madeira e poucos itens de mobiliário em caixas e embalagens ao nosso redor; mas havia a mesa de sinuca que os donos tinham deixado e, à nossa frente, a perspectiva excitante e romântica (mesmo que um pouco cara) de tornar nosso aquele lugar.

Então, se tudo estava tão perfeito e tão bem arranjado, por que me envolvi com outra mulher? A mulher era Kelly LeBrock, a atriz de cinema. Não era nada sério, só uma aventura. Ela me convidou para a pré-estreia de um filme e, como retribuição, convidei-a um passeio de barco à ilha Catalina, ocasião em que certa quantidade de álcool foi ingerida e seguiram-se relações de natureza íntima. Depois decidimos que a saída tivera tanto sucesso que devíamos repeti-la. Ela era uma mulher adorável, uma rosa criada na Inglaterra e muito exigente com a limpeza íntima, pelo que me lembro. Assim que começava alguma coisa naquela direção, íamos direto para o chuveiro, mais rápido que num colégio interno depois dos jogos. Mas era tudo conduzido com leveza, no espírito de aproveitar o momento – coisas típicas dos namoricos que eu costumava ter. Quando se tratava de mulheres bonitas, eu era um incansável aventureiro. "Senhorita Intermediária" era como eu as chamava. Uma senhorita intermediária surgia porque a oportunidade: vinha muito fácil para mim; parecia divertida; e naqueles dias eu simplesmente não conseguia resistir. E também porque eu achava que podia sair impune.

Não estou tentando me cobrir de desculpas aqui, mas tratava-se de Kelly LeBrock. Era a estrela do filme *A dama de vermelho*. E o que era *A dama de vermelho* se não a completa e irresistível atração de Kelly LeBrock? Se em meados dos anos 1980 eu tivesse encontrado um homem heterossexual, de juízo perfeito, casado, comprometido ou solteiro, que recusasse a oportunidade de passar um tempo num barco com Kelly LeBrock, se ele achasse que podia sair impune, eu teria... bem, eu teria olhado esse cara bem no olho e apertado sua mão com firmeza, porque sem dúvida era um homem melhor que eu.

Não consegui sair impune. Kelly soube de Kelly. Kelly Emberg e eu estávamos jantando no Ivy, em Los Angeles. Kelly LeBrock, que eu não via já fazia algum tempo, estava em outra mesa. Ela, talvez até de modo provocador, mandou uma mensagem pelo garçom. (Lembre-se: isso foi muito antes da invenção do SMS.) Na tira de papel estava escrito: "Estou com saudades". E Kelly (Emberg) leu.

Embora sempre faltasse pouco para eu ser pego em flagrante (o que por incrível que pareça nunca aconteceu comigo; fico imaginando quais as probabilidades de isso acontecer), dificilmente haveria uma maneira pior de ser descoberto do que essa. Vou contar, se você não estava lá: depois de um bilhete escrito à mão, revelando seu caso, cair na mesa na frente da sua namorada, acredite, é muito difícil encontrar algo apropriado e tranquilizador para dizer. Não dá para ficar sentado ali e falar: "Acredite, em alguns anos vamos lembrar e rir disso". Nem dá para dobrar o papel outra vez, deixá-lo cair no seu prato vazio e dizer: "Bem. Vamos pedir o café?". Eu apenas comecei com a costumeira sequência de negações e alegações de inocência, que continuaram depois de sairmos.

O pior foi que, mais ou menos um ano antes disso, tinham oferecido a Kelly E. um papel num filme de John Hughes – ela tinha aceitado e passado por todo o processo de ensaios, até o período das filmagens, mais foi dispensada porque outra atriz de repente ficara disponível. O filme é *Mulher nota 1.000*, e a atriz que ficou com o papel de Kelly se chama... Kelly LeBrock. Kelly

E. não era de guardar rancor, muito pelo contrário. No entanto, não acho que seus sentimentos a respeito de meu romance secreto tivessem melhorado com a coincidência.

Kelly voltou para Nova York sentindo-se traída, confusa e chateada. Percebi que tinha sido um idiota ao me arriscar a perdê-la e comecei a ligar para ela, a suplicar, tentando convencê-la a voltar. Ela parou de atender às minhas ligações, o que me deixou ainda mais maluco. Pelo menos algumas vezes o telefonema acabava comigo aos prantos, falando com a assistente dela. Enfim consegui falar outra vez com ela e disse-lhe que tinha sido um tolo, que eu a levava muito a sério, que nada disso aconteceria outra vez, que devíamos ir à Espanha no fim de semana, para nos entendermos. Ela tinha de fotografar para Tom Ford, mas eu a convenci a deixar tudo e viajar comigo. Lá consertamos as coisas e resolvemos ter um bebê, o que nos uniria, como devíamos ficar.

A concepção pode até ter acontecido ali, na hora, na ensolarada Espanha. De qualquer modo, mais para o fim de 1986, Kelly estava grávida de uma menina. Nós dois sabíamos disso. Bem, não sabíamos. Mas dissemos isso. Kelly quis chamá-la de Ruby. Eu tinha um pequeno problema com esse nome. Na gíria *cockney* rimada, o antigo vernáculo da minha cidade natal, um "ruby" é um "curry": Ruby Murray – curry. Dizíamos: "Vamos comer em casa hoje ou vamos sair para um ruby?". Quando expliquei isso a Kelly, pude ver pela expressão perplexa em seu rosto que era pouco provável que essa confusão surgisse nos Estados Unidos. Nem em qualquer outro lugar, na verdade. E, eu tinha de concordar, era um nome muito bonito. Ficou Ruby.

Fomos contar aos pais de Kelly. Lá estava eu indo para o Texas anunciar a alguns texanos, que eu não conhecia, que ia ter um filho sem me casar com a filha deles. Calculei que teria sorte se conseguisse sair de lá sem levar um tiro ou ser linchado, ou as duas coisas ao mesmo tempo. De fato, eles eram pessoas legais, compreensivas. O pai de Kelly era um gigante, mas, por sorte, delicado. A mãe era formidável – mostrou uma impressionante voz para cantar. Alguns anos mais tarde, estávamos no hotel Ritz, em Nova York, no Ano-Novo, e ela e cantou, e o hotel lhe ofereceu um contrato para uma temporada na hora. Ela recusou. De qualquer modo, naquele nosso primeiro encontro, pus meu charme para funcionar. Houve conversa sobre casamento, o que pareceu acalmar os ânimos. E era verdade, de minha parte.

Em 17 de junho de 1987, às seis da manhã, Kelly entrou em trabalho de parto, e corremos em pânico para o hospital Cedars-Sinai, só para ouvir que o bebê não chegaria antes das próximas doze horas. Eu estava no meio da filmagem de um vídeo, assim concordamos que eu podia muito bem continuar o trabalho durante esse intervalo e voltar para o hospital à noite, para o grande momento. Durante a filmagem, tomamos algumas doses para comemorar o nascimento do bebê por antecipação, de modo que eu estava um tanto entusiasmado quando voltei ao hospital naquela noite. Eu tinha ido com Kelly, no maior zelo, ao que me pareceram centenas de aulas sobre parto – tinha feito os exercícios de respiração, assistido aos vídeos, comprado a camiseta de pré-maternidade, tudo – e me considerava preparado para os importantes eventos que estavam prestes a se desenrolar. Entretanto, ao me dirigir confiante em direção à cama, um membro da equipe médica colocou a mão firme no meu ombro e disse: "Não se aproxime, sr. Stewart. Daqui para a frente é conosco". Aquelas aulas me custaram centenas de dólares.

E então nossa linda Ruby chegou – com a clavícula quebrada, coitadinha. E a cabeça parecendo um cone, como nunca se viu. Embora talvez você *tenha* visto, porque um membro da honorável irmandade dos fotógrafos britânicos da imprensa conseguiu entrar no hospital e fotografar nosso bebê recém-nascido no berço. Bem-vinda ao mundo, Ruby.

Cedo, na manhã seguinte, em êxtase, insone e meio de ressaca, liguei para Jim Cregan e concedi a ele seu primeiro dever sagrado como futuro padrinho de Ruby: vir ao hospital trazendo alguns sanduíches de bacon, porque estávamos morrendo de fome. Jim ainda precisa me perdoar por tê-lo feito percorrer os corredores de uma das mais famosas instituições judaicas de Los Angeles cheirando a carne de porco frita.

No começo dos anos 1980, enfrentei desafios musicais em várias frentes. No que dizia respeito aos críticos musicais, eu era mais ou menos tão bem-vindo quanto um furo num paraquedas. "Da ya think I'm sexy?" e a badalação em torno dela tinham convencido os compositores de que eu enveredara para sempre no mau caminho da disco music e no estilo de vida de Hollywood e que não tinha volta. Não passava de um disco pop, claro, mas quem pegasse uma revista de música na época ia achar que eu abrira uma fábrica de produtos químicos e estava envenenando o abastecimento de água em alguma área carente do mundo.

Acho que posso dar o braço a torcer, pois de fato perdi um pouco o foco naquele período – digamos, de 1979 a 1981. Não sei bem as causas, mas suspeito que muitas noites indo dormir tarde demais, festas demais, bebida demais e algumas cafungadas demais de cocaína recreativa podem ter tido algo a ver com isso. Um sinal indiscutível de que as coisas não iam bem era o fato de que, embora eu sempre tivesse sido um tanto insistente quanto à pontualidade no local de trabalho (e ainda sou até hoje), naqueles anos da virada da década, as sessões em geral eram marcadas para as duas da tarde; se eu chegasse lá pelas cinco, a banda se considerava com sorte. Durante algum tempo, a situação ficou bagunçada; quando perdi o controle, já havia algum desgaste.

O que se passava pela minha cabeça naquela época? Devo ter achado que, como um astro de rock, eu tinha mais era que encher a cara, trepar com quem quisesse e me comportar mal. E só havia um número limitado de horas no dia. Era inevitável que outros aspectos do papel de astro do rock – como escrever canções ou ensaiar, digamos – fossem postos de lado por um tempinho, dadas as restrições de tempo que todos nós enfrentamos na vida profissional.

Durante esse período, nunca pensei que o estereótipo de ser um astro de rock fosse irrelevante, ou até algo por que tivesse de me desculpar. Pelo contrário, aquilo me parecia ser: a) a fonte de muito divertimento; b) o objetivo exato, para começar. O negócio era esse, com certeza. Se eu não tivesse considerado bebida/trepada/mau comportamento pelo menos como parte de meus termos de contratação – e se eu não tivesse feito o melhor possível para desempenhar a minha parte nessas áreas –, eu julgaria que estava deixando a categoria na mão.

Mesmo assim, será que esse desleixo com meu trabalho como cantor se refletiu no material do início dos anos 1980? Tirem suas próprias conclusões. (Os álbuns relevantes estão à disposição para quem quiser fazer uma reavaliação crítica.) Tudo o que posso dizer é que "Passion", do álbum *Foolish behaviour*, recebeu a distinção de ser a música de que minha mãe menos gosta, entre todas as que escrevi. Em outras palavras, era uma canção de que nem a mãe poderia gostar. E essa era uma área em que ela tendia a ser bastante complacente.

De fato, mais tarde, eu a levei ao Wimbledon Theatre para ver uma apresentação de Max Bygraves, que ela adorava. Max muito gentilmente veio vê-la no camarote antes do show e disse: "Elsie, há alguma canção em especial que você gostaria que eu cantasse hoje?". E mamãe disse: "Você pode cantar 'Sailing'?".

Sai Max Bygraves, um tanto cabisbaixo.

Foolish behaviour foi gravado (como boa parte de minhas obras) no Record Plant Studios, em Los Angeles, onde, algo comum no período, tínhamos sessões contínuas que duravam o dia inteiro, com orçamento aparentemente ilimitado oferecido pela gravadora. Isso nem sempre é uma receita para a criatividade. É fácil pensar: "Para que a pressa? Não é o meu dinheiro que está sendo gasto aqui". Mas é claro que *é* o seu dinheiro, afinal, porque a gravadora vai estragar a festa deduzindo-o de seus direitos autorais. Mesmo assim, ninguém pensa muito nisso na hora. Ao contrário, pensa: "Ótimo, um estúdio onde brincar por quanto tempo quiser. Vamos gastar catorze dias programando a bateria eletrônica". O que me lembro é de estarmos lá, gravando *Foolish behaviour*, durante anos – embora, para ser sincero, com a passagem do tempo, talvez eu estivesse fazendo alguns álbuns juntos. Entretanto, me lembro de que havia portas nos fundos do Record Plant Studios para transportar o equipamento para dentro e que eu ficava cada vez mais pensativo, muito louco de coca, imaginando se eu poderia entrar por elas com meu Lamborghini. Eram dias felizes, porque eu podia entrar. O carro ficava estacionado no estúdio cerca de uma semana, pelo que lembro, até que eu precisasse ir para casa. Nós meio que gravávamos em volta dele.

O fato era que eu lançava álbuns solo num ritmo de um por ano por mais de uma década. *Foolish behaviour* era meu décimo álbum de estúdio, sem contar os quatro que fiz com o Faces, resultado que poria a maior parte dos jovens johnnies de hoje no chão, implorando misericórdia. Não é de surpreender que a imposição de se fazer um novo álbum a cada ano, ao mesmo tempo que se viajava em turnê durante seis meses, estava começando a pesar e que alguns problemas começavam a ficar em evidência.

Já falei sobre meu medo de lugares vazios nos shows. Em turnê, em 1981 e 1982, eu via alguns deles. Nos Estados Unidos, eu sempre conseguia atrair um bom público no litoral. Mas durante os anos 1970 eu me acostumara a lotar também os shows no interior do país, e então esse público parecia minguar.

Portanto, isso merecia atenção. Quem perde alguma coisa desse jeito está encrencado, porque fazer uma turnê nacional em estádios se torna insustentável, e é preciso voltar aos teatros – nada de grandes produções, nada de enormes cenários, nada de estruturas de iluminação imensas. Talvez seja adeus aos aviões e alô aos ônibus de turnê. Será que eu conseguiria me ver num ônibus de turnê naquele ponto da minha carreira? Bem, tenho certeza de que o teria feito se fosse necessário. Mas digamos que eu preferia não ter de fazer, se me dessem o poder de escolha.

Eu adorava shows em estádios. Adorava a dimensão deles, a teatralidade, o ambiente, o puro aspecto de espetáculo que eles têm. Na época, era comum entre meus pares zombar do uso de estádios para shows de rock, dizer que neles faltava intimidade, que não tinham emoção, que não tinham alma. Meu argumento era o oposto disso. Eu achava que, se eles pareciam frios e sem alma, era porque o artista não estava tocando direito – não estava usando a teatralidade, não se esforçava o suficiente para envolver o público e arrebatá-lo. Eu ficaria extremamente desapontado se não pudesse tocar em estádios.

Em setembro de 1983 passei a ter um novo empresário e estava pronto para arregaçar as mangas. Literalmente: mangas de paletó dobradas ou, de qualquer modo, enroladas para cima, eram a grande moda na época. Arnold, meu novo empresário, bolou uma estratégia para tentar apontar a minha carreira de na direção certa; e, para conseguir botar as turnês de volta nos trilhos, ele trouxe Randy Phillips, que já tinha sido divulgador de música na Universidade de Stanford e foi o principal executivo da AEG Live.

Uma das primeiras jogadas de Arnold foi iniciar um demorado período de negociação com o empresário de Jeff Beck, que providenciara a participação de Jeff – como mencionei em capítulo anterior – na faixa "Infatuation", do álbum *Camouflage*, lançado em 1984, e em seguida na turnê. Essas negociações foram apenas menos complicadas do que desenvolver um plano de paz para o Oriente Médio. Jeff, como sabemos, não ligava para turnês. Mas com "Infatuation" eu tinha um sucesso de rock autêntico e uma declaração bastante enfática, a quem interessasse, de que minha chamada "fase disco" estava acabada. *Camouflage* tinha, além disso, uma interpretação de "Some guys have all the luck", de Jeff Fortgang, que eu ouvira Robert Palmer tocar e me instigara introduzindo um pequeno gancho de "Ain't got no home", de Clarence "Frogman" Henry, como extra, só para atrair os fãs de R&B. Mesmo que a canção não fosse boa, eu provavelmente teria de gravá-la, apenas para que os jornalistas pudessem usar o título nas matérias a meu respeito.

O ritmo então passou a ser de dois anos entre os álbuns, e não um, o que parecia um pouco menos frenético e mais tolerável. Assim, um intervalo de dois anos separou *Camouflage* de *Every beat of my heart*, em 1986 (ou *The Rod Stewart album*, como ficou conhecido nos Estados Unidos). E as turnês recomeçaram. *Every beat of my heart* foi a maior turnê pela Europa que eu já tinha feito. Depois, seguiu-se *Out of order*, em 1988. Eu tinha descansado e deixado a produção dos discos para os outros durante algum tempo – preguiça da minha parte, para ser sincero. Além do mais, aqueles caras estavam recebendo um monte de grana, então, por que não deixá-los cuidar disso? Mas para *Out of order* eu me senti revigorado o suficiente para me envolver outra vez no processo de trabalho. Eu o coproduzi com Andy Taylor e Bernard Edwards. Bernard, claro, era um de meus heróis, tendo sido membro do Chic. Andy fora guitarrista do Duran Duran e, mais recentemente, do Power Station. Ele e eu escrevemos boas coisas juntos para aquele álbum. Na verdade, também escrevemos um bom material separadamente. Lembro-me de ter saído uma noite de quarta-feira para o treino de futebol; quando voltei, algumas horas mais tarde, ele tinha composto "Lost in you". Eu acrescentei a letra.

Os produtores mudavam, mas as regras costumeiras eram aplicadas. A banda e eu continuávamos a chegar ao estúdio, no começo de um álbum, completamente sem canções e trabalhávamos o material fazendo as ideias fluir pela sala de som. E continuávamos a começar nossas sessões de gravação com uma passada regulamentar pelo bar ao lado. De fato, o Entourage, ao lado do Record Plant, em sua localização original na West Third Street, passou a ser conhecido como Studio E. Íamos lá com tal frequência que Chris Stone, o dono do estúdio, acabou instalando uma linha telefônica direta entre a sala de controle e o bar. Chris deu ainda um passo à frente e construiu um pub para nós dentro do próprio Record Plant, com banquinhos de bar, um piano e um alvo de dardos. Chamava-se The Dog and Clit. Uma ou duas doses, e depois se passava à sala de controle.

Para alguém de fora, isso podia parecer um comportamento pouco profissional, mas, é preciso dizer, parte do melhor trabalho daquela época foi feita no bar. Algumas vezes conseguíamos compor canções inteiras ali. "Por que você não faz isso... e aí eu faço aquilo... e então vamos botar um sei lá o que por baixo..." "Forever young", uma das canções de maior sucesso que gravei nesse período, foi toda composta no Dog and Clit. Peguei o título da canção de Dylan, que eu queria retrabalhar, e Jim Cregan, Kevin Savigar e eu reelaboramos tudo e fomos para o estúdio gravá-la.

Mesmo assim quase descartei a canção na hora de ela entrar no álbum. Estávamos repassando as faixas e discutindo *overdubs* quando chegamos a "Forever young", e eu disse: "Não estou satisfeito com essa música. Vamos descartá-la". Era mais ou menos como "Maggie May" – eu não tinha certeza se ela tinha uma pegada forte o suficiente. E de repente o engenheiro, Steve MacMillan, que trabalhara em zeloso silêncio durante o projeto inteiro e nunca dera opinião sobre nada, jamais, ergueu a voz e disse: "Eu não descartaria essa se fosse você. É a sua melhor canção".

Fez-se um silêncio instantâneo, enquanto todos ficamos boquiabertos em assombro pelo fato de Steve ter dito alguma coisa. Escutamos outra vez a faixa e percebemos que ele tinha razão. Recebi a indicação para um Grammy pelo meu desempenho vocal naquela gravação, e a canção estourou nos Estados Unidos. Algumas coisas você pode planejar; outras se devem ao acaso.

No total, *Out of order* me deu quatro grandes sucessos em singles nos Estados Unidos, e pode-se dizer que marcou a finalização de uma espécie de reviravolta para mim no país. Além disso, o single "My heart can't tell you no" daquele álbum chegou às Top 10 na parada de sucessos no Reino Unido, o que era reconfortante, porque parecia que eu andava em baixa no país onde fora criado. O que funcionava com o público americano – as canções mais duras, mais rock – parecia penar na Grã-Bretanha; e o que chamara a atenção das plateias britânicas – as músicas mais orientadas para o pop, como "Sailing", "Baby Jane", "I don't want to talk about it" – parecia causar menos impacto nos Estados Unidos. Arnold e eu tivemos uma reunião séria sobre isso com Rob Dickins, o executivo que administrava a Warner Bros. no Reino Unido.

Eu conhecia Rob havia muitos anos. Na verdade, uma vez ele tinha ido aos bastidores do *Top of the Pops*, em uma das participações do Faces, apresentar um novo tipo de gravadora. Supostamente minha reação foi ter me virado para Ronnie Wood e dito: "Quem é esse babaca?". Dica para jovens músicos: seja educado com as pessoas enquanto você está subindo. Um dia eles podem se tornar chefes da sua gravadora no Reino Unido.

Rob tinha o hábito de só dizer o que pensava mais tarde, isso quando dizia, receoso de ofender alguém. Isso tinha muitas desvantagens, embora, numa indústria apinhada de gente lhe dizendo o que acha que você quer ouvir, também possa ser bastante revelador. De qualquer modo, na ocasião, o comentário de Rob foi: "Por que você deixou Paul Young roubar seu público?".

Isso realmente me deixou puto. Paul Young? Faça-me o favor. Quero dizer, cara legal, boa voz e tudo o mais, mas...

O argumento de Rob foi que, enquanto eu estava ocupado nos anos 1980, fazendo discos de rock produzidos por americanos, eu tinha abandonado o papel que me cabia: interpretar canções, escolher material de outros e me apropriar dele. E Young – com singles como "Wherever I lay my hat" e "Every time you go away" – tinha entrado em cena. Rob disse: "As pessoas querem ouvir você cantar grandes canções".

Já um pouco furioso nesse estágio, simplesmente falei: "Bom, então encontre uma grande canção para mim".

Passei umas duas semanas emburrado. Paul Young! Puta que o pariu!

Mesmo assim, o bom dessa conversa foi que, em meados de 1989, Dickins me visitou em Epping, levando uma fita cassete e um aparelho de som portátil. Ele disse "Quero que você ouça isso" e me mostrou uma canção. Quando terminou, disse: "Não diga nada". E a tocou outra vez. Quando acabou a segunda vez, ele mais uma vez falou: "Não diga nada". E tocou uma terceira vez. A essa altura, eu desejava ter escrito aquela música. E estava doido para cantá-la.

A canção era "Downtown train", de Tom Waits. Tinha uma melodia tocante e uma letra que doía de desejo. Meu filho Sean, que na época tinha oito anos, entrou na sala durante a terceira vez em que a canção estava sendo executada e disse "Por que esse cara canta tão mal?", o que realmente chamou a atenção: ali estava uma grande música, mas interpretada por alguém cuja voz agradava a poucos, portanto, atrapalhando a chance de a canção ser um sucesso. (Adoro a voz de Tom Waits, mas não é para todo mundo.) Gravei "Downtown train" com o talentoso Trevor Horn, e, embora o álbum estivesse tecnicamente fechado, a canção foi inserida no último minuto, depois de um hábil lobby da Warner Bros. nos Estados Unidos feito por Arnold, como uma nova faixa para a compilação de *Storyteller* – a coletânea com a retrospectiva da minha humilde carreira (e ainda disponível nas melhores lojas do ramo). Deu-me um sucesso nas paradas – Top 10 no Reino Unido e número três na *Billboard* americana – e me botou outra vez na lista de intérpretes da *Rolling Stone*. Porém, mais importante que qualquer dessas coisas, lembrou algumas pessoas de quem eu era e o que podia fazer – pessoas que talvez soubessem, mas tinham esquecido, ou talvez tivessem preferido esquecer e me deram as costas. E fez com que eu me lembrasse disso também.

Chega uma hora em que quase todos os processos de um trabalho, mesmo aqueles mais curtos, se tornam um pouco maçantes para mim. Compor, gravar, produzir, fazer vídeos, promover: houve um tempo em que nenhuma dessas tarefas, sei lá por quê, conseguia me animar e tudo parecia obrigação. Isso acontece com qualquer trabalho: passar pelas etapas e ficar um tanto indiferente em algumas delas.

Mas na hora de me apresentar, nunca.

Desde que superei meu nervosismo inicial e adquiri a autoconsciência do meu aprendizado em banda de rock nos anos 1960, finalmente saindo de trás dos amplificadores, não houve uma única ocasião em que cantar na frente de uma plateia, com a banda ecoando atrás de mim, não tenha me entusiasmado. Por essa razão, seja lá o que tenha acontecido com meus níveis de comprometimento e concentração nos anos 1990, minha postura durante as turnês sempre se manteve inabalável. Fiz quarenta anos em 1985, mas, talvez em desafio subconsciente, foi nessa época que eu mais me jogava nas representações de palco, mais solto do que nunca, pulando como um idiota. É possível que jogar tanto futebol tenha transformado meus joelhos nas nobres ruínas que hoje separam coxas das canelas. No entanto, revendo minhas gravações dos anos 1980, percebo que grande parte dos danos também pode ter vindo de deslizar de joelhos adoidado pelos enormes palcos do mundo.

Além disso, preciso enfatizar que meu entusiasmo por me apresentar nunca teve de ser estimulado artificialmente. Entre o fim de um show e os bis, a equipe tinha uma pequena carreira revigorante de alguma substância disponível para mim no fundo do palco, o que, combinado com uma inebriante noite de sucesso, me mandava de volta ao palco num estado de grande euforia. Era como uma recompensa: "Boa. Cheire uma fileirinha". Mas antes de um show nunca precisei tomar nada para me animar. A perspectiva de aparecer diante de uma plateia fazia isso sozinha.

O estímulo com cocaína no meio do show parecia um procedimento bem comum entre os músicos da minha banda naquela época, embora Patrick "Boiler" Logue fizesse o máximo para complicar o processo. Um pouco mais sobre Boiler: ele tinha originalmente entrado para a equipe em meados de 1990 como técnico de guitarra, habilidade na qual ele logo se revelou um mestre, não apenas na organização dos instrumentos, mas na inesperada nudez em lugares públicos. Os guitarristas iam para os bastidores para trocar de instrumentos e encontravam a guitarra seguinte entregue a eles por Boiler pelado. Poucos dos que testemunharam jamais vão se esquecer da visão de Boiler nu, carregado nas costas de Peter Mackay, o gerente da turnê, emergindo do banheiro masculino de um bar em Tóquio, para diversão da banda, as únicas pessoas no recinto quando Boiler entrou no banheiro; depois, e ele percebeu isso tarde demais, a banda tinha sido seguida por um grande grupo de executivos japoneses.

Quando foi promovido a gerente de palco, o domínio de Boiler se expandiu, permitindo-lhe ampliar a prática do nudismo na área dos bastidores; e também pôr em operação traquinagens consagradas pelo tempo, como botar amendoins nas gaitas, encher os acordeões de talco e unir com pregos os pedais do órgão, de modo que, quando um pedal era apertado, todas as notas tocavam.

Mas a área em que Boiler realmente se distinguia era inventar maneiras de se interpor entre os integrantes da banda e suas drogas. Mais de uma vez ele colocou filme plástico sobre as carreiras de cocaína, dispostas fora do palco para a seção de metais, de maneira que, quando os músicos chegavam para sua cheirada revigorante, eram impedidos, tentando inalar um pó intocável. Clássico dele: para testar o desespero de um integrante da banda em particular pela sua dose no intervalo, que preferimos não delatar nem envergonhar, mas que na verdade era Carmine Rojas, o baixista, Boiler depositou a cocaína muito arrumadinha ao longo da parte mais íntima de sua anatomia e ficou esperando nos bastidores com a dita parte íntima esticada entre o polegar e o indicador. Seguiu-se um breve impasse, enquanto o músico pesou os prós e contras. O fato é que Carmine estava mesmo muito desesperado pelo seu estimulante.

Os shows nos anos 1980 ficaram mais ruidosos, mais selvagens e mais longos. Na turnê do álbum *Camouflage* em janeiro de 1985, fomos a banda principal na primeira edição do Rock in Rio, no Rio de Janeiro, diante de um público de 200 mil pessoas. Não se vê com frequência essa multidão no Fisherman's Arms, em Purley, por exemplo. O Rock in Rio foi um dos festivais mais bem organizados e animados em que me apresentei. Tínhamos chegado temendo o caos, mas não podíamos estar mais errados – pelo menos, não da maneira como o festival foi conduzido. Uma série de bandeiras gigantescas tremulava dos prédios na orla: "Bem-vindo, Rod Stewart", "Bem-vindo, Queen". O festival foi numa vasta clareira aberta no meio da floresta. Havia três palcos separados sobre trilhos de trem, com um sistema de agulhas – o que sempre me agradaria, dado o meu interesse por estradas de ferro –, e esses palcos eram simplesmente desviados para fora, rearranjados e desviados para dentro outra vez, como um relógio. E o som ao caminhar na frente de uma multidão de 200 mil pessoas – só aquela onda de som era como vento: uma emoção completa. Me arrepiou os pelos da nuca, dos braços e provavelmente de outros lugares que não tive tempo de verificar.

Fora do palco, os hotéis receberam centenas de músicos durante uma semana, e inevitavelmente houve cenas de loucura. O Queen foi o destaque da noite de sexta-feira (eu fui o de sábado), e Freddie Mercury foi visto perambulando com seios plásticos. Cocaína estava disponível a aproximadamente cinco centavos o balde. A única mancha negra em todo o evento foi que, depois da nossa segunda apresentação, de volta ao hotel, convidamos a Go-Go's, banda de rock de garotas liderada por Belinda Carlisle, para uma competição de cheirar coca. Isso foi um erro tático sobre o qual alguém devia nos ter avisado. Essas garotas conseguiam cheirar o verniz da mesa. Perdemos feio.

Na manhã seguinte, achamos que seria divertido curtir a pequena porção restante de cocaína na praia. Antes disso, propus uma disputa de revezamento de natação até uma pilha da madeira visível a média distância flutuando na água. Arnold, meu empresário, disparou e chegou em primeiro lugar no alvo. Mas ele nadou de volta ainda mais rápido. Não era uma pilha de madeira. No Rio, descobrimos, eles soltavam o esgoto na água por volta das 5h45 da manhã. De longe ouvíamos os gritos dos integrantes da banda.

Mesmo assim, pelo menos ainda tínhamos a última carreira de cocaína nos esperando. Tinha sido confiada a Tony Brock, o baterista. "Dá aqui, Tony", dissemos. Tony levou a mão ao bolso do calção – o calção molhado com que ele acabara de nadar – e apresentou um pequeno pacote pingando com o que tinha sido a nossa cocaína. Queixos bateram no chão.

Em outra apresentação marcante desse período, em julho de 1986, fiz minha primeira aparição no estádio de Wembley. Os fãs de futebol sabem o que isso significa para mim. Sonhei em jogar ali como profissional e tinha invadido o campo como espectador bêbado eufórico. Mas naquele momento chegava para ao palco e olhava para as 66 mil pessoas com os braços estendidos na chuva torrencial. Mesmo reconhecendo a grandiosa vitória da Escócia contra a Inglaterra em 1977, aquilo bateu como a melhor coisa que me aconteceu naquele solo. Ou a segunda, tanto faz.

Outro fato agradável acerca daquele show em Wembley: nos bastidores e na festa que se seguiu, como minha convidada especial estava Sarah, a filha que eu dera para adoção. Retomamos o contato em 1985, nos encontramos em Londres para um chá, apenas nós dois, e pudemos conversar abertamente. O terrível constrangimento daquele encontro inicial no estúdio de gravação em Los Angeles foi superado, e recomeçamos. Sabíamos que jamais seria um relacionamento pai e filha normal. Eu não a criei, não troquei suas fraldas, não a levei à escola, não a ajudei com o dever de casa, não pratiquei esportes com ela. Não estava por perto quando ela trouxe o primeiro namorado para casa. Aqueles elos paternais não estão presentes, e, por mais que se tente, não dá para tirá-los do nada. Mas temos nossa própria ligação, que ficou ainda mais forte em 2007, depois da morte de Evelyn, sua mãe adotiva. Nos bastidores, naquela noite de 1986, eu me sentia pronto para apresentá-la às pessoas, dizendo: "Essa é a minha filha mais velha".

Era muito bom eu ter tanto entusiasmo para fazer turnês, mas a principal preocupação, à medida que se passavam os anos 1980, era se minha voz continuaria a compartilhar desse entusiasmo. Cair na estrada durante pelo menos seis meses a cada ano era minha ideia de uma vida plena, mas isso claramente começava a cobrar seu preço nas minhas cordas vocais. Se elas se rebelassem, eu estaria fodido de verdade. Mas o que eu podia fazer? A banda tocava tão alto... Até que nos orgulhávamos disso. O volume em que tocávamos era um distintivo de honra. Acho também que, de certa maneira, era um legado de "Da ya think I'm sexy?". Era como se pensássemos: "Vamos mostrar a eles. Não somos frescos de discoteca. Somos uma banda de rock 'n' roll barulhenta, arrebentando". Noite após noite eu forçava minha voz para competir com aquele volume e no fim do show, em geral, tinha estourado minha garganta. No dia seguinte, me sentia como se tivesse feito gargarejo com arame farpado. Depois, duas horas antes do show seguinte, eu percebia que não tinha voz para cantar.

A solução não era particularmente saudável: comecei a tomar esteroides. Comprimidos de prednisona, para ser mais exato. Tomei-os sem parar no início, mas no final dos anos 1980 eu já estava a caminho de desenvolver um vício.

Os esteroides dão fome, nos mantêm acordados e incham as bochechas... mas nos fazem cantar como um passarinho. Maravilha de esteroides, então. Só que não. Muito pior estava a caminho, no seu devido tempo.

Enquanto isso, minha relação com Kelly caminhava para o fim numa câmera lenta fatal. A firmeza de propósito que eu parecia ter encontrado na nossa viagem à Espanha e o comprometimento que eu lhe declarara logo se dissolveram. Enquanto Kelly estava grávida, comecei a sair com outra modelo. Esse era o comportamento típico de um babaca. O caso era puro sexo, não ia levar a lugar algum. Mas eu não conseguia deixar de escapar para vê-la. Horrível, atitude lastimável. Uma vez ela ligou para minha casa, e Kelly, que estava grávida de oito meses, atendeu. Ouvi-a dizer: "Será que pelo menos você não podia esperar até eu ter o bebê?". Aparentemente a modelo disse a ela: "Só estou dando a ele aquilo que você não está". Foi tudo bem desagradável, um testamento mortificante de como eu era galinha naquela época. A vergonha do que fiz com Kelly ainda me assombra, a ponto de eu ter hesitado em mencionar isso aqui.

Acho que Kelly pensou que poderia ter o bebê e me largar em seguida, mas o nascimento de Ruby em 1987 nos aproximou outra vez, e tivemos muitos momentos felizes no primeiro ano de vida dela. Depois de me divorciar de Alana, pude voltar a casa na Carolwood, e Kelly e eu dividimos nosso tempo entre aquela casa e a de Epping. Minha família adorava Kelly, que adorava a Inglaterra, tínhamos uma filha linda e éramos abençoados com tudo o que poderíamos querer.

Mesmo assim, apesar disso tudo, meu pequeno demônio trabalhava na minha cabeça, dizendo: "Não se acomode, não se amarre". A ansiedade, a sombra do meu casamento anterior na hora errada, fracassado, a consciência de que, no fundo, aquilo não estava certo para mim, que eu não o faria durar... para exasperação e insegurança cada vez maior de Kelly, esses sentimentos fizeram com que me esquivasse do casamento.

Ao contrário, por mais estranho que pareça, do meu amigo Elton John. Em 1984, Elton me ligou e disse: "Casei, meu caro. Com uma mulher". Para isso, a única reação possível foi: "Que porra é essa?". Elton deu uma entrevista à *Rolling Stone* nos anos 1970 na qual dissera que podia ser bissexual, mas as pessoas ao seu redor sabiam que ele era mesmo gay.

Ele disse: "Achei que era a coisa certa a fazer, meu caro".

Perguntei: "Como você vai fazer sexo?".

Ele falou: "Ah, vou amarrar duas escoras em torno do dito-cujo".

Para mim, não havia essa disposição imaginativa para me comprometer. Eu parecia determinado a ficar na história como o último dos grandes mulherengos. Kelly encontrou um bilhete na minha mala, deixado durante uma turnê por uma garota de uma noite, dizendo: "Jamais esquecerei a noite que tivemos". Em circunstâncias como essa, até a paciência da mulher mais santa iria diminuir. Kelly já tinha as emoções à flor da pele, mas agora a garota sempre alegre do início do nosso relacionamento estava infeliz, confusa e chorosa. Chorava em elevadores, em saguões de hotéis, em carros e aviões. Nunca vi ninguém derramar tantas lágrimas. Por fim, no começo do verão de 1990, Kelly resolveu que já tinha chorado demais e me largou, levando Ruby com ela.

Foi outra tremenda confusão. Se eu conseguia aprontar num relacionamento com alguém tão especial como Kelly, então a mensagem estava clara até para mim. Eu não fora feito para ficar com ninguém. Eu era um solteiro e sempre seria. Era mais seguro para todo mundo dessa forma.

Poucas semanas depois de Kelly me deixar, Arnold recebeu um telefonema da Pepsi perguntando se eu estaria interessado em fazer um comercial. Essa não era uma linha de trabalho que me interessasse, embora, durante anos, tivesse recebido muitas ofertas. Uma empresa de camisinhas na Holanda, por exemplo, queria muito que eu endossasse as camisinhas dela. Isso numa época em que as pessoas dificilmente chegavam a *dizer* a palavra "camisinha". Juro que não dá para imaginar qual era a "sinergia" que identificaram entre mim e o produto deles. Mesmo assim, legal terem perguntado, embora eu recusasse.

Recusei também a Cadbury, que queria que eu participasse de uma propaganda de chocolate no Reino Unido. Nos Estados Unidos, no entanto, a Pampers me ofereceu a bela soma de 2 milhões de dólares para usar uns acordes de "Forever young" num comercial de fraldas – isso eu aceitei. Mas eles não me pediram para aparecer. Usaram imagens de animaizinhos bonitinhos, o que foi inteligente. Eu fico horrível de fralda.

Mas essa oferta da Pepsi era tentadora. Em primeiro lugar, eu não teria de cantar um jingle nem tentar fazer com que a palavra "Pepsi" soasse comovente, nem nada embaraçoso desse tipo. Nem sequer teria de ser visto bebendo o produto, nem teria de parecer satisfeito. Ao contrário, a ideia era gravar uma canção de verdade com Tina Turner, "It takes two", o número de Marvin Gaye e Tammi Terrell na Motown. Depois a Pepsi editaria um videoclipe para ser usado no comercial. Possivelmente Tina e eu teríamos um single de sucesso se usássemos o vídeo não editado como promoção.

Tudo isso era muito convincente – embora não tanto quanto a parte da proposta prevendo que o vídeo fosse filmado na locação de nossa escolha. Acho que eles julgaram que diríamos Burbank, ou talvez, numa investida, Anaheim – algum lugar convenientemente próximo deles, de qualquer modo. Na verdade, as discussões com meu empresário seguiram esta linha:

Eu: "Aonde queremos ir?".

Arnold: "Em algum lugar à beira-mar?".

Eu: "Na Europa seria legal".

Arnold: "O que seria mais convidativo do que Cannes nessa época do ano?".

E foi assim que, no início de agosto de 1990, encontrei-me com Arnold no Carlton Hotel, em Cannes, com Arnold, Don Archell, meu assistente na estrada, e, aproveitando a carona, meu grande amigo de longa data Ricky Simpson, um hoteleiro de muito sucesso e torcedor do Celtic. Deram-me uma monumental suíte na cobertura. O banheiro tinha um teto em domo, parecido com o da catedral de St. Paul – só que, claro, com um chuveiro muito melhor. Além disso, se deixasse as calças ou as meias no chão, elas magicamente desapareciam e voltavam limpas num embrulho de papel, como se fossem presentes da grande lavanderia do céu. Ricky e eu fugíamos como garotos de escola. Tínhamos aterrissado no campo da solteirice para acabar com todos os outros concorrentes. É que me parecia um desperdício não usar aquelas generosas instalações disponíveis com objetivos de solteiro para os quais elas eram tão propícias.

Seguiu-se um período de dez dias de excessos que passaram para a história como o "longo e quente verão". (Bem, assim é como Ricky e eu passamos a nos referir a ele.)

Foram feitos telefonemas, reservados voos, carros foram alugados, e lá vieram elas: velhas paixões, novas paixões, velhas aventuras, novas aventuras, mulheres receptivas a uma noite em Cannes, além de uma passagem de primeira classe para a volta. Passei por todo o livrinho negro, por assim dizer, e fiz minhas escolhas. Assim que Arnold soube desses planos, arrumou as malas e levantou acampamento, para horror da segurança do Hotel Du Cap. Foi prudente – embora, em minha defesa, tudo tenha sido feito de modo muito educado e profissional. O esquema tinha a precisão e o rigor de uma operação militar. Don Archell levava de carro a garota em partida para o aeroporto de Nice, deixava-a na área de embarque, depois dava a volta para o desembarque, para coletar a reposição. Acho que a logística para os Jogos Olímpicos de 2012 foi apenas um pouco mais complexa que a envolvida na administração do "longo e quente verão".

Nós nos aventuramos fora da suíte, ocasionalmente. Eu tinha o vídeo para gravar, claro – embora isso fosse apenas Tina e eu curtindo no palco num clube repleto de pessoas bonitas, portanto não era um papel dos mais exigentes. Tina nos convidou para vê-la cantar no Sporting Club de Monte Carlo também. Eu gostava dela. Tínhamos construído uma ligação em dezembro de 1981, quando ela apareceu no palco comigo no Los Angeles Forum, um show que era exibido em circuito fechado de televisão em cinemas pelo mundo todo, visto por um público de 60 milhões de pessoas. Isso a ajudou a retomar a carreira, e assim ela se tornou outra vez uma enorme estrela nos anos seguintes. Com certeza ela tem aquela ousadia maravilhosa, maior que a vida, e aquela voz poderosa de quebrar concreto, mas sua timidez no estúdio era tocante. Quando gravamos "It takes two", ao fim da canção eu estava tentando puxar uma espécie de canto e contracanto entre nós para concluir, mas isso foi realmente difícil. Achávamos que ela faria aquilo com o pé nas costas, mas Tina era muito tímida com improvisações.

De qualquer modo, na tarde antes do show de Tina, Ricky e eu percorremos as lojas e compramos camisas, ternos, gravatas e sapatos. Saímos confiantes do hotel naquela noite. Fomos de limusine a Monte Carlo, nos apresentamos na portaria com orgulho como convidados da sra. Turner. O porteiro disse: "Sinto muito, senhor. Receio que esteja vestido de maneira inapropriada". Eu falei: "É mesmo? Pensei que estivéssemos bem elegantes". O porteiro respondeu: "Sinto dizer que a regra é smoking". Encabulados, nos dirigimos para um restaurante.

A primeira sra. Stewart, a encantadora Alana Hamilton, no dia de nosso casamento, 1979.

Roubando o show... Kim e Sean no palco comigo no Madison Square Garden, 1982.

Acima: eu e Alana descontraídos.

Abaixo: Gravação do videoclipe da música "Tonight I'm yours". O que mamãe pensaria disso?

Minha antiga banda. Todos sujeitos alegres.

Minha nova banda. Não confie num homem que diz: “Nunca tiro minha calça em público”.

A Polícia do Sexo. Meu querido amigo Jim Cregan (próximo a mim e que mais tarde seria padrinho do meu casamento com Penny), Robin Le Mesurier e Malcolm Cullimore, meu leal assistente pessoal (à direita), combinando uma incursão ao quarto de alguém.

Detalhe: Deixo essa legenda para sua imaginação... México, anos 1980.

Por alguma razão desconhecida, deixei meu Lamborghini estacionado dentro do estúdio por nove dias, enquanto eu gravava. Não me pergunte por quê.

A adorável Kelly Emberg me proporcionando um "momento peitoral". Que garota!

Minha linda Ruby aos quatro anos.

O crédulo Arnold Stiefel assinando um contrato comigo em 1983. Você não sabia onde estava se metendo, amigão.

Eu e dois ícones do futebol escocês: o grande Tommy Burns, do Celtic, e Sir Walter Smith, do Glasgow Rangers. Sem times aqui.

Detalhe: preparando o campo de futebol na minha casa em Epping.

Sendo erguido por fãs escoceses após a vitória de 2 a 1 sobre a Inglaterra em Wembley, 1977.

Os garotos do Fram celebram a vitória em minha casa em Beverly Hills.

Os Vagabonds no campo de futebol da minha casa, em Essex, que tem visto os nomes Celtic, Liverpool e Newcastle em sua suntuosa superfície. Meu bom amigo Alan Sewell, também conhecido como "Honesto", diretor de futebol, na fileira de trás, à extrema direita.

Detalhe: Meu camarada Lionel Conway, fundador do Exiles FC.

A ala masculina do clã Stewart indo para a Escócia ver a seleção jogar contra a Inglaterra num jato particular. Anos 1970. Bons e velhos tempos.

Minha mãe e meu pai em minha casa na Espanha. Mamãe deve ter visto uma moeda no chão e se distraiu. Talvez fosse mesmo para eles, quem sabe?

Meus irmãos Bob e Don, minha irmã Mary e eu celebrando o milionésimo aniversário de casamento de nossos pais.

No sentido horário, a partir do alto:

1. Uma jovem e apreensiva Rachel Hunter se prepara para se tornar a segunda sra. Stewart e recebe toda a afeição dos fãs que olham pela janela. Dezembro de 1990.

2. Renee e Liam com o pai em nossa casa em Palm Beach.

3. Rachel numa vã tentativa de melhorar minha postura.

4. Durante um voo para a Austrália, apostamos para ver quem ficaria mais tempo com a chupeta... uma tentativa de fazer as crianças ficarem quietas.

5. “Seu carro é um lixo, papai.” Liam aos dois anos.

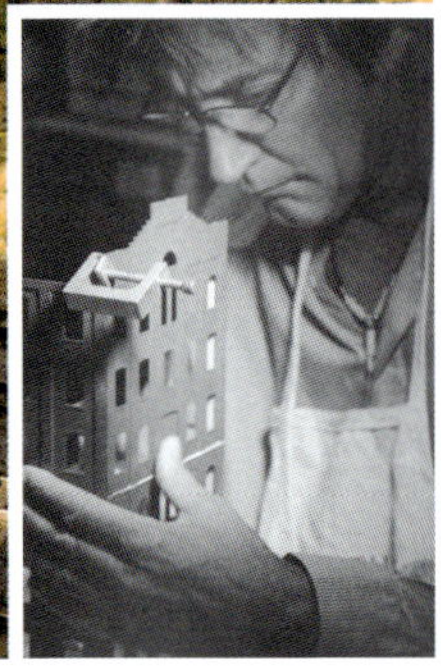

Acima e à esquerda:
Um homem sempre deve ter um hobby. Não ria. Ferromodelismo é minha grande paixão.

Detalhe: Concentrado no trabalho.

Meu destemido, embora encantador, empresário Arnold Stiefel. O que eu teria feito sem ele?

O irresistível Clive Davis, um amigo muito talentoso.

Meu querido amigo Richard Perry, produtor e confidente, numa pose paternal.

Minhas lindas garotas Ruby, Kim e Renee no dia em que Penny e eu nos casamos na Itália, em 2007. O que mais posso dizer?

Detalhe: Sarah Streeter, minha primogênita.

Comemorando meu 60º aniversário com família e amigos no Caribe, num iate fretado. Rindo muito com meus irmãos e meu amigo escocês Ricky Simpson.

O verde e branco de Glasgow! Da esquerda para a direita: Liam, eu, Alastair, Aiden e Sean.

Veja de perto: fiz um "RS ama PL" na árvore durante um safári na África. Eu estava apaixonado.

A beleza natural de Penny Lancaster na primeira vez em que saiu em turnê comigo. Nossa vida juntos estava apenas começando.

Um milagre realizado por Penny: ela reuniu meus filhos e minha neta Delilah e tirou uma linda foto com todos à minha volta. Puro amor. Los Angeles, agosto de 2012.

Minha maravilhosa Penny e eu, de *kilt*, em Mônaco.

Que dia mais romântico em Paris quando Penny aceitou meu pedido de casamento! Nós dois estávamos visivilmente emocionados. A melhor mulher. Março de 2005.

De volta a Paris, quando Penny estava grávida de Alastair. Ela me faz feliz.

Curtindo a manhã com meus filhos em Palm Beach. Sou um sujeito abençoado.

Um abraço de risos e lágrimas. Amor e felicidade personificados. 16 de junho de 2007.

A viagem do "longo e quente verão", no entanto, foi de completa irresponsabilidade – uma temporada hedonista. Tanto que acabei me enjoando. Qual é aquela citação de Woody Allen? "Sexo sem amor é uma experiência vazia, mas, quando se trata de experiências vazias, é uma das melhores". Isso é inegavelmente verdadeiro, posso afirmar como especialista na matéria. Mesmo assim, num momento de tranquilidade, entre idas e vindas, me vi pensando: "Você tem 45 anos e transa com todo mundo. É a isso que você chegou? É tudo o que conseguiu?".

Voltei para Los Angeles desanimado. Fiquei ainda mais quando soube que Kelly estava namorando. Isso me causou uma verdadeira pontada de ciúme e me fez entrar em pânico. Com aquela terrível tendência de dar valor ao que eu tinha só depois de perdê-lo, a partida dela me atingiu em cheio. Pensei: "Merda, do que eu abri mão?".

Resolvi pedi-la em casamento. Era a solução óbvia. Sempre foi, só que eu tinha sido tolo demais para perceber. Mas, se funcionasse, eu ia precisar reconquistá-la. Seria necessário um gesto romântico grandioso, algo que ela achasse encantador e irresistível, que a fizesse lembrar por que ela se apaixonara por mim e a trouxesse de volta.

Alguém me disse que, no domingo do fim de semana do Dia do Trabalho, Kelly faria um passeio de barco com seu novo namorado até Catalina, ao largo do litoral da Califórnia. Elaborei um plano. Eu já havia visto na Catalina pequenos aviões a hélice sobrevoando as praias com faixas de propaganda. E se Kelly olhasse para o céu e visse meu pedido de casamento? O que poderia ser mais doce e romântico que isso?

Providenciei o número do telefone da companhia que podia fornecer um avião e uma faixa no início da tarde de domingo, que calculei ser a melhor hora para chamar a atenção de Kelly. Disse a eles que a mensagem deveria ser: "Kelly, quer casar comigo? RS". Isso devia funcionar, não é?

Muito mais feliz com esse plano em execução, voltei para os negócios da semana, que por acaso incluíam uma noitada com Sylvester Stalone, que eu começara a conhecer bem e com quem quase havia compartilhado a telona. (Tinha sido convidado para participar do filme sobre futebol de 1981, *Fuga para a vitória*, mas eu estava em turnê e não pude aceitar. Como a história do cinema teria sido diferente então.) No sábado, pelo que lembro, Sly e eu nos encontramos para jantar e depois fomos para uma boate em Los Angeles chamada Roxbury.

Do outro lado da pista do Roxbury, avistei uma mulher cujo rosto eu conhecia muito bem. Não podia acreditar que ela estivesse ali, porque eu vinha pensando nela desde a primeira vez que a vira num comercial de televisão. Ali estava aquela visão fora da tela, real. Tive de me apresentar a ela. Depois tive de promover uma pequena festa em casa para poder convidá-la e a seu amigo. Tudo para conseguirmos conversar com ela.

Ela foi e conversamos. Quando ela e o amigo foram embora no fim da noite, estava quase certo de que aquela era a pessoa a quem queria dedicar o resto de minha vida.

Amor à primeira vista? Não sei. Amor no final da primeira noite? Definitivamente.

Acordei na manhã seguinte vibrando de agitação. Em meio a toda a euforia, demorou pelo menos dez minutos para eu me lembrar, com frio na barriga, que eu tinha contratado uma proposta de casamento aérea para a hora do almoço.

Sem problema. Eu cancelaria. Liguei para a empresa de publicidade. O telefone tocou algumas vezes. Desliguei e tentei outra vez. Mesma coisa. Ninguém. Era domingo. Fim de semana do Dia do Trabalho. Todo mundo havia saído da cidade.

Isso era ruim. Contratei um avião para carregar uma faixa dizendo "Quer casar comigo?". Não poderia contratar um segundo dizendo "Desculpe, apague isso. RS". O que fazer? Rezar por um furacão? Ir até lá num barco com um canhão e abater o filho da puta?

Não. Passaria o domingo me encolhendo por antecedência, com os dedos cruzados.

E o que aconteceu? Veio o domingo, meu grandioso, absurdo e condenado pedido de casamento subiu, tremulou pelo céu, desceu outra vez, inteiramente invisível a quem tinha sido dirigido. Certamente Deus existe.

E ainda bem para Kelly, que – como tenho certeza de que a essa altura está mais que claro – merecia alguém muito melhor que eu.

Digressão

Nosso herói rouba um carro, tem um caso com uma artista performática e entra numa briga de bar, mas só descobre tudo isso mais tarde.

Nas agora famosas palavras de Kelly Emberg: "Quem você acha que é? Rod Stewart?".

É, eu achava isso e continuo pensando. Mas não sou o único. Acontece que muitas pessoas acham que são eu. Ou, se não acham, ficam felizes em fingir que são. Fico surpreso com os lugares onde apareço. Algumas coisas que faço nesses lugares também são surpreendentes. *Eu* certamente me surpreendo.

Por exemplo, no verão de 2012, Arnold recebeu um telefonema de um jornalista do *Chattanooga Times Free Press* pedindo que esclarecesse alguns detalhes sobre minhas aparições durante doze horas na área de Chattanooga, onde eu tinha estado alegremente dando autógrafos, conversando num elevador de hotel e posando para fotos com fãs locais. Arnold teve de concordar que era realmente um furo para o jornal, uma vez que naquele mesmo dia eu estava no campo, perto de Londres.

O artigo foi publicado com a manchete: "Sósia de Rod Stewart engana Chattanooga". Muito bom. "Rod Stewart dá autógrafos em Chattanooga": mixuruca para uma matéria. "Camarada se passa por Rod Stewart e dá autógrafos em Chattanooga": isso dá história. Aparentemente, as pessoas ficaram convencidas pelos "sapatos Capezio brancos". Há 25 anos, talvez. "Apertei a mão dele e lhe paguei outra cerveja", disse o dono de um café. E pagou mesmo. Mas ao mesmo tempo não pagou.

Parece que não é tão difícil convencer as pessoas de que alguém é Rod Stewart. Com o cabelo e o nariz certos, o sujeito já está a meio caminho andado. Talvez estivesse se repetindo o tipo de situação da época do Steampacket, no começo da minha carreira em meados de 1960, quando Brian Auger passava por um clube na hora do show reunindo a banda e costumava chegar pelas minhas costas no bar, bater no meu ombro e dizer: "Vamos lá, Rod, temos de entrar" – para então descobrir que não era eu, mas outro cara com o mesmo corte de cabelo.

Assim, não acho que eu devia ter ficado muito surpreso quando, muitos anos mais tarde, um delegado ligou para Arnold de algum lugar na beira de um rio da Louisiana e solenemente anunciou: "Senhor, lastimo informá-lo, mas estamos mantendo seu cliente preso numa cela depois de ter se envolvido numa briga entre bêbados num bar". Arnold demonstrou empatia, dizendo: "Isso é terrível. Mas também é surpreendente. Porque ele está sentado aqui na minha frente, no meu escritório".

E depois houve o Rod Stewart que foi tão convincente em Manhattan e adjacências que enganou Jann Wenner, estimado criador e editor da *Rolling Stone*, uma pessoa que me conhecia bem. Em 1985, Jann ligou para Arnold e disse: "Sinto-me absolutamente insultado. Minha mulher e eu estávamos saindo do Plaza Hotel, e bem na nossa frente estava Rod Stewart. E eu disse: 'Alô, Rod', e ele me deu um gelo total, virou as costas e foi embora. Não compreendo. Será que fiz alguma coisa?".

A explicação de Arnold a respeito do meu real paradeiro no momento do suposto insulto insensível – Califórnia – não satisfez Jan.

"Vamos, Arnold. Conheço a cara do Rod Stewart."

No final, para convencê-lo de que eu estava mesmo a muitos quilômetros do Plaza Hotel, Arnold acabou fazendo Jan ligar para mim no estúdio, em Burbank, onde eu estava gravando, e consegui tranquilizá-lo.

É provável que esse tenha sido o mesmo sujeito que quase conseguiu roubar uma Ferrari em Nova York, fingindo que era eu. Ele saiu dirigindo o carro da revendedora antes que alguém pudesse identificá-lo devidamente. O impostor foi apanhado pela polícia depois de cometer uma violação de trânsito. Aparentemente, seu sotaque britânico era perfeito. Tiro o chapéu para a sua ousadia. Usar sua semelhança com um cantor conhecido para roubar um supercarro era levar a noção de tributo a um nível inusitado.

E não vamos nos esquecer da cantora de cabaré e artista performática que ligou para Arnold perguntando se ele iria ao show em que ela representaria suas canções e para o qual já enviara convites em meu nome. Arnold, naturalmente, queria saber mais um pouco. A mulher abaixou o tom de voz e disse a Arnold que achava que ele deveria saber que, durante os últimos cinco meses, ela tivera vários encontros secretos e apaixonados com seu cliente no apartamento dela em Nova York, e que para isso eu voava até lá às escondidas.

Arnold perguntou: "Qual a aparência dele?".

"Rod Stewart, claro", disse a suposta cantora/artista, meio impaciente.

"Então, qual a altura de Rod Stewart?", perguntou Arnold.

Ela respondeu: "Um e setenta".

Arnold respondeu: "Bem, ele parece estar perdendo oito de seus melhores centímetros durante a viagem até aí, porque, na última vez que o vi, meu cliente tinha um e setenta e oito".

A cantora/artista ainda assim estava inflexível. "Mas ele canta para mim. Ele me faz serenatas na cama."

Arnold perguntou: "E o que ele canta?".

Ela respondeu: "Ele canta o tema do filme *Romeu e Julieta*".

E com aquele simples detalhe o cara se deu mal. Quando se trata de cantarolar nos momentos de intimidade no *boudoir*, sou mais pela Quinta de Beethoven.

Faça direito na próxima vez.

Capítulo 16

Nosso herói ama, perde e fica com o coração partido. Fala sobre dores de garganta, beber demais no banco de trás do carro de Ronnie Wood e divertir uma plateia do tamanho da Suíça em uma praia no Brasil.

A primeira vez que pus os olhos em Rachel Hunter foi num comercial que ela fez para *Sports Illustrated's Super Shape-Up*, um vídeo de ginástica feito pela famosa revista. O anúncio passava bastante na televisão dos Estados Unidos no verão de 1990, e, se é possível se tornar viciado em televendas de dois minutos com faixa de fundo sincronizada, então eu era um viciado. A vida tinha de parar sempre que ele passava. A propaganda mostrava também Elle Macpherson e Cheryl Tiegs, mas a que chamou minha atenção foi a garota de lycra metalizada e o maravilhoso cabelo cacheado, que alardeava eficácia para conseguir "esculpir o corpo". A narração sugeria que aquele era um bom modo de "enrijecer aquelas áreas que não desaparecem". Achei que via uma deusa.

Certo dia, eu estava assistindo ao comercial pela enésima vez, apaixonado e meditando sobre as maravilhas do amor e todas as suas glórias, quando Malcolm, meu assistente, chegou e ficou de pé ao meu lado. Quando terminou a propaganda, em que Rachel Hunter tinha prometido "oito semanas para um corpo melhor", Malcolm fez sua brilhante declaração: "Eu preferia estar ali do que no exército".

Extraordinário pensar que a partir desses indícios pouco promissores cresceu um romance que redefiniu o termo "turbilhão", um casamento de oito anos e uma separação que me deixou em pedaços, como nunca estivera antes.

Deparar com Rachel no Roxbury Club naquele sábado foi um sensacional caso de sorte inesperada: o vídeo dos meus sonhos se tornara de carne e osso. Tive aquela estranha reação de precisar olhar de novo para ter certeza: "É *ela*. Fora da TV". Eu não podia deixar o momento passar. Alisando meu paletó, examinando o nó da gravata e reunindo uma imensa quantidade de calma, atravessei a pista até ela e... fiz a coisa mais boba que poderia ter feito no momento: imitei um dos exercícios que ela demonstra no vídeo.

O que eu queria com isso? Por que não me controlava e aplicava meu jeito costumeiro de quebrar o gelo nessas horas? Havia muito tempo eu tinha descoberto que, para iniciar uma conversa com uma mulher, bastava chegar a ela e dizer, no meu melhor sotaque *cockney* e num tom de curiosidade genuína: "Oi, querida, o que você carrega nessa bolsa?". Ou podia tentar a variação ligeiramente mais colorida, "Oi, querida, o que você tem dentro dessa cesta?". Sempre funcionou comigo – e nunca era melhor, na verdade, do que quando a mulher não estava usando nem bolsa nem cesta.

No entanto, naquela ocasião, a razão me abandonou, e eu a imitei. Quando terminei a imitação, Rachel tentou um sorriso solidário, ao mesmo tempo que um vento frio assobiou e um punhado de folhas secas passou pelo clube. Mas pelo menos ela não me deu as costas. Ela estava com uma amiga. Eu lhes disse que estava planejando uma pequena reunião na minha casa no fim da noite e perguntei se elas gostariam de ir também. Dei-lhes o endereço de Carolwood Drive com alguma esperança, mas sabendo que dificilmente as veria lá.

E quase não as vi. A amiga dela rodou para cima e para baixo sem conseguir encontrar a casa. Ela já estava prestes a desistir quando a identificaram. Alguns dos meus amigos tinham vindo do Roxbury para mais alguns drinques, inclusive Ricky Simpson e Teri Copley, a atriz de televisão e modelo da *Playboy* com quem eu tinha passado a noite conversando calorosamente, mas que, um tanto sem jeito, larguei como se fosse um tijolo quente. Ao entrar pela porta da frente, Rachel tropeçou e veio escorregando pelo chão liso do saguão – foi sua grande entrada. Ao menos nós dois tínhamos nos desconcertado.

Houve uma conexão imediata. Ela era muito bonita, nem precisava dizer, mas havia nela algo de muito sensato. Estava lá, no seu sotaque neozelandês, mas também em sua expressão, que, apesar de muito aberta, me fez sentir que aquele não era o semblante de uma pessoa que poderia ser tomada por boba. Ela era interessante – longe do estereótipo da modelo excêntrica. Ela já tinha dinheiro e fama, portanto não precisava se ligar a alguém para alcançar essas coisas. Isso foi um alívio para mim, porque na minha posição essa suspeita estava sempre presente: será que ela realmente gosta de mim do jeito que parece gostar, ou será que gosta só dos bens e das comodidades que me cercam?

Além disso, havia uma ingenuidade nela – por que não haveria? Ela ainda nem completara 21 anos. Eu tinha 45. Havia quase 25 anos nos separando – cálculo irrelevante, embora muita gente gostasse de atentar para isso. Não que ela fosse jovem demais *para mim*. Ela era jovem demais e ponto: jovem demais para casar, para se ligar à vida de outra pessoa, e foi o que aconteceu. Cristo, ela mal tinha vivido. Mas eu não via isso. Apenas fui em frente.

Naquela noite, em Carolwood, rolou álcool – consumido por mim – e houve danças ridículas. Acredito que eu tenha mostrado a casa a Rachel, que lhe apresentei os cachorros, três border collies que eu tinha na época e que ela estava a fim de ver. Num momento cômico, nós dois corremos pela casa, perseguidos pelos cães. Nunca os deixava entrar na casa, porque eles destruíam tudo. Mas naquela noite eu não estava nem aí. Eu *devia* mesmo estar apaixonado.

Ela voltou para Nova York na manhã seguinte ao nosso primeiro encontro. Enviei duas dúzias de rosas para a agência dela. Depois fui a Nova York sem nenhum pretexto, para poder vê-la outra vez. Liguei e a convidei para jantar. Marcamos de nos encontrar no Peninsula Hotel, em Los Angeles, onde eu tinha reservado um quarto. Rachel usava um vestido branco deslumbrante. Segurei a porta para ela, acompanhei-a ao restaurante, puxei a cadeira para ela se sentar, como um verdadeiro cavalheiro. Durante o jantar, tagarelamos, falamos sobre vários assuntos muito depressa. Estávamos ficando íntimos bem rápido.

Mas não tanto assim. Mais tarde, naquela noite, de volta ao hotel, Rachel veio para a cama usando uma camiseta que chegava até os tornozelos e dizia: "Esta noite não, obrigada". Tão eficiente quanto se ela tivesse saído do banheiro numa roupa de mergulho. Uma pena, é claro. Mas um bom sinal, eu sabia. Sinal de que talvez estivéssemos no começo de algo sério.

Não sei nada a respeito das oito semanas para se ter um corpo melhor, mas estávamos a cinco semanas de um noivado e a três meses de um casamento – o que assustava até alguns dos meus amigos mais íntimos, que conheciam e gostavam de Rachel. Eles viam o quanto eu estava caído por ela, mas achavam que devíamos ir mais devagar e estavam dispostos a me convencer disso. Mas o amor não escuta objeções. Achei que eles estavam errados e que eu estava certo, simples assim.

Na manhã seguinte à do nosso primeiro encontro, propus oficializarmos o namoro. Rachel aceitou. Ela tinha um compromisso de trabalho no fim de semana em Fort Lauderdale. Voei na quinta-feira para estar perto dela. O domingo seguinte seria 9 de setembro, aniversário de Rachel. Planejamos voltar para Nova York e comemorar em grande estilo – tanto o grande dia dela como o nosso relacionamento. Provavelmente (se eu tivesse sorte) faríamos sexo, intimidade a que ainda não tínhamos chegado. Não que eu estivesse desesperado ou coisa assim.

A comemoração não aconteceu. Durante a tarde do dia do aniversário de Rachel, recebi um telefonema da minha irmã Mary, dizendo: "Roddy, papai morreu".

Eu tinha falado com ele ao telefone na hora do almoço, naquele mesmo dia, horário de Nova York. Tínhamos conversado sobre os resultados do futebol escocês e inglês. Acho que, pouco depois disso, ele disse que estava cansado, subiu para se deitar e se foi. Ele tinha 86 anos.

Não preciso dizer como a morte dele me arrasou. Chorei, e Rachel me amparou. Foi uma situação extraordinária, porque ali estava eu, preenchido com um novo amor e, depois, de luto. Acho que as pessoas chamam isso de "misto de emoções". Mas Rachel foi fantástica, não faltou em apoio. De repente, a metade mais madura do relacionamento não era eu, era ela. Ela assumiu o controle e me ajudou.

Fomos a Londres para o funeral – eu, Rachel e Ricky Simpson, que conhecia bem o meu pai. Rachel ficou em Epping, enquanto eu fui cuidar do funeral. É claro que ela nunca o tinha visto, e isso aumentava a minha enorme tristeza, saber que meu pai não me veria com a pessoa com quem eu acreditava que ficaria por toda a vida e seria feliz, que ele não poderia finalmente ver seu caçula se acertar e se empenhar nisso. Mas Rachel também não foi ao funeral, porque sabíamos como a imprensa poderia causar um tumulto com a presença dela ali.

O tema do dia era o meu pai. Houve uma procissão fúnebre até o Highgate Cemetery. Meus irmãos e eu organizamos um tributo floral no formato de um campo de futebol. Gordon Strachan, Kenny Dalglish e uma multidão de outros jogadores enviaram flores em nome do futebol escocês. Um gaitista de fole das Highlands liderou o cortejo, e as pessoas observaram na rua, como se Highgate inteira tivesse parado para assistir a Bob Stewart descer a Muswell Hill Broadway pela última vez.

Estávamos muito preocupados com a situação de mamãe depois daquilo. Ela estava, àquela altura, achando o mundo um lugar muito confuso. No entanto, estava bem. Parecia pensar que meu pai tinha simplesmente desaparecido por causa dos *bookmakers*.

Será que há *bookmakers* no céu? Se houver, vou saber onde encontrar meu pai.

A morte do meu pai pode ter produzido o efeito de acelerar ainda mais meu relacionamento com Rachel. Depois do funeral, fomos de Londres a Nova York, ajudei Rachel a desmontar o apartamento dela, e depois voamos para Los Angeles, onde ela se mudou para Carolwood, para morarmos juntos.

Logo em seguida, no entanto, ela teve de cumprir um compromisso como modelo: outro ensaio para a *Sports Illustrated*, com Elle Macpherson, em Porto Rico. Isso a ocuparia por três semanas, enquanto eu ficaria gravando em Los Angeles. Era uma perspectiva angustiante para nós dois. Mas trabalho é trabalho. Mesmo assim, sempre havia o telefone. Praticamente não o largamos durante aquelas semanas. Acho que foi o período em que nos conhecemos de verdade, conversando durante horas – sobre vida, família, bobagens e coisas sérias, nada e tudo. A conta de telefone de Rachel no fim da viagem de três semanas foi de 10 mil dólares.

Quando o trabalho de Rachel terminou, peguei um jatinho para Porto Rico, para buscá-la. Depois pegamos o avião para Nassau, nas Bahamas, onde aluguei um barco para o fim de semana. O avião enfrentou um pouco de turbulência no caminho, mas estávamos tão felizes que, se caíssemos e morrêssemos ali mesmo, não nos importaríamos.

Naquela noite, no barco, nosso relacionamento foi consumado. Como um cavalheiro, devo insistir no meu direito de puxar um véu diáfano sobre os procedimentos. Posso dizer, no entanto, que, quando os dedos rosados da aurora começaram a iluminar nosso quarto de amor, a atenção dos dois foi atraída para uma visão inquietante: uma longa mancha marrom sobre o lençol, no meio da cama. Houve, para nós dois, um período de autoexame conturbado: "Mas eu não... Com certeza a gente não...".

Uma investigação mais minuciosa revelou que a marca correspondia a um chocolate deixado como cortesia sobre o travesseiro, que acabou sendo jogado para o lado sem ser visto, na pressa da paixão.

De volta a Los Angeles, fiz meu pedido de casamento a Rachel durante um piquenique no parque. Em 15 de dezembro de 1990, um pouco mais de três meses depois de eu a ter imitado na boate Roxbury, estávamos casados. A cerimônia foi na Igreja Presbiteriana de Beverly Hills. Meu irmão Don foi padrinho. Os acompanhantes foram meus companheiros de futebol do Exiles, e eu os fiz usar óculos escuros e carregar bengalas brancas para que, ao indicarem os assentos aos convidados, eles dessem a impressão de um cego dirigindo outro cego. Quando Rachel chegou ao altar, ela executou um gesto maravilhosamente romântico, dando-me um beliscão no traseiro. Quando saímos da capela, gaiteiros usando kilts tocaram "Scotland the brave".

Os convidados foram levados para o que os convites declaravam de maneira explícita ser uma "tremenda bebedeira" no Four Seasons Hotel. No planejamento dos lugares para a recepção, as mesas receberam nomes de times de futebol. O banquete de casamento foi um cordeiro da Nova Zelândia assado, com molho de hortelã, batatas assadas e brotos. O bolo tinha a forma das Casas do Parlamento, com um Big Ben de um metro de altura e um kiwi no topo. Long John Baldry compareceu, junto com Ian McLagan. Ronnie Wood não pôde ir, infelizmente, porque estava se recuperando de sua última batida de carro. (A capacidade de Woody de raspar a lateral inteira de carros em muros é quase sem paralelo no mundo ocidental.) Quando chegou a hora do discurso do noivo, eu me levantei e disse para o salão, com sentimento: "Estou feliz como um cachorro com dois paus".

Sem que eu soubesse, minha irmã Mary tinha se sentado à mesa naquele dia e confiara à pessoa a seu lado: "Essa menina vai partir o coração dele um dia". Mas não agora. Num show no estádio de Wembley, em 15 de junho de 1991, eu, orgulhoso, disse à multidão que estava casado com Rachel havia seis meses. "O que foi?", disse minha mãe de sua cadeira de rodas. Alguém repetiu o que eu tinha dito. Minha mãe pensou um momento e depois perguntou: "Rachel sabe disso?".

Acho que sim. Rachel tinha uma frase preferida naquela época: "O passado é passado. O futuro é o que temos juntos".

Quem também compareceu ao meu casamento com Rachel foi Rob Dickins, o presidente da Warner Bros. na Inglaterra, aquele que tinha me fisgado com a canção "Downtown train". Eu disse a ele que, quando viesse, trouxesse algumas canções. Achei que, se ele fizesse aquela viagem toda para beber meu vinho, comer cordeiro e brotos, eu poderia muito bem lucrar alguma coisa com aquilo.

Alguns dias antes da cerimônia, Rob estava num carro com Arnold e colocou uma fita para tocar – embora só depois de um preâmbulo longo que parecia não anunciar nada de bom. Ele disse a Arnold: "Estou preocupado que você pense que eu esteja zombando". À canção que ele estava prestes a tocar, Rob explicou, ele estava se dedicando havia cerca de sete anos. Seus autores, Marc Jordan e John Capek, queriam que ele a empurrasse para mim, mas ele nunca tivera coragem de fazê-lo. A canção parecia *tanto* comigo, reconheceu Rob, que eu ia pensar que se tratava de uma paródia.

Arnold escutou uma vez e me ligou do carro.

"Temos de nos reunir imediatamente. Rob acaba de me mostrar uma canção que eu sei que vai ser um sucesso mundial."

Eu tinha de fazer o ensaio do casamento antes, mas depois disso fui à casa do Arnold.

Rob ainda parecia não estar muito confiante. "Não me odeie por isso", pediu ele.

Arnold disse: "Pare com todas essas ressalvas e toque. É um puta arraso".

A canção era "Rhythm of my heart", e eu absolutamente a adorei. Paródia, o caramba. Era um grande retrato da Escócia em forma de canção, com sons agudos de gaitas de fole, um conto atemporal sobre um guerreiro longe de casa – e tão inteligente o modo como pegou a música "Bonnie banks o'Loch Lomond" (*Ye'll take the high road and I'll take the low road* etc. [Você pega a estrada de cima, e eu pego a estrada de baixo]) e fez algo novo com ela. (Os conhecedores da tradicional canção escocesa perceberão imediatamente a adaptação das rimas das letras *On the bonnie, bonnie banks of Loch Lomond* [Nas lindas, lindas margens do lago Lomond] transformando-se em *Where the ocean meets the sky I'll be sailing* [Vou navegar onde o oceano se encontra com o céu]).

Gravei a canção com Trevor Horn e a tornei a faixa de abertura e primeiro single do meu novo álbum, *Vagabond heart*, lançado em março de 1991. (Houve um discreto tributo a meu pai naquele título, sugerido por meu irmão Don: o velho time de futebol do papai chamava-se Vagabonds.) A gravação é notável, por envolver o mais heterogêneo coro de backing vocals jamais reunidos sob uma mesma bandeira, incluindo Arnold, Lionel Conway, o famoso diretor do Exiles, Garry Cook, outro antigo Exile, e o futuro principal executivo do Manchester City FC. Apesar dessa peculiaridade, a canção chegou ao terceiro lugar nas paradas do Reino Unido e ao número cinco nos Estados Unidos. O single também detonou na Alemanha – o maior sucesso que alcancei naquele país, permanecendo nas paradas durante 45 semanas. No fim, tudo foi propício para a enorme turnê com duração de um ano que se seguiu depois. Mesmo assim, havia problemas à espera.

O que me lembro de maneira mais vívida é de estar na cozinha, na Archway Road, 507, conversando com mamãe. Na verdade, eu estava no palco, na frente de milhares de pessoas, em Sheffield. Mas eram alucinações. Você nunca sabe onde está exatamente.

Era 5 de junho de 1991, e eu entrava de cabeça na turnê europeia do *Vagabond*, prestes a pagar um preço alto por tentar manter minha carreira na estrada com o uso de esteroides.

No final dos anos 1980, eu andava enfrentando desafios cada vez maiores com minha voz. A surra que minha garganta estava levando nas turnês de seis e sete meses, esforçando-me para ser ouvido acima do alto volume das bandas, começava a acabar com ela, e as reações se faziam notar. Havia noites em que eu era uma imitação pálida e estridente de mim mesmo. Algumas vezes cortava duas ou três músicas da lista para conseguir chegar ao fim – o que eu detestava fazer, porque parecia entregar ao público menos do que ele tinha pago para ver. Em outras noites, eu estava sem voz nenhuma para cantar, e os shows tinham de ser cancelados. E isso era o que eu mais odiava.

Não existe bom cancelamento. Mas o pior cancelamento é aquele em que a plateia já está na casa. Parece um imperdoável desperdício do tempo das pessoas. Imagine a vergonha de cancelar o jantar com alguém que já está no restaurante. Depois multiplique essa vergonha por 12 mil. Ou mais. Cancelei um show no Toronto SkyDome com a plateia já no local, e isso se mostrou uma maneira muito bem-sucedida de deixar 25 mil pessoas putas de uma só tacada. E aconteceu também numa arena ao ar livre com capacidade para 18 mil pessoas em Berlim, onde garrafas voaram das mãos de fregueses descontentes. Tiveram de chamar a polícia por causa dos tumultos. A equipe que trabalhava na mesa de som no meio da arena teve que retirar sua identificação profissional para evitar ataques. Tempos mortificantes.

Por algum motivo, a Alemanha pareceu ser o lugar onde o público lidou pior com tudo aquilo. Cancelamos no mesmo velódromo em Colônia cinco vezes durante esse período. Em uma dessas ocasiões, tentamos voltar e remarcar um show num ginásio nos arredores da cidade, como compensação. Isso, pensamos, pelo menos demonstraria boa vontade e reduziria um pouco a decepção. A turnê tinha voltado para a Inglaterra, como planejado, e depois foram alugados aviões de Luton para levar o equipamento de volta à Alemanha e montar tudo outra vez no segundo local. Mas então, novamente, fiquei sem voz e tivemos de cancelar. O público de Colônia deve ter começado a achar que era algo pessoal. Afirmo aqui que não era.

Chegou a um ponto, no começo dos anos 1990, em que era impossível eu conseguir um seguro. A Lloyd's, de Londres, já tinha pago tantas vezes por shows que não aconteceram que eles simplesmente não correriam mais o risco. E, se eles não me seguravam, o custo de cancelar um show teria de sair do meu bolso: os caminhões, a equipe, os ônibus, os voos. Um show de rock 'n' roll num estádio não é nada barato. Esteroides prescritos por um médico pareciam cada vez mais atraentes.

Logo meus problemas de voz se tornariam também um problema psicológico. Nós, cantores, somos paranoicos em relação à voz, mesmo nos melhores dias. Estamos sempre preocupados com a temperatura nas salas, com o ar-condicionado, com os níveis de pólen e umidade. Eu começava a antecipar o problema até mesmo antes de ele surgir. Na tarde de um show, se eu sentisse um incômodo no fundo da garganta, logo tomava um esteroide como precaução. Chegou a um ponto em que eu estava me tornando dependente dos esteroides.

Quando a turnê do *Vagabond* teve início, em Aberdeen, em março de 1991, eu já tinha passado dos comprimidos de prednisona para um coquetel de drogas numa seringa que eu injetava antes do show – com frequência na mão. O coquetel era uma mistura de antibiótico, esteroide e vitamina B. Derrubava qualquer inflamação – ou, pelo menos, atenuava seus efeitos. Se eu sentisse como se o forro da garganta fosse usado para esfregar frigideiras, o coquetel me levantava e bloqueava o desconforto.

É claro, tudo isso tinha um preço no meu humor. Esteroides bagunçam seu temperamento. Fiquei agressivo e impaciente – estourava fácil com as pessoas quando as coisas não corriam bem. Alguns podem ter pensado que era apenas um típico comportamento de diva, e, até certo ponto, eles até podiam ter razão. Mas o limite era bem menor por causa dos esteroides.

Além disso, comecei a engordar. Os esteroides provocam isso também, e não apenas porque causam fome intermitente, mas porque o corpo retém líquido e o rosto incha, ficando com a aparência de um hamster. Chega um momento alarmante em que você se olha no espelho e nota que a linha de sua mandíbula desapareceu. Inevitavelmente, começaram a aparecer comentários na imprensa sobre como eu estava ganhando peso. Alguns observadores especializados atribuíram o aumento de peso à meia-idade, outros, ao contentamento de uma vida de recém-casado. Os dois estavam errados, mas eu não podia sair e explicar o que estava acontecendo. Seria o fim da minha carreira. "Não se preocupem, vocês todos, continuem comprando as entradas. Eu provavelmente estarei lá, porque esses esteroides funcionam que é uma beleza!"

E então vieram Sheffield e a noite das alucinações. Cinco horas antes do show, minha garganta estava doendo, e minha voz quase não existia. Injetei o coquetel de esteroides. Três horas antes do show, não havia sinal de melhora. Entrei em desespero: nem o coquetel parecia funcionar. Tomei comprimidos de cortisona também. Cortisona deve ser ingerida com o estômago cheio, o que não era o meu caso. Enquanto eu estava no palco, o meu revestimento estomacal estourou, e passei o show com hemorragia interna.

Fechei os olhos para cantar, e, quando os abri, já não estava em Sheffield, mas na antiga cozinha da casa onde nasci, na Archway Road, e minha mãe estava perto da pia. Fechei outra vez os olhos, e, de repente, a plateia de Sheffield reapareceu. Mas eu parecia vê-la através de um aquário. A sala desabava sobre mim. Eu me agarrava ao suporte do microfone para evitar cair. Eu me agarrei e cantei.

Não me lembro de sair do palco; só de estar encolhido dentro da limusine e me afastar da arena e de sua plateia confusa, e o médico do seguro cuidava de mim. A especialidade desse médico era proctologia – fato que enfureceu Rachel, cada vez mais preocupada, sobretudo depois de ter descoberto aquilo. "Que merda está fazendo um médico de bunda cuidando da porra da garganta do meu marido?" Enquanto seguíamos pela noite para Essex, o "médico de bunda" administrou uma transfusão de sangue no banco de trás do carro.

Na manhã seguinte, me senti muito melhor, mas me disseram que eu precisava de outra transfusão. Na clínica, recomendaram que eu permanecesse na cama por doze horas, enquanto o fluido entrava no meu sistema, mas resolvi que podia ficar deitado com um tubo no braço em casa, e assim, ainda sob a supervisão do "médico de bunda", fui levado para Epping, ligado à necessária bolsa de plasma.

Em casa descobri, para meu grande divertimento, que dava para apoiar a bolsa de plasma na ponta de um taco de sinuca. Caminhei pela casa daquele jeito durante algum tempo, até a piada perder a graça. Na verdade, nunca tinha tido muita graça para Rachel. Mas eu achava cômico.

Quando chegou a hora do almoço, me sentei na cozinha, enquanto Rachel preparava bifes (bastante recomendado quando se tem uma transfusão de sangue em casa). Para grande consternação de Rachel, o "médico de bunda" anunciou que ia sair durante uma hora e comer alguma coisa no pub.

"Mas o que faço se houver uma bolha de ar?", perguntou Rachel, apontando para o tubo no meu braço.

Enquanto saía, o médico sorriu e disse: "Acredite em mim, não haverá nenhuma bolha de ar".

Rachel voltou aos bifes – um pouco mais distraída então, convencida de que a qualquer segundo durante seu plantão eu morreria. E, vejam só, exatamente como ela temia, foi só o carro do médico ir embora que Rachel se confrontou com um pesadelo: a cena de uma bolha de ar partindo da bolsa de plasma e seguindo pelo tubo na direção do braço de seu marido.

Não havia bolha de ar alguma, tenho absoluta certeza disso. Mas Rachel se convenceu de que havia. E, tendo se convencido, ela não tinha outra opção, a não ser adotar a necessária ação drástica. Assim, estou na posição bastante incomum de afirmar que, quando alguém, gritando, agarra um tubo plástico que está ligado a você por meio de uma agulha e um esparadrapo e, de modo muito pouco delicado, o arranca de seu braço, dói pra cacete.

Ao retornar, o proctologista presenciou uma cena digna de carnificina: sangue da bolsa de plasma pelo chão todo, uma mulher em pânico, em lágrimas, e, pior de tudo, bifes queimados, intactos na frigideira. Eu? Ria, de maneira histérica. Depois de a dor ter diminuído, eu parecia achar tudo muito engraçado. Mas aquilo pode ter sido delírio, causado pela perda de sangue.

No longo prazo, ficou claro que a transfusão de sangue – mesmo que administrada com sucesso num local apropriado, com um paciente obediente e sem esposa paranoica arrancando o tubo – não salvaria minha carreira de cantor. Nem os esteroides. Por sorte, a tecnologia interferiu.

Mesmo antes do vexatório fiasco em Sheffield, Lars Brogaard, que era o engenheiro de som nos meus shows havia muitos anos, tinha me falado sobre arranjar alguns monitores intra-auriculares. Hoje em dia, essas pequenas peças parecidas com cera são comuns entre artistas populares no mundo inteiro. Em 1991, no entanto, a ideia de realimentar o som para o cantor no palco por meio de um auricular era bastante nova. Ainda usávamos quase o mesmo sistema que o dos tempos dos romanos: uma linha de cunhas de alto-falantes distribuídos na frente do palco, direcionando uma mistura de *sound back* para o artista, de modo que, com sorte, dava para ouvir o que estava acontecendo e acompanhar. Mas conseguir perceber o *mix* direito era foda, e o sistema era muito alto, e várias vezes eu cantava para me fazer ouvir acima da confusão e me prejudicava.

Lars jurou que monitores intra-auriculares fariam toda a diferença, e eu concordei em fazer uma tentativa. Perto do fim de abril de 1991, entre apresentações na Alemanha, Lars e eu voltamos a Londres para consultar um especialista na Harley Street e pedir que ele fizesse moldes das minhas orelhas. Alguns dias depois, tínhamos um par de auriculares perfeitos, feito sob medida, ligado a um receptor que podia ficar no meu bolso de trás e por meio do qual podia ser tocado um *mix* que: a) não explodisse minha cabeça; e b) não me obrigasse a estourar a minha voz.

O problema é que a turnê já estava no meio, e portanto não havia tempo para ensaiar. Concordei em colocar os plugues no ouvido para experimentar já perto do fim de um show em Munique. Mas na hora, para mim, tudo pareceu errado – como se eu tivesse caído no fundo de uma piscina –, e eu os tirei quase imediatamente. Aos poucos, no entanto, fui me acostumando. O efeito foi transformador. Suavizava o processo todo. Eu não tinha mais que sacrificar minha voz. Para a turnê seguinte, colocamos a banda inteira com eles.

Além de tudo, o sistema tinha a vantagem de deixar o palco livre de todas aquelas partes feias de alto-falantes, liberando a área para mais movimentação: era uma instigante expansão da área de trabalho. E os cenários dos palcos logo pareceram muito mais bonitos, com toda aquela mobília indesejável fora do caminho.

Assim, minha voz conseguiu se recuperar, e os cancelamentos não foram necessários. Não é exagero dizer que devo minha carreira à invenção do monitor intra-auricular. Sem ele, meu trabalho ao vivo teria terminado há vinte anos – provavelmente no final de um show trágico, num ginásio de esportes na Colônia, com três quartos dos lugares vazios, balbuciando palavras sem sentido para a minha mãe na cozinha.

Durante os oito anos que passei com Rachel, fui inteiramente fiel a ela. Isso era inédito para mim, e, dado o meu feitio, não acho que teria encontrado muita gente disposta a apostar naquele resultado. Mesmo assim, não foi difícil. Eu nem sequer tinha consciência do fato. Não tinha vontade de galinhar. Rachel era tudo o que eu queria, e fui de Senhor dos Devassos a marido dedicado da noite para o dia. Talvez essa fosse a questão: eu apenas tinha de encontrar a pessoa certa. E essa pessoa, eu acreditava plenamente, era Rachel. Como me senti confiante o suficiente para dizer à imprensa, bem no início do relacionamento: “Botei minha última banana na tigela das frutas”.

Eu estava tão feliz que até andava a cavalo, porque Rachel adorava. Eu mal sabia distinguir uma extremidade da outra, mas um dia aceitei ir cavalgar com ela. E, claro, eu não usaria apenas jeans e uma camiseta. Eu precisava me caracterizar para a ocasião. Assim, saí da casa naquela bela manhã vestido com culotes, botas bem lustradas, um sofisticado colete e uma jaqueta vermelha impecável. Quando guiava meu cavalo por uma alameda na Epping Forest, tenso, um fotógrafo emergiu de uma moita e começou a bater fotos. Que vergonha. E que aborrecimento. "Saia da minha terra! Aqui é propriedade privada!", gritei, embora, na verdade, fosse uma via pública. As fotos foram publicadas nos jornais, o que me fez ficar quase tão arrependido quanto na situação com a famosa capa com o chapéu de palha do *A night on the town*. Rachel, claro, achou o incidente hilário.

Minha felicidade só ficou maior com o nascimento da nossa filha, a linda Renee, no Portland Hospital, em Londres, em junho de 1992. Mais uma vez desempenhei um papel importante no processo do nascimento: correndo de um lado para outro num avental de hospital dizendo "Tudo vai dar certo". Rachel tinha apenas 22 anos. Muito jovem para ser mãe. Tenho uma foto dela saindo do hospital com Renee nos braços e uma expressão de puro terror no rosto. Durante as três semanas seguintes, houve muitas lágrimas pós-parto. Fazíamos caminhadas em torno do lago em Epping, e Rachel lamentava: "E se eu não souber como fazer? E se eu for uma mãe horrível? E se ela chegar aos 21 anos e for uma viciada em crack?".

Eu a tranquilizava, dizendo que ela seria uma ótima mãe. E eu estava certo.

Apenas dois anos mais tarde, tivemos um filho maravilhoso, Liam, para fazer companhia à nossa filha. A partir dali, quando estávamos em turnês, íamos como uma família, carregávamos as crianças sonolentas entre palcos, aviões e saguões de hotéis.

Jantar em casa, juntos, me fazia feliz. Eu adorava me vestir para jantar às oito. Eu adorava porque, quando estava em turnê, minha vida era um caos total, e aquilo representava alguma ordem. Rachel e eu subíamos cada um para o seu closet e depois nos encontrávamos no patamar da escada, já com nossos trajes de noite. Fazíamos uma pausa para apreciar a roupa um do outro e descíamos os degraus juntos.

Eu não tinha ideia, até saber mais tarde, quando conversamos sobre os motivos da separação, de quanto Rachel achava aquilo opressivo, de como ela se sentia reprimida e quanto ela desejava poder estar de jeans, comendo ovos pochê com torrada, como as meninas de vinte anos fazem.

A MTV sempre foi positiva para a minha carreira. Na inauguração do primeiro canal de música ininterrupta do mundo, em 1º de agosto de 1981, "She won't dance with me" foi o terceiro vídeo a ser exibido – o primeiro foi "Video killed the radio star", do Buggles, e o segundo, "You better run", de Pat Benatar. Isso significa que, nos quinze minutos iniciais de transmissão do canal, espectadores foram submetidos a me ver sacudindo a bunda na direção de Jim Cregan, para depois saltar e me pavonear como um peru por um cenário de bolinhas pretas e brancas de causar dor de cabeça.

Onze vídeos mais tarde, transmitiram "Sailing", o que fez com que eu fosse o primeiro artista a aparecer na MTV mais de uma vez. Nove vídeos depois, "Da ya think I'm sexy?" foi escalado; mais dez vídeos, e foi a vez de "Passion"; doze vídeos, e chegou a hora de "Ain't love a bitch", e por aí foi. Dezesseis vídeos no primeiro dia. Como Mark Goodman, o VJ da MTV, dissera de modo muito comovente: "Tocamos Rod Stewart até sair pelas orelhas".

Além disso, quando a MTV lançou o primeiro Video Music Award, em 1984, Ronnie Wood e eu fomos o número de abertura no show, no Radio City Music Hall, e recebemos a honra de entregar um prêmio a Quincy Jones pelo conjunto da obra. Infelizmente, em alguma hora entre nossa apresentação e a entrega do prêmio, bebemos um pouco a mais no salão verde e voltamos para fazer as honras carregando um abajur (eu) e uma tábua de passar (Woody). Não tenho certeza de que aquilo tenha sido adequado para a solenidade.

Mas eu tinha ainda mais um motivo para ser grato pela generosidade da MTV. Em 1993, a emissora me convidou para fazer um de seus especiais *Unplugged*. Esse é o formato no qual artistas tocam com bandas acústicas, para uma plateia pequena, em um estúdio simples, sem adornos. Eric Clapton e Paul McCartney já tinham aparecido e lançado álbuns de suas apresentações, e havia chegado minha vez.

Era uma expectativa exasperante. Bem longe de seguir Clapton e McCartney, havia muita pressão para eu fazer direito, e o formato propiciava muita exposição: se errasse naquele cenário, os deslizes seriam evidentes. Além disso, era de praxe nos programas que os músicos permanecessem sentados durante toda a apresentação, algo com o qual eu não estava acostumado e me sentia inseguro. O quê? Sem correr pelo palco? Sem jogar para cima o suporte do microfone? Sem deslizar de joelhos? Durante um show de duas horas no palco, em geral eu perdia mais de dois quilos por todo o esforço. Ficar sentado pareceria, para mim, uma camisa de força.

Em janeiro de 1993, reuni uma banda durante três semanas num estúdio em Los Angeles para ensaiar. Foi um pouco como uma reunião da velha geração e também uma combinação das tropas: Ronnie Wood, Kevin Savigar e Jim "o Segovia de Somerset" Cregan, ambos das bandas solo iniciais, estavam ali, com Chuck Kentis, Jeff Golub e Carmine Rojas, das formações posteriores. O primeiro fato natural era que alguns de nós, por causa da marcha inexorável do tempo, precisávamos de óculos: eu, Woody, Jim, Carmine... Havia óculos pelo palco inteiro.

Woody tinha chegado numa 4 x 4, e sua primeira providência foi convidar a todos para o estacionamento, para dar uma olhada no porta-malas. Ele abriu a tampa, e dentro havia praticamente um pub móvel: coolers com cerveja, destilados e bons vinhos de todos os cantos do globo. Woody insistiu que ficássemos à vontade para nos servir a qualquer momento. Então aquilo estabeleceu o tom dos ensaios que se seguiram.

E, claro, a viagem de elétrico para acústico foi, para algumas de minhas velhas canções, um trajeto curto a fazer ("Every picture tells a story", "Mandolin wind", "Maggie May"); apenas uma jornada de volta às raízes. Ficou muito evidente que a combinação dessas canções naquele formato, com aqueles músicos, renderia algo especial.

Gravamos o programa no dia 5 de fevereiro, no Universal Music Studios. O público ficava muito próximo – de um modo intimidante, como num pub. E também dos lados, ainda por cima, então não havia chance alguma de escapar. Naquela apresentação, mesmo confinado numa cadeira, ainda assim dei um jeito de me movimentar o máximo possível e, de vez em quando, me inclinava para o lado para desestabilizar Woody. Mas entre as macaquices e os gracejos entre os números, o show pareceu adquirir impulso, e eu me reconectei àquelas canções, ligado emocionalmente a elas, numa profundidade que eu não experimentava havia anos.

De fato, a apresentação me arrebatou inteiramente. No último ensaio, o dia anterior ao show, para preocupação de todos e sob resmungos de toda a banda, resolvi acrescentar "Have I told you lately", a balada de Van Morrison que eu gravara em 1991 para o álbum *Vagabond heart*. Quando chegamos ao fim da canção, à noite, me vi pensando em Rachel e Renee, que estava com quase oito meses, e fiz o movimento de embalar com os braços, comovido às lágrimas.

Quando assisti ao show depois, percebi que tinha acabado de fazer possivelmente a melhor performance vocal da minha carreira. E o que me animou na experiência foi a demonstração de que, se tirasse tudo, todo o barulho, o show business e a bobajada, aquilo era o que eu tinha: uma voz que conseguia levar uma canção. Para dizer a verdade, como artista, era tudo o que eu tentava provar a meu respeito desde o início.

A gravação foi lançada como "acústico... e sentado"; Arnold atravessara com habilidade o diplomático campo minado em torno da marca *Unplugged* da MTV para garantir o uso das letras minúsculas e acrescentar a referência ao fato de eu ficar, excepcionalmente, na cadeira. Eu não tinha um álbum com tanto sucesso nos Estados Unidos desde *Blondes have more fun*, em 1978. Fizemos uma turnê para promovê-lo durante 1993, entramos em 1994 e então, no Réveillon daquele ano, eu estava de volta ao Rio de Janeiro para um show exclusivo.

Dessa vez, nada de Go-Go's, e nada de natação em águas infestadas de esgoto. Muito menos público de 200 mil pessoas. Dessa vez havia 3,5 milhões de pessoas.

Aquela noite ganhou o Guinness World Record pelo maior público presente em um show. A dimensão daquilo era enorme. Quando a equipe foi verificar o sistema de som – imensos grupos de alto-falantes distribuídos a cada cem metros ao longo da praia –, foi preciso se locomover de táxi.

E antes do show? Tive uma caganeira. Mas não foi por medo. Tive caganeira por causa de algo que comi. Íamos entrar à meia-noite, e às dez e meia ainda não tinha conseguido sair da cama. Um médico me deu uma injeção – e aí eu *realmente* tive uma caganeira. Mas tudo parecia resolvido, e aquilo me deu energia suficiente para fazer o show. Infelizmente é muito pouco o que posso dizer sobre a experiência de estar à frente de tanta gente e de ser o centro de tanta atenção, porque eu me sentia muito zonzo. Mas pelo menos não cancelei. Cancelar para 3,5 milhões de pessoas não é algo que se queira enfrentar. E ao menos daquela vez não era culpa da minha voz.

Na manhã seguinte, fui levado num dirigível para que pudesse ver a área na qual tínhamos tocado. Parecia interminável: ao longo da baía e em torno da ferradura, uma faixa de areia infinita, onde o palco e os andaimes eram desmontados e parte da população local já parecia ter feito um bom trabalho de sumir com as madeiras. Fiquei muito contente por ver toda a expansão no dia seguinte, em vez de na tarde anterior. Eu poderia não ter ido mesmo.

Naquele dia, fiquei seriamente encrencado quando os paparazzi me fotografaram bebendo uma lata de Coca-Cola. Nada escandaloso. Só que o evento tinha sido patrocinado pela Pepsi.

A propósito, os Rolling Stones também tocaram para uma multidão na praia de Copacabana (embora a quantidade de gente nem chegasse perto do meu público), e Ronnie Wood diz, em seu livro: "Rod Stewart detém o maior recorde de público em um show na praia de Copacabana, mas ele tocou no Réveillon, e é tradição celebrar o Ano-Novo na praia, de maneira que, sem desmerecer Rod, as pessoas estariam lá de qualquer modo. Nós (os Rolling Stones) reivindicamos o recorde do maior número de pessoas que vieram à praia ver um show".

Sobre isso, eu só tenho uma coisa a dizer:

Besteira.

Eu tinha planos. Havia vendido a casa em Carolwood Drive e providenciava a construção de uma mansão nova em Beverly Park. E planejava mudar de casa na Inglaterra também. A Wood House, em Epping, significava muito para mim, mas era um prédio tombado, não podia ser modificado, e eu já estava de olho em uma propriedade maior na qual pudesse fazer adaptações. Em 1998, fiz uma oferta por Stargroves, uma linda mansão campestre em Hampshire, na Inglaterra. Mick Jagger tinha sido o dono, e à época pertencia a Frank Williams, diretor da equipe de Fórmula 1 Williams. Ele queria vender, e acertamos um preço. Depois coloquei Wood House à venda. David e Victoria Beckham estavam procurando um lugar perto de Londres e pareciam interessados em comprá-la de mim. Enquanto isso, entrei em contato com decoradores e paisagistas e comecei a discutir planos para Stargroves. Eu estava muito entusiasmado. Poucas coisas me faziam mais feliz do que um projeto de construção.

E aí tudo desmoronou. Um dia, estava mostrando a Rachel fotos de alguns móveis que eu encomendara, mas notei que ela não estava prestando atenção. Estava olhando para mim. E disse, em voz muito baixa: "Acho que não estarei por perto".

Eu não entendi o que ela queria dizer com aquilo. Rachel teve de repetir: "Acho que não estarei por perto".

E então despejou tudo: disse que estava infeliz, já havia algum tempo, talvez um ano; que tinha tentado escondcr sua infelicidade, mas não aguentava mais e ia me deixar.

Foi como se tivessem rachado a minha cabeça com um bastão de críquete. Eu não tinha ideia de que aquilo estava para acontecer. Nem um único indício. Pensando melhor nas semanas que antecederam, lembrei de quando eu estivera em Los Angeles ensaiando com a banda e Rachel telefonara menos do que de costume. Mas era um detalhe mínimo, achei que era porque ela estivesse ocupada com as crianças. Fora isso, eu não conseguia pensar em nada que pudesse fazer sentido.

Perguntei se ela tinha encontrado outra pessoa. Não tinha. Disse que vinha tudo de dentro dela; que estava infeliz. Na verdade, ela não sentia que aquela era a sua vida. Sentia que tinha entrado no meu mundo como uma menina de 21 anos não formada e tinha sido consumida por ele e estava sendo arrastada atrás de mim o tempo todo. Rachel se preocupava por não ter identidade própria. Tinha chegado aos 29 anos, se aproximava dos 30 e, no entanto, não sabia quem era. Ela precisava ir embora.

Essa conversa levou dois dias para ser digerida. Eu não conseguia acreditar. A percepção de que eu estava despreocupado indo adiante, absorto em planos para o futuro, sem compreender os sentimentos da pessoa que eu considerava a mais próxima de mim, era esmagadora. Eu me senti um imbecil, alternando entre ficar introspectivo por causa da minha vergonha e me aproximar dela para fazê-la mudar de ideia.

Quando me dei conta de que não havia nada que eu pudesse fazer, resolvi desistir da compra da casa. Retirei minha oferta por Stargroves. Cancelei a encomenda dos móveis e dispensei os decoradores. As pessoas foram muito compreensivas, mas era um processo doloroso e humilhante.

A decisão de Rachel de me deixar veio no fim de 1998, mas estarmos separados no Natal teria sido doloroso para as crianças, então resolvemos ficar juntos durante as festas. Nesse meio-tempo, tive uma série de shows na Inglaterra, incluindo cinco noites em Earls Court. Foram as apresentações mais difíceis que já fiz. Parecia que eu estava cantando com um peso no peito. Em Londres, em especial, tive esperança de que Rachel apareceria no show e que tudo ficaria bem. Fiquei olhando para os bastidores, pensando: "Ela vai vir esta noite". Como ela não veio, fiquei dilacerado.

Para o Natal, fomos para a casa em Palm Beach. As notícias da nossa separação a essa altura já estavam nos jornais. No avião, sentei ao lado de Jeffrey Archer, romancista e ex-político conservador. "Rod", disse ele, "este é o momento em que você deveria começar a escrever seu livro." E eu comecei. Anotei algumas coisas, mas logo deixei de lado, porque não conseguia me concentrar.

Dissemos adeus discreta e dolorosamente, e Rachel foi para a Nova Zelândia com as crianças, ver a família dela. Foi só quando cheguei a Los Angeles, sozinho na casa que tínhamos partilhado, percebendo que nossa relação estava mesmo acabada, que a infelicidade de fato se abateu sobre mim. Era como uma espécie de febre romântica do século XIX. Durante quatro meses fiquei fora de mim. Perdi seis quilos. Sentia frio o tempo todo. Passei a me deitar no sofá durante o dia, coberto, segurando uma garrafa de água quente contra o peito. Fiquei sabendo então por que chamavam aquilo de coração partido: dá para sentir no coração.

Eu estava confuso, quase ao ponto da loucura. Uma semana, Renee e Liam vieram ficar comigo, e também Ruby, e resolvi, assim do nada, levá-los a algum lugar. Férias de família, uma semana fora. Achei que isso iria me trazer de volta à vida. Caminhei pela sala, batendo palmas, e anunciei: "Certo, vamos ao Havaí". Disse a eles para fazerem as malas e os apressei até a porta. Foi uma loucura. Quando chegamos ao destino, Renee e Ruby tinham levado conchas e bonecas Barbie na mala. Nenhum deles tinha levado pijama. Eu me sentei na praia enquanto eles brincavam e tentei me sentir presente. Depois de dois dias, não conseguia mais ficar quieto, e então voltamos para casa.

Amigos ficavam por perto, e Kim, minha filha, se mudou de volta para a minha casa, o que me trouxe um real conforto. Fui a uma livraria, saí com uma sacola cheia de livros de autoajuda e encontrei consolo em um deles: *Além da trilha menos percorrida*, de M. Scott Peck. Fala da importância do sofrimento para sair mais forte dele, o que me pareceu inspirador em meio a todo o meu pesar.

Entretanto, outros métodos para sair das profundezas foram uma farsa. Tentei fazer ioga. Um homem veio à minha casa para me ensinar os fundamentos. Enquanto eu tentava executar uma posição de "mesa equilibrada", para principiantes, caí na lareira. (Com certeza, se fosse a vontade de Deus que os humanos fizessem ioga, teria posto a cabeça atrás dos joelhos.)

Tentei terapia. Isso nunca realmente tivera algum apelo para mim. Alana tinha me convencido a fazer aconselhamento com ela algumas vezes, quando nosso relacionamento estava complicado, mas eu não vira nenhum resultado duradouro. Para mim, parecia um pouco como uma refeição chinesa: muito satisfatória na hora, mas uma hora mais tarde batia fome outra vez. É claro, sou britânico. Não fazemos terapia. Fazemos xícaras fortes de chá, alguns biscoitos de gengibre e mantemos o lábio superior rígido.

Mas eu estava no fundo do poço, então fui. Na verdade, tentei três terapeutas diferentes. A terapeuta número um era uma mulher de meia-idade. O que posso dizer? Ela deu em cima de mim. Tenho certeza de que há um ou dois parágrafos severos avisando contra esse tipo de atitude nos estatutos de terapeutas profissionais. De qualquer modo, em resposta à sua pergunta óbvia: não, eu não correspondi ao interesse dela. Ao contrário, saí rapidamente e passei para...

... o terapeuta número dois, que me sugeriu arranjar um gato. Aquela não era uma ideia tão ruim, na verdade. Prefiro cachorro, mas acho que um gato teria me dado algo com que me ocupar e talvez tivesse constituído um bom substituto para a garrafa de água quente, embora talvez não fosse manso o suficiente. Porém, "arranje um gato" não era o tipo de consolo que eu esperava escutar na época. Não por 150 dólares a hora.

E então veio o terapeuta número três. Ele disse: "Não se preocupe com isso. Se você viu uma xoxota, viu todas".

Pelo amor de Deus. Ponha a chaleira no fogo e separe os biscoitos de gengibre.

O cara que realmente me ajudou? Big Al. Eu estava deitado, apático, no sofá em frente à televisão, algo que nunca faço. A porta se abriu, e Alan Sewell, meu velho amigo, o meu negociante de sucata de Ilford, entrou como um raio de sol. Vinha de Essex sem avisar, onze horas de distância de avião, sozinho – um homem que absolutamente odeia viajar. Nunca vou esquecer o que ele fez por mim. Foi o começo da superação.

Penso no assunto agora como oito anos fantásticos passados com alguém que eu amava profundamente, embora tivessem terminado em desilusão para mim. No núcleo de todos esses anos estava uma menina jovem demais, que não crescera e que precisava abrir as asas quando se sentiu aprisionada. Embora isso tivesse me arruinado durante algum tempo quando ela foi embora, eu sabia como ela tinha sido corajosa.

E sabia outra coisa: eu *jamais* teria um casamento feliz.

Capítulo 17

Nosso herói é obrigado, por cruéis circunstâncias além de seu controle, a contemplar o fim de sua carreira e, portanto, levado a refletir sobre a vida, a morte, o destino e o significado de tudo. Mais ou menos isso.

Em maio de 2000 fiz um check-up de rotina no hospital Cedars-Sinai, em Los Angeles. Eu esperava que tudo corresse bem, como de costume. Afinal, estava em boa forma – malhando todos os dias, fazendo shows, jogando futebol nos fins de semana, aos 55 anos. Depois de vários testes, sentei-me na sala de espera, certo de que seria dispensado.

A espera se estendeu por algum tempo. Um médico me chamou de volta ao seu consultório e explicou que uma tomografia tinha revelado algo que eles queriam examinar melhor – algo na minha tireoide. No dia seguinte, voltei ao hospital e fui submetido a uma biópsia. Sob anestesia local, parte da área afetada foi retirada com uma agulha e levada para análise. No dia seguinte, recebi uma ligação que escutei de pé e que fez minhas mãos esfriar. Os resultados do exame indicaram que "algo" na minha tireoide era um tumor maligno: câncer.

Essa informação acaba com qualquer um. Quando o torpor inicial desapareceu, me senti temeroso, vulnerável num grau que nunca tinha me sentido antes. A única bênção era que as medidas estavam sendo tomadas com tanta rapidez que eu não tinha muito tempo para que esses sentimentos reinassem. Dois dias depois da biópsia, voltei ao Cedars-Sinai para uma cirurgia, fui internado às cinco da manhã, evitando ser notado. Adotei o nome de Billy Potts (os nomes dos meus dois cachorros), para impedir um vazamento para a imprensa, que não perderia a manchete de "Rod, astro do rock", indo para o hospital para "tratar um câncer".

Antes da cirurgia, fiquei sobre uma maca na antessala, zonzo com as medicações prévias, com os fones de ouvido ligados, cantando com um CD num walkman – Sam Cooke, meu conforto infalível em tempos de necessidade. Fora, uma enfermeira passou pela sala de espera e acenou com a cabeça em aprovação à minha voz, que ecoava pela parede.

"Ele não está muito mal, não é?", perguntou ela.

Annie Challis, minha assistente administrativa, que me acompanhara no hospital, respondeu: "Esperamos que um dia ele possa voltar a fazer isso profissionalmente".

O procedimento demorou quatro horas, e os bisturis dos cirurgiões se aproximaram a menos de dois centímetros das minhas cordas vocais. Qualquer deslize, e eu teria dado adeus a minha carreira. Mas a operação foi um sucesso total. Quando acordei da anestesia, deram-me a notícia de que o cirurgião tinha removido tudo o que precisava. Como toda a coisa ruim tinha sido retirada, não seria necessária quimioterapia – o que, por sua vez, significava que não haveria risco de perder o cabelo. Vamos concordar: se classificássemos ameaças à minha carreira, perder o cabelo só ficava atrás de perder a voz.

Naquela noite, Rachel me visitou no hospital acompanhada de nossos filhos, Renee e Liam, e Annie nos trouxe ensopado de cordeiro do restaurante Le Dôme – o qual eu só pude beliscar. Mas o clima era de comemoração. Um episódio assustador parecia ter passado.

Na verdade, o alarme verdadeiro, do meu ponto de vista, estava apenas começando. Para que o cirurgião pudesse chegar ao tumor, ele teve de cortar através dos músculos da minha garganta. Os músculos iriam sarar. Mas, como me foi explicado em consultas posteriores, a memória dos músculos, construída ao longo de anos cantando, desapareceria. Durante algum tempo, aqueles músculos não teriam a menor ideia do que faziam antes. Eles iam precisar reaprender.

É muito natural que eu questionasse: será que conseguiriam?

O médico dissera que, com três meses de descanso, eu poderia esperar ter voz para cantar.

Sei.

É claro, pode não ser a mesma voz...

Ah.

Mas e se a voz voltasse diferente? E se fosse a voz, por exemplo, de um cantor medíocre? Eu não queria apenas a voz de volta. Eu queria a *minha* voz de volta.

"Descanse durante três meses", os médicos diziam, "e veja o que acontece."

Deixando para lá o canto, foram necessárias várias semanas antes de emitir qualquer som que não fosse num sussurro arranhado. Minha voz sempre tivera alguma rouquidão. Agora era *só* rouquidão.

Quanto a cantar, três meses se passaram, e eu ainda não conseguia. Nem uma nota. Quatro meses, cinco meses... nada. Eu abria a boca, e tudo o que saía era um som fino, fraco, feito uma lixa, sem cor nem tom. Esses foram alguns dos mais longos meses da minha vida. Eu acordava de manhã e pensava: "Bem, talvez hoje haja alguma diferença notável". E então, para meu desânimo, diferença nenhuma. Eles não tinham dito três meses? Passaram-se quase seis, e eu ainda não conseguia cantar.

Será que era hora de me conformar com a ideia de que estava tudo acabado? E o que eu faria? "Ah, bem, você teve alguns sucessos decentes, companheiro. Vendeu alguns discos, ganhou um pouco de dinheiro, teve sua parcela de diversão. Na verdade, mais do que sua parcela. Veja o lado bom: se tivessem lhe oferecido tudo isso quando começou, você teria agarrado."

É, mas sem cantar, sem discos, sem apresentações... seria fácil abrir mão de tudo? E o que restaria de mim sem tudo isso? "Eu não seria mais Rod Stewart?" Como seria parar com tudo?

E parar não quando eu quisesse, mas subitamente, como resultado de uma infeliz disfunção celular aleatória. Nenhum adeus grandioso sob os holofotes, em um palco qualquer; só um encolher de ombros e um silencioso aceno de adeus.

Uma vez li uma declaração de Sting: se tudo terminasse no dia seguinte, se a música secasse, o dinheiro acabasse e a fama evaporasse, então ele ficaria feliz morando outra vez num apartamento de um quarto, como costumava ser antes do sucesso. Ficaria porra nenhuma. *Eu* não ficaria.

O que faria sem cantar? Ia precisar de um emprego; já falei sobre a receita do meu pai para a satisfação de um homem: um emprego, um esporte e um hobby. Não dava para faltar nenhum desses ingredientes e ficar contente. Certo dia, desolado, olhei pela janela e pensei: "Já sei, se não puder ser cantor, serei paisagista". Os projetos, a visão, o planejamento, ficar de pé no terraço, apontando: uma fonte italiana ali, uma estátua de Hércules lá, um grupo de laranjeiras adiante... eu podia fazer aquilo. R. Stewart & Sons, Paisagistas.

Enquanto ruminava aquele plano improvável, parte de mim estava saudável o suficiente para compreender o seguinte: para um cantor de rock 'n' roll, pode não haver outro trabalho que dê igual satisfação. Cantar numa banda de rock 'n' roll é, na minha opinião, o melhor trabalho do mundo. Depois disso, só poderia vir a ruína – mesmo que eu me revelasse um paisagista muito bom.

Quando se passou o sexto mês, no entanto, tive uma ideia e mudei de tática. Até então eu tinha esperado que minha voz voltasse, mas ela não aparecia. E se tentasse forçá-la a voltar? E fodesse com tudo de uma vez por todas no processo? Bem, qual seria a diferença?

Entrei em contato com um camarada chamado Nate Lamb. Ele cantava numa sinagoga das imediações, e me disseram que ele sabia tudo sobre vozes e como fortalecê-las. Nate me mostrou alguns exercícios para a voz: ele ao piano e eu sentado ao seu lado, me sentindo constrangido e preocupado. Era como uma malhação diária para a voz, que pratico até hoje. Ele me fez fazer escalas, arpejos, sucessões de notas. Forçou-me a fazer barulhos como quem está comendo framboesas e sons de *hummm* com a boca fechada. Ele era determinado, paciente e confiante. Era exatamente o que eu precisava. Dia após dia, Nate voltava, e dia após dia repetíamos o treino. Devo muitíssimo a esse cara.

Depois passei ao segundo estágio do meu plano. Ele consistia em ligar para a minha banda, chamá-la para a minha casa, instalá-la na garagem e tocar. Se a voz acabasse, como certamente aconteceria, eu faria a mesma coisa no dia seguinte, e no dia seguinte, e no dia depois, até que, por fim, ela voltasse, ou não.

Então a banda apareceu – Chuck Kentis, o tecladista; Carmine Rojas no baixo; Paul Warren, o guitarrista; Dave Palmer na bateria – e achamos que "Maggie May" seria boa para começar. Consegui fazer a frase de abertura, e depois a voz desapareceu completamente. Mas não importava. Reunimo-nos outra vez no dia seguinte. E aí consegui fazer um par de frases, depois minha voz sumiu outra vez.

No dia seguinte foi meia estrofe. Logo depois disso, foram duas estrofes.

Depois de mais ou menos uma semana, foi uma canção inteira, e depois duas canções – depois meia apresentação e, por fim, semanas mais tarde, um show inteiro. A paciência e a fé demonstradas por aqueles músicos e amigos próximos naquele período foram extraordinárias. Minha garganta já não doía tanto, e minha voz seguia forte até o fim. Sentia, com um alívio esmagador, que poderia continuar até... bem, como Annie dissera, voltar a cantar profissionalmente.

Tínhamos divulgado uma versão de que fora feita a remoção de um nódulo benigno, uma cirurgia bastante comum entre cantores. Mas a verdade foi revelada, e alguns dos jornais começaram a publicar o episódio como "A luta de Rod contra o câncer".

Não houve luta, claro; nenhuma batalha, nenhum grande esforço. Gostaria de fingir que houvera, mas isso seria um insulto para as pessoas que de fato estiveram doentes, tiveram de lutar, batalharam e se esforçaram. No meu caso, o câncer estava lá e depois de uns dois dias tinha sido removido.

Por isso, não me sinto confortável em concluir que, por assim dizer, "vi a morte de perto", "sou um sobrevivente do câncer" ou que tenha mudado para sempre com aquilo. De qualquer maneira, esse discurso todo sempre me pareceu um tanto perfeito demais.

É verdade, no entanto, que você não consegue enfrentar a perda de algo sem elaborar quanto ele significa para você – e também sem se dar conta de como teve sorte, para começar. O mundo do rock está cheio de cantores que tiveram sorte, mas atribuem o sucesso ao trabalho duro. Claro que há muito trabalho envolvido, mas o que você conserva e tenta tirar o máximo proveito é, antes de tudo, uma sorte fantástica, a singular fortuna de abrir a boca e dela sair uma voz única, que o ajuda a vender mais de 200 milhões de discos, a ter fama no mundo inteiro e a garantir uma vida mais incrível que qualquer outra pessoa possa sonhar em ter.

Nessas circunstâncias, é outra fortuna também quando você tem um câncer de tireoide, fica livre dele em questão de dias e segue em frente. Bem, isso é ser um homem com muita, mas muita sorte. Uma puta sorte.

Capítulo 18

Penny.

Depois que Rachel foi embora, a última coisa que eu queria era me apaixonar por uma moça alta e loura de vinte e poucos anos. Eu sabia aonde isso poderia levar um homem da minha idade.

Em oito meses, eu estava apaixonado por uma moça alta e loura de vinte e poucos anos.

Mas dessa vez eu precisava ter certeza. Na última história, quando achei que estava certo, estava totalmente errado, e eu não queria passar por aquilo de novo. Eu precisava ir com calma – acreditando que eu seria capaz de fazer isso, mesmo que o meu impetuoso histórico romântico até então sugerisse o contrário. Embarquei em algo ao qual, ao longo dos anos, eu parecia ser muito alérgico quando se tratava de aventuras amorosas: um namoro longo.

Na primavera de 1999, quatro meses depois da partida de Rachel e depois do fracasso da terapia e da ioga, o sofrimento começou a diminuir. Comecei a namorar outra vez. Saí com Tracy Tweed, modelo e atriz canadense, uma das mulheres mais engraçadas que já conheci. Tive alguns encontros muito agradáveis com Kimberley Conrad, que tinha recentemente se separado de Hugh Hefner. E, durante algum tempo, saí com Caprice Bourret, modelo americana. Pobre Caprice, foi vítima de uma longa campanha de expulsão promovida por meus filhos, bem ao estilo *Noviça rebelde*. Eles pareciam ser contra ela, jogavam camundongos de estimação em seu colo e punham fotos da minha ex-mulher pela casa toda quando sabiam que ela viria. O relacionamento não decolou.

Todos esses casos foram muito divertidos e com mulheres lindas, pelas quais eu tinha o maior respeito. Mas nenhuma delas era exatamente a pessoa certa para mim. Eu queria encontrar alguém para amar e com quem passar o resto da minha vida.

Durante aqueles meses, às vezes eu pensava numa mulher linda e especial que eu conhecera rapidamente em Londres, em dezembro do ano anterior. Muito magoado com o fim do meu casamento, eu estava bebendo com amigos no Dorchester Hotel quando uma moça alta e loura, de vinte e poucos anos, se aproximou e pediu um autógrafo. Ela tinha sido desafiada a fazer isso pelas amigas, que, maliciosas, ficaram rindo do outro lado da sala.

O nome dela era Penny Lancaster. Tinha 27 anos. Sim, era alta e loura, com um corpo de parar o trânsito – só mais tarde descobri que era modelo de roupa íntima –, mas o que me atraiu nela, além disso, foi a vivacidade e a doçura em seu rosto. Perguntei o que ela fazia, e ela respondeu que era modelo e também estudante de fotografia na Barking College, em Essex. Perguntei se ela teria interesse em fotografar um dos meus shows, e ela pareceu gostar da ideia. Disse que, se ela viesse até a porta no Earls Court na noite de sábado, eu lhe arranjaria uma credencial, e ela poderia fotografar quanto quisesse.

Ela foi ao show e tirou fotos, mas eu não a vi, nem antes nem depois. Soube que Carmine Rojas, o baixista, tinha ido até a frente para checar se ela estava bem, e ela tinha lhe dado o seu número de telefone. De vez em quando, ao longo dos meses seguintes, eu pedia a Carmine que me passasse o número. Mas ele sempre ria e dizia: "Ah, não, ela é boa demais para você, cara". Ele acabou cedendo, no entanto, e no começo de agosto de 1999, quase oito meses depois daquele primeiro encontro, retornei à Inglaterra e liguei para ela.

Eu disse: "Estou na cidade. Por que não botamos os assuntos em dia num jantar com amigos meus?". "Ah, e traga as fotos", acrescentei.

Encontramo-nos no Neal's, um pequeno restaurante em Loughton, perto de Wood House. Penny, já com 28 anos, chegou vestindo uma calça que imitava couro – bem moderno –, um top que cuidadosamente escondia qualquer decote e uma jaqueta. Fiquei impressionado com seu rosto jovial e comportamento de menina. Eu tinha convidado meus amigos Alan "Big Al" Sewell e a mulher dele, Debbie. Penny talvez estivesse nervosa por se encontrar com pessoas da indústria da música, mas pareceu ficar bastante aliviada ao se ver na companhia de um casal tão simpático, pé no chão e divertido. Ajudou a deixá-la à vontade.

No começo da noite, perguntei a Penny se podia ver as fotos que ela havia tirado em dezembro, e ela me entregou uma pilha. Não eram as *melhores* fotos de um show que eu já vira. Penny pensou que estaria na área dos fotógrafos, bem na frente do palco. Mas a equipe a colocou na mesa de som, no meio da pista, onde, na ausência de longas lentes telescópicas, ela tinha ficado limitada a tirar fotos de pequenas figuras que se movimentavam nebulosamente a distância. Parecia ter havido um monte de ampliação compensatória e cortes na câmara escura.

Pusemos as fotos de lado, pedimos a comida e conversamos, e a noite correu bastante tranquila até o momento em que Penny se levantou para ir ao banheiro e derrubou duas taças de vinho da mesa ao lado. Isso a convenceu de que tinha estragado o encontro, mas, na verdade, fez com que a noite ficasse ainda mais engraçada e calorosa.

Enquanto caminhávamos até os carros, perguntei a Penny se podíamos nos encontrar no dia seguinte. Ela disse que adoraria, para minha grande alegria, mas que era o aniversário do avô dela, e ela o levaria ao Theydon Oak.

Eu disse: "Esse é o meu pub".

Penny perguntou: "Você é o dono?".

Eu respondi: "Não, é aonde eu vou. Eu podia ver você lá".

Ela comentou: "Tenho certeza de que o vovô vai adorar conhecer você".

Eu disse: "Então, vejo você amanhã".

No dia seguinte, pouco depois das duas da tarde, o interfone do portão da frente tocou.

Uma hesitante voz feminina pediu: "Gostaria de falar com Rod".

"Sim, eu sou Rod."

"Ah, é Penny. Você disse que se encontraria comigo e com meu avô..."

Fiquei confuso. Achei que tínhamos um encontro para a noite. Pedi que entrasse e fui em sua direção. Penny explicou que a comemoração do aniversário do avô, Wally, era no almoço, e não no jantar. Depois que o almoço chegou e nada ainda da minha presença, Wally se levantara e dissera com firmeza: "Vamos lá. Vamos até a casa de Rod Stewart".

Penny explicara ao avô: "Não dá para simplesmente ir até lá".

Mas Wally insistira: "Ele disse que viria. E, se ele disse que viria, temos de fazer com que mantenha sua palavra".

Apertei a mão de Wally, pedi mil desculpas pelo mal-entendido, e tivemos uma longa conversa. Posteriormente, quando Penny e eu assumimos o relacionamento, Wally e eu dávamos uma escapada para uma cerveja de vez em quando. Ele tinha sido bombeiro durante a guerra, e as pessoas que têm histórias daquela época imediatamente recebem a minha atenção. Ele uma vez me disse: "Tenho de ser sincero com você. Não acho sua música grande coisa, mas aprecio o seu gosto pela arte".

Ele tinha uma foto sentado no lado do carona do meu Lamborghini, a qual ele costumava mostrar às pessoas na Legião Britânica. O pobre coitado morreu atropelado por um ônibus quando estava a caminho de ir receber a pensão, aos 95 anos. Ele trazia aquela foto no bolso naquele dia e foi com ela para o túmulo.

Depois daquele desencontro do almoço, Penny e eu nos vimos algumas vezes, mas o relacionamento se construiu devagar, ao longo de muitos meses. Na época, Penny era noiva de um cara com quem ela já estava havia dez anos. Ela sempre foi sincera comigo sobre isso. Um pouco depois, disse que as coisas não estavam assim tão bem, mas que não estava certa se queria deixar o noivo. Eu disse que, se ela quisesse, poderíamos falar sobre a tristeza de terminar um relacionamento, e contei que acabara de passar por um rompimento. Quanto mais conversávamos, mais eu ficava impressionado com Penny. Mesmo assim, eu procedia com muita cautela, querendo que tudo desse absolutamente certo. Demorou muito até que nos beijássemos pela primeira vez. Isso aconteceu na Wood House numa tarde, depois do chá. Conversávamos a respeito da arte pré-rafaelita, que Penny andara estudando em um curso. Mostrei-lhe os quadros na sala onde estávamos e os que ficavam no corredor, do lado de fora. O tour continuou com os quadros na escada, depois fomos adiante devagar, até que estávamos contemplando as pinturas no meu quarto. Houve um silêncio pesado. E então, num impulso romântico avassalador, perguntei a Penny se ela se poderia se deitar na cama na diagonal. Hesitante, ela se deitou. Dei a volta para ficar bem atrás dela, no outro lado da cama, pus as mãos em seus ombros, inclinei-me para a frente e a beijei, de cabeça para baixo. Ela segurou meu rosto e retribuiu o beijo. Depois, eu me levantei, peguei sua mão, ajudei-a a se levantar e disse: "Vamos". E assim retomamos o tour sobre história da arte.

E aí, caro leitor, nasceu o "beijo invertido", ao qual até hoje Penny se refere como "o mais romântico e sedutor encontro de lábios" que ela já conheceu. Tente um dia.

Penny ficava muito calada naqueles dias iniciais, talvez se sentindo um pouco intimidada. Mas logo eu soube que, na verdade, ela não era nem um pouco tímida. Percebi isso no fim de 2008, quando fui convidado para tocar no sexagésimo aniversário do príncipe Charles, na Highgrove House. Do palco, vi Penny dançando "Da ya think I'm sexy?" com o príncipe, nosso anfitrião. Ele a tirou para dançar na esperança de encorajar todos a irem para a pista, o que certamente funcionou. Depois, ele lhe perguntou: "Onde você aprendeu esses passos de dança?". E Penny respondeu: "Com meu pai". No mesmo show – dessa vez durante "The way you look tonight" –, vi Penny dançando com o príncipe William, que pediu e conseguiu a sua permissão para abaixar-se num floreio formal no fim.

Foi um grande alívio para Penny voltar a ser convidada pela realeza depois do que acontecera alguns anos antes. Fui convidado para me apresentar num evento especial no Castelo de Windsor, em homenagem aos patronos da obra de caridade Prince's Trust, da qual Penny e eu éramos embaixadores. Penny se sentava ao lado do príncipe Charles no jantar. Os garçons apareceram com o prato principal numa travessa, bem na hora em que o príncipe estava no meio de uma anedota. Enquanto se servia, Penny manteve o olhar no príncipe, como achava que o protocolo exigia, e acabou errando o prato e derramando uma porção de carne na toalha entre eles. O príncipe disse apenas "Oh, não se preocupe, faço isso o tempo todo" e de maneira informal cobriu a bagunça com o guardanapo. Que figura.

De qualquer modo, foi uma das coisas que logo passei a amar na minha adorável esposa – nunca se sabe bem o que ela vai fazer ou quando aquele olharzinho de menina travessa vai brilhar; malícia mesclada com doçura. Em turnê pela Austrália, oito anos atrás, estávamos voltando para o hotel num dia quente, meio zonzos depois de um passeio por alguns vinhedos, quando, de repente, deparamos com uma vista estonteante de campos infinitos com enormes pilhas de rodas de feno cortado. Aquilo inspirou Penny a saltar do carro, pular a cerca e correr, largando aos poucos peças de roupa no caminho, até a roupa de baixo, antes de subir num fardo de feno distante no horizonte e se virar para acenar. Isso, por sua vez, me fez pular do carro e partir atrás dela, gritando feito um maluco e me unindo a ela no fardo de feno, onde nos abraçamos. Àquela altura, dois ou três carros tinham parado atrás do nosso, de modo que o motorista nos chamou de volta. Corremos, apanhando as roupas de Penny no caminho, e nos acomodamos no banco de trás, rindo feito bobos.

Durante aqueles hesitantes encontros iniciais, no entanto, eu procurava tranquilizá-la o tempo todo, dizendo que não tinha importância se ela falasse. Bem cedo no nosso relacionamento, passamos uma noite na casa de Ronnie Wood, em Wimbledon. Woody era muito amigo de Jimmy White, jogador de sinuca de grande destaque no esporte da época, um cara e tanto. Em algum momento da noite, White disse: "Preciso de um voluntário para uma jogada especial". Penny, pensando que talvez esse fosse um bom momento para sair da concha e se mostrar disposta a tudo, se prontificou.

Para essa jogada, ela tinha de se deitar de costas, na diagonal sobre a mesa de sinuca, com um suporte de bola de golfe entre os dentes. White botou uma bola vermelha sobre o tal suporte e desafiou, dizendo que, da outra extremidade da mesa, ele daria uma tacada alta na bola branca que tiraria a vermelha do suporte e a poria na caçapa esquerda, além da cabeça de Penny.

Eu olhava aquilo e pensava: "É melhor você acertar isso, cara".

Crac! A bola branca pulou do taco de White, errou a vermelha e bateu na mandíbula de Penny. Pelo barulho, imaginei dentes quebrados, embora, na verdade, ela só tenha sofrido uma equimose. White pediu mil desculpas, mas eu fiquei furioso e decidi que era hora de irmos embora. E fomos, em meio a muita frieza.

Nossa dedicação um com o outro cresceu ao longo de uma série de viagens românticas ao exterior. Bem no início, levei Penny para as Bahamas, para um feriado com um grupo de velhos amigos meus – pessoas que possivelmente lhe pareceriam intimidantes e estranhas, mas ela se adaptou muito bem. Fiz uma surpresa na chegada: havia um armário inteiro de roupas e sapatos Dolce & Gabbana esperando por ela no quarto de hóspedes. Conseguir sapatos do tamanho correto foi um problema, mas eu o resolvi com um ideia brilhante: experimentei todos eu mesmo. Se eles ficassem um pouco apertados em mim, saberia que estariam perfeitos para Penny. Eu estava certo.

Também viajamos de carro através da Provença, no sul da França, no meu Lamborghini conversível, só nós dois – uma viagem que repetiríamos várias vezes e que nos inspirou a procurar um lugar ali para onde pudéssemos voltar sempre. Penny foi à França várias vezes, numa missão de quatro anos em busca de uma propriedade. Ela encontrou a casa perfeita nas colinas acima de Nice, residência que ainda possuímos e adoramos.

Voltei para os Estados Unidos na época apropriada e convidava Penny para curtos períodos juntos. No meio-tempo, compartilhávamos intermináveis telefonemas internacionais, falávamos de nossos sentimentos e sobre outros vários assuntos. Ela estava terminando seu curso de fotografia na Barking College. Eu dizia às pessoas "Minha namorada está chegando, em férias escolares" e adorava a expressão escandalizada que isso provocava. Deve ter sido estranho para Penny, no entanto. Em um minuto, ela estava na faculdade e, no minuto seguinte, voava para Miami e era levada pela pista para o jatinho onde o namorado amuado e exibido a esperava para o voo de quinze minutos até sua casa em Palm Beach.

Nosso relacionamento era difícil para a família de ambos. Meus irmãos e irmãs, no início, preocuparam-se que se repetisse a minha história com Rachel. Enquanto isso, o irmão de Penny, Oliver, estava apreensivo por sua irmã estar se envolvendo com um astro de rock. Ele acabou me conhecendo como o belo cavalheiro honrado que eu sou, é claro. Mas nesse intervalo resolvemos que o melhor modo de remover algumas dessas compreensíveis tensões familiares seria arranjar um jeito de eu conhecer o pai dela, Graham, advogado, com a minha idade. Nenhum de nós sabia o que usar para o nosso jantar. No fim, Graham foi vestido como um astro de rock – jeans e couro –, e eu, vestido como um advogado, num terno escuro, camisa impecavelmente passada e gravata com nó perfeito. Apesar disso, nos demos bem de imediato e fomos para minha casa em Epping beber uísque e ouvir discos de Sam Cooke.

Eu sabia do desejo de Penny de ter filhos. Ela foi sincera comigo sobre como ela se sentia em relação a ser mãe. E eu também fui sincero com ela: eu achava que não poderia ter mais filhos, me casar ou me envolver de uma maneira séria. Resolvemos que estávamos nos divertindo, e isso não importava; deixaríamos a relação seguir seu curso. Mas eu sabia que não poderia fazê-la cem por cento feliz.

Além disso, Penny tinha de se decidir se largaria o homem com quem estava havia muito tempo – com ele, talvez, ela pudesse ter começado uma família. Uma vez ela chorou em meus braços, angustiada a respeito dessa situação, e sugeri que ela se sentasse um pouco à beira do lago e tentasse clarear as ideias. Enquanto estava lá, um cisne se ergueu da água e fugiu. Depois disso, uma pena branca solitária veio flutuando e parou ao lado dela. Seria muito fantasioso achar que se tratava de um sinal? Era certamente uma feliz coincidência e uma visão inspiradora. Penny voltou para mim, em casa, resoluta e segurando a pena. Ela ainda a guarda.

Depois que Penny se separou do namorado, teria sido muito fácil convidá-la para morar comigo. Porém, mais uma vez, com grande cautela, fomos devagar. Penny foi morar com o pai, perto da casa em Essex. A cama dela era a mesma que tinha desde os oito anos. Seus pés ficavam para fora, e as molas do colchão estavam danificadas. Comprei uma cama nova para ela, e a van da Harrod's provocou uma pequena comoção na vizinhança quando apareceu para entregá-la. Refletindo melhor, aquele pode ter sido o presente menos romântico que eu já dera a uma mulher: uma nova cama de solteiro para permitir que ela continuasse a morar na casa do pai.

Sugeri que ela viesse morar na pequena casa de hóspedes, no fim da entrada de carros, em Epping – trouxe-a mais para perto, sem precisarmos conviver na mesma casa. Mas aí houve um período maravilhoso, quando Renee e Liam vieram passar uma temporada comigo. Na época, Wood House estava sendo redecorada, então Penny, as crianças e eu ficamos todos juntos na casa de hóspedes durante um tempo, partilhando os dois quartos de modo muito aconchegante. Renee e Liam vinham para o nosso quarto de manhã e pulavam na cama. Penny os levava a Southend, no litoral de Essex, os mimava bastante e mostrava a orla marítima de Essex: a praia, as cadeiras do deque, o playground de Peter Pan. Aquilo lhe dava enorme prazer, mas me doía pensar que ela nunca faria coisas assim com seus próprios filhos. Por que essa relação não podia ter acontecido mais cedo?

Mas, claro, havia a necessidade prioritária de ter certeza – para nós dois. Podíamos sair em turnês, caminhar de mãos dadas por cidades e aldeias, e sentiríamos vontade de entrar em igrejas. Não havia nenhum plano em curso, mas algo continuava a nos atrair para igrejas, e nós dois nos sentíamos impelidos a sentar lá, em silêncio, para rezar um pouco. Não era algo que combinávamos;

era apenas um impulso. Sentávamos ao fundo e inclinávamos a cabeça durante um tempo. Só conversamos abertamente sobre esse assunto depois de casados e descobrimos que, enquanto estávamos na igreja, ambos rezavam para encontrar um jeito de ficarmos juntos no futuro. Mesmo assim, naquela época, não discutíamos o assunto. Rezávamos e saíamos de mãos dadas.

Em 2003, fomos à Tanzânia para o Ano-Novo. Tínhamos visto uma propaganda na televisão em que um casal desejava feliz Ano-Novo um para o outro no meio da savana africana e pensamos: "Isso parece muito romântico". Nessa viagem, peguei uma pedra e gravei no tronco de uma árvore "RS ama PL". Era algo que eu nunca dissera a Penny, por isso ela não sabia se eu estava sendo sincero, e mesmo assim eu não procurei reforçar.

Então veio o 11 de setembro de 2004, o terceiro aniversário dos ataques ao World Trade Center. Estávamos em Wood House, sentados à margem do lago, em uma dessas tardes de outono inglesas, brilhantes, claras. Conversávamos a respeito do que acontecera, sobre as famílias destruídas naquele dia e as crianças deixadas para trás. Depois de algum tempo, eu disse: "Vamos ter um bebê".

Ela ficou espantada, porque não esperava ouvir isso de mim. Mas demorou para eu perceber que era esse meu desejo para nós dois. Nunca tive tanta certeza na vida antes. Penny ficou grávida naquele Natal, mas logo perdeu o bebê. Mesmo assim, resolvemos continuar tentando.

Enquanto isso, tive outra ideia. Em março de 2005, Penny estava se aproximando de seu trigésimo aniversário. Eu disse a ela: "Vou levá-la numa viagem surpresa – você, sua mãe e seu pai. É só para o dia, mas você vai precisar do seu passaporte. E se vista com elegância".

Naquela manhã, Penny e eu nos encontramos com os pais dela no aeroporto de Stansted. Peter Mackay, meu gerente de turnês, estava junto para cuidar de nós, e eu tinha lhe confiado uma caixa pequena, porém importante, para ele guardar em segurança. Nem ele sabia o objetivo daquilo. Penny usava uma saia justa preta e uma blusa branca, com a aparência de professora/secretária de que eu não tenho vergonha de admitir que gosto. Eu não podia acreditar que ela tivesse lido minhas intenções – talvez secretamente tivesse. Ela estava muito ansiosa, sentindo que havia algo no ar.

Enquanto atravessávamos a pista até o avião, fiquei um pouco para trás com o pai de Penny e, sob o barulho do motor, cochichei: "Tenho permissão para pedir à sua filha que se case comigo?".

Graham é um homem durão, mas suas pernas quase cederam. Tive de sustentá-lo por um momento. "Sim!", disse ele. "Sim, você tem!"

Ainda bem, porque o resto do dia teria sido um tanto desanimado se ele dissesse não.

Meu sogro, de algum modo, conseguiu guardar segredo até o nosso destino: Paris. Ele e Sally, a mãe de Penny, nunca tinham estado lá. Fomos ao Le Fouquet, nos Champ-Elysées, para tomar um café, mas eu não conseguia relaxar. Ficava olhando o relógio. "Meio-dia e meia. Acabem de beber. Precisamos ir." Levados impacientemente por mim, saímos do Le Fouquet e dirigimos até a Torre Eiffel. Lá subimos no elevador até o restaurante Jules Verne, na segunda plataforma da Torre, onde Pete nos escoltou até o bar e nos deixou.

Eu estava pedindo uma rodada de coquetéis de vodca quando fui tomado por uma onda de pânico. O embrulho no bolso de Pete! Corri atrás dele e consegui apanhá-lo ao lado do elevador, antes de ele desaparecer em Paris por uma hora, o que teria estragado tudo. Enfiei a caixa no bolso do paletó e voltei ao bar do restaurante, onde acalmei meus nervos dissonantes com coquetéis de vodca, tomando um seguido do outro.

E então, bem ali no bar, ajoelhei-me, segurei a caixa com o anel e pedi Penny em casamento.

Ela teve um instante de incredulidade. Levou as mãos ao rosto, e os olhos se encheram de lágrimas. Ao fundo, Sally soluçava histericamente. Isso pareceu durar algum tempo. Eu tinha um joelho direito duvidoso – um velho machucado de futebol – e não tinha certeza de quanto tempo mais aguentaria. Acabei dizendo: "Por favor, diga alguma coisa, Penny, porque meu joelho está me matando".

Ela me deu um soluçante sim. Por fim, pude me levantar, aliviar o joelho e me tornar o companheiro de Penny por toda a vida.

Depois do almoço, voltamos ao aeroporto e voamos para casa. Paris seria nosso lugar especial a partir daquele dia, uma cidade para a qual voltamos sempre que podemos, para relembrar aqueles momentos. Eu não conseguia acreditar no quanto estávamos apaixonados e em como este astro do rock tinha sorte. Naquela noite concebemos Alastair, nosso filho maravilhoso.

O bebê chegou no dia 27 de novembro de 2005. Penny adorou estar grávida, e eu também. No caminho para o Hospital de St. John and St. Elizabeth, em

St. John's Wood, em Londres, fizemos uma pausa na capela ao lado da ala da maternidade para rezar. Depois de um longo e emocionante trabalho de parto, com Penny dentro e fora da banheira de parto (escolhemos fazer o parto na água), Alastair chegou – por fim, nasceu no linóleo, o que, em meio à euforia do momento, eu não pude deixar de notar, pois tinha um padrão muito semelhante ao do chão na Archway Road, 507. Enquanto Penny se recuperava, segurei Alastair e cantei para ele "Flower of Scotland". Quando saímos, na manhã seguinte, eu disse às enfermeiras: "Vejo-as no ano que vem".

Em junho de 2007, Penny e eu nos casamos diante de cem convidados, numa capela decorada com rosas brancas, na cidade de Santa Margherita, na Riviera italiana. Tivemos de despistar a imprensa. Saímos de barco para a Itália pela costa sul da França e desembarcamos em duas baías diferentes. Era como os desembarques do Dia D. Fazer tudo de maneira secreta só aumentava a euforia.

E que fim de semana incrivelmente alegre tivemos. Na noite anterior à cerimônia, demos uma festa no hotel em que estávamos hospedados cujo tema era o branco, e, como sempre acontecia em incontáveis ocasiões-chave na minha vida, tudo acabou em cantoria. Lá vieram velhos números: "Show me the way to go home", "Knees up mother brown", "On mother Kelly's doorstep", e, é claro, "Get me to the church on time". Minha irmã Mary estava lá, e também meus irmãos, Bob e Don, com quem eu compartilhara aquelas canções a minha vida toda. O grupo dançou conga porta afora do hotel, indo em direção à rua – do mesmo modo como se dançava nas festas da Archway Road, 507. Todos aqueles anos, e alguns hábitos nunca mudavam.

Na cerimônia, sem eu saber, Penny tinha arranjado para que sua entrada pela nave fosse acompanhada por um coro italiano de meninos cantando "Fields of Athenry", uma grande balada irlandesa, adotada pelos torcedores do Celtic. Fiquei com os olhos marejados e quase perdi o controle. Em homenagem ao cisne de Epping, que se erguera no lago à frente de Penny, colocaram penas de cisne nos arranjos de flores, nos convites e nas decorações penduradas no teto do salão de festa. Quando, na ordem tradicional, os noivos iniciaram o baile, a música escolhida foi "At last", de Etta James.

Sim, por ser um homem de 67 anos, posso lamentar que esse relacionamento, esse casamento, essa família não tenham chegado antes. Mas sei que isso é apenas chorar de barriga cheia e que a bênção, o alívio e o encantamento sempre renovado são importantes; que estou mais feliz e mais apaixonado do que jamais estive, e que a jornada tenha chegado àquele ponto num momento em que eu já tinha desistido do que estaria por vir.

Há uma foto do casamento. Foi tirada depois da recepção. Tinham acabado de lançar os fogos de artifício do atracadouro, o bolo estava prestes a ser cortado, estávamos de pé, numa colina acima da água. Nela, Penny está de braços cruzados e eu estou de pé atrás dela, com os braços envolvendo seu corpo, segurando-a bem forte. A expressão do rosto, o cenário e tudo o mais na foto parecem dizer "até que enfim".

Digressão

Nosso herói medita sobre as tribulações e as recompensas da paternidade.

Não se pode ensinar ninguém a ser pai. É algo que você aprende durante o processo, tateando com ansiedade o caminho para a frente, fracassando em certos momentos, tendo sucesso em outros e fazendo o melhor que pode. Mesmo assim, orientação bem embasada é sempre bem-vinda, de modo que peço permissão para apresentar minhas vinte principais percepções paternais elaboradas como um conjunto de observações práticas, baseadas numa experiência adquirida com sete filhos e mais de trinta anos no "ramo" da paternidade, grande parte dela em Los Angeles, uma cidade que, como todo mundo sabe, apresenta seus próprios desafios especiais na criação da prole.

1. Crianças pequenas e uma extensa coleção de luminárias de Gallé, que não têm preço, não formam uma combinação ideal. Vendi muitos de meus melhores exemplares quando as crianças começaram a chegar, porque isso me pareceu mais prudente do que tentar colá-las de volta.
2. Muitos dos trotes aprendidos durante os anos de turnê e estada em hotéis com bandas de rock (como seria de esperar) tiveram aplicações no contexto da vida em família, em casa. Por exemplo: colocar um balde de água em cima da porta do quarto de uma criança.
3. Do mesmo modo, retirar em segredo todas as lâmpadas do quarto para gerar confusão e frustração.

4. Mas cuidado com o truque do "celofane sobre a tábua do vaso sanitário", efetuado como uma vingança direta aos pais pelos mencionados balde d'água/retirada de lâmpadas.
5. Caso seu bebê de um ano, enganchado no quadril da mãe, estenda a mão e arranque a dentadura da boca de sua confusa e idosa avó, não entre em pânico. Arranque a dentadura das mãos do menino, lave-a rapidamente sob a torneira da cozinha e ponha sobre a mesa. Com sorte, isso tudo vai acontecer tão rápido que a avó dará um olhar intrigado aos dentes sobre a mesa, como se pensasse "Não são os meus?", e em seguida os colocará de volta na boca e não se falará mais nisso.
6. Ao embalar o lanche do seu filho para a escola, certifique-se de incluir, além do sanduíche e da barra de chocolate, alguns itens aleatórios, como uma chave de fenda, um pedaço de lixa ou um trenzinho de plástico, só para mantê-lo alerta.
7. Cobrir-se com um lençol e fingir que é um fantasma é um jeito infalível de apavorar uma criança, ainda mais se você tiver uma casa grande, centenária, na região campestre da Inglaterra.
8. Se seus filhos acham a sua preferência por um Lamborghini azul-claro muito *Miami Vice* e reclamam do constrangimento de serem vistos dentro dele, de boa vontade atenda à exigência deles e deixe-os descer na esquina da escola, fora do campo de visão dos colegas. Mas depois espere um pouquinho, siga-os até a entrada, buzinando, acenando e gritando "até logo" o mais alto possível na hora que estiverem entrando.
9. Entretanto, note que nada envergonha tanto os filhos como a visão do pai na piscina usando uma sunga Versace Speedo.
10. Crianças de todas as idades gostam do "jogo do sofá", em que todos sentam em fileira no sofá e, ao contarem até três, se jogam para trás com o máximo de força para fazê-lo virar. Horas de divertimento. Poucos humores ficam tão ruins que não possam ser aliviados por uma rodada ou três do "jogo do sofá".
11. Do mesmo valor: "o jogo da mesa". O objetivo desse jogo é arrastar uma mesa de restaurante bem devagar, centímetro a centímetro, durante uma refeição até que, de modo imperceptível, e para confusão dos garçons, ela tenha passado a ocupar um espaço no meio do

salão, ou em algum outro lugar. Especialmente divertido em restaurantes ao ar livre, na cidade, onde, em um determinado ponto, a mesa pode ficar dividida entre a calçada e a rua e acabar no meio do trânsito. É muito divertido também em St. Tropez, onde a mesa pode acabar dentro do mar. Essencial: expressões impassíveis.

12. Livros proporcionam uma cobertura prática e impenetrável para uma cama de criança, em especial se forem empilhados meticulosamente por toda a superfície da cama, em pilhas de três ou quatro.
13. Até o adolescente mais preguiçoso pode acordar para ir à escola de manhã se você dispuser um número suficiente de despertadores pelo quarto, em lugares difíceis de alcançar.
14. Igualmente eficaz: uma gravação bem alta de gaitas de fole tocando na porta do quarto do adolescente.
15. Se seu adolescente ao chegar em casa persiste em estacionar no lugar em que você não quer, envolva a chave do carro dele em trinta camadas de celofane para transmitir a mensagem.
16. Se você está de saco cheio do chihuahua de seus filhos fazendo cocô no seu jardim e de eles não recolherem, coloque o dejeto ofensivo num guardanapo embaixo do assento do motorista do carro do seu filho e permita que o calor e a umidade natural no interior do carro criem uma lição memorável no que se refere aos cuidados com bichos de estimação.
17. O mesmo dejeto posto num guardanapo, se colocado no chão do quarto do rebento, terá um efeito muito semelhante em termos de reforço de mensagem.
18. Se você está de saco cheio do chihuahua das crianças, tente desenhar o número da besta, "666", na testa dele com caneta hidrográfica.
19. Aquele sem teto que foi encontrado de manhã cedo dormindo no sofá da sala, ao lado da cozinha, pode não ser bem um sem-teto. Pode ser Munky, o guitarrista da Korn, que apagou depois de ter sido convidado por um de seus rebentos na noite anterior. Portanto, não precisa chamar a polícia e relatar o intruso. (Tenho o prazer de dizer que eu estava viajando quando isso aconteceu.)
20. E, já que estamos falando de viajar: quando Tommy Lee, membro fundador do Mötley Crüe, tiver a ideia, ao visitar seus filhos, de

> tentar aterrissar o helicóptero no seu jardim dos fundos, você pode estar em turnê, como eu estava, e perder o caos, deixando para outra pessoa a tarefa de explicar à administração municipal e ao corpo de bombeiros exatamente que tipo de porra está acontecendo.

Os mais de trinta anos como pai me ensinaram não apenas esses conhecimentos extremamente úteis, mas também algo sobre o Dia dos Pais. Para mim, significa muito mais ser lembrado nesse dia do que no Natal. O Dia dos Pais é aquele que não pode ser deixado de lado. Eu, na verdade, fico nervoso, imaginando se esse será o ano em que um de meus filhos vai esquecer. E, quando eles se comunicam e me transmitem amor, eu me derreto todo, porque é tudo o que quero escutar.

Talvez eu precise desse restabelecimento de confiança porque tenho tendência a me sentir culpado, e uma das razões para isso é a dúvida de, como pai, ter feito tudo o que pude. Nunca fui um pai ruim. Ao contrário, sempre fui um bom pai, consciente de que meu amor por meus filhos sempre foi inabalável. Mas certamente fui, por períodos significativos na vida de meus filhos mais velhos, ausente. A natureza do meu trabalho me fazia ficar em casa durante um mês e fora por três meses. Isso era difícil para eles, e o fato de não conhecerem uma vida diferente não tornava tudo mais fácil. Para piorar, eu complicava ainda mais quando começava outra família. Cada um de meus filhos sabia que tinha o meu amor, mas meu amor vinha de um lugar distante na maior parte do tempo. Percebi, tarde demais, que isso era algo que eu não podia compensar e um tempo que não teria de volta. Tudo o que se pode fazer é tentar consertar as coisas da melhor maneira possível – procurando ser um pai mais presente, a que me proponho.

Tenho tanto orgulho deles: Sarah, Kimberly, Sean, Ruby, Renee, Liam, Alastair e Aiden, o último (posso declarar com segurança) dos meus filhos, que demorou um pouco a ser feito. Tentamos durante dois anos um irmão para Alastair, até os especialistas descobrirem que Penny tinha altos níveis de mercúrio em seu organismo e recomendarem que tentássemos fertilização *in vitro*. Esse caminho não foi fácil para nós. Tivemos três rodadas de fertilização no total, e é fisicamente muito desgastante para a mulher e doloroso para ambos quando não funciona. Mesmo assim, continuamos e transformamos o processo numa aventura tanto quanto possível. Deram-me a oportunidade de fornecer minhas amostras na clínica, mas eu preferia fazer isso na privacidade da minha casa. Depois Penny e eu pulávamos na Ferrari e corríamos para a clínica com o tubo mantido aquecido entre as coxas de Penny. Eu estava numa turnê em Moscou no verão de 2010 quando Penny ligou para dizer que enfim estava grávida, e choramos de alegria. Em 16 de fevereiro de 2011, chegou nosso lindo menino. Seis meses depois disso, Kim deu à luz Delilah, e me tornou um novo pai orgulhoso e avô.

Adoro o fato de meus filhos se referirem uns aos outros como irmãos e irmãs – e não meios-irmãos ou meias-irmãs. Não há meias medidas aqui. Existe uma verdadeira gravidade familiar que os atrai – como um verdadeiro clã, o Stewart.

Uma das batalhas ao longo desses anos, tanto com as mães deles quanto com a minha consciência, refere-se ao lado material da paternidade, a questão do que deve ser dado às crianças e o que elas devem lutar para conquistar. Atenho-me à ética da classe operária, de onde vim – de vir do nada e se tornar alguém pelo próprio esforço. Mas, claro, meus filhos não vieram do nada; eles começaram num outro nível de privilégios, muito diferente do meu. Trata-se de encontrar o equilíbrio entre capacitá-los e mimá-los, e admito que luto com isso, oscilando entre os dois polos.

Mas, em meio a tudo isso, tenho sorte de ainda ter um bom relacionamento com as mães deles. Depois de ter filhos com alguém, compartilha-se isso pelo resto da vida, acima das diferenças que possam existir. Kim está criando Delilah na casa de hóspedes da minha casa, em Beverly Park, de modo que Alana, a avó, está muitas vezes presente, ajudando-a a tomar conta do bebê, empurrando o carrinho pela entrada de carros até o playground. Kelly, que se casou de novo e tem dois filhos, agora mora em San Diego, tornou-se decoradora, e eu a contratei para decorar alguns dos aposentos da Celtic House, em Beverly Park. A gente se dá muito bem. Rachel e eu, na verdade, nunca nos distanciamos, então nossa amizade ainda é forte. Ela teve uma decepção amorosa depois do nosso casamento, e uma medida do ponto em que nosso relacionamento está agora é que ela veio conversar comigo sobre isso.

Na verdade, as relações entre nós são tão estáveis que, em 2000, nos sentimos próximos o suficiente para, por sugestão minha, fazer um grande Natal em família. Foi na Celtic House: jantar de Natal com todos os filhos, Alana, Kelly, Rachel e Penny, com quem eu estava saindo havia poucos meses e que devia estar achando aquela experiência aterradora – jogada numa sala com as três mães dos filhos de seu novo parceiro, cada uma formidável à sua maneira e que nunca haviam se reunido desse modo, e, acima de tudo, nas circunstâncias instáveis do Natal.

Preparar os perus tornou-se uma competição. Foi consenso que o peru de Alana era o melhor, enquanto Rachel estragou o dela acrescentando todo tipo de erva que pôde encontrar. Kelly preparou as batatas assadas e os brotos. Penny, muito sábia, se absteve e as deixou cuidar de tudo. Todos se deram bastante bem, e as crianças, é claro, adoraram. Será que era o Natal que os adultos gostariam de ter todos os anos? Talvez não. Fizemos isso outra vez desde então? Não. Mas pude olhar pela sala, durante aquela tarde, fixar meu olhar de um rosto para outro e pensar comigo mesmo: "Está bem, talvez você não tenha planejado as coisas desse modo, e o Senhor sabe que houve bastante sofrimento e discórdia ao longo do caminho. Mas, de um modo profundo e inabalável, essa família é uma unidade que funciona". Doze anos mais tarde, ainda sinto isso cada vez mais forte.

É impossível, para mim, contar outra vez por completo a imensa alegria que tenho tido com meus filhos, as montanhas de amor que tenho recebido deles e o prazer que tenho em vê-los crescer, de bebês pequeninos a jovens adultos e fortes – e agora recomeçando esse ciclo com Alastair e Aiden. É uma bênção. Nenhuma venda de discos se compara a isso, nem jamais vai se comparar.

Capítulo 19

Nosso herói já havia perdido a esperança de lançar outro hit quando, de modo surpreendente, conseguiu ter muitos deles. Ele reflete a respeito de transformação pessoal, chalés na Escócia e a epifania ao dançar com uma lenda da indústria da música.

Uma noite eu estava jantando com Arnold no Morton's, na Melrose Avenue, em Los Angeles, e depois de termos feito o pedido passei a ele uma ideia que tinha tido para o próximo álbum.

Eu disse: "Acho que devia fazer um álbum de clássicos".

Seria possível que, naquele exato momento, uma migalha de pão tivesse descido pelo caminho errado na garganta de Arnold? Eu não tinha certeza, mas o rosto dele ficou muito vermelho, e ele parecia estar tendo problemas para conter um ataque de tosse.

Mesmo assim continuei: "Sim, um álbum de clássicos – as maravilhosas canções americanas, Cole Porter, Irving Berlin, Rodgers e Hart. As canções com as quais cresci, aquilo tudo que escutei sentado no colo do meu pai".

Dava para ver Arnold tentando recompor a expressão, como se eu tivesse acabado de anunciar um desejo de suicídio.

No devido tempo, ele perguntou: "Posso ser totalmente sincero com você?".

Respondi: "Claro".

Arnold sugeriu: "Acho que você devia guardar essa ideia por uma ou duas décadas".

Ele estava certo. Esse jantar aconteceu em 1983. Arnold tinha acabado de assumir como meu empresário. Das tarefas que teríamos de enfrentar naquele momento em particular, é provável que a mais urgente fosse consertar os danos colaterais causados pelo sucesso louco de "Da ya think I'm sexy?" e adotar todas as medidas necessárias para corrigir a impressão errônea que as pessoas tinham a meu respeito como o "senhor da disco music". É pouco provável que a melhor maneira de lidar com esse problema fosse lançando uma versão de "These foolish things", por melhor que fosse. Em vez disso, sob as ordens do Arnold, procurei me reconectar às raízes do rock 'n' roll e produzi o álbum *Camouflage*.

Resgatei essa conversa com o objetivo de mostrar como o impulso de gravar aquelas grandes canções americanas sempre esteve presente, tomando corpo ao longo dos anos. Elas tinham se tornado parte de mim desde que os tons quentes de Ella Fitzgerald fluíam do rádio, na Archway Road. E, enfim, dezenove anos mais tarde, havia chegado a hora.

Mesmo então, me pareceu um salto gigantesco. Um cantor de rock britânico com uma queda por futebol e uma propensão para jogar o suporte do microfone para o alto entrando nos clássicos americanos? Além das possíveis acusações de presunção, eu sabia que estaria me reposicionando aos olhos de muita gente e despertando muitas expectativas. Ainda assim, era um risco que eu me sentia inclinado a correr. O último álbum que eu lançara – *Human*, em 2001 – tinha vendido mal. Muito mal. Foi tão bem aceito quanto micose na piscina. Teve a pior primeira semana de vendas que qualquer outro álbum que já fiz. Além disso, era o primeiro álbum que eu tinha lançado sem assinar a autoria de nenhuma canção. Se esses dois fatos estavam ou não relacionados, não posso dizer ao certo. Na verdade, a minha suposição era de que eu estava acabado como autor.

Por que pensaria diferente? A última canção de sucesso que eu havia escrito era "Forever young", em 1988 – catorze anos antes. Sempre achei difícil escrever canções, mas nos anos 1990 isso parecia ter se tornado impossível – e por motivos que eu não conseguia explicar, o que apenas aumentava a frustração. Lembro-me de ter discutido o problema com o produtor Trevor Horn. Ele disse: "Por que você não aluga um chalé na Escócia e vai para lá sozinho, com um violão, e vê o que acontece?". As intenções dele eram boas, mas eu não conseguia pensar em nada pior. A ideia de estar sozinho em uma parte remota do país, com um violão, era muito próxima da minha definição do inferno.

Quando consegui escrever canções naquele período, sofri algumas rejeições. Apresentei algumas músicas para a gravadora, que foram dispensadas por serem consideradas repetições de outras e por não estarem à altura. Eu não estava conseguindo compor para os meus próprios álbuns, o que era desencorajador. Eu só tinha duas composições em *A spanner in the works*, o álbum de 1995, e *When we were the new boys*, lançado em 1998, continha apenas uma canção na qual eu tinha posto a mão: a faixa-título. O restante eram canções selecionadas para mim pela gravadora, que fez o que pôde. Mas eu não estava colocando nada na mesa e começava a me considerar uma voz a ser alugada: diga-me o que cantar, que eu canto. E em *Human* isso ficou evidente. Diante disso, parecia um ótimo momento para tentar algo diferente.

Uma noite fui jantar com o produtor Richard Perry, um grande amigo meu. Ele tinha produzido algumas das gravações mais populares de todos os tempos: "You're so vain", de Carly Simon, "Stoney end", de Barbra Streisand, álbuns de Harry Nilsson, dos Temptations, Art Garfunkel, Tina Turner e muitos outros. A casa de Richard, em West Hollywood, ficava logo acima de Sunset Boulevard e sempre foi conhecida pelo que ele batizou de "Perry's Pub" – um salão de festas com um bar bem abastecido. Foi o cenário de muita sacanagem altas horas da noite, durante os anos 1970 e mais além, e um lugar em que sempre se podia aparecer num fim de noite para uma verdadeira festa de arromba, com bebida, música e dança.

Durante o jantar, mencionei a Richard o meu antigo sonho de gravar um álbum de clássicos. Ele adorava Billie Holiday e Ella Fitzgerald tanto quanto eu e ficou bastante animado com a ideia. Começamos a lançar títulos de canções um para o outro: "Cheek to cheek", "I've got you under my skin", "September in the rain"... Tive de pedir ao garçom papel e lápis para poder anotá-las. Um de nós mencionava uma canção, e eu começava a cantá-la para ver se ia funcionar. Os outros fregueses do restaurante devem ter pensado que estavam presenciando alguma cena de sedução loucamente exagerada – eu cantando "It had to be you" em voz alta para o homem à minha frente.

Resolvemos gravar algumas demos. Richard contratou alguns músicos de conjuntos de jazz-pop, e gravamos cinco canções da nossa lista em duas ou três horas. Mas eu não estava muito entusiasmado com elas. Achei que a abordagem era muito convencional, que qualquer um poderia fazer daquele jeito – e já tinham feito. Eu queria fazer algo diferente e mais aberto a influências contemporâneas. Então Richard recomeçou com alguns músicos diferentes, dessa vez em um pequeno estúdio no Valley. Formou um conjunto de faixas de acompanhamento que eram muito mais exuberantes e harmonizadas, com uma sonoridade muito mais moderna.

No final, tínhamos dez faixas em formatos diferentes, prontas para mostrar às pessoas – canções como "You go to my head", "Stormy weather" e "I've grown accustomed to her face", canção de Lerner e Loewe para *My fair lady*, um número que eu já gravara nos idos de 1974 para o álbum *Smiler*. Achamos que era uma coletânea coesa e estávamos bastante entusiasmados com ela.

A questão era: será que alguém mais iria gostar? Arnold imediatamente levou as faixas a Val Azzoli, copresidente da Atlantic Records, divisão da Warner Bros., que era meu selo na época, para saber se ele estaria interessado em lançar um álbum de clássicos interpretados por Rod Stewart. Azzoli negou.

Não ser selecionado pelo próprio time: que golpe duro.

A próxima escala de Arnold foi Mo e Michael Ostin e Lenny Waronker, com quem eu já trabalhara durante muito tempo e com grande sucesso na Warner Bros., mas que na época estavam na DreamWorks. A reação deles foi igual à de Azzoli, só que um pouco pior. Disseram: "É horrível. Jamais vai vender. Isso não é bom para a carreira do Rod".

Golpe número dois.

Mesmo assim, tendo feito a coisa certa, ouvindo antes a opinião dos nossos associados, Arnold se sentia à vontade para ampliar a rede e levar o disco à pessoa que ele sempre achou que seria ideal: Clive Davis, artista/músico refinado, uma lenda na indústria e ex-presidente da Columbia Records e da Arista Records que em 2000 havia fundado o selo J Records. Arnold foi vê-lo em Nova York e tocou as faixas para ele em seu escritório.

Clive escutou com atenção e disse: "Adoro o conceito e gosto da escolha de algumas canções, mas acho que a sonoridade não está legal". Arnold achou que estava prestes a ser posto para fora outra vez. Mas algo em relação à ideia tinha fisgado Clive. Depois de algum tempo, ele concluiu: "Se Rod Stewart está disposto a arriscar, eu também estou. Vamos fazê-lo. Mas é negócio para um álbum apenas". Algumas horas de animada conversa depois, Arnold deixou Clive com um contrato para dois álbuns na mão.

Clive achou que o arranjo contemporâneo era um erro, então Richard e eu gravamos mais algumas demos sem os sintetizadores e a bateria eletrônica e introduzimos instrumentos de banda e cordas. Numa tarde, em 2002, levamos essas versões ao Clive no bangalô 8A, do Beverly Hills Hotel, onde ele estava hospedado. Foi uma das reuniões de trabalho mais surreais a que já compareci. Ficou claro que as demos se aproximavam mais do que Clive esperava escutar, mas ele ainda queria que as canções fossem mais dançantes. Ele disse: "Eu não quero essas cordas lentas, de *cinema*. Eu as quero saltitantes, saltitantes, como Fred e Ginger, saltitantes, *saltitantes*". Enquanto falava, o magnata da música de setenta anos levantou-se e agitou as mãos, como se estivesse regendo uma orquestra, e dançou. Arnold e eu nos levantamos e fizemos o mesmo – reger com as mãos e balançar os ombros –, e então Richard se levantou, e de repente estávamos os quatro dançando pela sala como Fred e Ginger, dizendo: "Saltitando, saltitando...". Arnold e eu ainda estávamos dançando quando saímos, dando piruetas pelo caminho, gritando: "Saltitando, saltitando...".

Recebida a mensagem, voltamos ao estúdio. Richard produziu algumas das canções, e o produtor Phil Ramone, um homem muito gentil e com um incrível currículo de gravações que abrangia todo mundo, de Dylan a Sinatra, foi trazido para prover o ingrediente "Fred e Ginger" adicional às outras.

Nessa fase senti que o projeto tinha se tornado extremamente pessoal para mim. Eu mostrava o material novo para Penny. Depois do jantar, no Perry's Pub, Richard e eu tocávamos faixas para ela e, pela sua reação, avaliávamos se estavam agradando. Isso aconteceu nos estágios bem iniciais do meu relacionamento com Penny, quando ela ia e voltava de Londres para concluir a faculdade de fotografia e suas malas pareciam sempre estar prontas, esperando ao lado da porta. E muitas das canções nas quais eu estava trabalhando pareciam falar de nossas dificuldades: partidas e reencontros, saudade quando se está longe, aquelas primeiras dores de amor. "Ev'ry time we say goodbye", "The very thought of you", "We'll be together again", "The nearness of you": essas canções foram a trilha sonora dos primeiros meses do nosso namoro, como se tivessem sido compostas para contar a nossa história, o que, por sua vez, fez com que eu desenvolvesse uma ligação ainda mais forte com o material e um desejo ainda maior de fazer tudo direito.

Enfim, tínhamos um álbum: *It had to be you... The great American songbook*. Tudo o que eu precisava era convencer o público de que Rod Stewart, até então conhecido apenas como astro de rock, era também um cantor de baladas de 32 compassos. Eu adorava cantar essas músicas tanto quanto gostava de cantar qualquer coisa. As rimas internas, o jeito não forçado, coloquial, com que a letra acompanha a melodia, o equilíbrio entre o espontâneo e o refinado na construção – para um cantor, esse material é uma dádiva.

Mas uma coisa era fechar os olhos na privacidade de um estúdio e cantar canções tornadas famosas por Billie Holiday e Ella Fitzgerald, e outra muito diferente era fazer isso em público. Um dos momentos mais tensos da minha vida foi antes do evento de lançamento do álbum no St. Regis Hotel, em Los Angeles. Foi organizado como uma reunião sofisticada para uma audição, com coquetéis e canapés, em um salão suntuoso, com pequenas mesas redondas à luz de velas para quinhentos figurões da indústria musical e do show business. Clive foi incansável na promoção do disco – deu inúmeras entrevistas, foi comigo à televisão para falar dele com empolgação (o que foi ótimo, porque eu detesto fazer isso) e tratou tudo como se fosse a volta dos Beatles.

Nessa noite, em particular, ele subiu ao palco e falou sobre a música com amor e convicção e tocou algumas das faixas. Depois eu apareci e, como surpresa, cantei quatro das canções. Antes, nos bastidores, eu percebera que estava sentindo o tipo de medo que não sentia desde que surgira com o Jeff Beck Group, no Fillmore East, em Nova York, havia tantos anos, e cantara blues para os americanos. Tive a mesma sensação de que estava prestes a ser *exposto*. Disse a Arnold aquilo que dizia o tempo todo durante o desenvolvimento daquele projeto: "Empresário, se essa coisa desabar, que seja sobre a sua cabeça". E então respirei fundo, virei um drinque, fui lá e cantei "They can't take that away from me", "The way you look tonight", "These foolish things" e "You go to my head". Na verdade, tudo o que queria era provar que não era um impostor, que eu sabia tratar aquelas canções com reverência, emprestando-lhes a voz e deixando que a sua verdade aparecesse.

Funcionou. Logo depois, numa tarde de sábado em Nova York, gravei uma performance para a televisão no Sony Studios, e isso reforçou ainda mais a minha confiança. O show foi apresentado com uma orquestra completa, num palco com linda iluminação, na frente de uma plateia de cerca de duzentas pessoas, com os suportes de partitura marcados com o logotipo "RS": tudo a que tinha direito. Naquela noite, usei casaca e gravata branca, e, enquanto me vestia no camarim, lá estava o tremor, mas dominei-o assim que entrei no palco, ouvi a banda e mergulhei nas canções. Aos poucos, meus ombros relaxaram, e tudo começou a fluir.

O álbum recebeu o disco de platina no Reino Unido e platina dupla nos Estados Unidos, vendeu 5 milhões de cópias e iniciou uma série. Para meu espanto, um segundo volume lançado no ano seguinte, em 2003, intitulado *As time goes by... The great American songbook 2*, teve tanto sucesso quanto o primeiro. E por aí foi. Quando essa série terminou, já tínhamos acumulado 22 milhões de cópias vendidas.

O argumento conclusivo para mim, no entanto, veio algum tempo depois do lançamento do quarto volume do *Songbook*, numa conversa num café em Los Angeles, com um militar americano que fizera parte do segundo grupo dos aliados que desembarcaram na praia de Omaha, na Normandia, na Segunda Guerra Mundial. Depois de conversarmos um pouco sobre esse assunto, o cara disse: "Aliás, você fez aquelas velhas canções parecer novas em folha". Eu não podia esperar maior voto de confiança, vindo de uma fonte melhor.

Na verdade, ganhei um Grammy – Melhor Cantor de Pop Tradicional – por *Stardust: The great American songbook 3*, de 2004. Quando soube (eu estava em turnê pela Austrália na ocasião do anúncio dos prêmios), tive certeza de que o mundo estava de pernas para o ar. Eu tinha sido indicado para um dos prêmios de maior prestígio da indústria musical americana não menos que doze vezes na minha carreira, desde 1980, jamais ganhara nenhum e achava que devia ser por causa de algo que eu tinha dito.

O sucesso incrível e imprevisível da série *Songbook* – ainda mais no momento em que se deu – era revigorante, inesperado, validava minha trajetória e algo pelo qual serei sempre grato. Em 2001, antes de isso acontecer, eu estava pensando: "Bem, foi uma boa carreira, cara, mas é hora de admitir que a festa acabou e que é melhor você cair fora".

No entanto, de repente percebi que estava em 2010, aos 65 anos, rememorando a década de maior sucesso comercial da minha vida.

Conclusão

Nosso herói reflete sobre aposentadoria, relata uma visita ao palácio de Buckingham com uma gravata inadequada e dispensa o golfe.

Não tenho ilusões. Sei que um dia tudo chega ao fim. Sei que cedo ou tarde vou chegar ao ponto em que aparecer e me apresentar já não será possível. E não sei como vou me sentir a esse respeito. É algo que tem estado presente na minha vida inteira. Foi uma atividade a que me entreguei tanto e que me deu muito em troca. Preocupo-me com o vazio que isso vai deixar.

Estou falando de jogar futebol, claro.

Por enquanto, estou me aguentando. Jogo numa liga para maiores de cinquenta anos, pelo Fram, um time fundado por noruegueses expatriados em Los Angeles, mas cujos jogadores atualmente são em sua maioria expatriados britânicos. É possível me ver bem cedo nas manhãs de domingo dirigindo pelo litoral até o campo do nosso time, Framsen Field – sem dúvida o melhor campo da liga, por ter uma cobertura de grama plana, sem buracos, obstáculos ou pontas de irrigadores expostas, ao contrário de alguns outros campos amadores. E estamos todos mais detonados do que admitimos, mas não damos bola, porque estamos lá, de uniforme, jogando. Agarro os punhos da camisa como Denis Law e, aos 67 anos, aguento 45 minutos, talvez até 70 se for o caso, e ainda corro para bater um escanteio curvo mortal no canto esquerdo do campo, quando sou chamado.

Depois do jogo voltamos cambaleando, às vezes mancando, para o vestiário de compensado, que está decorado com recordações do futebol britânico, cachecóis da Escócia e da Inglaterra, fotos de Charlie Cooke e George Best jogando na Califórnia, além de uma foto minha recortada da *Playboy*. Ficamos um tempo sentados nos bancos – Ken e Trevor, que administram o time, Freddie, Celtic John –, alguém abre uma caixa de cervejas, e Tommy the Scot se levanta e conta piadas infames. Rolam caçoadas e implicâncias, algumas à custa da minha sacola marrom-clara muito linda, da Prada. Durante aquela meia hora, mais ou menos, fico tão contente quanto um homem pode estar.

Mas e quando eu não puder mais fazer isso? Detesto pensar nesse assunto. Golfe? Meu pai jogava, mas não acho que combine comigo. Provavelmente eu curtiria as roupas. Há muitas malhas de golfe que eu adoraria usar. Aquelas bermudas abaixo do joelho também têm um apelo clássico. Mas o jogo? Não tenho tanta certeza. Acho que não tenho paciência para ele.

Uma vez eu tentei. Sean Connery me convenceu a sair com ele para experimentar. Isso foi num campo na Espanha, nos anos 1980. Ele me ensinou como segurar o taco e a postura. "Pés separados, Rod. Tente manter os ombros nivelados..."

Dei uma tacada que pegou a parte de cima da bola e a observei voar a uma altura de mais ou menos um coelho por cerca de 7,5 metros à direita, para cair dentro de uma moita.

Sean foi muito paciente e disse: "O que você precisa é soltar a pegada. Você está apertando demais".

Tentei de novo, com as mãos mais soltas. Dessa vez, perdi a bola. Ela continuava no suporte. O taco, por sua vez, voou direto por cima do campo, fazendo um arco no ar a uma distância de muitos metros. Para mim, foi o suficiente. Fim da lição. Voltei para a sede do clube.

Exceto pelo futebol, não me preocupo muito com envelhecer. Olho em volta, vejo as pessoas com quem trabalhei ao longo dos anos e acho que, relativamente, não estou tão mal. Hidratação é fundamental, senhoras e senhores: bastante creme hidratante. Mas é sorte, claro – sorte e genes. Meu irmão Don, que tem mais de oitenta anos, ainda arbitra jogos de futebol. Mas eu me esforço – na academia ou no campo, todas as manhãs, na companhia de meu sábio personal trainer, Gary O'Connor, cuja tarefa é me preparar para ser o lateral direito mais velho do mundo em ação. Também sou sensato nos meus hábitos: a comida adequada, uma ou duas taças de vinho no jantar, mas não mais que isso.

E, claro, nada de drogas. A cocaína terminou para mim no início dos anos 2000, e, de qualquer maneira, naquela época eu mal usava – digamos que apenas aquela ocasional carreirinha para alegrar uma noite em Epping. Mas, mesmo nessas quantidades ínfimas, constatei que estava atrapalhando a minha voz, secando as membranas. E então Penny disse: "Olhe, você não está ficando mais jovem. Precisa se cuidar. Além disso, quando cheira, você não fica mais divertido: fica limitado a um só assunto, em geral, futebol. Então, se isso continuar, não conte comigo por perto". Isso foi suficiente para mim.

Será que lamento os dias em que usava? Bem, não nego que tive momentos fabulosos. Mas não me orgulho disso. Sou um dos sortudos. Fazia isso quando era novidade, divertido e excitante. Tive contato com material de qualidade extremamente alta. Usei e saí incólume. Nunca cheguei ao estágio em que minha vida dependia de uma dose de cocaína ou de qualquer outra substância. Outros não tiveram tanta sorte e sofreram muito com isso.

Devo confessar: nunca comprei drogas na minha vida. Nunca comprei minha própria cocaína. Na verdade, nem saberia como fazê-lo. Qual é o problema? Ela apenas aparecia. Alguém na banda sempre tinha um pouco, de modo que eu dizia a Boiler, o gerente de palco "Vá ver se algum dos rapazes tem um pouco de agitação", como costumávamos chamá-la, ou "Veja se consegue me arranjar uma pazinha".

Não tinha de comprar minha própria coca, não consigo pagar um drinque no meu pub local, em Essex, o Theydon Oak, nem que eu queira... A vida tem sido fácil. (John e Sheila, gerentes do Oak, sempre tomaram conta de mim direitinho.)

Preocupo-me com o fim da minha carreira muito mais que com envelhecer. Não há um padrão para envelhecer como astro do rock. Não há um modelo a seguir. Fomos os primeiros a trilhar esse caminho, ostentando nossa juventude, e, quando deixamos de ser jovens, não nos restou outra escolha além de sermos os pioneiros que chegaram ao outro lado. Então o jeito é construir nosso próprio caminho e tentar fazer aquilo que nos convém. Espero ter o bom senso de sair na hora certa, em vez de ficar por aí por décadas, tocando em lugares cada vez menores. Orgulho-me de ter consciência disso. Mas, ao mesmo tempo, quem sabe quão desesperado se pode ficar para continuar de algum modo? Afinal de contas, a música é o que eu sou. Sinto como se tivesse vindo ao mundo para isso. Se passo um mês sem fazer um show, fico agitado e sinto falta. Quando isso acabar, um grande pedaço da minha vida será tirado.

A boa perspectiva é que ainda não há indícios de terminar. Os negócios não param há um bom tempo, desde o início dos anos 1990, quando achei que estava a caminho do fim. Mas o sucesso dos álbuns *Songbook* fez com que as pessoas voltassem a assistir aos shows. A turnê que fiz em 2004, depois do primeiro dos álbuns *Songbook*, foi uma das minhas favoritas em todos os tempos. Foi intitulada From "Maggie May" to *The great American songbook*, e tocamos um set list de rock, depois um do *Songbook* e terminamos com "Da ya think I'm sexy?" e "Maggie May". Apesar da indicação do título, alguns antigos espectadores esperavam escutar apenas as regravações dos clássicos. Essa é uma turnê que eu adoraria fazer algum dia. Mas, naquela ocasião, quando mandamos "Sweet little rock 'n' roller", houve algumas expressões espantadas. Apesar disso, pareceram entrar no clima. A banda estava a rigor, as moças de vestido longo, eu de casaca, e estávamos num lindo cenário clássico, com cortinas, projetado por Ian Knight, um verdadeiro gênio nessa área, que preparou cenários para as minhas turnês de meados dos anos 1980 em diante. Ele construía maravilhosas maquetes dos cenários em escala H0, com miniaturas da banda – com as quais eu realmente me identificava, como fã de miniaturas de estradas de ferro –, e apresentava alguns projetos gloriosos, incluindo um palco cercado pela plateia para a turnê de 2007, que tinha uma cortina em xadrez escocês com cerca de 1.300 metros de extensão. Ian morreu em 2010 e deixou muita saudade.

Em agosto de 2011, tive a sorte de ser convidado para uma temporada de dois anos no Colosseum, no Caesars Palace, em Las Vegas. Meu irmão Don disse: "Você não vai gostar, Roddy – toda aquela gente jantando e conversando enquanto você tenta cantar". Mas claro que é à moda antiga. Nesse caso, uma temporada significa 26 noites por ano, em uma sala de espetáculo de 4.100 lugares, que possivelmente é o melhor salão em que já toquei: acústica magnífica e um palco baixo muito charmoso, de modo que me sinto próximo da plateia. Eu e a banda mais compacta que já tive em todos os anos na estrada apresentamos algumas versões animadas dos sucessos, e a certa altura chuto algumas bolas de futebol e, se estiver a fim, caminho entre a plateia. É uma festa.

E assim vai. Há algum tempo, Arnold e eu planejamos minha agenda para 2013, e, depois de eu destacar as datas importantes (a final da Copa da Escócia, o amistoso internacional entre Inglaterra e Escócia, em Wembley, em agosto), começamos a delinear a turnê. Estávamos marcando apresentações na O_2 Arena, em Londres, Hampden Park, na Escócia, Madison Square Garden, em Nova York. Depois desse tempo todo, é notável e muito gratificante.

Se fiquei tonto ao ganhar um Grammy em 2005, caí duro ao ganhar um CBE em 2006. Quer dizer "Commander of the Most Excellent Order of the British Empire" [Comandante da Mui Excelente Ordem do Império Britânico], para citar o título inteiro, uma honraria concedida a cidadãos britânicos que tenham se destacado pelas ações em prol de seu país. Penny e eu estávamos com Alastair em Palm Beach quando recebemos a notícia do prêmio, e Arnold veio dar uma festa para mim, trazendo três bolos que formavam a sigla "CBE". Em julho de 2007, apenas duas semanas depois do nosso casamento, Penny e eu fomos ao Palácio de Buckingham para a cerimônia oficial. Para um garoto da classe operária do norte de Londres, um convite para ser homenageado no palácio parece um sonho. Tanto Penny quanto eu, quando crianças, tínhamos passado pelo lugar, parado diante das grades e nos sentado nos leões ornamentais do Victoria Memorial. Faz parte da tradição de toda criança inglesa. E lá estávamos nós passando pelos portões, sob os arcos, atravessando o pátio interno, subindo os degraus cobertos com o tapete vermelho, exatamente como tínhamos visto algumas pessoas fazer pela televisão. Eu usava blazer, calça branca, camisa branca com listras pretas e uma gravata estampada com crânios e ossos cruzados. Acho que eu devia ter usado um traje social mais apropriado para a manhã, mas não tem problema – eu estava muito elegante. Fomos levados a uma antecâmara e nos ofereceram uma taça de vinho, depois fomos encaminhados para a fila na sala de cerimônias, onde uma pequena orquestra tocava. A atmosfera era formal, mas ao mesmo tempo leve e agradável. Na ponta da fila, o príncipe Charles cumprimentou-me e me entregou a medalha e a fita de seda num estojo de veludo.

Fiquei muito orgulhoso com o meu CBE. Ponho essas letras no final do meu nome sempre que posso. Algumas pessoas mantêm suas medalhas guardadas no estojo. Eu, não. Logo depois de tê-la recebido, usei-a para ir a um café com meus filhos e fui flagrado por um jornal inclinado sobre a mesa, com a medalha balançando ao lado de um vidro de HP Sauce – com certeza o mais próximo que um CBE já esteve de um vidro do lendário molho marrom. Gosto de ter a minha medalha exposta onde possa vê-la sempre. No momento, está pendurada no pescoço de uma estátua de Napoleão, no meu banheiro.

Portanto, houve os *Songbooks*, o Grammy, o CBE e até o musical baseado em minhas canções: o *Tonight's the night*, de Ben Elton, que foi apresentado durante um ano no Victoria Palace Theatre, em Londres, desde outubro de 2003. Penny participou desse show durante as últimas três semanas, como líder da Hot Legs Dance Troupe, repetindo o papel que representara por diversão numa apresentação beneficente do show.

Logo em seguida fui convidado para cantar na frente de Sua Majestade, a Rainha. Quero dizer, *bem* na frente dela. Ela estava a uns três metros de distância, num pequeno trono. Que honra extraordinária para um cara da Archway Road – e que desafio aflitivo. Parece que o adolescente encrenqueiro e pseudomarxista que posara com uma cópia do *Daily Worker*, no final, era monarquista. Isso foi no verão de 2007, no palácio de St. James, durante uma noite em benefício do Royal National Institute of Blind People. Cantei "The way you look tonight" e dediquei-a a Penny, duas semanas antes do nosso casamento.

Essas maravilhosas experiências continuaram a acontecer nos anos 2000. Mas ainda havia uma sombra no fundo da minha cabeça, porque sabia que nunca mais iria escrever canções. Isso tinha acabado. Sempre foi difícil para mim, então era muito mais fácil deixar para lá. Estava convencido de que tinha feito o melhor com o pouco talento que me fora dado para compor. No fundo, acreditava que nunca tivesse sido um verdadeiro dom. Não me entendam mal, orgulho-me das canções que escrevi – "Maggie May", "You wear it well", "Mandolin wind", "Forever young". Mas era como se outra pessoa as tivesse escrito.

E então, quando eu menos esperava, esbarrei outra vez nessa persona.

No fim de 2011, Jim Cregan veio para o almoço de domingo na Wood House, em Epping, e depois nos sentamos no Salão Branco. Jim pegou o violão e começou a dedilhar. Ele queria me mostrar uma melodia que tinha composto e sugeriu: "Por que não tentamos fazer uma música?". Para ser franco, eu queria mesmo era tirar uma soneca depois do almoço de domingo. Mas quando Jim pega um violão, ele fica sempre muito sério, como se dissesse: "Isso é uma parte muito importante da minha vida". No entanto, o nível do meu entusiasmo para compor de maneira improvisada não estava alto naquela hora. Mesmo assim, Jim dedilhou, eu cantarolei uma melodia em cima do que ele estava tocando, e Jim estava gravando o que fazíamos no iPhone. Mas logo pedi para pararmos, porque isso não levaria a nada.

Ele levou a gravação para casa e trabalhou nela em seu estúdio. Tocou outra vez a parte do violão, aprimorou-a um pouco e depois me encaminhou. Quando ouvi, pensei: "Espere aí, isso é mesmo muito bom". E então o título "Brighton Beach" surgiu na minha cabeça – do nada, como sempre costuma acontecer com os títulos e sem nenhum motivo que eu pudesse identificar –, e imediatamente comecei a escrever uma letra: a respeito de fazer amigos na costa sul da Inglaterra, quando era criança, e de ser um beatnik. E muito mais rápido do que eu estava acostumado, tinha uma canção acabada. Melhor que isso: uma boa canção acabada, da qual eu podia me orgulhar.

Era isso: eu estava desligado. De repente, ideias para letras se amontoavam na minha cabeça. Em seguida, fiz uma canção chamada "It's over", sobre divórcio e separação – algo, como descobrimos nestas páginas, sobre o qual sei um pouco. Passei a acordar no meio da noite para fazer anotações, hábito que nunca tivera: uma canção de advertências para meus filhos, uma gratidão para o meu pai. Terminei sete ou oito músicas muito depressa, e a inspiração ainda não tinha acabado. Ficou evidente que eu poderia muito bem ter dez canções para gravar – um álbum inteiro original –, e isso eu nunca tinha feito. Eram sempre cinco ou seis, e o restante, interpretações.

Não sei por que isso aconteceu. Ninguém me pressionou. Saiu do nada. Parecia mais um pouco da pura sorte com a qual eu tenho sido abençoado durante a vida. (E, creia, não há um dia em que eu não acorde e pense sobre como tenho sorte.) Mas a percepção foi ativada, e percebi que tinha temas sobre o que escrever novamente. Uma vida inteira digna deles, na verdade. O livro que você acaba de ler.

Ao levar essas novas canções para o estúdio, em 2012, e começar a lhes dar forma para o lançamento de um álbum em 2013, apaixonei-me outra vez por todo o processo. Passei outra vez a vivê-lo e respirá-lo. Foi como um renascimento, uma jornada de volta ao começo. De fato, não tenho certeza de que eu tinha tanto entusiasmo quando fiz meus primeiros álbuns, em Londres, no começo dos anos 1970, quando ainda era um garoto com um corte de cabelo parecido com uma crista de galo, tateando o caminho a seguir por instinto e pura ousadia. Mas é verdade que eu, como autor e produtor, não me sentia tão confiante em relação a um novo repertório desde *Gasoline alley*.

Seja lá qual for o resultado do álbum, sucesso ou fracasso, é de fato irrelevante quando comparado ao que eu entendo como a verdadeira moral dessa história: algumas vezes, quando você acha que tudo acabou, está muito enganado.

Veja bem, vou ficar completamente arrasado se o álbum não for uma sensação internacional.

Discografia

Rod Stewart: álbuns de estúdio

1969, *An old raincoat won't ever let you down* (Vertigo, Reino Unido/Mercury, EUA)

1. "Street fighting man" (Mick Jagger, Keith Richards) 2. "Man of constant sorrow" (arranjos de Rod Stewart) 3. "Blind prayer" (Rod Stewart) 4. "Handbags and gladrags" (Mike d'Abo) 5. "An old raincoat won't ever let you down" (Rod Stewart) 6. "I wouldn't ever change a thing" (Rod Stewart) 7. "Cindy's lament (Rod Stewart) 8. "Dirty old town" (Ewan MacColl)

1970, *Gasoline alley* (Vertigo, Reino Unido/Mercury, EUA)

1. "Gasoline alley" (Rod Stewart, Ronnie Wood) 2. "It's all over now" (Bobby Womack, Shirley Jean Womack) 3. "Only a hobo" (Bob Dylan) 4. "My way of giving" (Ronnie Lane, Steve Marriott) 5. "Country comfort" (Elton John, Bernie Taupin) 6. "Cut across shorty" (Wayne P. Walker, Marijohn Wilkin) 7. "Lady Day" (Rod Stewart) 8. "Jo's lament" (Rod Stewart) 9. "You're my girl" (I don't want to discuss it)" (Beth Beatty, Dick Cooper, Ernie Shelby)

1971, *Every picture tells a story* (Mercury)

1. "Every picture tells a story" (Rod Stewart, Ronnie Wood) 2. "Seems like a long time" (Theodore Anderson) 3. "That's all right" (Arthur Crudup) 4. "Amazing grace" (John Newton, arranjo de Rod Stewart) 5. "Tomorrow is a long time" (Bob Dylan) 6. "Henry" (Martin Quittenton) 7. "Maggie May" (Martin Quit-

tenton, Rod Stewart) 8. "Mandolin wind" (Rod Stewart) 9. "(I know) I'm losing you" (Cornelius Grant, Eddie Holland, Norman Whitfield) 10. "Reason to believe" (Tim Hardin)

1972, *Never a dull moment* (Mercury)

1. "True blue" (Rod Stewart, Ronnie Wood) 2. "Lost paraguayos" (Rod Stewart, Ronnie Wood) 3. "Mama you been on my mind" (Bob Dylan) 4. "Italian girls" (Rod Stewart, Ronnie Wood) 5. "Angel" (Jimi Hendrix) 6. "Interludings" (Art Wood) 7. "You wear it well" (Martin Quittenton, Rod Stewart) 8. "I'd rather go blind" (Billy Foster, Ellington Jordon) 9. "Twisting the night away" (Sam Cooke)

1974, *Smiler* (Mercury)

1. "Sweet little rock 'n' roller" (Chuck Berry) 2. "Lochinvar" (Pete Sears) 3. "Farewell" (Martin Quittenton, Rod Stewart) 4. "Sailor" (Rod Stewart, Ronnie Wood) 5. "Bring it on home to me/you send me" (Sam Cooke) 6. "Let me be your car" (Elton John, Bernie Taupin) 7. "(You make me feel like a) natural man" (Gerry Goffin, Carole King, Jerry Wexler) 8. "Dixie toot" (Rod Stewart, Ronnie Wood) 9. "Hard road" (Harry Vanda, George Young) 10. "I've grown accustomed to her face" (Alan Jay Lerner, Frederick Loewe) 11. "Girl from the north country" (Bob Dylan) 12. "Mine for me" (Paul McCartney, Linda McCartney)

1975, *Atlantic crossing* (Riva Records, Reino Unido/ Warner Bros., EUA)

1."Three time loser" (Rod Stewart) 2. "Alright for an hour" (Jesse Ed Davis, Rod Stewart) 3. "All in the name of rock and roll" (Rod Stewart) 4. "Drift away" (Mentor Williams) 5. "Stone cold sober" (Steve Cropper, Rod Stewart) 6. "I don't want to talk about it" (Danny Whitten) 7. "It's not the spotlight" (Gerry Goffin, Barry Goldberg) 8. "This old heart of mine" (Lamont Dozier, Brian Holland, Edward Holland Jr., Sylvia Moy) 9. "Still love you" (Rod Stewart) 10. "Sailing" (Gavin Sutherland)

1976, *A night on the town* (Riva Records, Reino Unido/ Warner Bros., EUA)

1. "Tonight's the night (gonna be alright)" (Rod Stewart) 2. "The first cut is the deepest" (Cat Stevens) 3. "Fool for you" (Rod Stewart) 4. "The killing of Georgie (Parte I e II)" (Rod Stewart) 5. "The balltrap" (Rod Stewart) 6. "Pretty flamingo" (Mark Barkan) 7. "Big bayou" (Floyd Gilbeau) 8. "The wild side of life" (Arlie Carter, Wayne Walker) 9. "Trade winds" (Ralph MacDonald, William Salter)

1977, *Foot loose & fancy free* (Riva Records, Reino Unido/ Warner Bros., EUA)

1. "Hot legs" (Rod Stewart) 2. "You're insane" (Phil Chen, Rod Stewart) 3. "You're in my heart (the final acclaim)" (Rod Stewart) 4. "Born loose" (Jim Cregan, Gary Grainger, Rod Stewart) 5. "You keep me hangin' on" (Lamont Dozier, Brian Holland, Edward Holland Jr.) 6. "(If loving you is wrong) I don't want to be right" (Homer Banks, Carl Hampton, Raymond Jackson) 7. "You got a nerve" (Gary Grainger, Rod Stewart) 8. "I was only joking" (Gary Grainger, Rod Stewart)

1978, *Blondes have more fun* (Riva Records, Reino Unido/ Warner Bros., EUA)

1. "Da ya think I'm sexy?" (Camine Appice, Rod Stewart) 2. "Dirty weekend" (Gary Grainger, Rod Stewart) 3. "Ain't love a bitch" (Jim Cregan, Rod Stewart) 4. "The best days of my life" (Jim Cregan, Rod Stewart) 5. "Is that the thanks I get?" (Jim Cregan, Rod Stewart) 6. "Attractive female wanted" (Gary Grainger, Rod Stewart) 7. "Blondes (have more fun)" (Jim Cregan, Rod Stewart) 8. "Last summer" (Jim Cregan, Rod Stewart) 9. "Standin' in the shadows of love" (Lamont Dozier, Brian Holland, Edward Holland Jr.) 10. "Scarred and scared" (Gary Grainger, Rod Stewart)

1980, *Foolish behaviour* (Riva Records, Reino Unido/ Warner Bros., EUA)

1. "Better off dead" (Carmine Appice, Phil Chen, Kevin Savigar, Rod Stewart) 2. "Passion" (Phil Chen, Jim Cregan, Gary Grainger, Kevin Savigar, Rod Stewart) 3. "Foolish behaviour" (Phil Chen, Jim Cregan, Gary Grainger, Kevin Savigar,

Rod Stewart) 4. "So soon we change" (Phil Chen, Jim Cregan, Gary Grainger, Kevin Savigar, Rod Stewart) 5. "Oh God, I wish I was home tonight" (Phil Chen, Jim Cregan, Gary Grainger, Kevin Savigar, Rod Stewart) 6. "Gi' me wings" (Phil Chen, Jim Cregan, Gary Grainger, Kevin Savigar, Rod Stewart) 7. "My girl" (Carmine Appice, Phil Chen, Jim Cregan, Gary Grainger, Kevin Savigar, Rod Stewart) 8. "She won't dance with me" (Jorge Ben, Rod Stewart) 9. "Somebody special" (Phil Chen, Jim Cregan, Steve Harley, Kevin Savigar, Rod Stewart) 10. "Say it ain't true" (Phil Chen, Jim Cregan, Gary Grainger, Kevin Savigar, Rod Stewart) 11. "I just wanna make love to you" [ao vivo, faixa-bônus] (Willie Dixon)

1981, *Tonight I'm yours* (Warner Bros.)

1. "Tonight I'm yours (don't hurt me)" (Jim Cregan, Kevin Savigar, Rod Stewart) 2. "How long" (Paul Carrack) 3. "Tora, Tora, Tora (out with the boys)" (Rod Stewart) 4. "Tear it up" (Dorsey Burnette, Johnny Burnette) 5. "Only a boy" (Jim Cregan, Kevin Savigar, Rod Stewart) 6. "Just like a woman" (Bob Dylan) 7. "Jealous" (Carmine Appice, Jay Davis, Danny Johnson, Rod Stewart) 8. "Sonny" (Jim Cregan, Kevin Savigar, Rod Stewart, Bernie Taupin) 9. "Young turks" (Carmine Appice, Duane Hitchings, Kevin Savigar, Rod Stewart) 10. "Never give up on a dream" (Jim Cregan, Rod Stewart, Bernie Taupin)

1983, *Body wishes* (Warner Bros.)

1. "Dancin' alone" (Robin LeMesurier, Rod Stewart) 2. "Baby Jane" (Jay Davis, Rod Stewart) 3. "Move me" (Tony Brock, Jay Davis, Kevin Savigar, Rod Stewart, Wally Stocker) 4. "Body wishes" (Jim Cregan, Robin LeMesurier, Kevin Savigar, Rod Stewart) 5. "Sweet surrender" (Robin LeMesurier, Rod Stewart) 6. "What am I gonna do (I'm so in love with you)" (Tony Brock, Jay Davis, Rod Stewart) 7. "Ghetto blaster" (Jim Cregan, Kevin Savigar, Rod Stewart) 8. "Ready now" (Rod Stewart, Wally Stocker) 9. "Strangers again" (Jim Cregan, Kevin Savigar, Rod Stewart) 10. "Satisfied" (Jim Cregan, Kevin Savigar, Rod Stewart, Bernie Taupin)

1984, *Camouflage* (Warner Bros.)

1. "Infatuation" (Duane Hitchings, Rowland Robinson, Rod Stewart) 2. "All right now" (Andy Fraser, Paul Rodgers) 3. "Some guys have all the luck" (Jeff

Fortang) 4. “Can we still be friends” (Todd Rundgren) 5. “Bad for you” (Jim Cregan, Kevin Savigar, Rod Stewart) 6. “Heart is on the line” (Jay Davis, Rod Stewart) 7. “Camouflage” (Michael Omartian, Kevin Savigar, Rod Stewart) 8. “Trouble” (Michael Omartian, Rod Stewart)

1986, *Every beat of my heart* (Warner Bros.)
1. “Here to eternity” (Kevin Savigar, Rod Stewart) 2. “Another heartache” (Bryan Adams, Rod Stewart, Jim Vallance, Randy Wayne) 3. “A night like this” (Rod Stewart) 4. “Who's gonna take me home” (Jay Davis, Kevin Savigar, Rod Stewart) 5. “Red hot in black” (Jim Cregan, Kevin Savigar, Rod Stewart) 6. “Love touch” (Gene Black, Mike Chapman, Holly Knight) 7. “In my own crazy way” (Frankie Miller, Troy Seals, Eddie Setser, Rod Stewart) 8. “Every beat of my heart” (Kevin Savigar, Rod Stewart) 9. “Ten days of rain” (Tony Brock, Kevin Savigar, Rod Stewart) 10. “In my life” (John Lennon, Paul McCartney)

1988, *Out of order* (Warner Bros./WEA)
I. “Lost in you” (Rod Stewart, Andy Taylor) 2. “The wild horse” (Rod Stewart, Andy Taylor) 3. “Lethal dose of love” (Rod Stewart, Andy Taylor) 4. “Forever young” (Jim Cregan, Bob Dylan, Kevin Savigar, Rod Stewart) 5. “My heart can't tell you no” (Simon Climie, Dennis Morgan) 6. “Dynamite” (Rod Stewart, Andy Taylor) 7. “Nobody knows you when you're down and out” (James Cox) 8. “Crazy about her” (Jim Cregan, Duane Hitchings, Rod Stewart) 9. “Try a little tenderness” (Jimmy Campbell, Reginald Connelly, Harry M. Woods) 10. “When I was your man” (Kevin Savigar, Rod Stewart) 11. “Almost illegal” (Rod Stewart, Andy Taylor)

1991, *Vagabond heart* (Warner Bros.)
1. “Rhythm of my heart” (John Capek, Marc Jordan) 2. “Rebel heart” (Jeff Golub, Chuck Kentis, Carmine Rojas, Rod Stewart) 3. “Broken arrow” (Robbie Robertson) 4. “It takes two” [dueto com Tina Turner] (Sylvia Moy, William “Mickey” Stevenson) 5. “When a man's in love” (Jeff Golub, Chuck Kentis, Carmine Rojas, Rod Stewart) 6. “You are everything” (Thom Bell, Linda Creed) 7. “The Motown song” (Larry John McNally) 8. “Go out dancing” (Jeff Golub, Chuck Kentis, Rod Stewart) 9. “No holding back” (Jim Cregan, Kevin Savigar, Rod Stewart) 10. “Have I told you lately” (Van Morrison) 11. “Moment of glory”

(Jeff Golub, Chuck Kentis, Carmine Rojas, Rod Stewart) 12. "If only" (Jim Cregan, Kevin Savigar, Rod Stewart)

1995, A *spanner in the works* (Warner Bros.)

1. "Windy town" (Chris Rea) 2. "The downtown lights" (Paul Buchanan) 3. "Leave Virginia alone" (Tom Petty) 4. "Sweetheart like you" (Bob Dylan) 5. "This" (John Capek, Marc Jordan) 6. "Lady Luck" (Jeff Golub, Carmine Rojas, Kevin Savigar, Rod Stewart) 7. "You're the star" (Billy Livsey, Graham Lyle, Frankie Miller) 8. "Muddy, Sam and Otis" (Kevin Savigar, Rod Stewart) 9. "Hang on St Christopher" (Tom Waits) 10. "Delicious" (Robin LeMesurier, Rod Stewart, Andy Taylor) 11. "Soothe me" (Sam Cooke) 12. "Purple heather" (original de Francis McPeake, arranjo de Rod Stewart)

1998, *When we were the new boys* (Warner Bros.)

1. "Cigarettes and alcohol" (Noel Gallagher) 2. "Ooh la la" (Ronnie Lane, Ronnie Wood) 3. "Rocks" (Bobby Gillespie, Andrew Innes, Robert Young) 4. "Superstar" (Joseph McAlinden) 5. "Secret heart" (Ron Sexsmith) 6. "Hotel Chambermaid" (Graham Parker) 7. "Shelly my love" (Nick Lowe) 8. "When we were the new boys" (Kevin Savigar, Rod Stewart) 9. "Weak" (Robbie France, Martin Kent, Richard Lewis) 10. "What do you want me to do?" (Mike Scott)

2001, *Human* (Atlantic)

1. "Human" (Karl Gordon, Connor Reeves) 2. "Smitten" (Macy Gray, Arik Marshall, Jeremy Ruzuma, Dave Wilder) 3. "Don't come around here" (Paul Berry, Jackie Joyce, Mark Taylor, Kenny Thomas) 4. "Soul on soul" (John Capek, Marc Jordan) 5. "Loveless" (David Frank, Connor Reeves) 6. "If I had you" (Andrew Davis, Sergei Rachmaninoff) 7. "Charlie Parker loves me" (John Capek, Marc Jordan) 8. "It was love that we needed" (Curtis Mayfield) 9. "To be with you" (Raul Malo) 10. "Run back into your arms" (Brian Rawling, John Reid, Graham Stack) 11. "I can't deny it" (Gregg Alexander, Rick Nowels) 12. "Peach" [faixa-bônus] (Prince)

2002, *It had to be you: The great American songbook* (J Records)

1. "You go to my head" (J. Fred Coots, Haven Gillespie) 2. "They can't take that away from me" (George Gershwin, Ira Gershwin) 3. "The way you look

tonight" (Dorothy Fields, Jerome Kern) 4. "It had to be you" (Isham Jones, Gus Kahn) 5. "That old feeling" (Lew Brown, Sammy Fain) 6. "These foolish things (remind me of you)" (Harry Link, Holt Marvell, Jack Strachey) 7. "The very thought of you" (Ray Noble) 8. "Moonglow" (Eddie DeLange, Will Hudson, Irving Mills) 9. "I'll be seeing you" (Sammy Fain, Irving Kahal) 10. "Ev'ry time we say goodbye" (Cole Porter) 11. "The nearness of you" (Hoagy Carmichael, Ned Washington) 12. "For all we know" (J. Fred Coots, Sam M. Lewis) 13. "We'll be together again" (Carl T. Fischer, Frankie Laine) 14. "That's all" (Alan Brandt, Bob Haymes)

2003, *As time goes by: the great American songbook 2* (J Records)
1. "Time after time" (Sammy Cahn, Jule Styne) 2. "I'm in the mood for love" (Dorothy Fields, Jimmy McHugh) 3. "Don't get around much anymore" (Duke Ellington, Bob Russell) 4. "Bewitched, bothered and bewildered" [dueto com Cher] (Lorenz Hart, Richard Rodgers) 5. "Till there was you" (Meredith Willson) 6. "Until the real thing comes along" (Sammy Cahn, Saul Chaplin, L.E. Freeman, Mann Holiner, Alberta Nichols) 7. "Where or when" (Lorenz Hart, Richard Rodgers) 8. "Smile" (Charlie Chaplin, Geoffrey Claremont Parsons, John Phillips) 9. "My heart stood still" (Lorenz Hart, Richard Rodgers) 10. "Someone to watch over me" (George Gershwin, Ira Gershwin) 11. "As time goes by" [dueto com Queen Latifah] (Herman Hupfeld) 12. "I only have eyes for you" (Al Dubin, Harry Warren) 13. "Crazy she calls me" (Bob Russell, Carl Sigman) 14. "Our love is here to stay" (Gary Gershwin, Ira Gershwin) 15. "My favourite things" [faixa-bônus, apenas para o Japão e o Reino Unido] (Oscar Hammerstein II, Richard Rodgers)

2004, *Stardust: the great American songbook 3* (J Records)
1. "Embraceable you" (George Gershwin, Ira Gershwin) 2. "For sentimental reasons" (William Best, Deek Watson) 3. "Blue moon" [com participação de Eric Clapton] (Lorenz Hart, Richard Rodgers) 4. "What a wonderful world" [com participação de Stevie Wonder] (Bob Thiele, George David Weiss) 5. "Stardust" (Hoagy Carmichael, Mitchell Parish) 6. "Manhattan" [dueto com Bette Midler] (Lorenz Hart, Richard Rodgers) 7. "S wonderful" (George Gershwin, Ira Gershwin) 8. "Isn't it romantic?" (Lorenz Hart, Richard Rodgers) 9. "I can't get started" (Vernon Duke, Ira Gershwin) 10. "But not for me" (Geor-

ge Gershwin, Ira Gershwin) 11. "A kiss to build a dream on" (Oscar Hammerstein II, Bert Kalmar, Harry Ruby) 12. "Baby, it's cold outside" [dueto com Dolly Parton] (Frank Loesser) 13. "Night and day" (Cole Porter) 14. "A nightingale sang in Berkeley Square" (Eric Maschwitz, Manning Sherwin)

2005, ***Thanks for the memory: the great American songbook 4*** **(J Records)**

1. "I've got a crush on you" [dueto com Diana Ross] (George Gershwin, Ira Gershwin) 2. "I wish you love" (Albert A. Beach, Léo Chauliac, Charles Trenet) 3. "You send me" [dueto com Chaka Kahn] (Sam Cooke) 4. "Long ago (and far away)" (Ira Gershwin, Jerome Kern) 5. "Makin' whoopee" [dueto com Elton John] (Walter Donaldson, Gus Kahn) 6. "My one and only love" [com participação de Roy Hargrove] (Robert Mellin, Guy Wood) 7. "Taking a chance on love" (Vernon Duke, Ted Fetter, John Latouche) 8. "My funny valentine" (Lorenz Hart, Richard Rodgers) 9. "I've got my love to keep me warm" (Irving Berlin) 10. "Nevertheless" (I'm in love with you) [com participação de Dave Koz] (Bert Kalmar, Harry Ruby) 11. "Blue skies" (Irving Berlin) 12. "Let's fall in love" [com participação de George Benson] (Harold Arlen, Ted Koehler) 13. "Thanks for the memory" (Ralph Rainger, Leo Robin) 14. "Cheek to cheek" [apenas nas versões do Japão e do Reino Unido] (Irving Berlin) 15. "I've grown accustomed to her face" [apenas na versão do Reino Unido] (Alan Jay Lerner, Frederick Loewe)

2006, *Still the same... Great rock classics of our time* (J Records)

1. "Have you ever seen the rain?" (John Fogerty) 2. "Fooled around and fell in love" (Elvin Bishop) 3. "I'll stand by you" (Chrissie Hynde, Thomas Kelly, William Steinberg) 4. "Still the same" (Bob Seger) 5. "Its a heartache" (Ronnie Scott, Steve Wolfe) 6. "Day after day" (Peter Ham) 7. "Missing you" (Mark Leonard, Charles Sandford, John Waite) 8. "Father and son" (Cat Stevens) 9. "The best of my love" (Glenn Frey, Don Henley, J. D. Souther) 10. "If not for you" (Bob Dylan) 11. "Love hurts" (Boudleaux Bryant) 12. "Everything I own" (David Gates) 13. "Crazy love" (Van Morrison) 14. "Lay down Sally" [faixa-bônus] (Eric Clapton, Marcy Levy, George Terry)

2009, *Soulbook* (J Records)

1. "It's the same old song" (Lamont Dozier, Brian Holland, Edward Holland Jr.) 2. "My cherie amour" [com participação de Stevie Wonder] (Stevie Wonder) 3. "You make me feel brand new" [com participação de Mary J. Blige] (Thom Bell, Linda Creed) 4. "(Your love keeps lifting me) higher and higher" (Gary Jackson, Raynard Miner, Carl Smith) 5. "Tracks of my tears" [com participação de Smokey Robinson] (Smokey Robinson) 6. "Let it be me" [com participação de Jennifer Hudson] (Gilbert Bécaud) 7. "Rainy night in Georgia" (Tony Joe White) 8. "What becomes of the broken hearted" (Jimmy Ruffin) 9. "Love train" (Kenny Gamble, Leon Huff) 10. "You've really got a hold on me" (Smokey Robinson) 11. "Wonderful world" (Lou Adler, Herb Alpert, Sam Cooke) 12. "If you don't know me by now" (Kenny Gamble, Leon Huff) 13. "Just my imagination" (Barrett Strong, Norman Whitfield)

2010, *Fly me to the moon... The great American songbook 5* (J Records)

1. "That old black magic" (Johnny Mercer) 2. "Beyond the sea (Jack Lawrence) 3. "I've got you under my skin" (Cole Porter) 4. "What a difference a day makes" (María Méndez Grever) 5. "I get a kick out of you (Cole Porter) 6. "I've got the world on a string" (Ted Koehler) 7. "Love me or leave me" (Gus Kahn) 8. "My foolish heart" (Ned Washington) 9. "September in the rain" (Al Dubin, Harry Warren) 10. "Fly me to the moon" (Bart Howard) 11. "Sunny side of the street" (Dorothy Fields) 12. "Moon river" (Johnny Mercer)

2013, *Time* (Universal/EMI Music)

1. "She makes me happy" (Rod Stewart), 2. "Can't stop me now" (Rod Stewart), 3. "It's over" (Rod Stewart), 4. "Brighton Beach" (Rod Stewart), 5. "Beautiful morning" (Rod Stewart), 6. "Live the life" (Rod Stewart), 7. "Finest woman" (Rod Stewart), 8. "Time" (Rod Stewart), 9. "Picture in a frame" (Tom Waits, Kathleen Brennan), 10. "Sexual religion" (Rod Stewart), 11. "Make love with me tonight" (Rod Stewart), 12. "Pure love" (Rod Stewart)

Rod Stewart: álbuns ao vivo

1982, *Absolutely live* (Warner Bros.)

Lado A. 1. "The stripper" (David Rose) 2. "Tonight I'm yours" (Jim Cregan, Kevin Savigar, Rod Stewart) 3. "Sweet little rock 'n' roller" (Chuck Berry) 4. "Hot legs" (Gary Grainger, Rod Stewart) 5. "Tonight's the night" (gonna be alright) (Rod Stewart) 6. "The great pretender" (Buck Ram)

Lado B: 1. "Passion" (Phil Chen, Jim Cregan, Gary Grainger, Kevin Savigar, Rod Stewart) 2. "She won't dance with me/Little Queenie" (Jorge Ben Jor, Rod Stewart) 3. "You're in my heart (the final acclaim)" (Rod Stewart) 4. "Rock my Plimsoul" (Jeffery Rod)

Lado C: 1. "Young turks" (Rod Stewart) 2. "Guess I'll always love you" (Tony Brock, Jim Cregan, Robin LeMesurier, Kevin Savigar, Rod Stewart, Bernie Taupin) 3. "Gasoline alley" (Rod Stewart, Ronnie Wood) 4. "Maggie May" (Martin Quittenton, Rod Stewart) 5. "Tear it up" (Paul Burlison, Dorsey Burnette, Johnny Burnette)

Lado D: 1. "Da ya think I'm sexy?" (Carmine Appice, Rod Stewart) 2. "Sailing" (Gavin Sutherland) 3. "I don't want to talk about it" (Danny Whitten) 4. "Stay with me" (Rod Stewart, Ronnie Wood)

1993, *Unplugged... and seated* (Warner Bros.)

Lançamento do CD. 1. "Hot legs" (Gary Grainger, Rod Stewart) 2. "Tonight's the night" (Rod Stewart) 3. "Handbags and gladrags" (Mike d'Abo) 4. "Cut across shorty" (Wayne Walker, Marijohn Wilkin) 5. "Every picture tells a story" (Rod Stewart, Ronnie Wood) 6. "Maggie May" (Martin Quittenton, Rod Stewart) 7. "Reason to believe" (Tim Hardin) 8. "People get ready" (Curtis Mayfield) 9. "Have I told you lately" (Van Morrison) 10. "Tom Traubert's blues" (Waltzing Matilda) (Tom Waits) 11. "The first cut is the deepest" (Cat Stevens) 12. "Mandolin wind" (Rod Stewart) 13. "Highgate shuffle" (arranjo de Rod Stewart) 14. "Stay with me" (Rod Stewart, Ronnie Wood) 15. "Having a party" [inédita] (Sam Cooke) 16. "Gasoline alley" (Rod Stewart, Ronnie Wood) 17. "Forever young" (Jim Cregan, Kevin Savigar, Rod Stewart)

The Faces: álbuns de estúdio

1970, *First step* (Warner Bros.)
1. "Wicked messenger" (Bob Dylan) 2. "Devotion" (Ronnie Lane) 3. "Shake shudder shiver" (Ronnie Lane, Ronnie Wood) 4. "Stone" (Ronnie Lane) 5. "Around the Plynth" (Rod Stewart, Ronnie Wood) 6. "Flying" (Ronnie Lane, Rod Stewart, Ronnie Wood) 7. "Pineapple and the monkey" (Ronnie Wood) 8. "Nobody knows" (Ronnie Lane, Ronnie Wood) 9. "Looking out the window" (Kenney Jones, Ian McLagan) 10. "Three button hand me down" (Ian McLagan, Rod Stewart)

1971, *Long Player* (Warner Bros.)
1. "Bad'n' ruin" (Ian McLagan, Rod Stewart) 2. "Tell everyone" (Ronnie Lane) 3. "Sweet Lady Mary" (Ronnie Lane, Rod Stewart, Ronnie Wood) 4. "Richmond" (Ronnie Lane) 5. "Maybe I'm amazed" (Paul McCartney) 6. "Had me a real good time" (Ronnie Lane, Rod Stewart, Ronnie Wood) 7. "On the beach" (Ronnie Lane, Ronnie Wood) 8. "I feel so good" (Big Bill Broonzy) 9. "Jerusalem (arranjo de Ronnie Wood)

1971, *A nod is as good as a wink... to a blind horse* (Warner Bros.)
1. "Miss Judy's farm" (Rod Stewart, Ronnie Wood) 2. "You're so rude" (Ronnie Lane, Ian McLagan) 3. "Love lives here" (Ronnie Lane, Rod Stewart, Ronnie Wood) 4. "Last orders please (Ronnie Lane) 5. "Stay with me" (Rod Stewart, Ronnie Wood) 6. "Debris" (Ronnie Lane) 7. "Memphis, Tennessee" [intitulado erroneamente nas primeiras impressões nos Estados Unidos apenas como "Memphis"] (Chuck Berry) 8. "Too bad" (Rod Stewart, Ronnie Wood) 9. "That's all you need" (Rod Stewart, Ronnie Wood)

1973, *Ooh la la* (Warner Bros.)
1. "Silicone grown" (Rod Stewart, Ronnie Wood) 2. "Cindy incidentally" (Ian McLagan, Rod Stewart, Ronnie Wood) 3. "Flags and banners" (Ronnie Lane, Rod Stewart) 4. "My fault" (Ian McLagan, Rod Stewart, Ronnie Wood) 5. "Borstal boys" (Ian McLagan, Rod Stewart, Ronnie Wood) 6. "Fly in the ointment" (Kenney Jones, Ronnie Lane, Ian McLagan, Ronnie Wood) 7. "If I'm on the late

side" (Ronnie Lane, Rod Stewart) 8. "Glad and sorry" (Ronnie Lane) 9. "Just another honky" (Ronnie Lane) 10. "Ooh la la" (Ronnie Lane, Ronnie Wood)

The Faces: álbum ao vivo

1974, *Coast to coast: overture and beginners* (Mercury, EUA/Warner Bros., EUA)
1."It's all over now" (Bobby Womack, Shirley Womack) 2. "Cut across shorty" (Wayne Walker, Marijohn Wilkin) 3. "Too bad" (Rod Stewart, Ronnie Wood) 4. "Every picture tells a story" (Rod Stewart, Ronnie Wood) 4. "Angel" (Jimi Hendrix) 5. "Stay with me" (Rod Stewart, Ronnie Wood) 6. "I wish it would rain" (Roger Penzabene, Barrett Strong, Norman Whitfield) 7. "I'd rather go blind" (Billy Foster, Ellington Jordan) 8. "Borstal boys" (Ian McLagan, Rod Stewart, Ronnie Wood)/"Amazing grace" (arranjo de D. Throat) 9. "Jealous guy" (John Lennon)

The Jeff Beck Group

1968, *Truth* (Columbia)
1. "Shapes of things" (Jim McCarty, Keith Relf, Paul Samwell Smith) 2. "Let me love you" (Jeffrey Rod) 3. "Morning dew" (Bonnie Dobson, Tim Rose) 4. "You shook me" (Lenore Dixon) 5. "Ol' man river" (Kern Hammerstein) 6. "Greensleeves" (arranjo de Jeffrey Rod) 7. "Rock my Plimsoul" (Jeffrey Rod) 8. "Beck's bolero" (Jimmy Page) 9. "Blues de luxe" (Jeffrey Rod) 10. "I ain't superstitious" (Willie Dixon)

1969, *Cosa nostra Beck-Ola* (Columbia)
1. "All shook up" (Otis Blackwell, Elvis Presley) 2. "Spanish boots" (Jeff Beck, Rod Stewart, Ronnie Wood) 3. "Girl from Mill Valley" (Nicky Hopkins) 4. "Jailhouse rock" (Jerry Leiber, Mike Stoller) 5. "Plynth" (water down the drain) (Nicky Hopkins, Rod Stewart, Ronnie Wood) 6. "The hangman's knee" (Jeff Beck, Nicky Hopkins, Tony Newman, Rod Stewart, Ronnie Wood) 7. "Rice pudding" (Jeff Beck, Nicky Hopkins, Tony Newman, Ronnie Wood)

Steampacket

1992, *The first supergroup: Steampacket featuring Rod Stewart* (Valley Media Inc.)

1. "Back at the chicken shack" (Jimmy Smith) 2. "In crowd" (Billy Page) 3. "Baby take me" (Jo Armstead, Nickolas Ashford, Valerie Simpson) 4. "Can I get a witness" (Lamont Dozier, Brian Holland, Edward Holland Jr.) 5. "Baby baby", 6. "Holy smoke", 7. "Cry me a river" (Arthur Hamilton) 8. "Oh baby don't you do it" (Lamont Dozier, Brian Holland, Edward Holland Jr.) 9. "Lord remember me"

Agradecimentos

A todos os que conheci ao longo do caminho. Não há espaço suficiente nestas páginas para citar todos, mas vocês sabem quem são e, o mais importante, sabem o papel que desempenhamos na vida um do outro. Do fundo do coração, obrigado.

Especialmente a Giles Smith, meu maravilhoso editor e confidente. Não poderia ter encontrado alguém mais adorável, talentoso e incansável com quem trabalhar no livro. Lembrar da minha vida se tornou um prazer graças a você.

Para mim, é isso aí, então. Vou colocar a chaleira no fogo e fazer uma bela xícara de chá. Tchau.

Créditos das fotos

Todas as imagens dos cadernos de fotos são cortesia do autor, com as seguintes exceções:

Caderno 1

Página 2 Getty Images (acima).
Página 6 Redferns (abaixo, grande).
Página 7 Getty Images/Arquivos Michael Ochs/Stringer (acima); Ray Stevenson/Rex Features (abaixo).
Página 8 Getty Images.

Caderno 2

Página 1 Redferns.
Página 2 Getty Images (acima); Alan Messer/Rex USA (à esquerda, abaixo); Redferns (à direita, abaixo).
Página 3 Redferns.
Página 4 Richard Upper (abaixo).
Página 5 Mirrorpix (acima); SSPL via Getty Images (abaixo).
Página 6 Getty Images (acima).
Página 7 SSPL via Getty Images.
Página 8 Redferns.

Caderno 3

Página 1 WireImage (acima); Mirrorpix (abaixo).
Página 2 SSPL via Getty Images (acima e abaixo).
Página 3 Penny Lancaster (abaixo).
Página 4 Cortesia de Jim Cregan (acima e abaixo).
Página 5 Getty Images (acima); cortesia de Annie Challis (à direita, abaixo).
Página 6 Mirrorpix (acima); PA (abaixo).

Caderno 4

Página 1 WireImage (acima); cortesia de Annie Challis (coluna da esquerda).
Página 2 Steve Crise (acima e abaixo).
Página 3 Larry Busacca (à esquerda, abaixo); Penny Lancaster (à direita, abaixo).
Página 7 Getty Images (à esquerda, acima).

Todos os esforços possíveis foram feitos para entrar em contato com os detentores de direitos autorais; se houver erros ou omissões, nos prontificamos a inserir os agradecimentos adequados nas reimpressões do livro.

Índice

Este livro, composto na Fonte Fairfield,
foi impresso em papel Pólen Soft 70 g, na Gráfica Ideal.
São Paulo, agosto de 2013.